Korruption und Compliance im Sport

Schriften zum Strafrecht und Strafprozeßrecht

Herausgegeben von Manfred Maiwald
und Carsten Momsen

Band 135

PETER LANG

Marie Vaudlet

Korruption und Compliance im Sport

Gegenstand, Umfang und Folgen der Korruptionspräventionspflicht im Sportverein

PETER LANG

Bibliografische Information der Deutschen Nationalbibliothek
Die Deutsche Nationalbibliothek verzeichnet diese Publikation in der Deutschen Nationalbibliografie; detaillierte bibliografische Daten sind im Internet über http://dnb.d-nb.de abrufbar.

Zugl.: Berlin, Freie Univ., Diss., 2020

D 188
ISBN 978-3-631-83715-3 (Print)
E-ISBN 978-3-631-84448-9 (E-PDF)
E-ISBN 978-3-631-84449-6 (EPUB)
E-ISBN 978-3-631-84450-2 (MOBI)
DOI 10.3726/b17935

Peter Lang – Berlin · Bern · Bruxelles · New York · Oxford · Warszawa · Wien

Diese Publikation wurde begutachtet.

www.peterlang.com

Vorwort

Die vorliegende Arbeit wurde im Wintersemester 2019/20 vom Promotionsausschuss der Juristischen Fakultät der Freien Universität Berlin als Dissertation angenommen. Für ihre Veröffentlichung habe ich sie – soweit möglich – aktualisiert und geringfügig ergänzt.

Mein besonderer Dank gilt zunächst meinem Doktorvater, Herrn Professor Dr. Carsten Momsen, für seine vielseitige Unterstützung und sein persönliches Engagement bei der Betreuung dieser Arbeit. Seine ständige Bereitschaft zur fachlichen Diskussion und seine konstruktiven Anregungen haben maßgeblich zur Realisierung dieser Arbeit beigetragen. Zudem bin ich ihm sehr verbunden für die Aufnahme der Arbeit in seine Reihe „Schriften zum Strafrecht und Strafprozessrecht". Ebenfalls bedanken möchte ich mich bei Herrn Professor Dr. Rainer T. Cherkeh für die freundliche Übernahme des Zweitgutachtens.

Herzlich danken möchte ich weiterhin Mathis Schwarze, Philipp Bruckmann und Marco Willumat, die mir stets kritische Diskussionspartner waren und mit Rat und Tat zur Seite standen, sowie Dr. Mahand Vogt für ihren unermüdlichen motivierenden Zuspruch.

Besonderer Dank gebührt schließlich meinen Eltern, die mit ihrer unermesslichen Unterstützung den Grundstein dieser Arbeit legten.

Berlin, im Oktober 2020

Marie Vaudlet

Inhaltsverzeichnis

A. Einleitung

Die Schlagzeilen über korruptive Handlungsweisen im Sport waren zuletzt weltweit groß: Systematisches Doping unter staatlicher Aufsicht in Russland[1] oder der Vorwurf der Bestechung im Zusammenhang mit der Vergabe der Fußball Weltmeisterschaft der Männer 2022 an Katar[2] sind hierfür nur zwei Beispiele. Auch in Deutschland richtet sich der Fokus der Berichterstattung vermehrt auf Fälle korruptiven Verhaltens in Sportvereinen und -verbänden.[3] Zu nennen sind hier nachgewiesene Beeinflussungen einer großen Anzahl von Fußballspielen durch Schiedsrichter,[4] Koppelungsgeschäfte von Sponsoren mit Sportmannschaften[5] oder die Verquickung von sportlichen Wettkämpfen mit Wirtschaft oder Politik.[6] Die Vorwürfe beinhalten hierbei zumeist dieselben Delikte: Doping, Matchfixing, Vergabesachen, Sponsoring und Hospitality. Die handelnden Akteure eines Sportvereins variieren dabei zwischen aktiven Sportlern, die gedopt an einem Wettkampf teilnehmen, Trainern, die durch ihre Taktik absichtlich ein Spiel verschieben, und Funktionären, die sich bestechen lassen.

Durch die Vornahme dieser Straftaten setzen sich die Täter nicht nur einer eigenen strafrechtlichen Verfolgung aus, sondern bringen auch den Sportverein bei einer Aufdeckung der Tat in die Gefahr empfindlicher Sanktionen. Neben Geldzahlungen aus straf-, zivil- und ordnungswidrigkeitenrechtlichen Verfahren steht zudem ein enormer Reputationsverlust bevor, der dem Sportverein nicht nur ein schlechtes Image in der Presse einbringt, sondern auch zu schwindenden Mitgliederzahlen, nachlassenden Zuschauerzahlen, zurückgehenden Verkäufen

---

1 Vgl. hierzu den McLaren Independent Investigation Report – Part I, https://www.wada-ama.org/sites/default/files/resources/files/20160718_ip_report_newfinal.pdf (letzter Abruf am 01.10.2020) und Part II, https://www.wada-ama.org/sites/default/files/resources/files/mclaren_report_part_ii_2.pdf (letzter Abruf am 01.10.2020).

2 Vgl. hierzu den Garcia Report on the inquiry into the 2018/2022 FIFA World Cup bidding process, https://img.fifa.com/image/upload/wnr43dgn3yysafypuq8r.pdf (letzter Abruf am 01.10.2020).

3 Beide Sportvereinigungen weisen dieselbe Rechtsform auf, siehe hierzu Kapitel B, I, 3. Daher beziehen sich sämtliche Ausführungen zum Sportverein grds. auch auf den Sportverband. Explizite Anmerkungen zum Sportverband erfolgen nur dann, wenn Abweichungen zu den Ausführungen zum Sportverein vorliegen.

4 Vgl. hierzu LG Berlin, BeckRS 2006, 5289 und Kapitel C, II.

5 Siehe hierzu Kapitel C, IV, 1.

6 Vgl. hierzu BGHSt 53, 6 = NJW 2008, 3580 (Fall EnBW) und Kapitel C, IV, 2.

von Merchandising-Artikeln und somit letztlich zu einem Umsatzverlust führt. Um diesen Gefahren zuvorkommen und die Reputation und das Vermögen des Vereins schützen zu können, ist es erforderlich, entsprechende Maßnahmen zur Prävention zu implementieren.

Gleichwohl spielt das Thema Compliance – anders als im Bereich der Kapitalgesellschaften – im Vereinsrecht bislang noch eine eher untergeordnete Rolle. Dabei kommt insb. Sportvereinen nicht nur in der Gesellschaft und Politik, sondern auch zunehmend in der Wirtschaft durchaus eine übergeordnete Rolle zu. Über 600.000 Vereine sind in den Vereinsregistern der zuständigen Amtsgerichte eingetragen,[7] 15%[8] hiervon sind Sportvereine mit schätzungsweise 27 Millionen[9] Sportlern als Mitgliedern. Die Politik attestiert dem Sport ein hohes Integrationspotential, wodurch die Begegnung von Menschen unterschiedlicher sozialer oder kultureller Herkunft gefördert und Werte wie Fair Play, Regelakzeptanz und Teamgeist vermittelt werden können.[10] Um diesen Werten gebührend Geltung zu verschaffen, wird bereits seit langem darüber diskutiert, ob der Sport als eigenes Staatsziel in die Verfassung aufzunehmen sei.[11] Bisweilen tritt der Staat durch seine Sportförderung den Sportvereinen unterstützend zur Seite, die sich nicht oder nicht vollständig aus eigenen Mitteln finanzieren können.[12] Durch diese Wertschätzung stellt der Sportsektor daher zunehmend einen erheblichen Zweig in der Wirtschaft dar.[13] Durch den Verkauf von Eintrittskarten für

---

7 Im Jahr 2018 waren es 607.995, vgl. die „Zusammenstellung der Geschäftsübersichten der Amtsgerichte für die Jahre 1995 bis 2018" des Bundesamtes der Justiz.

8 Der 14. Sportbericht der Bundesregierung aus 2019 spricht von rund 91.000 Sportvereinen, vgl. BT-Drs. 19/9150, S. 125.

9 Vgl. BT-Drs. 19/9150, S. 125.

10 BT-Drs. 19/9150, S. 15, 125.

11 Vgl. das Positionspapier des DOSB aus 2006, https://cdn.dosb.de/user_upload/www.dosb.de/uber_uns/Grundsatzpapiere/Staatsziel-Sport.pdf (letzter Abruf am 01.10.2020); den Antrag der Fraktion DIE LINKE, BT-Drs. 17/6152; den Gesetzentwurf der Fraktion der SPD, BT-Drs. 17/10644. Zur aktuellen Bewertung vgl. die Ausarbeitung des Wissenschaftlichen Dienstes des Deutschen Bundestages, WD 10 – 3000 – 069/18.

12 Der Haushaltsetat für 2020 legt den Sportetat auf ca. 279 Millionen EUR fest, vgl. den Bundeshaushaltsplan 2020 – Einzelplan 06 – des Bundesministeriums des Innern, für Bau und Heimat, S. 16, https://www.bundeshaushalt.de/fileadmin/de.bundeshaushalt/content_de/dokumente/2020/soll/Epl_Gesamt_mit_HG_und_Vorspann.pdf (letzter Abruf am 01.10.2020).

13 Der Sport trägt mit ca. 70 Milliarden EUR zum gesamtwirtschaftlichen Bruttoinlandsprodukt bei, das entspricht einem Anteil von ca. 2,3%, vgl. hierzu die Angaben des

Sportveranstaltungen, Merchandising-Programme, Sportsponsoring oder die Vermarktung von Übertragungsrechten können Sportvereine und -verbände immense Einnahmen erzielen. So verbuchte bspw. die FIFA Fußball Weltmeisterschaft der Männer in Brasilien 2014 einen Gesamtertrag von USD 5718 Millionen, nach Abzug des Gesamtaufwands blieb ein Reingewinn von USD 338 Millionen.[14]

Insb. diese wirtschaftliche Bedeutung gepaart mit den bestehenden (strafrechtlichen) Gefahren wirft die Frage auf, in welchem Umfang Sportvereine angehalten sind, zum Schutz entsprechende präventive Maßnahmen einzurichten. Hiermit beschäftigt sich die folgende Arbeit. Grundlage einer erfolgreichen Einleitung präventiver Schritte ist dabei das Sich-vergegenwärtigen der für den Sportverein bestehenden Gefahren. Diese Arbeit beschränkt sich dabei auf die (sportspezifischen) strafrechtlichen Risiken. Erst wenn der Gegenstand der Präventionsarbeit bekannt ist, können hierzu zielführende Maßnahmen ergriffen werden. Daher liegt ein Schwerpunkt dieser Arbeit in einer entsprechenden Bestimmung. Nach einer kurzen Begriffsbestimmung (unter B) werden die in Betracht kommenden korruptiven Handlungsweisen des Dopings, Matchfixings, der Vergabesachen, des Sponsorings und der Hospitality dargestellt und strafrechtlich bewertet (unter C). Im Anschluss wird zudem eine Verantwortlichkeit des Sportvereins in Betracht gezogen (unter D). Ist der Gegenstand der Präventionsarbeit bekannt, ist sodann zu entscheiden, welche konkreten Maßnahmen der Sportverein ergreifen kann, um die genannten Gefahren zu verhindern (unter E). Dabei ist zuvorderst der Frage nachzugehen, ob den Sportverein eine Präventionspflicht trifft und welchen Inhalt eine solche Pflicht innehaben kann. Sodann ist zu untersuchen, welche Folgen eintreten, wenn dieser Pflicht nicht nachgekommen wird (unter F). Hier kommen neben einer strafrechtlichen Verantwortlichkeit, zivilrechtlichen und ordnungswidrigkeitenrechtlichen Haftung auch arbeitsrechtliche Folgen in Betracht. Die Arbeit endet mit einer Zusammenfassung der wichtigsten Ergebnisse (unter G).

Bundesministeriums für Wirtschaft und Energie, https://www.bmwi.de/Redaktion/DE/Textsammlungen/Branchenfokus/Wirtschaft/branchenfokus-sportwirtschaft.html (letzter Abruf am 01.10.2020).

14 Vgl. den FIFA Finanz Bericht 2014, S. 18.

B. Begriffsbestimmungen

Zum besseren Verständnis werden die im Weiteren verwendeten Begrifflichkeiten im Folgenden erläutert.

I. Vereinsrechtliche Grundlagen

1. Verein

Der Verein stellt die Urform aller rechtsfähigen juristischen Personen des Zivilrechts dar.[15] Eine Legaldefinition des zivilrechtlichen Vereinsbegriffs besteht gleichwohl nicht.[16] Die Voraussetzungen eines Vereins sind jedoch durch die herrschende Auffassung festgelegt und beinhalten „eine auf Dauer berechnete Verbindung einer größeren Anzahl von Personen[17] zur Erreichung eines gemeinsamen Zwecks, die nach ihrer Satzung körperschaftlich organisiert ist, einen Gesamtnamen führt und auf einen wechselnden Mitgliederbestand angelegt ist."[18] Im Sportbereich wird der Begriff des „Sportvereins" dabei nicht nur für Vereine benutzt, die den genannten Voraussetzungen entsprechen. Ebenfalls unterfallen hierunter umgangssprachlich die Vereine, die als Profiabteilung ihres Vereins ausgegliedert und als Kapitalgesellschaften organisiert sind.[19] Im Folgenden wird unter dem Begriff „Verein" daher lediglich der auch so organisierte verstanden.

---

15 Vgl. BGHZ 113, 237 = NJW 1991, 1727, 1729.

16 Schimke/Dauernheim/Reichert/*Wagner*, Vereins- und Verbandsrecht, Rn. 2; *Stöber/Otto*, Handbuch zum Vereinsrecht, Rn. 7.

17 Für die Eintragung ins Vereinsregister ist nach § 56 BGB eine Mindestmitgliederzahl von 7 Personen erforderlich.

18 RGZ 143, 212, 213; BeckOK/*Schöpflin*, BGB, § 21 Rn. 25 m.w.N.; § 2 VereinsG definiert den Begriff für das öffentliche Vereinsrecht als „ohne Rücksicht auf die Rechtsform jede Vereinigung, zu der sich eine Mehrheit natürlicher oder juristischer Personen für längere Zeit zu einem gemeinsamen Zweck freiwillig zusammengeschlossen und einer organisierten Willensbildung unterworfen hat." Aufgrund des gefahrenabwehrrechtlichen Zwecks wird der Begriff deutlich weiter ausgelegt, BVerwG NVwZ 2014, 1573.

19 Wie bspw. der Großteil der Mannschaften der Fußball Bundesliga der Männer.

a. *Satzung*

Aus der Vereinsautonomie aus Art. 9 Abs. 1 GG leitet sich das Recht zur freien Wahl der Organisationsform ab, welche auch die freie Gestaltung einer Satzung beinhaltet.[20] Vereinsrechtlich regelt § 25 BGB das Recht zur Implementierung einer eigenen Vereinssatzung. Diese kann in vielen Punkten von den gesetzlichen Vorgaben der §§ 26 ff. BGB abweichen, § 40 BGB. Grds. beinhaltet die Satzung als Teil der Vereinsverfassung sämtliche wesentliche Grundentscheidungen, welche für das Vereinsleben entscheidend sind.[21] Hierzu gehören neben dem Namen, Zweck und Sitz des Vereins[22] auch Regelungen über die Mitgliedschaft, Aufgaben und Tätigkeiten der Vereinsorgane und deren Zusammensetzung, die Berufung der Mitgliederversammlung und die Beitragspflicht.[23] Im Übrigen regeln die §§ 26 ff. BGB weitere wichtige Punkte der Vereinsverfassung. Darüber hinaus bestimmen sich die weiteren Grundentscheidungen nach den Besonderheiten des jeweiligen Vereins.[24] Dies kann bspw. der Umfang von Vereinsgewalt oder die Vermögensverwaltung sein.[25] § 57 Abs. 1 BGB schreibt zudem vor, dass sich aus der Satzung ergeben muss, dass der Verein eingetragen werden soll.

Bei der Vereinssatzung handelt es sich um einen Vertrag[26], der durch die Gründer des Vereins aufgesetzt wird.[27] Hierbei werden jedoch nicht die persönlichen Interessen der Gründer festgehalten; vielmehr besteht die Satzung

---

20 Schimke/Dauernheim/Reichert/*Wagner*, Vereins- und Verbandsrecht, Rn. 335.

21 BGHZ 47, 172 = NJW 1967, 1268, 1271; *Sauter/Schweyer/Waldner*, Der eingetragene Verein, Rn. 32.

22 § 57 Abs. 1 BGB („Mindesterfordernisse“).

23 § 58 BGB („Sollinhalt“). Die Unterscheidung zwischen den Muss- und Sollvorschriften der §§ 57 und 58 BGB spielt in der Praxis hingegen keine Rolle, da auch bei Fehlen des Sollinhalts die Anmeldung des Vereins durch das Amtsgericht zurückzuweisen ist, § 60 BGB.

24 Nationale Sportfachverbände haben bspw. nach Art. 18.3 des NADA-Codes (NADC) ihre eigenen Regelwerke dem NADC anzupassen und die ihnen angehörigen bzw. nachgeordneten Verbände, Vereine, Athleten und sonstigen Beteiligten hieran zu binden.

25 *Sauter/Schweyer/Waldner*, Der eingetragene Verein, Rn. 32.

26 Nach der Vertragstheorie ist die Satzung ein Vertrag; nach a.A. (Normentheorie) handelt es sich bei der Satzung um eine Rechtsnorm; vgl. hierzu Palandt/*Ellenberger*, BGB, § 25 Rn. 3. Da es sich nach der hier vertretenen Ansicht bei der Satzung nicht um eine Rechtsnorm handelt, stellt sie auch kein Statut i.S.d. § 293 ZPO dar, vgl. hierzu auch BayObLGZ 1977, 6 = MDR 1977, 491.

27 Vgl. BGH NJW 1967, 1268, 1271.

als Teil der Verfassung und dient lediglich dem Wohl und Interesse des gesamten Vereins, somit der Verfolgung des Vereinszwecks und dem Interesse seiner Mitglieder.[28]

Der Vereinszweck bestimmt die „große Linie (…), um derentwillen sich die Mitglieder zusammengeschlossen haben" und stellt den „Charakter eines Vereins" dar.[29] Jegliche Entscheidungen von Vereinsorganen, die im Widerspruch zum Vereinszweck stehen, sind unwirksam.[30] Aufgrund des Vereinszwecks fällt auch die Entscheidung zwischen nichtwirtschaftlichen und wirtschaftlichen Vereinen.[31]

Jedes Mitglied, das dem Verein beitritt, ist an die Satzung gebunden, unabhängig davon, ob ihm der Inhalt der Satzung bekannt ist.[32] Dies gilt jedoch zuvorderst nur für die Satzung des Vereins, in dem der Sportler unmittelbares Mitglied ist. Die Satzung eines übergeordneten Vereinsverbands richtet sich dem Grunde nach nur an die einzelnen Mitgliedsvereine.[33] Eine darüber hinaus gehende Geltung auch für die Einzelmitglieder kann nur dann erfolgen, wenn der Vereinsverband in seiner Satzung deutlich macht, welche Regeln auch für die Einzelmitglieder gelten sollen und darüber hinaus die Satzung des Mitgliedsvereins einen entsprechenden Verweis und den Hinweis auf die Verbindlichkeit der Mitglieder beinhaltet.[34] Besteht eine solche Verankerung nicht, kann der Sportler sich nur vertraglich der Satzung des Dachverbands unterwerfen.[35]

b. Organe

Die Pflichtorgane des Vereins sind die Gesamtheit der Mitglieder (Mitgliederversammlung), § 32 Abs. 1 S. 1 BGB und der gesetzliche Vorstand, § 26 Abs. 1 S. 1 BGB.

---

28 *Sauter/Schweyer/Waldner*, Der eingetragene Verein, Rn. 36.

29 BGHZ 96, 245 = NJW 1986, 1033, 1034.

30 Vgl. *Sauter/Schweyer/Waldner*, Der eingetragene Verein, Rn. 42.

31 Siehe Kapitel B, I, 4, b.

32 *Stöber/Otto*, Handbuch zum Vereinsrecht, Rn. 48, 193.

33 Nur diese sind Mitglieder des Vereinsverbands, BeckOK/*Schöpflin*, BGB, § 21 Rn. 48.

34 Fritzweiler/Pfister/*Summerer*, Praxishandbuch Sportrecht, S. 186 spricht von dem „Gebot der mehrfachen Satzungsverankerung". Vgl. auch BGH NJW 1958, 1867.

35 Vgl. BGHZ 128, 93 = NJW 1995, 583.

aa. Mitgliederversammlung

Die Mitgliederversammlung als Zusammenschluss der Gesamtheit der Mitglieder des Vereins stellt das oberste Vereinsorgan dar.[36] Gem. § 32 Abs. 1 S. 1 BGB werden alle Angelegenheiten des Vereins, soweit nicht anders geregelt, durch Beschlussfassung der Mitgliederversammlung geordnet.

Die Aufgaben der Mitgliederversammlung bestehen insb. aus der Bestellung des Vorstands, § 27 Abs. 1 BGB, der Vornahme von Satzungsänderungen, § 33 BGB, und der Beaufsichtigung und Entlastung der Vereinsorgane.[37] Soll der Verein aufgelöst werden, erhält die Mitgliederversammlung das Recht hierzu aus § 41 BGB. Im Verhältnis zum gesetzlichen Vorstand ist die Mitgliederversammlung weisungsbefugt, §§ 32, 27 Abs. 3 i.V.m. 665 BGB.

Die Vorschrift des § 32 BGB fällt unter die abdingbaren Vorschriften des § 40 BGB. Durch Satzung können die Rechte der Mitgliederversammlung somit beschränkt oder auf andere Vereinsorgane übertragen werden.[38] Da es sich bei der Mitgliederversammlung um ein Pflichtorgan des Vereins handelt, können die Rechte jedoch nicht ausschließlich von anderen Organen ausgeübt werden. Eine Grenze ist dann überschritten, „wenn die Geschicke des Vereins in jeder Hinsicht praktisch ausschließlich von bestimmten Mitgliedern gestaltet werden, auf deren Bestellung und Kontrolle die übrigen Mitglieder keinen Einfluss haben."[39]

Die Mitgliederversammlung kommt in den Fällen zusammen, die in der Satzung (§ 58 Nr. 4 BGB) festgeschrieben sind oder dann, wenn das Interesse des Vereins es erfordert, § 36 BGB.[40]

Die Beschlussfassung hat nach § 32 Abs. 1 BGB in der Versammlung der Mitglieder zu erfolgen. Erforderlich nach § 32 Abs. 1 S. 3 BGB ist hierbei die Mehrheit der abgegebenen Stimmen. Ausnahmsweise kann nach § 32 Abs. 2 BGB auch ohne Versammlung ein Beschluss gefasst werden; der Beschluss ist jedoch nur dann gültig, wenn – abweichend von Absatz 1 – alle Mitglieder ihre Zustimmung zu dem Beschluss schriftlich[41]

---

36 *Stöber/Otto*, Handbuch zum Vereinsrecht, Rn. 629.

37 Vgl. *Stöber/Otto*, Handbuch zum Vereinsrecht, Rn. 630.

38 Vgl. OLG Celle, NJW-RR 1995, 1273.

39 OLG Celle, NJW-RR 1995, 1273.

40 Vgl. hierzu mit Beispielen Krieger/Schneider/*Burgard*, Handbuch Managerhaftung, § 6 Rn. 6.17.

41 Hierbei muss nicht unbedingt die Schriftform des § 126 BGB gewahrt werden, auch eine Zustimmung nach §§ 126a, 126b BGB oder per Telefax genügt, vgl. BeckOGK/

erklären.[42]

bb. Gesetzlicher Vorstand

§ 26 Abs. 1 S. 1 BGB schreibt vor, dass der Verein einen Vorstand haben muss. Regelungen über die Bildung des Vorstands sollen in der Satzung enthalten sein, § 58 Nr. 3 BGB. Liegen keine entsprechenden Ausführungen vor, so besteht der Vorstand aus einer Person.[43] Es besteht jedoch die Möglichkeit, den Vorstand mit mehreren Personen zu besetzten, §§ 26 Abs. 2 S. 1, 28 BGB. Das von § 26 Abs. 2 S. 1 BGB vorgegebene Mehrheitsprinzip ist dabei gem. § 40 BGB satzungsdispositiv und berechtigt den Vereinsvorstand, eine Aufteilung der Geschäftsführungsaufgaben nach Sachgebieten vorzunehmen.[44]

Der gesetzliche Vorstand eines Vereins wird gem. § 27 Abs. 1 BGB[45] von der Mitgliederversammlung gewählt und untersteht grds. deren Weisungsrecht,[46] insb. bei risikobehafteten und besonders bedeutsamen Geschäften.[47] Darüber hinaus muss der Vorstand gegenüber der Mitgliederversammlung mehreren Informationspflichten nachkommen, die sich durch den Verweis in § 27 Abs. 3 BGB aus § 666 BGB ergeben. Umfasst sind hier die Berichtspflicht, Auskunftspflicht und Rechenschaftspflicht.[48]

Die Aufgaben des gesetzlichen Vorstands umfassen die gerichtliche und außergerichtliche Vertretung des Vereins, § 26 Abs. 1 S. 2 BGB. Grds. fällt dem Vorstand die Geschäftsführung zu, § 27 Abs. 3 BGB.[49] Hiervon kann jedoch nach § 40 BGB durch eine entsprechende Satzungsbestimmung abgewichen werden.

Notz, BGB, § 32 Rn. 196 (Fn. 1065) m.w.N. Darüber hinaus kann per Satzung (§ 40 BGB) bspw. eine Zustimmung per Mail vereinbart werden, vgl. *Stöber/Otto*, Handbuch zum Vereinsrecht, Rn. 636.

42 Vgl. BeckOGK/*Notz*, BGB, § 32 Rn. 196 (Fn. 1061) m.w.N.

43 Vgl. Schimke/Dauernheim/Reichert/*Wagner*, Vereins- und Verbandsrecht, Rn. 2007.

44 *Sauter/Schweyer/Waldner*, Der eingetragene Verein, Rn. 277a; ausführlich zur Aufteilung in Ressorts Schimke/Dauernheim/Reichert/*Wagner*, Vereins- und Verbandsrecht, Rn. 2554 ff.

45 Da § 27 Abs. 1 BGB unter die nachgiebigen Vorschriften des § 40 BGB fällt, kann auch die Satzung die Bestellung regeln.

46 §§ 27 Abs. 3, 665 BGB; BGHZ 119, 379 = DStR 1993, 69, 70; vgl. auch MüKoBGB/*Leuschner*, § 27 Rn. 37; *Stöber/Otto*, Handbuch zum Vereinsrecht, Rn. 470 f.; Schimke/Dauernheim/Reichert/*Wagner*, Vereins- und Verbandsrecht, Rn. 2579.

47 *Kreißig*, Der Sportverein in Krise und Insolvenz, S. 35.

48 Vgl. weitergehend MüKoBGB/*Leuschner*, § 27 Rn. 51 ff.

49 Siehe zu den Pflichten, die sich aus der Geschäftsführung ergeben, Kapitel E, II, 2.

Das Gesetz sieht in § 27 Abs. 3 S. 2 BGB vor, dass die Mitglieder des Vorstands unentgeltlich tätig sind. Ein Anspruch auf Aufwendungsersatz ergibt sich über § 27 Abs. 3 S. 1 BGB aus § 670 BGB.[50] Trotz dieser Regelung kann zwischen Verein und Vorstand auch eine Vergütung vereinbart werden. Das ergibt sich zum einen aus § 40 BGB, der § 27 Abs. 3 BGB als abdingbare Vorschrift einordnet. Zum anderen spricht § 27 Abs. 2 S. 1 BGB von einer „vertraglichen Vergütung". Ist in der Satzung die Möglichkeit einer Vergütung des Vorstands enthalten, so kann der Vorstand für seine Arbeit entlohnt werden.[51] Der Anstellungsvertrag, aus dem sich der Anspruch auf Entlohnung ergibt, ist dann ein Dienstvertrag in Form eines Geschäftsbesorgungsvertrages, §§ 675, 611 ff. BGB.[52]

cc. Fakultative Vereinsorgane

Es besteht die Möglichkeit, durch Satzung[53] weitere, sog. fakultative Vereinsorgane zu schaffen, § 32 Abs. 1 S. 1 BGB. Diese „anderen Vereinsorgane" können insb. besondere Vertreter i.S.v. § 30 BGB sein. Der besondere Vertreter wird i.d.R. in einem Dienstverhältnis zum Verein stehen. Seine Bestellung erfolgt grds. gem. § 27 BGB analog[54] durch die Mitgliederversammlung.[55] Die Satzung kann jedoch regeln, dass der Vorstand diese Aufgabe wahrnimmt.[56]

Die Rechtsstellung des besonderen Vertreters leitete sich nicht vom Vorstand ab, vielmehr wird ihm ein eigener Tätigkeitsbereich zugeteilt, dessen Aufgaben er eigenverantwortlich nachzukommen hat.[57] Über diesen Bereich erstreckt sich nach § 30 S. 2 BGB die Vertretungsmacht des besonderen Vertreters.

§ 30 S. 1 BGB sieht vor, dass der besondere Vertreter für „gewisse Geschäfte" zu bestellen ist. Umstritten ist hierbei, welchen Inhalt diese Geschäfte aufweisen dürfen. Es wird vertreten, dass der Wortlaut vorgäbe, dem besonderen Vertreter

---

50 Vgl. zum Umfang des Aufwendungsersatzes *Stöber/Otto*, Handbuch zum Vereinsrecht, Rn. 486.

51 Vgl. auch BT-Drs. 17/11316, S. 16.

52 BeckOK/*Schöpflin*, BGB, § 27 Rn. 8.

53 Die Rspr. legt die Voraussetzung „durch die Satzung" sehr weit aus und lässt es genügen, wenn in der Satzung zumindest die Bestellung eines besonderen Vertreters gestattet ist, vgl. BeckOGK/*Kling*, BGB, § 30 Rn. 31 ff. m.w.N.

54 § 27 BGB bezieht sich nur auf die Bestellung des Vorstands.

55 Vgl. BeckOGK/*Kling*, BGB, § 30 Rn. 16.

56 Vgl. BayObLG MittBayNot 1999, 305.

57 *Stöber/Otto*, Handbuch zum Vereinsrecht, Rn. 572. Der Selbstständigkeit steht auch nicht entgegen, dass der besondere Vertreter im Innenverhältnis weisungsgebunden ist, vgl. BGH NJW 1977, 2259, 2260.

dürfen nur einzelne, konkretisierte Aufgaben übertragen werden[58] wie z.B. Personalangelegenheiten. Zudem würde sich aus dem Sinn und Zweck der Norm ableiten, dass der Aufgabenbereich des besonderen Vertreters im Vergleich zu dem des gesetzlichen Vorstands eingeschränkt sein müsse.[59] Hier kann entgegengehalten werden, dass das Wortlautargument auch umgekehrt werden kann. Die Rechtsprechung führt hierzu aus, dass der Begriff der „gewissen" Geschäfte nur vorschreibe, dass konkret bestimmt sein müsse, für welche Aufgaben der besondere Vertreter zuständig sei. Es stehe dem Wortlaut nicht entgegen, dass mit „gewissen" Geschäften alle Geschäfte gemeint seien.[60] Der besondere Vertreter sei berechtigt, sämtliche Geschäfte der laufenden Verwaltung zu übernehmen.[61] Dieser Ansicht ist zuzustimmen. § 40 BGB sieht die Geschäftsführung des Vorstands aus § 27 Abs. 3 S. 1 BGB als abdingbare Vorschrift an. Somit besteht die Möglichkeit, auch die gesamte Geschäftsführung zu übertragen.[62] Eine Ausnahme besteht nur für die Aufgaben, die zwingend dem gesetzlichen Vorstand zugeschrieben sind.[63] Dem Argument der lediglich untergeordneten Aufgabenwahrnehmung des besonderen Vertreters kann entgegen gehalten werden, dass § 30 BGB vorsieht, dass der besondere Vertreter „neben" den gesetzlichen Vorstand zu bestellen ist. Ein Über-Unter-Verhältnis wird hierdurch nicht vorgeschrieben. I.E. können dem besonderen Vertreter somit sämtliche Aufgaben des gesetzlichen Vorstands, wie bspw. die Ausübung der Compliance-Pflicht,[64] übertragen werden. Diese sind dann in der Satzung festzuhalten.

Hinsichtlich der Vergütung des besonderen Vertreters gilt nichts anderes als für die Vorstandsmitglieder. Auch er ist grds. unentgeltlich tätig, solange die Satzung nichts Gegenteiliges vorschreibt.

---

58 So die herrschende Meinung im Schrifttum, vgl. *Stöber/Otto*, Handbuch zum Vereinsrecht, Rn. 574; *Sauter/Schweyer/Waldner*, Der eingetragene Verein, Rn. 313; *Graewe*, ZStV 2013, 60, 61 m.w.N.

59 *Graewe*, ZStV 2013, 60, 61.

60 So OLG München, NZG 2013, 32 (eine Entscheidung lässt das OLG offen).

61 OLG Zweibrücken, NZG 2013, 907, 908 lässt die Bezeichnung „Geschäftsführer" in der Satzung ausreichen für die Bestimmung der Aufgaben des besonderen Vertreters.

62 So auch *Brouwer*, NZG 2017, 481, 486 f.

63 Wie die Insolvenzantragspflicht nach § 42 Abs. 2 BGB, die Eintragungspflichten nach §§ 59 Abs. 1, 67 Abs. 1 S. 1, 71 Abs. 1 S. 2 oder 74 Abs. 2 S. 1 BGB, die Einreichungspflicht nach § 72 BGB oder die Anmeldungspflicht nach § 76 Abs. 2 S. 1 BGB.

64 Siehe Kapitel E, III.

c. Mitgliedschaft

Durch den Eintritt eines Sportlers in einen Sportverein entsteht zwischen Beiden ein Rechtsverhältnis.[65] Die Mitgliedschaft vermittelt dem Sportler sowohl Rechte[66] als auch Pflichten, auf Grundlage des Gesetzes als auch der Satzung. Das Vereinsmitglied ist berechtigt, an der Mitgliederversammlung teilzunehmen oder sich an der schriftlichen Abstimmung zu beteiligen, § 32 BGB.[67] Zudem besteht gem. § 37 BGB das Recht einer Minderheit zur Berufung der Mitgliederversammlung. Möchte der Sportler den Verein verlassen, ist ihm dies gem. § 39 Abs. 1 BGB zu gewähren. §§ 37 und 39 BGB fallen nicht unter die nachgiebigen Vorschriften des § 40 BGB und sind daher unabdingbar. Als Mitglied des Vereins ist der Sportler zudem berechtigt, soweit ein entsprechender Leistungsstand nachgewiesen werden kann, an Wettkämpfen teilzunehmen.[68] Als Pflicht des Mitglieds schreibt das Gesetz lediglich das Stimmverbot gem. § 34 BGB vor. Aus dem Rechtsverhältnis zum Verein resultiert zudem die Pflicht, den Vereinszweck zu fördern und die Zweckverfolgung nicht zu behindern.[69] Darüber hinaus können durch Satzungsbestimmungen weitere Regelungen bzgl. der Mitgliedschaft bestimmt werden, bspw. eine Beitragspflicht des Mitglieds.[70]

d. Finanzierung

Die klassische Einnahmequelle eines jeden Sportvereins sind die Mitgliederbeiträge.[71] Da diese Einnahmen i.d.R. nicht ausreichen werden, sämtliche Ausgaben zu decken, bestehen weitere Möglichkeiten der Finanzierung.[72] Der Verein

---

65 Es entsteht ein Sonderrechtsverhältnis eigener Art, vgl. Schimke/Dauernheim/Reichert/*Wagner*, Vereins- und Verbandsrecht, Rn. 657; vgl. auch *Lutter*, AcP 180 (1980), 84, 86 ff.

66 Verstößt der Verein gegen diese Rechte, macht er sich gegebenenfalls schadenersatzpflichtig nach § 280 BGB, vgl. *Linnenbrink/Hofmeister*, SpuRt 1996, 127 ff.

67 Vgl. zu den Sonderrechten aus § 35 BGB auch *Haas/Vogel*, SpuRt 2011, 50 ff.

68 Fritzweiler/Pfister/*Summerer*, Praxishandbuch Sportrecht, S. 194 ff.; vgl. auch BGHZ 110, 323 = NJW 1990, 2877 (Feststellung im Rahmen einer Schadenersatzklage).

69 Schimke/Dauernheim/Reichert/*Wagner*, Vereins- und Verbandsrecht, Rn. 657. Vgl. auch BGH BeckRS 2010, 9131, wonach sich aus Art. 9 Abs. 3 GG die Pflicht herleite, „die Arbeits- und Wirtschaftsbedingungen zu wahren und zu fördern."

70 § 58 Nr. 2 BGB.

71 Fritzweiler/Pfister/*Summerer*, Praxishandbuch Sportrecht, S. 158; *Gotthardt/Schütze*, NZG 2010, 1406, 1407.

72 Vgl. auch im Weiteren Fritzweiler/Pfister/*Summerer*, Praxishandbuch Sportrecht, S. 158 ff.

kann durch die Ausrichtung von Sportveranstaltungen Zuschauereinnahmen generieren, die Übertragungsrechte an diesen Wettkämpfen vermarkten oder sein Merchandising-Programm der Mannschaft ankurbeln,[73] insb. durch einen Trikotverkauf. Auch die Bereiche des Sponsorings und der Hospitality spielen hier eine zunehmend größere Rolle.[74] Da diese Einnahmen vielen Sportvereinen insb. in den höchsten Ligen ihrer Sportart nicht ausreichen, gliedern sie ihre Profibereiche in eine Kapitalgesellschaft aus, um sich so auch am Kapitalmarkt, z.B. durch einen Aktienverkauf, finanzieren zu können.[75] Jedoch kann auch der eingetragene Verein sein Kapital auf ähnliche Weise erhöhen. Es besteht die Möglichkeit, bspw. über eigene Fan-Anleihen Kapital zu generieren.[76] Mit diesen Schuldverschreibungen leiht sich der Verein über einen bestimmten Zeitraum Geld von seinen Fans, die im Gegenzug eine festgeschriebene Verzinsung erhalten. Entscheidend hierbei ist jedoch, dass das so eingenommene Kapital am Ende auch der Förderung des Vereinszwecks zugutekommt und nicht bspw. einer Stadion-GmbH oder einer ausgegliederten Profiabteilung.

Ist ein Sportverein nicht oder nicht vollständig in der Lage, sich aus eigenen Mitteln finanzieren zu können, besteht von Seiten des Bundes und der Länder eine gewisse Förderung.[77]

2. Verband

Der Wortherkunft nach haben die Begriffe Verein und Verband die gleiche Bedeutung und bezeichnen eine Personenvereinigung zur Erreichung eines gemeinsamen Zwecks.[78]

Hinsichtlich des Vereinsnamens und der Frage, ob bzw. wann sich ein Verein auch Verband nennen kann, besteht z.T. Uneinigkeit. Während in der Literatur[79]

73 Siehe zum Problem des wirtschaftlichen Handelns beim Idealverein Kapitel B, I, 4, b.

74 Siehe zur strafrechtlichen Bedeutung dieser Bereiche Kapitel C, IV.

75 Vgl. hierzu weiterführend Fritzweiler/Pfister/*Summerer*, Praxishandbuch Sportrecht, S. 153 ff.; *Punte*, SpuRt 2017, 46, 47.

76 Vgl. ausführlich Stopper/Lentze/*Schneider*, Handbuch Fußball-Recht, S. 1076 ff.

77 Vgl. zur Subsidiarität der staatlichen Sportförderung BT-Drs. 19/9150, S. 21 f.

78 Schimke/Dauernheim/Reichert/*Wagner*, Vereins- und Verbandsrecht, Rn. 15.

79 Schimke/Dauernheim/Reichert/*Wagner*, Vereins- und Verbandsrecht, Rn. 5559; *Stöber/Otto*, Handbuch zum Vereinsrecht, Rn. 15; *Sauter/Schweyer/Waldner*, Der eingetragene Verein, Rn. 59 geht von einer größeren Anzahl von Mitgliedern oder einem Zusammenschluss mehrerer Vereine aus.

und älteren Rechtsprechung[80] davon ausgegangen wird bzw. wurde, dass sich ein Verein nur dann Verband nennen darf, wenn er eine größere oder bedeutende Anzahl von natürlichen Personen im Sinne einer Mindestgrenze vorweisen kann oder zumindest einen Zusammenschluss verschiedener Vereine darstellen muss, sind die neuere Rechtsprechung[81] und Teile der Literatur[82] von dieser Einstufung abgewichen. Die Bezeichnung „Verband" im Vereinsnamen kann auch ohne diese Erfordernisse erfolgen und ist nur im Einzelfall dahingehend zu überprüfen, ob eine Irreführung durch den Vereinsnamen zu erwarten ist.[83] Dies kann bspw. bei den Bezeichnungen Bundes- oder Fachverband der Fall sein.[84]

3. Vereinsverband

Der Vereinsverband – oder auch Dachverband – bezeichnet den Zusammenschluss von selbstständigen Vereinen oder Verbänden zu einem übergeordneten Verband.[85] Der Vereinsverband unterscheidet sich vom einzelnen Verein oder Verband dadurch, dass seine Mitglieder nur die Vereine[86] oder Verbände umfasst, nicht hingegen deren einzelnen Mitglieder.[87] Als Beispiel für einen Dachverband kann der DOSB genannt werden. Der DOSB besteht aus 16 Landessportbünden, 66 Spitzenverbänden, 18 Verbänden mit besonderen Aufgaben und umfasst knapp 90.000 Sportvereine mit insg. mehr als 27 Mio. Mitgliedern.[88]

---

80 Das BayOLG spricht von einer größeren Anzahl von Mitgliedern, im konkreten Fall waren 26 Personen als nicht ausreichend erachtet worden, vgl. BayObLGZ 1974, 299, 300 f.

81 OLG Frankfurt a.M., NZG 2011, 1234, 1236; KG Berlin, GRUR 1999, 1039.

82 MüKoHGB/*Heidinger*, § 18 Rn. 167 mit der Einschränkung, dass der Begriff „Verband" für Einzelunternehmen versagt ist; so auch Baumbach/*Hopt*, HGB, § 18 Rn. 31.

83 Das „Irreführungsverbot" aus § 18 Abs. 2 HGB ist analog auf den Verein bzw. den Vereinsnamen anzuwenden, vgl. MüKoHGB/*Heidinger*, § 18 Rn. 167; Baumbach/*Hopt*, HGB, § 18 Rn. 31.

84 Vgl. bzgl. der Bezeichnung „Bundesverband" BGH GRUR, 1984, 457. Vgl. auch *Nordemann*, Nomos Kommentar zum UWG, § 5 Rn. 3.83.

85 Schimke/Dauernheim/Reichert/*Wagner*, Vereins- und Verbandsrecht, Rn. 45; BeckOK/*Schöpflin*, BGB, § 21 Rn. 48.

86 In einigen Fällen zusätzlich auch Kapitalgesellschaften, soweit einzelne Vereinsteile (i.d.R. Profiabteilungen) in dieser Form organisiert sind, z.B. die DFL.

87 BeckOK/*Schöpflin*, BGB, § 21 Rn. 48.

88 https://www.dosb.de/ueber-uns/mitgliedsorganisationen/ (letzter Abruf am 01.10.2020).

In den DOSB aufgenommen wird jede Sportart mit nur einem Spitzenverband und jedes Bundesland mit nur einem Landessportbund.[89] Am Bespiel Fußball bedeutet dies, dass nur der DFB als nationaler Fußballverband Mitglied des DOSB ist.[90]

Sportvereinsverbände bestehen wie Sportvereine in der Form des eingetragenen Vereins. Da beide Sportvereinigungen dieselbe Rechtsform aufweisen, werden die Begriffe Verein und Verband im Weiteren synonym verwendet; auch wenn nur der Sportverein genannt wird, betreffen sämtliche Ausführungen auch den Sportverband. Explizite Anmerkungen zum Sportverband erfolgen nur dann, wenn Abweichungen zu den Ausführungen zum Sportverein vorliegen.

4. Vereinsformen

a. Rechtsfähige und nichtrechtsfähige Vereine

Unterschieden wird vom Gesetzgeber zwischen rechtsfähigen und nichtrechtsfähigen (§ 54 BGB) Vereinen. Eine Unterscheidung am Merkmal der Rechtsfähigkeit wird in der Literatur inzwischen jedoch aufgegeben; beide Vereinsarten haben sich in den letzten Jahren zu sehr angenähert.[91] Eine passendere Beschreibung soll vielmehr am Merkmal der Eintragung vorgenommen werden.[92] § 57 Abs. 1 BGB schreibt vor, dass sich aus der Satzung ergeben muss, dass der Verein eingetragen werden soll. Ohne einen solchen Vermerk ist der Verein als nichtrechtsfähig errichtet. Der rechtsfähige Verein stellt somit den eingetragenen Verein dar, der nichtrechtsfähige den nichteingetragenen Verein. Da im Gesetz in

---

89 Vgl. § 7 Abs. 1a, b DOSB-Satzung; vgl. weiter zum sog. „Ein-Platz-Prinzip" Fritzweiler/Pfister/*Summerer*, Praxishandbuch Sportrecht, S. 187 f.; *Summerer*, SpuRt 2019, 49; OLG München, NZKart 2019, 287; OLG Dresden, NJW-RR 2017, 291.

90 Dachverband des Fußballs ist gleichzeitig die FIFA. Sie besteht aus 6 Konföderationen (AFC, CAF, CONCACAF, CONMEBOL, OFC und UEFA) mit 211 Mitgliedsverbänden, https://de.fifa.com/associations/ (letzter Abruf am 01.10.2020). Die UEFA hat 55 Nationalverbände, https://de.uefa.com/insideuefa/member-associations/ (letzter Abruf am 01.10.2020). Der DFB wiederum setzt sich aus 5 Regionalverbänden, 21 Landesverbänden, über 24.000 Sportvereinen mit insg. ca. 7,1 Mio. Mitgliedern zusammen, https://www.dfb.de/verbandsstruktur/mitglieder/ (letzter Abruf am 01.10.2020).

91 Vgl. Schimke/Dauernheim/Reichert/*Wagner*, Vereins- und Verbandsrecht, Rn. 32; *Stöber/Otto*, Handbuch zum Vereinsrecht, Rn. 11, 13, 62; *Wagner*, NZG 2017, 768; *Terner*, ZNotP 2009, 132, 137; *Schücking*, Münchener Handbuch des Gesellschaftsrechts, Band 1, § 2 Rn.13.

92 Vgl. *Arnold*, DB 2004, 2143, 2146; *Hadding*, ZGR 2006, 137, 145.

§ 54 BGB jedoch immer noch am Begriff des nichtrechtsfähigen Vereins festgehalten wird, wird auch dieser hier verwendet. Auf nichtrechtsfähige Vereine sind die Vorschriften über die Gesellschaft (§§ 705 ff. BGB) anzuwenden, § 54 S. 1 BGB.[93]

Der Großteil der Sportvereine ist als eingetragener, und somit rechtsfähiger Verein organisiert. Einzelne Vereinsabteilungen in Mehrspartenvereinen können hingegen durchaus auch als nichtrechtsfähiger Verein bestehen.[94]

Die Rechtsfähigkeit kann erlangt werden von nichtwirtschaftlichen sowie wirtschaftlichen Vereinen. Erstgenannte werden rechtsfähig durch Eintragung in das Vereinsregister (§ 21 BGB), letztere durch staatliche Verleihung (§ 22 BGB).[95]

b. *Nichtwirtschaftliche und wirtschaftliche Vereine*

Die Vereinsklassen[96] der nichtwirtschaftlichen Vereine (§ 21 BGB, auch Idealvereine genannt[97]) und der wirtschaftlichen Vereine (§ 22 BGB) unterscheiden sich in ihrer Zweckrichtung. § 21 BGB schreibt vor, dass nur solche Vereine ihre Rechtsfähigkeit durch Eintragung in das Vereinsregister erlangen können, deren

---

93 Schon der Gesetzgeber sah den Strukturunterschied zwischen rechtsfähigem und nichtrechtsfähigem Verein, verwies den nichtrechtsfähigen Verein gleichwohl in „die für sie nicht passende Rechtsform der Gesellschaft", *Mugdan*, Die gesamten Materialien zum Bürgerlichen Gesetzbuch für das Deutsche Reich, Band I S. 640. Vgl. zur Kritik hieran BeckOK/*Schöpflin*, BGB, § 54 Rn. 15 f. m.w.N. *Stöber/Otto*, Handbuch zum Vereinsrecht, Rn. 1499 ff. schließt daraus, dass die Vorschriften des Gesellschaftsrechts, die für den Verein nicht passen, durch die Satzung als stillschweigend ausgeschlossen gelten (Rn. 1502). MüKoBGB/*Leuschner*, § 54 Rn. 4 ff. geht davon aus, dass § 54 S. 1 BGB für den nichtrechtsfähigen Verein „cessante ratione legis cessat lex ipsa" außer Kraft getreten sei.

94 Vgl. Schimke/Dauernheim/Reichert/*Wagner*, Vereins- und Verbandsrecht, Rn. 4962; vgl. zum Verhältnis von rechtsfähigem und nichtrechtsfähigem Verein auch BGH NZG 2013, 466.

95 Vgl. BVerwGE 58, 26 = NJW 1979, 2261; mit Anmerkungen von *Schmidt*, NJW 1979, 2239.

96 *Schmidt* entwickelte die sog. „Vereinsklassenabgrenzung" und insb. den Begriff der „vereinsmäßig strukturierten Mitunternehmerschaft", *Schmidt*, Rpfleger 1972, 286, 288; vgl. auch *Sauter/Schweyer/Waldner*, Der eingetragene Verein, Rn. 42a m.w.N. aus Literatur und Rspr.

97 Der Begriff Idealverein gilt teilweise als zu ungenau, vgl. *Terner*, RNotZ 2008, 94, 95.

Zweck nicht auf einen wirtschaftlichen Geschäftsbetrieb gerichtet ist.[98] Grund dieser unterschiedlichen Einteilung ist das jeweilige Schutzbedürfnis der Sicherheit des Rechtsverkehrs:[99] Dieses sei gegenüber dem der nichtwirtschaftlichen Vereinen bei wirtschaftlichen Vereinen[100] erhöht, sodass sich letztere zur Erreichung des Vereinsstatus einer besonderen Prüfung (nach § 22 BGB) unterwerfen oder sich einer anderen Rechtsform bedienen müssen.[101]

Bei der Unterscheidung zwischen nichtwirtschaftlichem und wirtschaftlichem Verein kann es nicht entscheidend sein, welchen Vereinszweck der jeweilige Verein in seine Satzung aufgenommen hat;[102] vielmehr kommt es darauf an, ob der Verein in der Praxis einen wirtschaftlichen Geschäftsbetrieb tatsächlich ausübt oder solch eine Tätigkeit beabsichtigt.[103] Ein wirtschaftlicher Geschäftsbetrieb kann nach der typologischen Methode[104] angenommen werden bei Vereinen „mit planmäßigem Angebot wirtschaftlicher Leistungen am Markt gegen Entgelt, solche(n) mit unternehmerischer Tätigkeit an einem inneren (aus den Mitgliedern bestehenden) Markt und Vereine(n), die genossenschaftliche Kooperation betreiben, also von ihren Mitgliedern mit ausgegliederten unternehmerischen

---

98 Der BGH hat hierzu erkannt, dass grds. alle Vereine, die als gemeinnützig i.S.d. §§ 51 ff. AO anerkannt sind, als Idealvereine i.S.d. § 21 BGB anzusehen sind, BGH npoR 2018, 21, 23 (Rn. 27).

99 BGHZ 45, 395 = NJW 1966, 2007.

100 Vgl. auch die gesetzlichen Gläubigerschutzvorschriften der wirtschaftlichen Sondervereinsformen, insb. das Erfordernis eines Mindestkapitals (§ 7 AktG, § 5 Abs. 1 GmbHG), die Ausschüttungssperre (§ 57 Abs. 1 AktG, § 30 Abs. 1 GmbHG, § 22 Abs. 4 GenG) und die Pflichten zur Rechnungslegung (§§ 264 ff. HGB), zur Prüfung (§§ 316 ff. HGB) und zur Offenlegung (§§ 325, 339 HGB).

101 Wirtschaftliche Vereine erlangen ihre staatliche Verleihung äußerst selten, nämlich nur dann, wenn die Erlangung der Rechtsfähigkeit durch andere Vorschriften unzumutbar ist, vgl. Palandt/*Ellenberger*, BGB, § 22 Rn. 1; Fritzweiler/Pfister/*Summerer*, Praxishandbuch Sportrecht, S. 151.

102 *Stöber/Otto*, Handbuch zum Vereinsrecht, Rn. 60a. Unternehmerische Zwecke werden aus steuerlichen Gründen zumeist wohl nicht in der Satzung verankert werden, vgl. Fritzweiler/Pfister/*Summerer*, Praxishandbuch Sportrecht, S. 151.

103 KG Berlin, NZG 2005, 361, 362; BayObLG, Rpfleger 1977, 19, 20. Zur eindeutigeren Bestimmung des Vereinszwecks sollten daher die wesentlichen Vorgaben des Vereins dergleichen beschrieben werden, dass sich die Art der Vereinstätigkeit klar ergibt, vgl. OLG Düsseldorf, NJW-RR 1996, 989 990; *Sauter/Schweyer/Waldner*, Der eingetragene Verein, Rn. 42b.

104 *Schmidt*, Rpfleger 1988, 45, 46; Palandt/*Heinrichs*, BGB, § 21 Rn. 2 ff. m.w.N.

Teilaufgaben betraut werden."[105] Entscheidend dabei ist, dass die wirtschaftliche Betätigung in einer planmäßigen Teilnahme an einem unternehmerischen Wettbewerb erfolgen muss.[106] Ein wirtschaftlicher Geschäftsbetrieb ist bspw. in den Fällen zu verneinen, in denen ein Idealverein seine Profiabteilung ausgliedert und in der Rechtsform einer Kapitalgesellschaft organisiert;[107] eine Zurechnung kann dann nicht erfolgen, wenn die Kapitalgesellschaft ihren Gläubigern alle erforderlichen Sicherheiten dieser Rechtsform bietet.[108] Der Amateurbereich kann hiernach als Idealverein bestehen bleiben,[109] auch wenn bspw. Verknüpfungen zwischen beiden Bereichen bestehen.[110]

Gleich dieser Abgrenzung wird nicht jedem Idealverein, der wirtschaftlichen Aktivitäten nachkommt, die Eintragung gem. § 21 BGB verweigert. Auch dem nichtwirtschaftlichen Verein wird gestattet, die Erreichung seiner Ziele durch einen wirtschaftlichen Nebengeschäftsbetrieb zu fördern, ihm steht das sog. Nebenzweckprivileg zu.[111] Dieses besagt, dass auch ein nichtwirtschaftlicher Verein einen wirtschaftlichen Geschäftsbetrieb unterhalten darf, solange der ideelle Vereinszweck als Hauptzweck bestehen bleibt[112] und das wirtschaftliche Geschäft nur betrieben wird, „um sich hierdurch die zur Erreichung jener Zwecke erforderlichen Mittel zu verschaffen".[113] Entscheidend ist dabei, dass der

---

105 OLG Schleswig, NJW-RR 2001, 1478; vgl. auch KG Berlin, NZG 2005, 361, 362; OLG Frankfurt a.M., NZM 2006, 825; vgl. *Schmidt*, Rpfleger 1988, 45, 46.

106 Vgl. *Stöber/Otto*, Handbuch zum Vereinsrecht, Rn. 66; *Sauter/Schweyer/Waldner*, Der eingetragene Verein, Rn. 43 m.w.N.

107 Vgl. hierzu auch *Reuter*, npoR 2012, 101, 105.

108 Vgl. BGHZ 85, 84 = NJW 1983, 569; *Sauter/Schweyer/Waldner*, Der eingetragene Verein, Rn. 46.

109 Und kann auch seinen Status der Gemeinnützigkeit behalten, vgl. auch *Lüdeke*, SpuRt 2007, 45 ff. und 94 ff.

110 Vgl. BGHZ 85, 84 = NJW 1983, 569, 571; *Leuschner*, NZG 2017, 16 ff.

111 Der Begriff wurde entwickelt von *Schmidt*, Rpfleger 1972, 343, 350; vgl. auch BGHZ 85, 84 = NJW 1983, 569, 571 f. Eine gesetzliche Verankerung des Nebenzweckprivilegs besteht nicht, die Bundesregierung sieht hierzu keinen Handlungsbedarf und verweist vielmehr auf die zuständigen Gerichte, vgl. BT-Drs. 18/1931, S. 3.

112 Und der wirtschaftliche Geschäftsbetrieb lediglich eine untergeordnete Rolle spielt, OLG Schleswig, NJW-RR 2001, 1478.

113 Prot. I, S. 498 = *Mugdan*, Die gesamten Materialien zum Bürgerlichen Gesetzbuch für das Deutsche Reich, Band I S. 60; vgl. im Rahmen der Gemeinnützigkeit auch BFHE 186, 546 = DStR 1998, 1710; BGHZ 215, 69 = DNotZ 2017, 626; vgl. auch *Beuthien*, NZG 2015, 449 ff.; *Wettich/Vossen*, SpuRt 2017, 229, 231 f.; *Leuschner*, NJW 2017, 1919 ff.

ideelle Vereinszweck stets überwiegt; bestehen Zweifel hieran, kann eine Eintragung als Idealverein nicht erfolgen[114] oder ist eine solche vom Registergericht gem. § 395 Abs. 1 FamFG zu löschen. Um einer Löschung zu entgehen, kann der Verein seine wirtschaftlich tätig werdende Abteilung (zumeist der Profi-Bereich) im Wege der Umwandlung hin zu einer Kapitalgesellschaft ausgliedern.[115]

Welches Ausmaß ein solcher Geschäftsbetrieb annehmen darf,[116] ist im Einzelfall schwierig festzustellen.[117] Als Orientierungshilfe kann dabei der Finanzbedarf der Haupttätigkeit des Vereins herangezogen werden.[118] Insb. professionell organisierte Sportvereine mit einer Vertragsspielerabteilung stehen oft an der Grenze zwischen beiden Vereinsklassen,[119] indem Einnahmen durch die Vergabe von Übertragungsrechten, Banden- und Trikotwerbung oder dem Verkauf von Eintrittskarten durchaus auch in Millionenhöhe erzielt werden.[120] Eine Kommerzialisierung steht dem Idealverein jedoch nicht grundsätzlich entgegen, da zum einen nach § 58 Nr. 8 AO auch solche Sportvereine von Steuervergünstigungen profitieren können, die neben dem unbezahlten auch den bezahlten Sport fördern[121] und zum anderen sportliche Veranstaltungen nach § 67a AO i.V.m. § 65 AO im Rahmen der Gemeinnützigkeit steuerlich privilegiert sind. Unter Heranziehung des Zwecks der Unterscheidung von nichtwirtschaftlichem und wirtschaftlichem Verein ist eine Grenze jedenfalls dort zu ziehen, wo der Schutz der Vereinsgläubiger gefährdet ist.[122]

---

114 Vgl. KG Berlin, FGPrax 2014, 270, 271.

115 Vgl. hierzu weiterführend Fritzweiler/Pfister/*Summerer*, Praxishandbuch Sportrecht, S. 153 ff.; *Punte*, SpuRt 2017, 46, 47.

116 Vgl. zu den Bemühungen, absolute Größenkriterien festzulegen Soergel/*Hadding*, BGB, §§ 21, 22 Rn. 35; *Beuthien*, NZG 2015, 449, 452 f.

117 Vgl. zur Tendenz der Rechtsprechung, das Ausmaß zu überziehen *Kögel*, Rpfleger 2014, 569 ff.; *Beuthien*, JZ 2011, 124, 128 f.

118 *Beuthien*, NZG 2015, 449, 453.

119 Vgl. hierzu kritisch *Steinbeck/Menke*, NJW 1998, 2169, 2170; *Lettl*, DB 2000, 1449 ff.; *Balzer*, ZIP 2001, 175 ff.; *Segna*, NZG 2002, 1048, 1051; *Schad*, NJW 1998, 2411; *Punte*, SpuRt 2017, 46, 47. Vgl. auch bspw. zu der Einordnung von Lizenzvereinen im Fußball als wirtschaftliche Unternehmen LG Frankfurt, NJW 1983, 761, 763.

120 Vgl. Fritzweiler/Pfister/*Summerer*, Praxishandbuch Sportrecht, S. 149.

121 Vgl. auch *Sauter/Schweyer/Waldner*, Der eingetragene Verein, Rn. 47.

122 *Stöber/Otto*, Handbuch zum Vereinsrecht, Rn. 70; *Schmidt*, Rpfleger 1988, 45, 49.

II. Korruptionsrechtliche Bestimmungen

Der Begriff der Korruption ist im allgemeinen Sprachgebrauch bekannt und wird oftmals mit der Tathandlung der Bestechung verbunden. Ein einheitlicher Begriff der Korruption besteht gleichwohl nicht. Der Wortbedeutung nach (lat. corrumpere) kann Korruption als Verderbtheit, Sittenverfall oder Bestechlichkeit bezeichnet werden.[123] Kulturell gesehen handelt es sich bei Korruption um einen „nach kulturspezifischen Tauschnormen in unterschiedlicher Intensität sozial als illegitim bewerteten Tauschvorgang, dessen Dynamik sich aus dem normativen Prinzip der zeitlich verzögerten Reziprozität“ speist; übertragen auf die heutige Zeit lässt sich dies mit „Geld gegen Entscheidung“ zusammenfassen.[124] Hierauf aufbauend beschreiben *Rabl* und *Kühlmann* das Konzept der Korruption auf der sozialen Beziehungsebene und unterteilen dabei in fünf Dimensionen:[125] (1) Korruption beruht auf der Interaktion zwischen mindestens zwei Partnern („exchange“), (2) Korruption ist ein unmoralisches Verhalten, das von legalen Normen oder Werten abweicht („violation of norms“), (3) korrupte Akteure nutzen ihren Status, ihre Position oder ihr Wissen zu ihrem eigenen Vorteil („abuse of power“), (4) Opfer von Korruption finden sich nur außerhalb der korruptiven Beziehung („absence of direct victims“) und (5) korrupte Akteure bilden untereinander eine verschwiegene Einheit zum Austausch von illegalen und unethischen Verhaltensweisen für persönliche Vorteile („secrecy“). Auch das Strafgesetzbuch, das den Begriff der Korruption so nicht kennt, versteht hierunter insb. die Delikte der §§ 331 – 335 StGB (Amtsdelikte) und die §§ 299, 300 StGB (Bestechlichkeit und Bestechung im geschäftlichen Verkehr). Korruption kann hiernach als Missbrauch einer anvertrauten Machtstellung zum privaten Nutzen bezeichnet werden.[126]

In der Praxis tritt korruptives Verhalten jedoch in vielfältiger Weise auf, sodass eine Einordnung entsprechender Handlungen aus dem Bereich des Sports aufgrund der fehlenden allgemeinen Korruptionsdefinition zum Teil schwerfällt. Um diese unter dem Stichwort der Korruption kategorisieren zu können, ist eine Annäherung durch eine sportspezifische Definition zu bevorzugen. Eine häufig

---

123 Vgl. Wabnitz/Janovsky/*Bannenberg*, Handbuch des Wirtschafts- und Steuerstrafrechts, Kap. 12 Rn. 4.

124 *Emrich/Pierdzioch*, in: Emrich/Pierdzioch/Pitsch, Falsches Spiel im Sport, 15, 25.

125 *Rabl/Kühlmann*, Journal of Business Ethics 2008, 477 ff.

126 Vgl. auch die Definition der Kommission für Wissenschaft, Bildung und Kultur des Schweizer Ständerates vom 28.06.2011, S. 22, http://www.news.admin.ch/NSBSubscriber/message/attachments/28529.pdf (letzter Abruf am 01.10.2020).

verwendete Begriffsbestimmung stammt von *Maennig* und versteht unter Korruption im Sport ein Verhalten von Sportlern, „bei dem diese nicht den sportüblich hohen Einsatz zur Erringung eines sportlichen Sieges oder Ranges leisten" und anderen Sportlern „diesen vorsätzlich überlassen" sowie die Ausübung eines Amtes durch Funktionsträger, „in dem diese die ihnen übertragenen Aufgaben bewusst nicht entsprechend den Zielsetzungen und moralischen Werten ihres Verbandes, des Wettkampfsports im Allgemeinen und/oder der Gesellschaft, in der sich der Sport bewegt, versehen"; in beiden Fällen wird als Motivation das Streben nach finanziellen Vorteilen für sich oder einen Dritten genannt.[127] Werden diese Bestimmungen auf Korruptionsfälle im Sport übertragen, lassen sich zwei Ausprägungsformen ausmachen: Es handelt sich um illegitime Beeinflussungen einerseits von Wettkampfergebnissen, andererseits von Entscheidungen von Sportgremien, insb. in Hinblick auf die Entscheidung über die Austragungsorte wichtiger Wettkämpfe („Veranstaltungskorruption").[128]

Unter die illegitime Beeinflussung von Entscheidungen von Sportgremien lassen sich unproblematisch die Fälle der Vergabesachen[129], des Sponsorings[130] und der Hospitality[131] fassen. Hier handelt es sich um Verhaltensweisen, die keinen ausschließlichen Sportbezug aufweisen und ebenfalls unter die allgemeinen Definitionsversuche der Korruption bzw. die bekannten (korruptionsrechtlichen) Vorschriften des Strafgesetzbuchs subsumiert werden können.

Als Unterfall der illegitimen Beeinflussung von Wettkampfergebnissen können die Handlungen des Dopings[132] und Matchfixings[133] angesehen werden. Das Manipulieren von sportlichen Wettkämpfen stellt dabei geradezu das Paradebeispiel für die genannte Underperformance dar. Schwieriger fällt eine Einordnung des Dopings, welches zwar ebenfalls in illegitimer Weise den Wettkampf beeinflusst, jedoch gerade nicht eine unterdurchschnittliche Leistung erfordert, sondern das genaue Gegenteil anstrebt. Auf Grundlage der von *Maennig* entwickelten sportspezifischen Definition stellt Doping somit keinen Unterfall der Korruption dar. Es ist fraglich, ob diese Auslegung des Korruptionsbegriffs daher zu eng gefasst ist. Einen weitergefassten Korruptionsbegriff legen *Gorse*

---

127 *Maennig,* Vierteljahreshefte zur Wirtschaftsforschung 2004, 263, 265.
128 *Maennig,* Vierteljahreshefte zur Wirtschaftsforschung 2004, 263, 265.
129 Siehe Kapitel B, II, 3.
130 Siehe Kapitel B, II, 4a.
131 Siehe Kapitel B, II, 4b.
132 Siehe Kapitel B, II, 1.
133 Siehe Kapitel B, II, 2.

und *Chadwick* zugrunde, indem sie Sportkorruption als jedwede illegale, sittenwidrige oder unethische Aktivität beschreiben, bei der absichtlich versucht wird, das Ergebnis eines sportlichen Wettkampfs zum persönlichen, materiellen Gewinn für sich oder einen Dritten zu verfälschen.[134] Unter diese weitere Begriffsbestimmung kann Doping ohne weiteres gefasst werden. Es ist jedoch zu untersuchen, ob mit dieser weiten Definition noch der Kern eines korruptiven Verhaltens erfasst ist. Hierfür können noch einmal die von *Rabl* und *Kühlmann* auf einer sozialen Beziehungsebene entwickelten fünf Dimensionen der Korruption herangezogen werden.

Die erste Dimension erfordert eine Interaktion zwischen mindestens zwei Partnern. Beim Eigendoping[135] kann dieses Erfordernis, zumindest in Hinblick auf die strafrechtlich relevante Unrechtsvereinbarung, somit nicht erfüllt werden. Anders kann es im Falle von Fremddoping[136] sein. Hier stehen sich i.d.R. ein Arzt und der Sportler gegenüber. Der erforderliche Austausch kann in der Vergabe eines Dopingmittels im Gegenzug für einen finanziellen Ausgleich gesehen werden. Dieser wird, insb. auch in einer auf systematisches Doping angelegten Organisation,[137] nicht durch den Sportler, sondern eher durch den dahinterstehenden Verein gewährt.

Des Weiteren bestimmt die zweite Dimension Korruption als ein unmoralisches Verhalten, das von legalen Normen oder Werten abweicht. Hier kann sowohl das Eigen- als auch das Fremddoping als illegale Abweichung gewertet werden. Beide Handlungsweisen verstoßen gegen das AntiDopG.[138]

Die dritte Ebene formuliert einen Missbrauch von Macht, bspw. des Status, der Position oder des Wissens. Auch hier kommt allenfalls eine Einordnung des Fremddopings in Betracht. Vorstellbar sind ebenfalls Konstellationen organisierten, systematischen Dopings.

Die vierte Dimension stellt die besondere Konstellation von Korruptionshandlungen dar, in welcher die unmittelbar beteiligten Partner gemeinsam als Gewinner aus der Tat hervorgehen.[139] Opfer der Korruption finden sich nur außerhalb der korruptiven Beziehung. An dieser Stelle kann das geschützte

---

134 *Gorse/Chadwick*, The European Business Review 2010, 40, 43.

135 Siehe Kapitel C, I, 1, a, aa.

136 Siehe Kapitel C, I, 1, a, bb.

137 Bspw. auch im Falle staatlichen Dopings.

138 Vgl. § 2 Abs. 2, § 3 Abs. 1, § 4 Abs. 1 Nr. 2, 4 AntiDopG. Siehe auch Kapitel C, I, 1, a, aa und bb.

139 Sog. Win-Win-Situation.

Rechtsgut des Eigen- und Fremddopings herangezogen werden. Grds. nennt § 1 AntiDopG als Gesetzeszweck den Schutz der Gesundheit der Sportler und die Sicherung der Fairness und Chancengleichheit bei Sportwettbewerben zur Erhaltung der Integrität des Sports. Im Anwendungsbereich der Normen unterscheidet der Gesetzgeber jedoch und weist § 2 AntiDopG (Fremddoping) und § 3 AntiDopG (Eigendoping) primär jeweils nur ein Rechtsgut zu.[140] § 2 AntiDopG soll danach in erster Linie dem Gesundheitsschutz dienen,[141] während § 3 AntiDopG der Schutz der Integrität des Sports zugesprochen wird.[142] Durch den primären Gesundheitsschutz im Bereich des Fremddopings würde (auch) der Sportler als Opfer der Tat gewertet werden, sodass unter dieser Betrachtungsweise eine Korruptionshandlung ausscheiden würde. Anders sähe dies im Rahmen des Eigendopings aus; durch den Schutz der Integrität des Sports werden die Fairness und Chancengleichheit bei Sportwettbewerben gesichert, somit auch die Interessen Dritter. Es würden sich demnach (auch) Opfer außerhalb der korruptiven Beziehung finden. Diese unterschiedliche Bewertung ergibt sich jedoch nicht aus dem Gesetz und führt zu einer nicht nachvollziehbaren Ungleichbehandlung.[143] Bei einer allgemeinen Gegenüberstellung der Rechtsgüter der klassischen Korruptionsdelikte wie Bestechlichkeit und Bestechung[144] sowie die sportspezifische Handlung des Matchfixings mit den Rechtsgütern des Dopings wird deutlich, dass diese weitestgehend übereinstimmen. So dienen die erst genannten Delikte neben dem Schutz des freien lauteren Wettbewerbs[145] bzw. der Unverfälschtheit und Authentizität sportlicher Wettbewerbe[146] insb. auch dem Schutz der Vermögensinteressen der Mitbewerber[147] bzw. der Wettanbieter und redlichen Wettteilnehmer,[148] mithin Opfern außerhalb der korruptiven Beziehung. Bei der Betrachtung der Gründe der Pönalisierung des Dopings ist die Wertung der jeweiligen Schutzzwecke entscheidend. Die in § 1 AntiDopG genannten Gesetzeszwecke werden dabei ergänzt durch den Schutz des

---

140 Siehe auch Kapitel C, I, 1, a, bb, (1).

141 BT-Drs. 18/4898, S. 23.

142 BT-Drs. 18/4898, S. 26.

143 Siehe hierzu Kapitel C, I, 1, a und C, I, 1, a, bb, (1).

144 Hierunter fallen insb. auch die Vergabesachen sowie Fälle des Sponsorings und der Hospitality.

145 Vgl. BeckOK/*Momsen/Laudien*, StGB, § 299 Rn. 5 (Wettbewerbsmodell).

146 Vgl. Matt/Renzikowski/*Sinner*, StGB, § 265c Rn. 3 („Integrität des Sports“).

147 Vgl. BeckOK/*Momsen/Laudien*, StGB, § 299 Rn. 5 (Wettbewerbsmodell).

148 Vgl. BeckOK/*Bittmann/Nuzinger/Rübenstahl/Großmann*, StGB, § 265c, Rn. 8.

wirtschaftlichen Wettbewerbs, welcher in der Gesetzesbegründung ausdrücklich Erwähnung findet.[149] Bei Betrachtung dieser unterschiedlichen Rechtsgüter wird deutlich, dass die Gesetzeszwecke aus § 1 AntiDopG für sich alleine genommen keine Legitimation aufweisen: Der Gesundheitsschutz beeinträchtigt den Sportler in seinem Grundrecht auf riskante Lebensführung und steht dem Grundsatz der straflosen Selbstschädigung entgegen, die Erhaltung der Integrität des Sports stellt für sich genommen kein schützenswertes Rechtsgut dar.[150] Lediglich durch die Verbindung mit dem Schutz des wirtschaftlichen Wettbewerbs kann etwas anderes gelten. Durch dieses Rechtsgut soll der wirtschaftlichen Bedeutung des sportlichen Wettkampfs Rechnung getragen und das Vermögen Dritter, insb. der anderen Teilnehmer, Veranstalter, Sponsoren und Zuschauer geschützt werden.[151] Der Schwerpunkt der Strafbarkeit des Dopings ist daher in der Verletzung von Rechtsgütern Dritter zu sehen, somit von Personen außerhalb der korruptiven Beziehung.[152]

Abschließend verlangt die fünfte Dimension die Bildung einer verschwiegenen Einheit zum Austausch von illegalen und unethischen Verhaltensweisen für persönliche Vorteile. Diese Geheimhaltung wird im Bereich des Fremddopings vorzufinden sein.

Auch wenn die Handlungen des Eigen- und Fremddopings nicht abschließend unter sämtliche Elemente der Korruption zu fassen sind, sollte der Kern der Strafbarkeit im Rechtsgüterschutz angenommen werden. Hier bestehen keine Unterschiede zwischen den Dopinghandlungen und den sonstigen Korruptionsdelikten, was für eine Einbeziehung des Dopings unter den Begriff der Korruption sowie die Anwendung der weiten Korruptionsdefinition von *Gose* und *Chadwick* spricht. Im Folgenden wird daher dieser weite Korruptionsbegriff zugrunde gelegt, sodass zu den häufigsten Erscheinungsformen im Sport[153] die Felder des Dopings, Matchfixings, der Vergabesachen, des Sponsorings und der Hospitality gezählt werden.

---

149 Siehe auch Kapitel C, I, 1, a.

150 Siehe ausführlicher Kapitel C, I, 1, a.

151 Vgl. BT-Drs. 18/4898, S. 22 f.

152 D.h. Personen, die nicht an der Unrechtsvereinbarung beteiligt sind.

153 Der im Folgenden genutzte Begriff des Sports umfasst nicht den Bereich des eSports, vgl. zu den dort auftretenden Problemen *Kubiciel*, ZRP 2019, 200 ff.

1. Doping

Eine einheitliche Definition des Dopingbegriffs besteht nicht, Grundlage der Begriffsauslegung bildet seit 2004 der Anti-Doping-Code (WADC) der Welt-Anti-Doping-Agentur (WADA). Art. 1 des WADC umschreibt Doping als „das Vorliegen eines oder mehrerer der nachfolgend in Artikel 2.1 bis 2.10 festgelegten Verstöße gegen Anti-Doping-Bestimmungen." Art. 2 des WADC nennt als Verstöße u.a. das Vorhandensein eines verbotenen Stoffes in der Probe eines Athleten sowie die Anwendung oder den Besitz von verbotenen Stoffen. Die Verbotsliste wird von der WADA mindestens einmal jährlich überarbeitet und als internationaler Standard veröffentlicht, Art. 4.1 des WADC.[154]

Ähnlich ungenau, nämlich ebenfalls nur mit einem Verweis auf eine Verbotsliste, umschreibt das Anti-Doping-Gesetz (AntiDopG) den Begriff des Dopings. Nach § 2 Abs. 1 AntiDopG unterfallen solche Dopingmittel dem Gesetz, welche ein in der Anlage I des Internationalen Übereinkommens vom 19. Oktober 2005 gegen Doping im Sport (BGBl. 2007 II S. 354, 355) in der vom Bundesministerium des Innern jeweils im Bundesgesetzblatt Teil II bekannt gemachten Fassung (Internationales Übereinkommen gegen Doping) aufgeführter Stoff sind oder einen solchen enthalten.[155] Das AntiDopG nennt zudem Dopingmethoden, die in der Anlage I des Internationalen Übereinkommens vom 19.10.2005 gegen Doping im Sport aufgeführt sind, § 3 Abs. 1 S. 1 Nr. 2 AntiDopG.[156]

Vorteil der enumerativen Begriffsbestimmung durch Verweise auf die verschiedenen verbotenen Wirkstoffgruppen ist die Möglichkeit, neue pharmakologische Wirkstoffe direkt über eine Aufnahme in die entsprechende Liste als verbotene Stoffe zu klassifizieren. Einfacher zu greifen ist der Begriff des Dopings hingegen durch die, inhaltlich konkreter gefasste, Definition des Europarats aus dem Jahr 1963. Doping umfasst demnach „die Verabreichung oder [den]

---

154 Insgesamt zum Thema ausführlich *Senkel*, Wirksamkeitschancen des "Anti-Doping-Rechts“; *Senkel/Emrich/Momsen*, in: Emrich/Pitsch, Sport und Doping – zur Analyse einer antagonistischen Symbiose, S. 135 ff.

155 Tatobjekte des AntiDopG sind nicht mehr nur Arzneimittel, wie es beim bis zur Einführung des AntiDopG geltenden § 6a AMG (in der Fassung bis 17.12.2015) der Fall war. Umfasst sind nunmehr sämtliche Dopingsubstanzen, unabhängig davon, ob sie in Form von Arzneimitteln, Nahrungsergänzungsmitteln oder in sonstiger Darreichungsform angeboten werden.

156 Durch die Aufnahme von Dopingmethoden sollen Schutzlücken geschlossen werden, die durch neu auftretende Formen der Leistungssteigerung wie bspw. das Gendoping entstehen.

Gebrauch körperfremder Substanzen in jeder Form und physiologischer Substanzen in abnormaler Form oder auf abnormalem Weg an gesunde Personen mit dem einzigen Ziel der künstlichen und unfairen Steigerung der Leistung für den Wettkampf."[157] Darauf aufbauend entwickelte *Nolte* eine für die praktische Anwendung gut geeignete Definition: „Dopingmittel dürften demnach sämtliche Stoffe (Mittel) sein, die zur unnatürlichen Leistungssteigerung im Sport (Doping) eingesetzt werden. Als Dopingmethoden bezeichnet man demgegenüber sämtliche chemischen, physikalischen bzw. sonstige Verfahren (Methode) zur unnatürlichen Leistungssteigerung ohne notwendigen Stoffbezug."[158]

2. Matchfixing

Unter Matchfixing[159] kann die Manipulation von Sportereignissen verstanden werden.[160] Grundlage hierfür bildet eine „Absprache über regelwidrige Änderungen des Verlaufs oder des Ergebnisses eines sportlichen Wettkampfs oder eines spezifischen Ereignisses, um einen Vorteil für sich selbst oder andere zu erzielen", damit „die Ungewissheit, die normalerweise im Hinblick auf das Ergebnis eines Wettkampfs herrscht, teilweise oder gänzlich aufgehoben werden" kann.[161]

3. Vergabesachen

Unter dem Begriff der Vergabesachen sind in diesem Zusammenhang die Vergabe von Aufträgen (bspw. Veranstaltungen) oder Rechten (bspw. Übertragungsrechten) gemeint, die in einem Wettbewerb mehreren Teilnehmern angeboten werden.[162] Herangezogen werden kann hierbei auch der Begriff des „Bezugs" im Rahmen des § 299 StGB. Umfasst ist hiernach das gesamte auf die Erlangung oder den Absatz von Waren oder Dienstleistungen auf dem Markt gerichtete

---

157 Zitiert nach *Ahlers*, Doping und strafrechtliche Verantwortlichkeit, S. 22.

158 Lehner/*Nolte*/Putzke, AntiDopG, § 1 Rn. 29.

159 „(In sport) the action or practice of dishonestly determining the outcome of a match before it is played." Oxford Dictionary of English.

160 Vgl. hierzu auch *Momsen/Vaudlet*, in: Emrich/Pierdzioch/Pitsch, Falsches Spiel im Sport, 219, 227.

161 Vgl. hierzu die Definition der Kommission für Wissenschaft, Bildung und Kultur des Schweizer Ständerates vom 28.06.2011, S. 48, http://www.news.admin.ch/NSBSubscriber/message/attachments/28529.pdf (letzter Abruf am 01.10.2020).

162 Vgl. zum Begriff des Veranstalters ausführlich *Körber*, Großereignisse und Übertragungsrechte, S. 24 ff.

Geschäft.[163] Bei der Vergabe von Sportveranstaltungen oder Übertragungsrechten handelt es sich um solche Dienstleistungen.[164]

4. Sponsoring und Hospitality

a. Sponsoring

Der BGH definiert Sponsoring dahingehend, dass „Geld oder geldwerte Vorteile durch Unternehmen zur Förderung von Personen, Gruppen und/oder Organisationen in sportlichen, kulturellen, kirchlichen oder ähnlichen bedeutsamen gesellschaftspolitischen Bereichen vergeben, damit aber zugleich eigene unternehmensbezogene Ziele der Werbung oder Öffentlichkeitsarbeit verfolgt"[165] werden.[166] Die Ziele der Unternehmen können sowohl ökonomischer als auch außerökonomischer Natur sein[167] und bspw. im positiven Imageeffekt für das Unternehmen, der Steigerung des Bekanntheitsgrades und der Übernahme gesellschaftlicher Verantwortung liegen.[168] Auch der Sportler gewinnt durch das Sportsponsoring, indem dies oftmals einen wesentlichen Bestandteil der Finanzierung darstellt und die (professionelle) Sportausübung überhaupt erst ermöglicht.[169] Beide Vertragspartner ziehen also ihren Nutzen aus dem Sponsoring.[170]

163 BGH NJW 2017, 2565, 2567.

164 Siehe Kapitel C, III, 1.

165 BGHSt 47, 187 = NJW 2002, 1585, 1586.

166 Vgl. auch Momsen/Grützner/*Voigtel*, Wirtschafts- und Steuerstrafrecht, Kapitel 9, D, Rn. 3; *Bruhn*, Markenartikel: Das Magazin für Markenführung, 1987, 190; *Meffert*/Burmann/Kirchgeorg, Marketing, S. 731; *Huber/Matthes/Dreckmeier/Schunk*, Erfolgsfaktoren des Sportsponsorings bei Großereignissen, S. 5.

167 *Hermanns/Marwitz*, Sponsoring: Grundlagen, Wirkungen, Management, Perspektiven, S. 142.

168 Vgl. *Momsen*, in: Hoven/Kubiciel, Korruption im Sport – Tagungen und Kolloquien, S. 152.

169 *Momsen*, in: Hoven/Kubiciel, Korruption im Sport – Tagungen und Kolloquien, S. 151.

170 Zu den negativen Seiten des Sponsorings vgl. bspw. die „Lance Armstrong Affaire", welche durch das negative In-Erscheinung-Treten des durch den Sponsor unterstützten Armstrongs für das Unternehmen US Postal erhebliche Image- wie auch Schäden betriebswirtschaftlicher und volkswirtschaftlicher Art hervorrief.

b. Hospitality

Unter den Begriff Hospitality[171] fallen bspw. Einladungen zu Großsportereignissen, verbunden mit z.B. Plätzen in der VIP Lounge, bevorzugten Parkmöglichkeiten, Catering, persönlicher Betreuung und Präsenten, welche Unternehmen gerne potentiellen Kunden, auserwählten Gästen oder politischen Mandatsträgern anbieten. Selbst eine einmalige Einladung zu bspw. einem Spiel der Fußball Bundesliga übersteigt regelmäßig die übliche Grenze für Aufmerksamkeiten, wie sie im Rahmen „strafloser Klimapflege“ üblich und sozialadäquat sind.[172]

---

171 „The quality or disposition of receiving and treating guests and strangers in a warm, friendly, generous way." Oxford Dictionary of English.

172 Stopper/Lentze/*von Appen*, Handbuch Fußball-Recht, S. 150 geht hierbei von einem Wert eines Hospitality-Pakets von oft über 1.000 EUR aus; *Hölz/Dehesselles*, in: Trosien/Dinkel, Sportökonomische Beiträge zur FIFA-Fußball-WM 2006, S. 134.

C. Strafbarkeit korruptiven Verhaltens von Vereinsmitgliedern und -mitarbeitern

Korruptives Verhalten kann innerhalb des Sports und in dessen Umfeld in vielfältiger Weise auftreten und von verschiedenen Akteuren vorgenommen werden, zu nennen sind hier insb. Sportler, Trainer, Betreuer, Vereinsärzte und Funktionäre. Hierdurch entsteht nicht nur für den jeweiligen Täter die Gefahr einer staatlichen[173] Verfolgung, auch Sportvereine und -verbände können Schaden erleiden, insb. durch einen möglichen Verlust der Reputation. Um diesen Gefahren entgegenzutreten bzw. zuvorzukommen ist es erforderlich, entsprechende Maßnahmen zur Prävention zu implementieren, durch die das Auftreten von korruptivem Verhalten erschwert wird. Hierfür müssen die Bereiche ermittelt werden, welche die größte Gefahr einer strafrechtlichen Verfolgung des Täters bergen. Sind diese ausgemacht, kann der Sportverein sein präventives Vorgehen daran orientieren.

Im Folgenden wird daher die strafrechtliche Bewertung der in Betracht kommenden (sportspezifischen) korruptiven Verhaltensweisen vorgenommen. Diese werden unterteilt in die bereits genannten Bereiche des Dopings, Matchfixings, der Vergabesachen und des Sponsorings und der Hospitality.

I. Doping

Strafrechtlich relevante Handlungen im Bereich des Dopings besitzen keine Seltenheit. Insb. die Ausdauersportarten der Leichtathletik, des Radsports und des Skisports sind anfällig für die Einnahme leistungssteigernder Mittel durch die jeweiligen Sportler. Lance Armstrong und Jan Ullrich werden nicht mehr nur mit ihren jeweiligen Erfolgen bei der Tour de France und anderen Radrennen in Verbindung gebracht, sondern gelten auch als Dopingsünder. Nicht nur wurden sie von zukünftigen Wettkämpfen gesperrt, auch ihre erlangten Medaillen mussten sie im Nachhinein zurückgeben. Neben der aktiven Einnahme durch den Sportler zählt auch die Vergabe von leistungssteigernden Mitteln zum Bereich

---

173 Geprüft wird hier nur die (staatliche) strafrechtliche Bewertung des korruptiven Verhaltens. Darüber hinaus kommt ebenfalls eine sportsverbandsrechtliche Bestrafung des Verhaltens in Betracht.

der möglichen Tathandlungen. Teamärzte und -betreuer verabreichen leistungssteigernde Mittel an Sportler, damit diese im gedopten Zustand an einem Wettkampf teilnehmen und eine erhöhte Gewinnwahrscheinlichkeit besitzen. Dieses Vorgehen kann so weit gehen, dass die Regierung eines Landes dieses Vorgehen nicht nur duldet, sondern es sogar organisiert, wie es in Russland der Fall ist. Sportler und Vereinsärzte können sich darüber hinaus strafbar machen, wenn sie nicht nur aktiv Dopingmittel einnehmen bzw. verabreichen, sondern bereits im Vorfeld bspw. mit den verbotenen Mitteln Handel treiben oder sie verschreiben.

Die strafrechtliche Bewertung dieser Handlungen wird im Weiteren unterteilt in Verstöße gegen spezifische korruptionsrechtliche Vorschriften und gegen solche, die außerhalb des Korruptionsstrafrechts liegen.

1. Verstoß gegen korruptionsrechtliche Normen

Im Bereich der korruptionsrechtlichen Vorschriften sind das AntiDopG und das StGB entscheidende Grundlagen.

a. AntiDopG

Mit dem Ziel, Doping im Sport effektiver bekämpfen zu können, wurde Ende 2015 ein eigenständiges Anti-Doping-Gesetz geschaffen. Der sowohl quantitative als auch qualitative Anstieg des Dopings im Sport und der hiermit verbundenen organisierten Kriminalität waren Auslöser, über die Maßnahmen des organisierten Sports hinaus ebenfalls Regelungen im staatlichen Recht aufzunehmen.[174] § 1 AntiDopG schreibt als Gesetzeszweck dabei ausdrücklich vor, dass das Gesetz der Bekämpfung des Einsatzes von Dopingmitteln und Dopingmethoden im Sport dient, mit dem Ziel, die Gesundheit der Sportlerinnen und Sportler zu schützen, die Fairness und Chancengleichheit bei Sportwettbewerben zu sichern und damit zur Erhaltung der Integrität des Sports beizutragen. Insb. die genannten Rechtsgüter des AntiDopG standen und stehen noch immer im Mittelpunkt einer kritischen Bewertung und lassen den Vorwurf laut werden, bei der Einführung des AntiDopG handelte es sich lediglich um Symbolpolitik.

Der Gesetzgeber nennt als ersten Gesetzeszweck den Schutz der Gesundheit der Sportler. Durch die Anwendung von Dopingmitteln, bei der es sich aus medizinischer Sicht um einen nicht angezeigten Eingriff handelt, setzen sich die Sportler erheblichen gesundheitlichen Risiken aus.[175] Dieser Schutz des Sportlers

---

174 Vgl. BT-Drs. 18/4898, S. 2.

175 Vgl. BT-Drs. 18/4898, S. 22; Erbs/Kohlhaas/*Wußler*, AntiDopG, § 1 Rn. 2.

vor sich selbst führt zur Frage der verfassungsrechtlichen Legitimation.[176] Problematisch an dem Schutzgut der Gesundheit des handelnden Sportlers ist, dass er durch die Sanktionierung der Dopingeinnahme zum Objekt staatlichen Handelns gemacht wird, welches ihm verbietet, seinen Körper so zu behandeln, wie es ihm gefällt.[177] Dies steht im Widerspruch zu Art. 1 Abs. 1 GG, der gerade verhindern will, dass der Mensch zum bloßen Objekt degradiert wird.[178] Auch lässt sich Art. 2 Abs. 2 GG nur bedingt zur Legitimation des Rechtsguts heranziehen. Zwar hat ein Jeder das Recht auf körperliche Unversehrtheit, sodass hieraus geschlussfolgert werden kann, dass dem Staat diesbezüglich eine Schutzpflicht zukommt.[179] Gleichwohl ist ein gesetzlicher Eingriff insb. hinsichtlich der Anwendung von Dopingmitteln nicht angezeigt. Beim Eigendoping liegt keine Gefährdung der Gesundheit von außen vor, welche ein Eingreifen des Staates erforderlich machen würde.[180] Vielmehr entscheidet der Sportler selbst, was er seinem Körper zufügt. Die Schädigung des eigenen Körpers ist vom Grundsatz der straflosen Selbstschädigung[181] sowie dem Grundrecht auf riskante Lebensführung gedeckt,[182] sodass der Schutz des Sportlers vor sich selbst nicht als Legitimation herangezogen werden kann. Darüber hinaus stellt sich die Frage, warum lediglich die Gesundheit von Spitzensportlern[183] schutzwürdig sein sollte, nicht hingegen die der viel größeren Anzahl der Breitensportler.[184]

Als weiteren Gesetzeszweck nennt § 1 AntiDopG die Sicherung der Fairness und Chancengleichheit zur Erhaltung der Integrität des Sports. Laut Gesetzesbegründung wird dem Sport durch Doping seine Glaubwürdigkeit und Vorbildfunktion genommen.[185] Kritiker sehen in der Integrität des Sports hingegen kein

---

176 Vgl. zur verfassungsrechtlichen Zulässigkeit des Schutzes des Menschen vor sich selbst BVerfGE 58, 208, 224 = NJW 1982, 691; BVerfG NJW 1998, 1774, 1775; BVerfGE 128, 282, 308 = NJW 2011, 2113.

177 Vgl. *Zuck*, NJW 2014, 276, 278.

178 Vgl. BVerfGE 45, 187, 228 = NJW 1977, 1525, 1526; BVerfGE 114, 118, 153 = NJW 2006, 751, 757; BVerfG NJW 2015, 1083; *Zuck*, NJW 2014, 276, 278; BeckOK/*Hillgruber*, GG, Art. 1 Rn. 13.

179 Vgl. bspw. BVerfGE 121, 317, 356 = NJW 2008, 2409, 2413.

180 Vgl. bspw. die Körperverletzungsdelikt in §§ 223 ff. StGB.

181 Vgl. hierzu die Einwilligungsmöglichkeit in § 228 StGB.

182 Vgl. *Jahn*, SpuRt 2015, 149, 150 (Fn. 16) m.w.N.

183 Vgl. § 4 Abs. 7 AntiDopG, siehe auch Kapitel C, I, 1, a, aa, (1).

184 Vgl. auch *Steiner*, ZRP 2015, 51.

185 Vgl. BT-Drs. 18/4898, S. 22.

schützenswertes Rechtsgut, vielmehr handele es sich um eine Neuschöpfung,[186] die das Strafrecht zu einem reinen Ordnungsinstrument zur Durchsetzung moralischer[187] und sportethischer Ziele mache.[188] Um der angestrebten Fairness gerecht werden zu können, sei es außerdem nicht ausreichend, nur Doping zu sanktionieren, darüber hinaus müssten auch weitere Verhaltensweisen erfasst werden.[189] Auch in Hinblick auf den ultima-ratio-Gedanken des Strafrechts stellt sich die Frage nach der Erforderlichkeit[190] eines solchen Schutzzwecks.[191] Für sich allein genommen hat das Rechtsgut der Integrität des Sports somit keinen Bestand. Etwas anderes kann nur in Zusammenhang mit einem weiteren Rechtsgut gelten, das zwar in der Gesetzesbegründung Erwähnung findet, überraschenderweise jedoch nicht in § 1 AntiDopG aufgenommen wurde: der Schutz des wirtschaftlichen Wettbewerbs. Durch die Anwendung von Dopingmitteln und eine anschließende Teilnahme an einem sportlichen Wettbewerb werden strafrechtlich geschützte Interessen Dritter tangiert,[192] zu nennen ist hier das Vermögen insb. der anderen Teilnehmer, Veranstalter, Sponsoren und Zuschauer.[193] Unter dem Gesichtspunkt des Schutzes des wirtschaftlichen Wettbewerbs lässt sich – trotz der bestehenden Kritik – somit eine Sanktionierung des Dopings legitimieren.

aa. Eigendoping

Bis zur Einführung des AntiDopG stand es Sportlern aus strafrechtlicher Sicht frei, sich Dopingmittel zuzuführen. Seitdem verbietet § 3 AntiDopG die Anwendung von Dopingmitteln ohne medizinische Indikation in der Absicht, sich in einem Wettbewerb des organisierten Sports einen Vorteil zu verschaffen. Als

---

186 A.A. Erbs/Kohlhaas/*Wußler*, AntiDopG, § 1 Rn. 6, der keine Schaffung eines neuen Rechtsguts sieht, sondern lediglich die Zusammenfassung eines Bündels von Gütern.

187 A.A. *Kubiciel*, ZRP 2019, 200, 202, der Integrität nicht moralisch, sondern in einem institutionenökonomischen Verständnis sieht. Integrität bedeute demnach die „Unverletzlichkeit jener Regeln, die die Institution konstituieren bzw. ein Verhalten, das in Einklang mit den wesentlichen Organisationsprinzipien und -regeln einer Institution steht".

188 Vgl. Erbs/Kohlhaas/*Wußler*, AntiDopG, § 1 Rn. 5.

189 Vgl. zum Rechtsgut der Integrität (in Zusammenhang mit §§ 265c, 265d StGB) *Norouzi/Summerer*, SpuRt 2015, 63, 64; *Satzger*, JURA 2016, 1142, 1152.

190 Vgl. BVerfGE 120, 224, 239.

191 Vgl. *Jahn*, SpuRt 2015, 149, 151 f.

192 Vgl. *Momsen*, KriPoZ 2018, 21, 22 f.

193 Vgl. BT-Drs. 18/4898, S. 22 f.

Dopingmittel werden dabei all die Stoffe angesehen, die in der Anlage I des Internationalen Übereinkommens gegen Doping aufgeführte Stoffe sind oder enthalten und Dopingmethoden, die in der Anlage I aufgeführt sind. Auch wenn § 3 Abs. 1 AntiDopG nicht auf die vom Bundesministerium des Innern jeweils im Bundesgesetzblatt Teil II bekannt gemachten Fassung verweist (wie ausdrücklich in § 2 Abs. 1 AntiDopG), geht der Gesetzgeber in der Gesetzesbegründung davon aus, dass diese Fassung[194] (und nicht etwa das Übereinkommen selbst) entscheidend ist.[195] Das Verbot schließt in § 3 Abs. 1 S. 1 Nr. 1 AntiDopG ausdrücklich die Stoffe aus, die nach der Anlage I des Internationalen Übereinkommens gegen Doping nur in bestimmten Sportarten verboten sind. Derartige Stoffe sind Alkohol (Ethanol) in Gruppe P1[196] und Betablocker in Gruppe P2.[197] Ebenfalls gilt das Verbot nicht, „wenn das Dopingmittel außerhalb eines Wettbewerbs des organisierten Sports angewendet wird und das Dopingmittel ein Stoff ist oder einen solchen enthält, der nach der Anlage I des Internationalen Übereinkommens gegen Doping nur im Wettbewerb verboten ist“, § 3 Abs. 1 S. 2 AntiDopG. Die Stoffe, die lediglich im Wettbewerb verboten sind, sind in der Anlage I in den Gruppen S6 bis S9 aufgeführt und erfassen Stimulanzien (S6), Narkotika (S7), Cannabinoide (S8) und Glukokortikoide (S9).

(1) Täterkreis

Nach § 4 Abs. 7 AntiDopG sind vom Tatbestand des Eigendopings lediglich Spitzensportler des organisierten Sports umfasst, somit entweder Sportler, die als Mitglied eines Testpools im Rahmen des Dopingkontrollsystems Trainingskontrollen unterliegen (Nr. 1) oder solche, die aus ihrer sportlichen Betätigung unmittelbar oder mittelbar Einnahmen von erheblichem Umfang erzielen

---

194 BGBl. II 354, 355.

195 Vgl. BT-Drs. 18/4898, S. 27; Erbs/Kohlhaas/*Wußler*, AntiDopG, § 3 Rn. 2.

196 Alkohol ist im Wettkampf verboten im Luftsport, Bogenschießen, Motorsport und Motorbootsport.

197 Betablocker sind im Wettkampf verboten in den Sportarten Bogenschießen, Motorsport, Billard, Darts, Golf, Sportschießen, Skifahren/Snowboarding (Skispringen, Freestyle-Aerials/Halfpipe, Snowboard-Halfpipe/Big Air) und Unterwassersport (Tieftauchen mit konstantem Gewicht mit und ohne Flossen, Streckentauchen mit und ohne Flossen, Free-Immersion-Apnoe, Jump-Blue-Apnoe, Speerfischen, Zielschießen, Tieftauchen mit variablem Gewicht). Außerhalb des Wettkampfs, also beim Training, sind Betablocker verboten beim Bogenschießen und Sportschießen.

(Nr. 2).[198] Der Kreis von Athleten, der Trainingskontrollen unterzogen werden soll, wird dabei von der Nationalen Anti-Doping-Agentur (NADA) in Abstimmung mit dem jeweiligen Bundesfachverband festgelegt.[199] Neben nationalen sind auch internationale Spitzensportler der jeweiligen Sportart in den Testpools aufgenommen; sie unterliegen Trainingskontrollen und müssen Meldepflichten zur örtlichen Erreichbarkeit erfüllen.[200] Die Meldepflicht ist erforderlich, da die Trainingskontrollen unangekündigt vorgenommen werden und die Kontrolleure so den Aufenthaltsort des Athleten kennen. Bei der Einteilung der Athleten unterscheidet die NADA zwischen vier unterschiedlichen Testpools,[201] dem „Registered Testing Pool (RTP),[202] dem „Nationalen Testpool der NADA" (NTP),[203] dem „Allgemeinen Testpool der NADA (ATP)[204] und dem „Team Testpool der NADA" (TTP)[205]. Auch ohne Kaderstatus sind Athleten für einen

---

198 Sportler können sowohl Mitglied eines Testpools sein als auch Einnahmen von erheblichem Umfang aus der sportlichen Betätigung erlangen, sodass Überschneidungen der Nrn.1 und 2 möglich sind.

199 Anhang 1 zum NADC 2015.

200 Vgl. BT-Drs. 18/4898, S. 32, die offene Formulierung „eines" Testpools deutet darauf hin, dass auch ausländische Spitzensportler umfasst sind, die in ihrem Herkunftsland dem Dopingkontrollsystem unterliegen.

201 Vgl. zur Einteilung und Bestimmung der Testpools die Vorgaben der NADA unter https://www.nada.de/doping-kontroll-system/trainingskontrollen/testpools/ (letzter Abruf am 01.10.2020).

202 Der „Registered Testing Pool" umfasst Athleten mit Kaderstatus eines nationalen Sportfachverbandes, die einem „Internationalen Registered Testing Pool" angehören sowie die A-Kader der Sportarten der Risikogruppe A, Art. 2.3.1 des Standards für Dopingkontrollen und Ermittlungen der NADA.

203 Meldepflichtig für den „Nationalen Testpool der NADA" sind alle Athleten, die einem A-Kader einer Sportart der Risikogruppe B und C oder einem B-Kader der Sportarten der Risikogruppe A angehören, sowie alle Athleten des erweiterten Kreises der Mannschaft für die Olympischen Spiele, Art. 2.3.2 des Standards für Dopingkontrollen und Ermittlungen der NADA.

204 Vom „Allgemeinen Testpool der NADA" erfasst sind alle Bundeskaderathleten, die nicht bereits Mitglieder des RTP oder NTP sind, Art. 2.3.3 des Standards für Dopingkontrollen und Ermittlungen der NADA.

205 Für den „Team Testpool der NADA" sind alle Athleten meldepflichtig, die aufgrund einer Lizenz eines nationalen Ligaspielbetriebs spielberechtigt sind, soweit sie nicht bereits Mitglieder des RTP, NTP oder ATP sind, Art. 2.3.4 des Standards für Dopingkontrollen und Ermittlungen der NADA; hierunter fallen alle spielberechtigten Fußballspieler der Bundesliga und 2. Bundesliga, die nicht bereits Mitglied des NTP sind, sowie alle spielberechtigten Eishockeyspieler der DEL, die nicht bereits als Mitglied

Testpool meldepflichtig, wenn sie aufgrund einer Kontrollvereinbarung einer Organisation an das Trainingskontrollsystem der NADA angeschlossen sind und nicht den Regelungen der Testpools RTP, NTP, ATP oder TTP unterliegen.[206] Die Einteilung in den jeweiligen Testpool erfolgt anhand einer Zuordnung zu einer Risikogruppe; innerhalb der entsprechenden Sportart werden die physiologischen, empirischen und medialen Risikofaktoren ausgewertet und die Sportler in eine Risikogruppe A (hohes Dopingrisiko), B (mittleres Dopingrisiko) oder C (geringes Dopingrisiko) eingestuft. Als zweiter Einteilungsfaktor wird der Kaderplatz des jeweiligen Sportlers herangezogen. Aktuell erfasst der Testpool der NADA ca. 9.000 deutsche Athleten.[207] Neben sämtlichen Mitgliedern der A- und B-Kader der jeweiligen Sportverbände sind u.a. auch die Spieler der Deutschen Fußball Liga (Bundesliga und 2. Bundesliga der Männer) und der Deutschen Eishockey Liga (Bundesliga der Männer), Mitglieder der Frauen- und Männernationalmannschaften im Basketball, Fußball und Handball, Elitepass-Inhaber im Triathlon sowie Lizenzinhaber im Radsport erfasst.[208]

Auch ohne eine Zugehörigkeit zu einem Testpool[209] kommt eine Täterschaft wegen Eigendopings in Betracht, wenn der Sportler aus der sportlichen Betätigung unmittelbar oder mittelbar Einnahmen von erheblichem Umfang erzielt. Einnahmen beinhalten dabei das wiederholte[210] Erlangen wirtschaftlicher Vorteile, sowohl unmittelbare[211] als auch mittelbare[212].[213] Wirtschaftliche Vorteile verkörpern neben Zuwendungen in Geld auch sonstige Vorteile, die einen Marktwert haben, bspw. Sachbezüge, Gutscheine oder Dienstleistungen.[214] Nicht

---

des RTP, NTP oder ATP gemeldet wurden, https://www.nada.de/doping-kontroll-system/trainingskontrollen/testpools/ (letzter Abruf am 01.10.2020).

206 Art. 2.3.5 des Standards für Dopingkontrollen und Ermittlungen der NADA.

207 Stand 10/2020, https://www.nada.de/doping-kontroll-system/beteiligte-am-kontrollprozess/athletinnen-athleten/ (letzter Abruf am 01.10.2020).

208 BT-Drs. 18/4898, S. 32.

209 Zu den Sportarten, die keiner Dopingkontrolle unterliegen, zählen z.B. der gesamte organisierte Motorsport, der Bereich des Profiboxens (mit der derzeitigen Ausnahme der Boxer der Sauerland Event GmbH) und die Dritte Fußball Bundesliga der Männer, BT-Drs. 18/4898, S. 32.

210 Eine einmalige finanzielle Zuwendung oder ein ausnahmsweise erzieltes Preisgeld genügen nicht, vgl. BT-Drs. 18/4898, S. 32.

211 Z.B. Preisgelder oder Startgelder, bei berufsmäßiger Sportausübung auch die Arbeitsvergütung.

212 Z.B. Sponsorengelder oder Leistungen der Sportförderung.

213 BT-Drs. 18/4898, S. 32.

214 Lehner/Nolte/*Putzke*, AntiDopG, § 4 Rn. 31.

einfach zu bestimmen ist, wann die Einnahmen die vorgegebene Erheblichkeitsschwelle überschreiten. Eine allgemeine objektive Einordnung besteht nicht. Laut Gesetzesbegründung liegt eine maßgebliche Leistung vor, wenn sie deutlich über eine bloße Kostenerstattung hinausgeht;[215] einbezogen werden hierbei nur Einnahmen, die unmittelbar oder mittelbar in Zusammenhang mit der sportlichen Betätigung stehen. Ergibt sich im Einzelfall bei einer Gegenüberstellung der Einnahmen und der Kosten bei einer monatlichen Berechnung ein positiver Saldo, der über der Grenze zur Sozialversicherungspflicht liegt, kann dies als Überschreitung der Erheblichkeitsschwelle gewertet werden.[216] Entscheidend ist in jedem Fall eine Bewertung des individuellen Einkommens der Sportler im für die Tat relevanten Zeitraum.

Es ist fraglich, ob es sich bei der Spitzensportler-Eigenschaft des Täters um ein Tatbestandsmerkmal oder eine objektive Bedingung der Strafbarkeit handelt. In letzterem Fall müssten sich weder Vorsatz noch Fahrlässigkeit hierauf beziehen.[217] Sowohl die Formulierung „wird nur bestraft“[218] als auch die systematische Stellung außerhalb der Verbotsnorm des § 3 AntiDopG und an nicht zentraler Stelle in § 4 AntiDopG[219] sprechen für eine Einordnung als objektive Bedingung der Strafbarkeit. Auch der Hinweis in der Gesetzesbegründung, die Einschränkung der Strafbarkeit erfolge aus Gründen der Verhältnismäßigkeit,[220] weist in diese Richtung. Auf der anderen Seite enthält die Gesetzesbegründung eine ausführliche Erklärung dahingehend, wie die betroffenen Sportler von der NADA über ihre Testpoolzugehörigkeit benachrichtigt werden und somit für jeden Sportler klar sei, ob eine Zugehörigkeit zu einem Testpool bestehe.[221]

---

215 BT-Drs. 18/4898, S. 32.

216 Erbs/Kohlhaas/*Wußler*, AntiDopG, § 4 Rn. 10; *Putzke* orientiert sich bei der Bestimmung der Erheblichkeitsschwelle zum einen an dem Gehalt der Sportler der 3. Fußballliga: Da diese von der Gesetzesbegründung ausdrücklich genannt werden, hieße das im Umkehrschluss, dass das Gehalt von Regionalligaspielern nicht als erhebliche Einnahme einzustufen sei. Die Erheblichkeitsschwelle liege demnach bei einem jährlichen Nettoeinkommen von über 18.000 EUR (abzüglich der sportartspezifischen Kosten). Zum anderen lässt er jährliche Einnahmen von netto 4.500 EUR ausreichen, wenn einmalige Zahlungen mind. 1.500 EUR betragen, Lehner/Nolte/*Putzke*, AntiDopG, § 4 Rn. 34.

217 Vgl. Kindhäuser/Neumann/*Paeffgen*/*Zabel*, StGB, Vorb. §§ 32 ff. Rn. 305.

218 Vgl. MüKoStGB/*Freund*, AntiDopG, § 4 Rn. 113.

219 Vgl. Erbs/Kohlhaas/*Wußler*, AntiDopG, § 4 Rn. 11; BtMG/*Weber*, AntiDopG, § 4 Rn. 210.

220 BT-Drs. 18/4898, S. 31.

221 BT-Drs. 18/4898, S. 32.

Diese Ausführungen sind lediglich von Bedeutung für die Bestimmung des Vorsatzes.[222] Entscheidender Faktor bei der Einordnung ist die Bestimmung des Unrechtsgehalts des Merkmals: Da objektive Bedingungen der Strafbarkeit zwar materielle Voraussetzungen für die Bestrafung sind, sie jedoch im Gegensatz zu Tatbestandmerkmalen das Unrecht der Tat nicht begründen, sollte auch das Merkmal der Spitzensportler-Eigenschaft hierauf untersucht werden.[223] Der Unrechtsgehalt des § 3 Abs. 1 S. 1, Abs. 2, Abs. 4 AntiDopG liegt in dem Erwerb, Besitz, der Anwendung und anschließenden Teilnahme an einem Wettbewerb des organisierten Sports und der damit verbundenen Gefährdung der Integrität des Sports. Diese Taten sind grds. von der Einordnung des Täters als Spitzensportler unabhängig um als Unrecht kategorisiert zu werden, sodass dies für eine Einordnung als objektive Bedingung der Strafbarkeit sprechen würde.[224] Der Gesetzgeber hingegen scheint von einer Konkretisierung des Unrechtstatbestands auszugehen, indem er in der Gesetzesbegründung ausführt, dass die Integrität des organisierten Sports insb. durch das Verhalten der in der Öffentlichkeit wahrgenommenen Leistungssportler bedroht werde und dass strafwürdiges Unrecht in diesem Rahmen lediglich von den Sportlern verwirklicht werde, die ihren Sport leistungs- und wettkampforientiert auf hohem Niveau betreiben bzw. erhebliche Einnahmen aus der sportlichen Tätigkeit ziehen.[225] Der Gesetzgeber sieht in diesen Sportlern Vorbilder, die für den organisierten Sport stehen und das Vertrauen in Anspruch nehmen, ihre sportlichen Erfolge mit lauteren Mitteln erlangt zu haben.[226] Hier werden noch einmal die Schwierigkeiten in Hinblick auf das Rechtsgut der Integrität des Sports deutlich: Bei objektiver Betrachtung ist die Einordnung der Sportler als Spitzensportler für die Begründung des Unrechtsgehalts des Dopings und der anschließenden Teilnahme an einem Wettbewerb nicht erforderlich. Auch die Dopingeinnahme von Sportlern außerhalb der Gruppe der Spitzensportler und „Gutverdiener“[227] stellt eine Verletzung der geschützten Werte der Fairness und Chancengleichheit dar. Trotz dieser allg. Bedenken sprechen insb. die Beweggründe des Gesetzgebers

---

222 Vgl. BtMG/*Weber*, AntiDopG, § 4 Rn. 210; Erbs/Kohlhaas/*Wußler*, AntiDopG, § 4 Rn. 11.

223 Vgl. zu den Problemen dieser Einordnung z.B. § 323a StGB oder § 186 StGB, Kindhäuser/Neumann/*Paeffgen*, StGB, § 323a Rn. 8 ff., 14 ff.; Kindhäuser/Neumann/Paeffgen/*Zaczyk*, StGB, § 186 Rn. 14 ff.

224 So auch MüKoStGB/*Freund*, AntiDopG, § 4 Rn. 112 f.

225 BT-Drs. 18/4898, S. 31.

226 BT-Drs. 18/4898, S. 31.

227 MüKoStGB/*Freund*, AntiDopG, § 4 Rn. 112.

i.E. für eine Einordnung der Spitzensportler-Eigenschaft als relevantes Vorsatzerfordernis und somit als Tatbestandsmerkmal.[228]

(2) Tathandlungen

Die Tathandlungen des Sportlers umfassen die Anwendung und das Anwendenlassen von Dopingmitteln (§ 4 Abs. 1 Nr. 4 AntiDopG), die Wettkampfteilnahme (§ 4 Abs. 1 Nr. 5 AntiDopG) und den Erwerb und Besitz im Vorfeld der Anwendung (§ 4 Abs. 2 AntiDopG).

Unter die Strafnorm des § 4 Abs. 1 Nr. 4 AntiDopG[229] fällt das eigenhändige Anwenden von Dopingmitteln durch den Sportler[230] und das Anwenden durch eine dritte Person, bspw. durch einen Arzt, Trainer oder sonstigen Betreuer. Das der Strafnorm zugrunde liegende Verbot ergibt sich aus § 3 Abs. 1 S. 1 AntiDopG. Die Dopingeinnahme ist dabei nicht nur während des unmittelbaren sportlichen Wettkampfs untersagt. Erfolgt die Einnahme von verbotenen Dopingmitteln zum Zwecke der Leistungssteigerung bei einem anstehenden Wettbewerb in vorangehenden Ruhephasen oder im Training, so ist auch diese zeitlich vorgeschaltete Einnahme verboten.[231] Entscheidend ist hierbei, dass es sich um ein Dopingmittel handelt, dessen Einnahme nicht nur im Wettbewerb verboten ist, § 3 Abs. 1 S. 2 AntiDopG.

Weiter ist unter Strafe gestellt, unter Anwendung von Dopingmitteln an einem Wettbewerb des organisierten Sports teilzunehmen, § 4 Abs. 1 Nr. 5 AntiDopG. Mit dieser Tatvariante werden Fälle erfasst, in denen ein Sportler im Ausland gedopt hat und unter Einfluss dieser Dopingmittel im Inland an einem Wettkampf teilnimmt.[232] Somit können Strafbarkeitslücken geschlossen werden, die sich bislang aus der Konstellation des genannten Falles ergaben: Erfolgte die Anwendung des Dopingmittels im Ausland, käme eine Anwendung deutschen Strafrechts nur unter den Voraussetzungen des Strafanwendungsrechts des StGB, insb. des § 7 Abs. 2 Nr. 1 StGB, in Betracht. Wäre die Dopingeinnahme im

---

228 So auch Erbs/Kohlhaas/*Wußler*, AntiDopG, § 4 Rn. 11; BtMG/*Weber*, AntiDopG, § 4 Rn. 210; Lehner/Nolte/*Putzke*, AntiDopG, § 4 Rn. 17 f. A.A. MüKoStGB/*Freund*, AntiDopG, § 4 Rn. 113, der aufgrund mangelnder materieller Unrechtsrelevanz die „willkürliche Strafbarkeitseinschränkung" umgehend gestrichen sehen will.

229 Vgl. zur Verfassungsmäßigkeit der Strafvorschrift in § 4 Abs. 1 AntiDopG BGH NStZ-RR 2019, 155; BGH NStZ-RR 2019, 86, 87.

230 Bspw. durch eine Injektion.

231 Vgl. BT-Drs. 18/4898, S. 27.

232 Im Regierungsentwurf war diese Tatvariante ursprünglich nicht enthalten, erst auf Hinweis des Bundesrates wurde Abs. 2 eingeführt.

Ausland legal, wäre die Folge Straffreiheit.[233] Aufgrund des AntiDopG ist es hingegen unerheblich, ob ein entsprechendes Tatortstrafrecht im Ausland besteht, es ist allein abzustellen auf die Teilnahme im Inland in gedoptem Zustand. Voraussetzung ist, dass der Sportler an einem Wettbewerb teilnimmt, also am Wettkampfgeschehen relevant mitwirkt[234] und sich den Konkurrenten stellt. Nicht ausreichend ist daher die bloße Anmeldung zu einem Wettbewerb. Ob bereits das vorbereitende Warmmachen hinzugezählt werden kann, ist umstritten.[235] In Hinblick auf die geschützten Rechtsgüter der Fairness und Chancengleichheit sollte ein Warmmachen nicht unter die strafbare Tathandlung fallen: Diese werden erst bei der direkten Ausführung der sportlichen Tätigkeit im Wettbewerb verletzt, nicht schon beim vorbereitenden Warmmachen.[236]

Um einen größtmöglichen und umfassenden Rechtsgüterschutz gewährleisten zu können,[237] werden gem. § 4 Abs. 2 AntiDopG ebenfalls die Vorbereitungshandlungen des Erwerbs und Besitzes eines Dopingmittels unter Strafe gestellt, soweit dies mit dem Ziel der Anwendung und anschließenden Teilnahme an einem Wettbewerb des organisierten Sports erfolgt, § 3 Abs. 4 AntiDopG. Eine mengenmäßige Grenze besteht – anders als in § 2 Abs. 3 AntiDopG – nicht, sodass bereits geringe Mengen an Dopingmitteln unter die Norm fallen. Eine Legaldefinition für den Begriff des Erbwerbens in Zusammenhang mit Dopingmitteln gibt es nicht. Durch die Vergleichbarkeit mit den Regelungen des Betäubungsmittelgesetzes bietet sich hier jedoch die Heranziehung des § 29 Abs. 1 S. 1 Nr. 1 BtMG an, wonach ein Erwerben die Erlangung der tatsächlichen Macht über das Betäubungsmittel zur freien Verfügung und im Einverständnis des zuvor Verfügungsberechtigten ist.[238] Auch bei der Handlungsvariante des Besitzes kann auf die Auslegung des BtMG zurückgegriffen werden. Besitzen von Betäubungsmitteln i.S.d. § 29 Abs. 1 S. 1 Nr. 3 BtMG meint ein tatsächliches Herrschaftsverhältnis, also die ungehinderte Einwirkungsmöglichkeit auf das Betäubungsmittel für eine gewisse Dauer.[239] Eine Erwerbs- oder Besitzstrafbarkeit kann bspw. dann verneint werden, wenn der Sportler das Dopingmittel von einer dritten Person zum sofortigen Verbrauch, und eben nicht für eine gewisse

---

233 Vgl. BT-Drs. 18/4898, S. 48.

234 Erbs/Kohlhaas/*Wußler*, AntiDopG, § 3 Rn. 16.

235 Vgl. für eine Teilnahme am Wettbewerb Erbs/Kohlhaas/*Wußler*, AntiDopG, § 3 Rn. 16; dagegen Lehner/Nolte/*Putzke*, AntiDopG, § 3 Rn. 22 f.

236 Vgl. Lehner/Nolte/*Putzke*, AntiDopG, § 3 Rn. 22 f.

237 Vgl. BT-Drs. 18/4898, S. 28.

238 MüKoStGB/*Kotz/Oğlakcıoğlu*, BtMG, § 29 Rn. 987; BGH BeckRS 2009, 25653.

239 MüKoStGB/*Kotz/Oğlakcıoğlu*, BtMG, § 29 Rn. 1109; BGH NStZ-RR 1998, 148.

Dauer, erhält. Eine tatsächliche und freie Verfügungsgewalt kann, etwa wenn die andere Person während der Einnahme zugegen bleibt, dann nicht angenommen werden.[240] Da für eine solche Konstellation jedoch ein sehr enger zeitlicher und räumlicher Zusammenhang gegeben sein muss, werden solche Fälle eher die Ausnahme sein. Der Sportler wird im Falle des Erwerbs oder Besitzes gem. § 4 Abs. 8 AntiDopG nicht bestraft, wenn er freiwillig die tatsächliche Verfügungsgewalt über das Dopingmittel aufgibt, bevor er es anwendet oder anwenden lässt.

(3) Allgemeine Voraussetzungen

Die Tathandlungen des Eigendopings stehen nur unter Strafe, wenn für die Einnahme keine medizinische Indikation vorlag und der Täter in der Absicht handelte, sich in einem Wettbewerb des organisierten Sports einen Vorteil zu verschaffen, § 3 Abs. 1, 2 AntiDopG.

Die Einschätzung, inwieweit die Einnahme eines Dopingmittels medizinisch erforderlich ist, kann oftmals schwierig sein, da es sich bei den meisten Dopingmitteln um Arzneimittel handelt, die aus therapeutischer Sicht für ein Heilverfahren förderlich sind bzw. sein können. Indiz gegen eine medizinische Indikation kann bspw. eine fehlende medizinische Ausnahmegenehmigung eines Sportlers durch seinen Arzt sein.[241] Sowohl der WADC als auch der NADC beinhalten die Möglichkeit der Bewilligung einer medizinischen Ausnahmegenehmigung,[242] sodass die Teilnahme an einem sportlichen Wettbewerb unter Einfluss von Arzneimitteln, die unter das AntiDopG fallen, trotz einer möglichen Leistungssteigerung (auch wenn nur als eine Nebenfolge), im Einzelfall erlaubt sein kann.

Des Weiteren muss es sich um einen Wettbewerb des organisierten Sports handeln. Dessen Voraussetzungen sind in § 3 Abs. 3 AntiDopG legaldefiniert. Umfasst sind Sportveranstaltungen, die von einer nationalen oder internationalen Sportorganisation oder in deren Auftrag oder mit deren Anerkennung organisiert werden (Nr. 1) und bei denen Regeln einzuhalten sind, die von einer nationalen oder internationalen Sportorganisation mit verpflichtender Wirkung für ihre Mitgliedsorganisationen verabschiedet wurden (Nr. 2). Der Begriff der Sportveranstaltung ist hierbei weit auszulegen und nicht auf bestimmte Sportarten oder Sportereignisse beschränkt; er umfasst ein „zeitlich begrenztes und geplantes Ereignis, an dem eine Gruppe von Menschen teilnimmt und

---

240 Vgl. hierzu ausführlicher Lehner/Nolte/*Putzke*, AntiDopG, § 3 Rn. 36.

241 Erbs/Kohlhaas/*Wußler*, AntiDopG, § 3 Rn. 6.

242 Art. 4.4 WADC und Art. 4.4 NADC.

sich sportlich betätigt."[243] Veranstalter können auf nationaler Ebene bspw. der DOSB oder DFB oder auf internationaler Ebene das IOC oder die FIFA sein. Die Sportorganisationen müssen ein auf die Sportveranstaltung bezogenes, für die Mitgliedsorganisationen verpflichtendes Regelwerk erstellt haben, das neben Turnierregeln, welche die sportliche Betätigung an sich betreffen, auch allgemeine Verhaltensregeln des einzelnen Sportlers beinhalten kann.[244] Erfasst sind somit Sportwettbewerbe des Spitzen- und Leistungssports wie Olympische und Paralympische Spiele oder Jugendspiele, nationale (auch regionale) oder internationale Meisterschaften oder Pokalwettbewerbe oder größere Laufveranstaltungen wie Marathons.[245] Sportveranstaltungen privater Veranstalter sind nur dann erfasst, wenn und soweit diese von den jeweils zuständigen Sportorganisationen im Vorfeld anerkannt worden sind.[246] Ausgeschlossen sind somit reine Privatveranstaltungen wie Firmenläufe, „Freizeitkicker"-Turniere oder rein privates Sporttreiben.[247] Auch wenn bei diesen Veranstaltungen Regeln des organisierten Sports angewandt werden, entfällt die Strafbarkeit, da die Voraussetzungen der Nrn. 1 und 2 kumulativ vorliegen müssen.

Auf subjektiver Ebene muss der Sportler das Dopingmittel oder die Dopingmethode mit der Absicht angewandt haben, sich in einem Wettbewerb des organisierten Sports einen Vorteil zu verschaffen. Der sportliche Wettbewerb umfasst auch vorangehende Ruhephasen oder das Training, soweit die Einnahme zum Zwecke der Leistungssteigerung bei einem anstehenden Wettbewerb erfolgt.[248] Aufgrund des vom Gesetzgeber intendierten Schutzguts der Integrität des Sports, welches zwar auch vermögensrelevante Bestandteile enthält, jedoch ansonsten eigenständig ist,[249] ist hier als Vorteil kein Vermögensvorteil zu sehen, sondern die unlautere Besserstellung des Sportlers durch die Dopingeinnahme, insb. durch bessere sportliche Ergebnisse aufgrund erhöhter Leistungsfähigkeit.[250] Fraglich ist, welche Form der Absicht hier zugrunde zu legen ist. Der Wortlaut des § 3 Abs. 1, 2 AntiDopG legt nahe, dass für die Absicht i.S.d. Norm Absicht im technischen Sinne, also dolus directus 1. Grades, erforderlich ist. Zwar kann angemerkt werden, dass das Absichtsmerkmal hier

---

243 Erbs/Kohlhaas/*Wußler*, AntiDopG, § 3 Rn. 9.
244 Vgl. hierzu ausführlicher Erbs/Kohlhaas/*Wußler*, AntiDopG, § 3 Rn. 12 f.
245 BT-Drs. 18/4898, S. 28.
246 BT-Drs. 18/4898, S. 28.
247 BT-Drs. 18/4898, S. 28.
248 BT-Drs. 18/4898, S. 27.
249 Vgl. Erbs/Kohlhaas/*Wußler*, AntiDopG, § 3 Rn. 7.
250 BT-Drs. 18/4898, S. 27.

nicht bloß typisierend, sondern unwerthaltig sei,[251] und sich die Absicht auf das Rechtsgut des geschützten Wettbewerbs (bzw. dessen Integrität) bezieht. Gleichzeitig richtet sich das Handeln des Sportlers jedoch ebenfalls auf die eigene Vorteilsverschaffung. Da somit zumindest auch die Selbstbegünstigung betroffen ist, spricht dies für das Erfordernis einer Absicht im technischen Sinne. Auch der Gesichtspunkt der Möglichkeit einer Strafbarkeit bereits im Vorfeld des eigentlichen Wettkampfs und somit einer Vorverlagerung der Strafbarkeit[252] spricht für eine enge Auslegung des Absichtsmerkmals.[253] Darüber hinaus muss Vorsatz bzgl. der übrigen Voraussetzungen vorliegen (Tatmittel und Tathandlung). Ausreichend ist hier bedingter Vorsatz.[254] Einen solchen nachzuweisen kann in der Praxis, wie so oft auf der Ebene des subjektiven Tatbestands, zu Schwierigkeiten führen.[255]

bb. Fremddoping

Neben der eigenhändigen Einnahme des Dopingmittels durch den Sportler kann eine Strafbarkeit auch dann in Betracht kommen, wenn die Vergabe des Mittels durch eine andere Person vorgenommen wird.

(1) Grundtatbestand, § 4 Abs. 1 Nr. 2 AntiDopG

Die Strafvorschrift des § 4 Abs. 1 Nr. 2 AntiDopG verweist auf das in § 2 Abs. 2 AntiDopG vorgeschriebene Verbot der Anwendung von Dopingmitteln und Dopingmethoden zum Zwecke des Dopings im Sport bei einer anderen Person. Täter des Fremddopings kann grds. Jedermann sein. In Betracht kommen hier insb. Mediziner, Betreuer oder Teammitglieder eines Sportvereins. Die Regelung zum Verbot der Anwendung von Dopingmitteln in § 2 Abs. 2 Nr. 1 AntiDopG umfasst die bisherige Vorschrift des § 6a Abs. 1 AMG[256], ergänzt um

---

251 So Lehner/Nolte/*Putzke*, AntiDopG, § 3 Rn. 16.

252 Insb. bei der Tatvariante des Erwerbes und Besitzes kann es durch die Vorverlagerung der Strafbarkeit zu erheblichen Beweisschwierigkeiten kommen. Erforderlich wird sein, dem Sportler einen Anwendungswillen und die angestrebte Vorteilsverschaffung konkret nachzuweisen, vgl. Erbs/Kohlhaas/*Wußler*, AntiDopG, § 3 Rn. 20. Ohne die Herstellung eines zeitlichen Zusammenhangs zu einem bestimmten Wettbewerb wird dies schwer gelingen.

253 So i.E. auch MüKoStGB/*Freund*, AntiDopG, § 4 Rn. 37; BtMG/*Weber*, AntiDopG, § 3 Rn. 21.

254 So auch BtMG/*Weber*, AntiDopG, § 4 Rn. 232.

255 Vgl. LG Köln, BeckRS 2019, 3373.

256 In der Fassung bis 17.12.2015.

die Dopingmittel, die in der Anlage I des Internationalen Übereinkommens gegen Doping geführt sind. § 2 Abs. 2 Nr. 2 AntiDopG erweitert das Verbot um die Dopingmethoden, die in der Anlage I des Internationalen Übereinkommens gegen Doping geführt sind. Ergänzt werden kann diese Liste durch eine Rechtsverordnung des Bundesministeriums für Gesundheit gem. § 6 Abs. 2 AntiDopG.[257]

Parallel zum Eigendoping ist die Tathandlung des Fremddopings die Anwendung von Dopingmitteln bei einer anderen Person, bspw. durch Injektion oder Auftragung[258]. Die Dopingvergabe muss zum Zwecke des Dopings beim Menschen im Sport erfolgen. Anders als beim Eigendoping ist eine beabsichtigte anschließende Teilnahme an einem Wettbewerb des organisierten Sports nicht erforderlich, sodass neben dem Leistungssport auch der Freizeit- und Breitensport umfasst sind.[259] Es stellt sich die Frage, wie sich eine solch unterschiedliche Bewertung rechtfertigen lässt und nicht auch beim Fremddoping ein Bezug zum Wettkampf bestehen oder beim Eigendoping der Breitensport einbezogen werden muss. Hier werden erneut die Schwierigkeiten in Bezug auf die unterschiedlichen Rechtsgüter in § 1 AntiDopG deutlich. Als Gesetzeszweck nennt der Gesetzgeber in § 1 AntiDopG den Schutz der Gesundheit der Sportler und die Sicherung der Fairness und Chancengleichheit bei Sportwettbewerben zur Erhaltung der Integrität des Sports. Würden diese Rechtsgüter gleichermaßen Grundlage für sämtliche Verbotsnormen des AntiDopG sein, ließe sich eine Unterscheidung nicht rechtfertigen. Vielmehr müsste dann in § 2 AntiDopG unter Zugrundelegung des Rechtsguts der Integrität des Sports ebenfalls zumindest eine Art von Wettkampfbezug bestehen, da die Fairness und Chancengleichheit ausdrücklich bei Sportwettbewerben gesichert werden soll. Das Tatbestandsmerkmal „zum Zwecke des Dopings im Sport" müsste demnach im Sinne einer teleologischen Reduktion einen wenigstens entfernten Wettbewerbsbezug implizieren.[260] Der Gesetzgeber unterscheidet jedoch und weist § 2 AntiDopG und § 3 AntiDopG primär jeweils nur ein Rechtsgut zu. Die Ausweitung in § 2 AntiDopG wird damit begründet, dass dieser in erster Linie

257 Voraussetzungen hierfür sind eine Gebotenheit und eine unmittelbare oder mittelbare Gefährdung der Gesundheit des Menschen durch die Dopingeinnahme weiterer Stoffe oder Dopingmethoden, die bislang nicht umfasst sind.

258 Kügel/Müller/Hofmann/*Nickel*, AMG, § 6a a.F. Rn. 17.

259 BGH NStZ 2018, 475; vgl. auch BtMG/*Weber*, AntiDopG, § 2 Rn.26; Erbs/Kohlhaas/*Wußler*, AntiDopG, § 2 Rn. 6; Lehner/*Nolte*/Putzke, AntiDopG, § 1 Rn. 26.

260 So Lehner/Nolte/*Putzke*, AntiDopG, § 4 Rn. 54; MüKoStGB/*Freund*, AntiDopG, § 2 Rn. 20 ff., 47.

dem Gesundheitsschutz diene.[261] So wurde auch schon im Rahmen des § 6a AMG a.F.[262] argumentiert.[263] Anders sehe dies in Bezug auf Selbstdoping aus, hier diene die Norm dem Schutz der Integrität des Sports.[264] Die Eingrenzung des Täterkreises nur auf Spitzensportler ergäbe sich daraus, dass insb. die in der Öffentlichkeit stehenden Leistungssportler mit ihrem Verhalten die Integrität des organisierten Sports und dessen Glaubwürdigkeit zerstören.[265] Auch wenn diese Unterteilung die unterschiedlichen Reichweiten erklärt, ändert dies nichts an den bestehenden Schwierigkeiten hinsichtlich der Rechtsgüter.

Da die Dopingvergabe zum Zwecke des Dopings erfolgen muss und es sich somit um ein subjektives Merkmal handelt, ist nicht erforderlich, dass die Vergabe des Dopingmittels im Ergebnis zu einer Leistungssteigerung führt. Handelt der Täter in Kenntnis der tatsächlichen Umstände, die auf den vom Sportler gesetzten Verwendungszweck schließen lassen, genügt das Vorliegen eines Eventualvorsatzes.[266] Mit Blick auf die Konstellation von Täter und Opfer, die wohl häufig aus medizinischem Betreuer und Sportler besteht, wird in den meisten Fällen jedoch eher ein Handeln mit dolus directus gegeben sein. Gem. § 4 Abs. 6 AntiDopG kommt ebenfalls eine fahrlässige Strafbarkeit in Betracht. Hierbei ist fraglich, ob sich die Fahrlässigkeit nur auf die Handlung beziehen kann oder aufgrund der überschießenden Innentendenz nicht auch auf den Verwendungszweck. Unproblematisch ist der Fall zu bewerten, indem ein Arzt einem Sportler ein Dopingmittel verabreicht, dabei jedoch irrig annimmt, es handele sich um keine verbotene Substanz.[267] Ob darüber hinaus jedoch Vorsatz hinsichtlich des Verwendungszwecks vorliegen muss oder auch diesbezüglich eine Fahrlässigkeit angenommen werden kann, hängt von dem zugrunde liegenden erforderlichen Grad des Vorsatzes ab. Da hier bei einem vorsätzlichen Vorgehen dolus eventualis hinsichtlich des Bestimmungszwecks ausreichend ist, somit der Täter lediglich die Möglichkeit erkennen und ernstnehmen muss, dass das Mittel zu Dopingzwecken verabreicht werden soll, kann übertragen auf das Fahrlässigkeitsdelikt

---

261 BT-Drs. 18/4898, S. 23.

262 In der Fassung bis 17.12.2015.

263 Vgl. BT-Drs. 13/9996, S. 13.

264 BT-Drs. 18/4898, S. 26.

265 BT-Drs. 18/4898, S. 26.

266 So auch BtMG/*Weber*, AntiDopG, § 2 Rn. 25; Lehner/Nolte/Putzke/*Striegel*, AntiDopG, § 2 Rn. 79; MüKoStGB/*Freund*, AMG 2. Aufl., § 6a Rn. 52; a.A. Erbs/Kohlhaas/*Wußler*, AntiDopG, § 2 Rn. 8, der ein Handeln mit dolus directus verlangt.

267 Vgl. *Heger*, SpuRt 2001, 92, 93 zu § 95 Abs. 4 AMG a.F.

ein fahrlässiges Verkennen, d.h. ein Kennenmüssen, genügen.[268] Etwas anderes kann nur dann angenommen werden, wenn an dieser Stelle ein Wissen oder Wollen hinsichtlich des Zwecks der Leistungssteigerung für erforderlich gehalten wird;[269] in Konsequenz müsste dann auch bei der Fahrlässigkeitsstrafbarkeit eine Form des dolus directus hinsichtlich des Verwendungszwecks vorliegen. Solche Konstellationen sind jedoch in der Praxis eher selten; verabreicht der Arzt ein Dopingmittel, wird er sich i.d.R. auch darüber bewusst sein, dass es sich hierbei um eine verbotene Substanz zur Leistungssteigerung handelt.

Auch wenn sich Täter und Opfer in den weit überwiegenden Fällen absprechen und der Sportler der Dopingeinnahme ausdrücklich zustimmt,[270] kann hierin keine rechtfertigende Einwilligung des Sportlers gesehen werden. Hierfür wäre es erforderlich, dass er über das verletzte Rechtsgut disponieren könnte. Die geschützten Rechtsgüter sind hier neben der Gesundheit des Sportlers die Fairness und Chancengleichheit bei Sportwettbewerben und die Integrität des Sports (§ 1 AntiDopG). Da der Sportler über die zuletzt genannten Rechtsgüter nicht verfügen kann,[271] lässt sich in diesem Fall eine Abweichung von den allgemeinen strafrechtlichen Prinzipien begründen.[272]

(2) Qualifikationen, § 4 Abs. 4 AntiDopG

§ 4 Abs. 4 AntiDopG ist inhaltlich angelehnt an § 95 Abs. 3 AMG und § 95 Abs. 3 S. 2 Nr. 2a AMG a.F.[273] und als Verbrechen qualifiziert. Hierdurch sind die qualifizierten Handlungsweisen auch von dem Vortatenkatalog der Geldwäsche, § 261 StGB, umfasst. Insb. die gewerbs- und bandenmäßige Begehungsweise stammt typischerweise aus dem Bereich der organisierten Kriminalität, welche durch den Geldwäschetatbestand bekämpft werden soll.[274]

§ 4 Abs. 4 Nr. 1a AntiDopG erfordert die Gesundheitsgefährdung einer großen Zahl von Menschen durch die Vergabe eines Dopingmittels oder einer Dopingmethode. Eine Gefährdung der Gesundheit von Menschen ist dann

---

268 So auch MüKoStGB/*Freund*, AntiDopG, § 4 Rn. 108; Lehner/Nolte/*Putzke*, AntiDopG, § 4 Rn. 64.

269 So Erbs/Kohlhaas/*Wußler*, AntiDopG, § 2 Rn. 8.

270 Eine Zustimmung oder auch nur Kenntnis des Sportlers ist jedoch für die Strafbarkeit des Täters nicht erforderlich. Auch wenn der Sportler nichts von der Vergabe des Dopingmittels weiß, sie somit heimlich erfolgt, liegt ein strafbares Anwenden vor.

271 Vgl. MüKoStGB/*Freund*, AntiDopG § 4 Rn. 53 - 55.

272 Siehe zur Problematik der Rechtfertigung auch Kapitel C, I, 2, b, aa, (3).

273 In der Fassung bis 17.12.2015.

274 Vgl. auch BT-Drs. 18/4898 S. 30.

anzunehmen, wenn die Möglichkeit eines Schadens so wahrscheinlich ist, dass deren Eintritt nur noch vom Zufall abhängt.[275] Wann genau eine „große" Anzahl von Menschen gegeben ist, ist nicht eindeutig zu bestimmen; vielmehr sollte dieser unbestimmte Rechtsbegriff tatbestandsspezifisch ausgelegt und nur in eindeutigen Fällen bejaht werden.[276] Die untere Schwelle dürfte wohl, auch in Anlehnung an die große Zahl von Menschen z.B. in § 330 StGB,[277] bei 20 Personen liegen,[278] spätestens jedoch bei einer Personenzahl von 100 Personen gegeben sein.[279] Zu beachten ist dabei, dass hier nicht die Anwendung i.S.d. Norm in Tatmehrheit gemeint ist. Entscheidend ist vielmehr das Vorliegen einer Gesundheitsgefährdung einer großen Anzahl von Personen, welche auf einer einzelnen Handlung des Täters beruht. Bei der Tatvariante des Fremddopings, welche eine personenbezogene Anwendung beschreibt, ist eine Gesundheitsgefährdung einer so großen Anzahl von Personen in der Praxis daher eher unwahrscheinlich. Vorzustellen wäre dies bspw., wenn der Täter Dopingmittel in Form von Getränken oder Nahrungsmitteln an eine gesamte Mannschaft verabreicht.

Nach § 4 Abs. 4 Nr. 1b StGB kommt eine Strafbarkeit in Betracht, wenn der Sportler durch die Vergabe der Dopingmittel oder Dopingmethoden in die Gefahr des Todes oder einer schweren Gesundheitsschädigung gebracht wird. Die Voraussetzungen sind hierbei wie bei § 225 Abs. 3 Nr. 1 StGB zu beurteilen. Erforderlich ist eine konkrete Gefahr,[280] die im Falle der Gefahr des Todes dann gegeben ist, wenn der Todeseintritt außerhalb des Einflussbereichs des Täters liegt und nur noch vom Zufall abhängt.[281] Die konkrete Gefahr einer schweren Gesundheitsschädigung liegt vor, wenn die Gesundheit ernstlich, entscheidend oder nachhaltig beeinträchtigt ist[282] und die drohende Schädigung den Folgen einer schweren Körperverletzung nach § 226 StGB nahe kommt.[283] Beispiele hierfür sind der Verlust des Seh- oder Hörvermögens, ein dauerndes Nichtgebrauchen eines wichtigen Gliedes des Körpers oder schwere Erkrankungen, die

---

275 Vgl. Körner/Patzak/*Volkmer*, BtMG, § 95 AMG, Rn. 335; BGH NStZ 1987, 514, 515.

276 Vgl. BGHSt 44, 175 = NJW 1999, 299 f.; Lehner/Nolte/Putzke/*Striegel*, AntiDopG, § 4 Rn. 37.

277 Vgl. *Fischer*, StGB, § 330 Rn. 8.

278 Vgl. Körner/Patzak/*Volkmer*, BtMG, § 95 AMG, Rn. 334; Erbs/Kohlhaas/*Pfohl*, AMG, § 95 Rn. 39.

279 Vgl. BtMG/*Weber*, AMG, § 95 Rn. 428; LG Nürnberg-Fürth, BeckRS 2009, 10311.

280 Vgl. für § 225 StGB BGH NStZ-RR 2015, 369, 370.

281 BeckOK/*Eschelbach*, StGB, § 225 Rn. 32.

282 BGH NStZ-RR 2007, 304.

283 *Fischer*, StGB, § 225 Rn. 18.

eine intensivmedizinische Behandlung oder langwierige Rehabilitationsmaßnahmen erfordern[284].[285]

Die Handlungsvariante aus § 4 Abs. 4 Nr. 1c AntiDopG umfasst die Erlangung eines Vermögensvorteils großen Ausmaßes des Täters aus grobem Eigennutz für sich oder einen anderen und setzt sich aus einem objektiven (Vermögensvorteil großen Ausmaßes) und einem täterbezogenem Element (grober Eigennutz) zusammen. Bei der Bemessung der Grenze, ab welcher ein „großes Ausmaß" erreicht ist, kann auf die Rechtsprechung zum Vermögensverlust bei § 263 StGB zurückgegriffen werden; diese liegt bei 50.000 EUR.[286] Die Erlangung des Vermögensvorteils bedeutet, dass der Vorteil auch tatsächlich in das Vermögen des Täter oder eines Dritten gewandert ist.[287] Der Täter muss dabei mit „grobem Eigennutz" handeln, d.h. sein Streben nach einem persönlichen Vorteil – sei es materiell oder immateriell – muss deutlich über dem noch vertretbaren kaufmännischem Maß liegen.[288] Das Ausmaß der Gewinnsucht muss dabei nicht erreicht sein,[289] ausreichend kann es bspw. sein, wenn der Täter sich von seinem Streben nach einem eigenen Vorteil „in einem besonders anstößigen Maße leiten lässt."[290]

§ 4 Abs. 4 Nr. 2a AntiDopG schützt Sportler unter 18 Jahren. Da Minderjährige leichter beeinflussbar seien und Gefahren schwerer abschätzen könnten und sich zudem noch in ihrer körperlichen Entwicklung befänden, sah der Gesetzgeber hier eine besondere Schutzwürdigkeit.[291] Damit dieser Schutz möglichst umfassend gewährt werden kann, besteht auch, entgegen der Parallelvorschrift in § 29a Abs. 1 Nr. 1 BtMG,[292] keine Altersgrenze für den Täter.[293] Wendet der Täter also ein Dopingmittel oder eine Dopingmethode bei einem Minderjährigen an, liegt die Mindeststrafe bei einem Jahr Freiheitsstrafe. Der

284 BGH NStZ-RR 2007, 304, 305; BeckOK/*Eschelbach*, StGB, § 225 Rn. 33.

285 Siehe zu den Voraussetzungen von § 226 StGB auch Kapitel C, I, 2, b, aa, (1).

286 Vgl. Rspr. zu § 263 StGB BGHSt 48, 360 = NJW 2004, 169 ff.; BGHSt 53, 71 = NJW 2009, 528 ff.; a.A. Erbs/Kohlhaas/*Pfohl*, AMG, § 95 Rn. 42, der im Bereich des AMG eine Grenze von 25.000 EUR annimmt.

287 BGH NStZ-RR 2007, 304.

288 LG Nürnberg-Fürth, BeckRS 2009, 10311.

289 LG Nürnberg-Fürth, BeckRS 2009, 10311.

290 BGH wistra 1991, 106; vgl. auch Erbs/Kohlhaas/*Wußler*, AntiDopG, § 4 Rn. 15; BtMG/*Weber*, AntiDopG, § 4 Rn. 295.

291 BT-Drs. 18/4898, S. 31.

292 § 29a Abs. 1 Nr. 1 BtMG beinhaltet eine Altersgrenze für den Täter von 21 Jahren.

293 Vgl. BT-Drs. 18/4898, S. 49.

unter 18-jährige Sportler muss dabei nicht wissen, dass es sich um ein Dopingmittel handelt, entscheidend ist das Wissen des Täters um die Minderjährigkeit des Sportlers und die Vergabe zum Zwecke des Dopings im Sport.

In § 4 Abs. 4 Nr. 2b AntiDopG ist die gewerbsmäßige oder als Mitglied einer Bande begangene Handlungsweise als Verbrechen qualifiziert. Gewerbsmäßig handelt, wer die Absicht besitzt, sich durch wiederholte Tatbegehung eine fortlaufende Einnahmequelle von einigem Umfang und einiger Dauer zu verschaffen.[294] Da sich nur die Absicht auf die Wiederholung der Tat beziehen muss, kann bereits das erstmalige Handeln als gewerbsmäßig eingestuft werden.[295] Eine Bande besteht aus dem Zusammenschluss von mindestens 3 Personen, die in Zukunft gemeinsam für eine gewisse Dauer Straftaten des im Gesetz genannten Deliktstyps begehen wollen; nicht erforderlich ist dabei ein „gefestigter Bandenwille" oder ein „Tätigwerden in einem übergeordneten Bandeninteresse".[296] Im Bereich des Fremddopings kann insb. die Handlungsweise der Gewerbsmäßigkeit einschlägig sein, wenn sich Ärzte auf die Vergabe von Dopingmitteln „spezialisieren".[297]

cc. Handlungen zum Zwecke des Dopings

In direktem Zusammenhang mit der Einnahme und Vergabe von Dopingmitteln stehen die dazugehörigen und nicht hinwegzudenkenden Vorbereitungshandlungen, die zum Zwecke des Dopings vorgenommen werden. Darunter fallen neben Herstellung und Weitergabe auch Erwerb und Besitz von leistungssteigernden Substanzen. Im Unterschied zur Tatvariante des Eigendopings sind die Tathandlungen nicht an die Teilnahme an einem Wettbewerb des organisierten Sports gebunden. Erforderlich, aber auch ausreichend, ist die Zweckrichtung des Dopings beim Menschen im Sport, § 2 Abs. 1, 3 AntiDopG. Somit ist neben dem Leistungssport auch der Breiten- und Freizeitsport erfasst.[298] Die Tathandlungen zum Zwecke des Dopings sind für den Sportverein dann relevant, wenn Sportler oder Vereinsärzte einen ausgeklügelten Dopingring aufbauen, indem

294 BGH NStZ-RR 2011, 373.

295 BGH NStZ 2004, 265; a.A. Lehner/Nolte/*Putzke*, AntiDopG, § 4 Rn. 49, der aufgrund des hohen Strafrahmens bei erstmaliger Tatbegehung noch keine Gewerbsmäßigkeit annehmen will.

296 BGHSt 46, 321 = NStZ 2001, 421 ff.

297 So führte bspw. der spanische Arzt Eufemiano Fuentes einen Dopingring, der von der spanischen Polizei durch die Operación Puerto zerschlagen wurde, vgl. bspw. *Cáceres*, „Doping-Gerüchte, die jetzt wohl nie geklärt werden", FAZ v. 19.06.2017.

298 Vgl. BGH NStZ 2018, 475.

Dopingmittel bspw. an Mannschaftskollegen weitergegeben werden oder von Vereinsärzten verschrieben werden. Durch den erweiterten Sportlerkreis kann auch der Anwendungsbereich steigen.

Im Gegensatz zum Eigen- und Fremddoping sind nur Dopingmittel erfasst, die in der Anlage I des Internationalen Übereinkommens gegen Doping aufgeführte Stoffe sind.[299] Ausdrücklich nicht genannt sind hingegen Dopingmethoden. Lediglich die Tathandlungen des Erwerbes, Besitzes und Verbringens[300] beziehen sich nicht auf Dopingmittel, die in der Anlage I aufgeführt sind, sondern auf die Dopingmittel, die ein in der Anlage zum AntiDopG aufgeführter Stoff sind oder einen solchen erhalten. Diese Liste enthält anabole Stoffe, Peptidhormone, Wachstumsfaktoren und verwandte Stoffe, Hormone und Stoffwechsel-Modulatoren.

Nach § 4 Abs. 1 Nr. 1 AntiDopG i.V.m. § 2 Abs. 1 AntiDopG ist das Herstellen, Handeltreiben, Inverkehrbringen und Verschreiben von Dopingmitteln verboten. Durch die strukturelle Ähnlichkeit zum Betäubungsmittelrecht und die Vergleichbarkeit der Mechanismen des illegalen Dopingmittelmarktes mit denen des illegalen Betäubungsmittelmarktes, insb. hinsichtlich der Vertriebsstrukturen,[301] kann auf die entsprechenden Regelungen des BtMG zurückgegriffen werden. Das Herstellen von Dopingmitteln (§ 2 Abs. 1 Nr. 1 AntiDopG) meint demnach nach Heranziehung der Legaldefinition aus § 2 Abs. 1 Nr. 4 BtMG das Gewinnen, Anfertigen, Zubereiten, Be- oder Verarbeiten, Reinigen und Umwandeln von – in diesem Kontext – Dopingmitteln. Besonders praxisrelevant ist hierbei das Zubereiten von Dopingmitteln, worunter gem. § 2 Abs. 1 Nr. 2 BtMG – für Betäubungsmittel – das Vermischen mehrerer Stoffe gemeint ist. Insb. Vereinsärzte könnten durch einen erleichterten Zugriff auf die entsprechenden Stoffe als Täter in Betracht kommen. Ebenfalls eine hohe praktische Bedeutung hat die Tatvariante des Handeltreibens (§ 2 Abs. 1 Nr. 2 AntiDopG). Durch die Weitergabe von Dopingmitteln innerhalb eines Sportvereins können sich sowohl Sportler als auch Vereinsärzte des Handeltreibens strafbar machen. Bei der Begriffsbestimmung kann dabei wieder auf das Betäubungsmittelrecht

---

299 Erweitert werden kann diese Liste durch eine Rechtsverordnung des Bundesministeriums für Gesundheit gem. § 6 Abs. 2 AntiDopG. Voraussetzungen hierfür sind eine Gebotenheit und eine unmittelbare oder mittelbare Gefährdung der Gesundheit des Menschen durch die Dopingeinnahme weiterer Stoffe, die bislang nicht umfasst sind.

300 §§ 4 Abs. 1 Nr. 3 i.V.m. 2 Abs. 3 AntiDopG.

301 Vgl. auch BT-Drs. 18/4898, S. 23.

zurückgegriffen werden.[302] Der Begriff des Handeltreibens ist zwar auch im BtMG nicht legaldefiniert, wurde jedoch von der Rechtsprechung konkretisiert, d.h. vom RG[303] entwickelt, vom BGH[304] übernommen und fortentwickelt und meint jede eigennützige, auf die Förderung des Umsatzes von Betäubungsmitteln gerichtete Tätigkeit. Dabei ist es nicht erforderlich, dass die Tätigkeit von einer bestimmten Dauer ist; ausreichend ist bereits ein einmaliges oder auch gelegentliches Handeln. Unter Förderung werden ebenfalls vermittelnde[305] oder unterstützende[306] Tätigkeiten erfasst.[307] Das Handeltreiben setzt dabei keinen Besitz von Dopingmitteln voraus und kann durch sämtliche Verpflichtungsgeschäfte des BGB oder HGB erfüllt werden, z.B. durch Kaufvertrag, Dienstvertrag oder Werkvertrag, solange die Tätigkeit auf den gewinnbringenden Absatz von Dopingmitteln gerichtet ist.[308] Der Begriff soll nach h.M.[309] weit ausgelegt werden. Hierdurch kann die besondere Handelsstruktur, die regelmäßig mächtige Hintermänner und Drahtzieher aufweist, umfänglich erfasst werden.

Auch ohne ein Handeltreiben, also ohne das Vorliegen einer Gewinnerzielungsabsicht, kann die Weitergabe eines Dopingmittels gem. § 4 Abs. 1 Nr. 1 AntiDopG i.V.m. § 2 Abs. 1 Nr. 3 AntiDopG strafbar sein. Hierfür müsste das Dopingmittel veräußert, abgegeben oder sonst in den Verkehr gebracht worden sein. Veräußern meint die durch auf ein Entgelt gerichtetes Rechtsgeschäft qualifizierte Abgabe ohne eigennützige Motive.[310] Entscheidend zur Abgrenzung vom Handeltreiben ist somit der Punkt der Uneigennützigkeit. Handelt der Täter, um einen eigenen Gewinn zu erzielen, liegt ein Handeltreiben vor; veräußert der Täter das Dopingmittel hingegen z.B. zum Einkaufspreis, ist von einer Veräußerung zu sprechen. Eine Abgabe ist das tatsächliche Überlassen von Dopingmitteln durch Gewahrsamsübertragung auf einen anderen zu dessen eigener freier Verfügung ohne ein auf Entgelt gerichtetes Rechtsgeschäft.[311] Abzustellen ist

---

302 Der Begriff des Handeltreibens im AntiDopG lehnt sich an den Begriff, wie er im BtMG verwendet wird, an, vgl. BGH NStZ-RR 2019, 155; BGH NStZ-RR 2019, 86, 88.

303 Vgl. RGSt 51, 379, 380.

304 Vgl. z.B. BGH NJW 1954, 1537; BGH NJW 1992, 382; BGH NStZ 2000, 207.

305 Vgl. BGH NJW 1992, 381.

306 Vgl. BGH BeckRS 1999, 30052935.

307 Vgl. insg. MüKoStGB/*Oğlakcıoğlu*, BtMG, § 29 Rn. 248 ff.

308 Vgl. auch mit weiteren Beispielen Körner/*Patzak*/Volkmer, BtMG, § 29 Rn. 45.

309 Vgl. BGH NStZ-RR 1997, 85; BGH NStZ 1999, 467; kritisch hierzu *Strate*, ZRP 1987, 314; *Roxin*, StV 1992, 517; vgl. BtMG/*Weber*, § 29 Rn. 172 m.w.N.

310 MüKoStGB/*Oğlakcıoğlu*, BtMG, § 29 Rn. 814.

311 Vgl. für die BtM-Abgabe BGH BeckRS 1998, 31105723; MüKoStGB/*Oğlakcıoğlu*, BtMG, § 29 Rn. 866 m.w.N.

dabei auf die strafrechtliche, nicht auf die zivilrechtlich tatsächliche Handlungsmöglichkeit; potentielle Täter können somit auch Personen sein, die unrechtmäßig in den Besitz des Dopingmittels gekommen sind. Die Tatvariante des sonstigen Inverkehrbringens ist aus dem vormals in § 6a AMG[312] geregelten Verbot übernommen und meint „jedes gleichwie geartete Eröffnen der Möglichkeit, dass ein anderer die tatsächliche Verfügungsgewalt über das Rauschgift erlangt, also jede Verursachung des Wechsels der Verfügungsgewalt".[313] Hierbei handelt es sich um eine Art Auffangtatbestand,[314] der sich von den zuvor genannten Handlungsvarianten unterscheidet, indem er auch diejenigen Fälle erfasst, in denen die einvernehmliche Übertragung des Mittels nicht stattgefunden hat oder zumindest nicht sicher feststellbar ist.[315] Beispiele hierzu sind Dereliktionen[316] oder die ungenügend sichere Aufbewahrung von Dopingmitteln oder dazugehöriger Rezepte[317] durch einen Vereinsarzt. Dieser kann sich auch durch die Variante des Verschreibens von Dopingmitteln (§ 2 Abs. 1 Nr. 4 AntiDopG) strafbar machen, welche aus dem vormaligen § 6a AMG[318] übernommen wurde. Verschreiben ist danach die Ausstellung eines Rezeptes durch einen Angehörigen der Heilberufe, insb. Ärzte, Zahnärzte oder Heilpraktiker.[319] Da es sich bei vielen Dopingmitteln gleichzeitig um verschreibungspflichtige Arzneimittel handelt, kann diese Tatvariante auch im Sportverein Relevanz besitzen.

§ 4 Abs. 1 Nr. 3 AntiDopG[320] stellt i.V.m. § 2 Abs. 3 AntiDopG den Erwerb, Besitz und das Verbringen von Dopingmitteln in nicht geringer Menge unter Strafe. § 2 Abs. 3 AntiDopG übernimmt dabei die vormalige Verbotsregelung des § 6a Abs. 2a S. 1 AMG, wonach der Erwerb und Besitz von Arzneimitteln und Dopingwirkstoffen in nicht geringer Menge zu Dopingzwecken im Sport sanktioniert war, und ergänzt dies um die Tatvariante des Verbringens in den oder durch den Geltungsbereich des AntiDopG. Diese Handlungsvarianten stellen Vorstufen für die Tatvariante des Handelns mit Dopingmitteln dar und sind

---

312 In der Fassung bis 17.12.2015.

313 BGH StV 1981, 127, 128 (für das Inverkehrbringen von BtM).

314 So auch BGH StV 1981, 127, 128.

315 MüKoStGB/*Oğlakcıoğlu*, BtMG, § 29 Rn. 930.

316 Z.B. Wegwerfen von Dopingmitteln auf der Flucht vor der Polizei, MüKoStGB/*Oğlakcıoğlu*, BtMG, § 29 Rn. 937 m.w.B.

317 MüKoStGB/*Oğlakcıoğlu*, BtMG, § 29 Rn. 939 f.

318 In der Fassung bis 17.12.2015.

319 Kügel/Müller/Hofmann/*Nickel*, AMG, § 6a a.F. Rn. 16.

320 Vgl. zur Verfassungsmäßigkeit der Strafvorschrift in § 4 Abs. 1 Nr. 3 AntiDopG BGH NStZ 2018, 475.

strafrechtlich miterfasst, um einen effektiven Schutz ermöglichen zu können. So besteht für die Ermittlungsbehörden bereits bei der Einfuhr der Mittel an der Grenze eine Zugriffsmöglichkeit.

Der Erwerb von Dopingmitteln[321] setzt voraus, dass der Täter die tatsächliche Verfügungsgewalt über das Dopingmittel auf abgeleitetem Wege, d.h. im einverständlichen Zusammenwirken mit dem Vorbesitzer, durch ein Rechtsgeschäft erlangt.[322] Besitz ist das tatsächliche Innehaben eines tatsächlichen Herrschaftsverhältnisses mit Besitzwillen, der darauf gerichtet ist, sich die Möglichkeit ungehinderter Einwirkung auf die Sache zu erhalten.[323] Erwerb, Besitz und Verbringen sind jedoch nur dann verboten, wenn es sich um eine nicht geringe Menge von Dopingmitteln handelt. Anders als im Betäubungsmittelrecht ist das Vorliegen einer nicht geringen Menge hier nicht strafschärfend, sondern strafbegründend. Ist der Grenzwert der nicht geringen Menge unterschritten, kann nicht ausgeschlossen werden, dass das Dopingmittel zum Eigenverbrauch genutzt wird. Da es sich bei dieser Tathandlungsvariante um eine Vorbereitungshandlung zum Handeln mit Dopingmitteln handelt, sollen auch nur diesbezügliche Handlungen sanktioniert werden. Der Grenzwert der nicht geringen Menge wird, auf Grundlage von § 6 Abs. 1 S. 1 Nr. 1 AntiDopG, durch die Dopingmittel-Mengen-Verordnung bestimmt. Eine nicht geringe Menge ist auch dann anzunehmen, wenn Dopingmittel mit verschiedenen Wirkstoffen zwar nicht allein, jedoch in der Addition den Grenzwert überschreiten.[324]

Auf subjektiver Ebene müssen sämtliche Tathandlungen zum Zwecke des Dopings beim Menschen im Sport vorgenommen werden, Voraussetzung ist diesbezüglich somit ein Handeln mind. mit Eventualvorsatz.[325] Da es sich bei den meisten Dopingmitteln um Arzneimittel handeln wird, deren Erwerb und Besitz zu therapeutischen Zwecken erlaubt ist, wird sich ein Arzt bei einem entsprechenden Verdacht möglicherweise hierauf berufen.[326] Für den Nachweis einer Strafbarkeit muss daher der Beweis des Dopingzweckes erbracht werden.

---

321 Gemeint ist ein Dopingmittel, das ein in der Anlage zum AntiDopG aufgeführter Stoff ist oder einen solchen enthält, vgl. § 2 Abs. 3 AntiDopG.

322 Vgl. BGH NStZ 1993, 191, 192; Erbs/Kohlhaas/*Wußler*, AntiDopG, § 2 Rn. 22.

323 St. Rspr., vgl. BGHSt 27, 380 = NJW 1978, 1696 f.; BGH NStZ-RR 1998, 148 f.; BGH NStZ-RR 2008, 212.

324 Erbs/Kohlhaas/*Wußler*, AntiDopG, § 2 Rn. 21; vgl. fürs BtM-Recht BGH NStZ 2003, 434.

325 Siehe hierzu Kapitel C, I, 1, a, bb, (1).

326 Siehe auch die Ausführungen zum therapeutischen Doping in Kapitel C, I, 2, b, aa, (3).

b. StGB

Das AntiDopG schützt neben der Gesundheit des Sportlers und der Integrität des Sports auch den wirtschaftlichen Wettbewerb im Allgemeinen. Durch die Einnahme von Dopingmitteln und die anschließende Teilnahme an einem sportlichen Wettbewerb kann es jedoch auch zur Gefährdung oder -verletzung von Vermögensinteressen einzelner beteiligter Personen kommen, die durch die Anwendung des AntiDopG nicht geschützt werden, wie insb. der Veranstalter, Preisspender, Konkurrent, Zuschauer und Sponsor. Hier kommt eine Strafbarkeit der Täter wegen Betrugs nach § 263 StGB in Betracht.[327]

Die Teilnahme eines gedopten Sportlers an einem sportlichen Wettbewerb kann zu einem Vermögensnachteil beim Veranstalter des Wettkampfs führen. Hierzu zwei kurze Beispielsfälle.

Beispiel 1: Der Sportler A meldet sich bei dem Veranstalter B gegen die Zusage eines Antrittsgeldes für einen Wettkampf an. Nachdem A unter dem Einfluss verbotener Substanzen an dem Wettkampf teilgenommen hat, wird ihm von B das Antrittsgeld ausgezahlt.

Beispiel 2: Der Sportler A meldet sich bei dem Veranstalter B gegen die Zusage eines Antrittsgeldes für einen Wettkampf an. Bei der Anmeldung erklärt A ausdrücklich, an dem Wettkampf ohne die Einnahme verbotener Substanzen teilzunehmen. Während des Wettkampfes steht A trotzdem, wie von vornherein geplant, unter dem Einfluss verbotener Substanzen. Nach dem Wettkampf wird A das Antrittsgeld ausgezahlt.

Erste Voraussetzung des Betrugs ist die Vornahme einer Täuschungshandlung. Eine solche ist im zweiten Beispiel eindeutig anzunehmen, da A ausdrücklich erklärt, während des Wettkampfes nicht zu dopen. Ist eine solche ausdrückliche Erklärung bei der Anmeldung nicht vorgenommen worden (wie in Beispielsfall 1), ist zu prüfen, ob eine konkludente Täuschung vorliegt. Steht der Sportler bei der Anmeldung zum Wettbewerb bereits unter dem Einfluss verbotener Dopingmittel, die bis in den Wettkampf hinein weiterwirken, oder hat der Sportler bei Unterzeichnung der Anmeldeformulare den klaren Willen, den Wettkampf in gedoptem Zustand zu bestreiten, ist bereits in der bloßen Anmeldung zum Wettkampf eine konkludente Täuschung zu sehen.[328] Dies ergibt sich

---

327 Vgl. hierzu ausführlich und auch im Weiteren *Cherkeh*, Betrug (§ 263 StGB), verübt durch Doping im Sport, S. 63 ff.

328 Vgl. *Cherkeh*, Betrug (§ 263 StGB), verübt durch Doping im Sport, S. 76 f.

aus der im allgemeinen Geschäftsverkehr anerkannten und stillschweigenden Verpflichtung, dass beide Vertragsparteien in der Lage sind, ihre Vertragspflichten zu erfüllen.[329] Hierzu gehört auch die Verpflichtung, in Übereinstimmung mit den Dopingvorschriften zu handeln. Ob der Veranstalter aufgrund der Täuschung einem Irrtum unterliegt, hängt zunächst davon ab, ob er von den Dopinggewohnheiten des Sportlers Kenntnis besitzt,[330] was in der Praxis indes kaum der Fall oder jedenfalls kaum nachweisbar sein dürfte. Da die Wettkampfordnungen der jeweiligen Sportverbände i.d.R. einen Passus enthalten, welcher eine Teilnahme in gedoptem Zustand untersagt, und der Veranstalter die Einhaltung dieser Bestimmung voraussetzen wird,[331] ist zumeist ein Irrtum anzunehmen. Es ist ausreichend, dass der Veranstalter es zumindest für möglich hält, dass die vom Sportler vorgebrachten Tatsachen der Wahrheit entsprechen;[332] etwaige Zweifel stehen nicht entgegen. Eine vermögenswirksame Verfügung kann bereits bei Abschluss der Anmeldung, die i.d.R. im Rahmen eines Dienstvertrages zwischen Veranstalter und Sportler nach § 611 BGB erfolgt, vorliegen. Hierbei handelt es sich um einen sog. Eingehungsbetrug.[333] Zwar besteht für den Veranstalter keine sich unmittelbar aus dem Vertrag ergebende Verpflichtung zur Zahlung des Startgeldes; da der Sportler selbst nicht in der Lage ist, seinen Vertragspflichten nachzukommen, nämlich in ungedoptem Zustand am Wettkampf teilzunehmen, erlischt auch die Gegenpflicht des Veranstalters. Jedoch ist auch in solchen Konstellationen eine Vermögensverfügung in Form einer Vermögensgefährdung anzunehmen: In den meisten Fällen weiß der Veranstalter nichts von der Dopingeinnahme des Sportlers und der damit entfallenen Auszahlungspflicht. Der Veranstalter wird im Ergebnis trotzdem das Startgeld an den Sportler zahlen. Spätestens in dem Zeitpunkt, in dem der Veranstalter das Startgeld endgültig auszahlt, liegt hingegen eine Vermögensminderung durch einen Erfüllungsbetrug vor. Eine Kompensation der Vermögensverfügung ist dem Sportler auch nicht mehr möglich, da er durch die Teilnahme am Wettbewerb in gedoptem Zustand seine Pflichten aus dem Vertrag nicht mehr erfüllen kann. Beim Veranstalter tritt somit ein Vermögensschaden in Höhe des

---

329 *Kargl*, NStZ 2007, 489, 491; vgl. auch BGH GA 1972, 209.

330 Für einen grds. Ausschluss des Irrtums aufgrund von Kenntnis z.B. *Gutheil*, Doping – Die haftungsrechtliche und sportrechtliche Verantwortung von Sportler, Trainer, Arzt und Sportverband, S. 173; *Kühl*, in: Clasing, Doping – verbotene Arzneimittel im Sport, S. 160.

331 Vgl. *Cherkeh*, Betrug (§ 263 StGB), verübt durch Doping im Sport, S. 111.

332 Insoweit h.M. BGH NStZ 2003, 313, 314; OLG Karlsruhe, BeckRS 1804.

333 Vgl. weitergehend zum Eingehungsbetrug MüKoStGB/*Hefendehl*, § 263 Rn. 637 ff.

Startgeldes ein. Ihm kann auch nicht entgegengehalten werden, dass er einen Vermögenszuwachs durch die Eintrittsgelder der Zuschauer erlangt hat, auch dann nicht, wenn diese vornehmlich wegen des (gedopten) Sportlers gekommen sind. Dieser Vermögensgewinn beruht nicht auf derselben Verfügung (zwischen Sportler und Veranstalter) und kann somit nicht berücksichtigt werden.[334]

Durch die Einnahme von Dopingmitteln durch einen Sportler kann es ebenfalls zu einer Vermögensgefährdung bzw. einem Vermögensschaden beim Preisspender kommen, wenn bspw. der Sportler unter Einfluss verbotener Substanzen an einem Wettkampf teilnimmt und den ersten Platz erreicht, der mit einem Preisgeld versehen ist, welches nach dem Wettkampf an den Sportler überreicht wird. Handelt es sich bei dem Preisspender ebenfalls um den Veranstalter des Wettbewerbs, ist die Prämie Teil des Dienstvertrages und es kann auf die Ausführungen zum Betrug zum Nachteil des Veranstalters verwiesen werden. Ist der Preisspender hingegen ein Dritter, ist zu unterscheiden. Die Einordnung des Vertrages zwischen Preisspender und Sportler kann zivilrechtlich unterschiedlich erfolgen. In Betracht kommt eine Auslobung gem. § 657 BGB, ein Preisausschreiben gem. § 611 BGB oder ein Vertrag eigener Art, in dem der Preisspender die Auszahlung eines Preises verspricht, wobei das Angebot für eine unbestimmte Zahl von Personen gilt, das durch das Antreten zum Wettkampf angenommen wird. Für die strafrechtliche Bewertung ist diese Einordnung hingegen nicht relevant. Die Täuschungshandlung kann wie beim Betrug zum Nachteil des Veranstalters entweder ausdrücklich erfolgen, dann bspw., wenn der Preisspender in seiner Auslobung oder Ausschreibung besonders darauf hingewiesen hat, dass die Prämie nur an einen ungedopten Sportler ausgezahlt wird. Fehlt solch eine ausdrückliche Bedingung, kann eine konkludente Täuschung angenommen werden, wenn der Sportler in gedoptem Zustand an dem Wettbewerb teilnimmt und somit nicht in Übereinstimmung mit den Dopingvorschriften handeln kann. Das Vorliegen eines Irrtums ist in diesem Fall wahrscheinlich, da der Preisspender die am Wettkampf teilnehmenden Sportler in der Regel nicht kennt. Zweifel am Wahrheitsgehalt der Tatsachenäußerung, nämlich am dopingfreien Zustand des Sportlers, bestehen damit regelmäßig nicht. Der Zeitpunkt der Vermögensverfügung liegt, abhängig von der zivilrechtlichen Einordnung des Vertrags, regelmäßig in der Auszahlung des Preisgeldes an den Sportler. Erfolgt die Auszahlung der Prämie nicht direkt durch den Preisspender, sondern

334 Vgl. *Cherkeh*, Betrug (§ 263 StGB), verübt durch Doping im Sport, S. 193.

durch einen Dritten, bspw. ein Preisgericht, liegt ein sog. Dreiecksbetrug vor.[335] Der Vermögensschaden entsteht dadurch, dass der Sportler kein entsprechendes Äquivalent erbringen kann. Zwar verpflichtet sich der Preisspender einseitig, die Prämie an den Sieger des Wettkampfes auszuzahlen; die Verpflichtung ist jedoch auch mit dem Zweck verbunden, die Auszahlung nur an einen Sportler auszuzahlen, der sich an die Voraussetzungen des Veranstalters und des Sportverbandes hält.[336] Diese schreiben vor, dass eine Teilnahme am Wettbewerb nur in ungedoptem Zustand erfolgen darf. Durch diese Zweckverfehlung liegt ein Vermögensschaden vor.

Als weiterer Geschädigter kommt der Konkurrent des gedopten Sportlers in Betracht. Nimmt ein Sportler in gedoptem Zustand an einem sportlichen Wettkampf teil und gewinnt diesen und einen damit verbundenen Preis durch die Einnahme der leistungssteigernden Mittel, so kann ein Vermögensschaden beim sportlichen Konkurrenten eintreten. Die Täuschung kann hierbei durch zwei verschiedene Möglichkeiten erfolgen, entweder gegenüber dem Preisspender oder direkt gegenüber dem Konkurrenten. Die vom Preisspender erfolgte Zahlung an den gedopten Sportler führt jedoch nicht zu einer Vermögensminderung des Konkurrenten. Auch eine unterlassene Zahlung an den Konkurrenten führt zu keiner Vermögensminderung desselben; sein Anspruch auf das Preisgeld bliebe weiterhin bestehen. Bei einer Täuschung[337] gegenüber dem Konkurrenten stellt sich die Frage nach dem Vorliegen eines Irrtums. Auch wenn sich Sportler oftmals untereinander kennen und Vermutungen über bestehende Dopingaktivitäten existieren mögen, führt dies nicht automatisch zu einem Wegfall des Irrtums. Für das Vorliegen eines Widerspruchs zwischen Vorstellung und Wirklichkeit ist keine Gewissheit erforderlich, Zweifel am Wahrheitsgehalt der vorgespiegelten Tatsache stehen dem Irrtum somit nicht entgegen. Sieht der Konkurrent zumindest die Möglichkeit, dass sich der (gedopte) Sportler an die Dopingbestimmungen des Sportverbands hält, liegt ein Irrtum vor.[338] Die Vermögensverfügung des Konkurrenten liegt in der Folge in der Nichtgeltendmachung seines ihm eigentlich zustehenden Anspruchs auf das Preisgeld. Bei der Prüfung der stoffgleichen

---

335 Vgl. weitergehend zum Dreiecksbetrug *Kindhäuser*/Neumann/Paeffgen, StGB, § 263 Rn. 209 ff.

336 Vgl. hierzu ausführlich *Cherkeh*, Betrug (§ 263 StGB), verübt durch Doping im Sport, S. 206.

337 Vgl. hierzu ausführlich *Cherkeh*, Betrug (§ 263 StGB), verübt durch Doping im Sport, S. 64 ff.

338 Vgl. *Cherkeh*, Betrug (§ 263 StGB), verübt durch Doping im Sport, S. 120.

Bereicherungsabsicht muss jedoch festgestellt werden, dass der gedopte Sportler sich nicht um den Anspruch des Konkurrenten bereichern will, sondern um den vom Preisspender geleisteten Wert,[339] sodass eine Betrugsstrafbarkeit in diesem Fall zu verneinen ist.

Als weiteres Betrugsopfer kommt der Zuschauer des Wettkampfs in Betracht. Die Täuschung des Sportlers kann dabei im Antreten zum Wettkampf in gedoptem Zustand gesehen werden. Ein kausaler Irrtum ist hingegen schon schwer festzustellen. Auf jeden Fall liegt keine Vermögensverfügung der Zuschauer vor: Weder kann eine solche in der Bezahlung des Eintrittsgeldes gesehen werden, da diese nicht aufgrund des Irrtums erfolgt, noch liegt eine Vermögensverfügung durch Unterlassen vor, in dem die Zuschauer einen Anspruch gegen den Veranstalter nicht geltend machen. Hier könnte zwar eine mangelhafte Leistung des Veranstalters angenommen werden, da er der Überprüfung der Sportler auf Doping nicht nachkam. Jedoch fehlt es an einer Kausalität zwischen Täuschung, Irrtum und Vermögensverfügung. Die Nichtgeltendmachung beruht nicht auf dem durch den Sportler hervorgerufenen Irrtum.[340] Eine Strafbarkeit liegt auch in diesem Fall nicht vor.

Schließlich könnte durch die gedopte Teilnahme des Sportlers an einem Wettkampf ein Betrug zum Nachteil eines Sponsors vorliegen. Hierzu zwei kurze Beispielsfälle.[341]

Beispiel 1: Der Sponsor schließt mit dem Sportler einen Sponsoringvertrag ab auf Grundlage der Leistungen des Sportlers, die dieser in gedoptem Zustand erreicht hat. Ohne die Einnahme verbotener Substanzen würde der Sportler die Leistungen nicht erzielen.

Beispiel 2: Der Sponsor und der Sportler schließen einen Sponsoringvertrag. Erst nach Vertragsschluss beginnt der Sportler mit der Einnahme leistungssteigernder Dopingmittel und unterrichtet den Sponsor nicht hierüber.

Im ersten Beispielsfall ist eine konkludente Täuschung anzunehmen, wenn der Sponsor einen Vertrag lediglich mit einem nicht gedopten Sportler abschließen wollte. Geht der gedopte Sportler gleichwohl einen Vertrag mit dem Sponsor ein, täuscht er darüber, die Voraussetzungen des Sponsors zu erfüllen. In Beispielsfall 2 ist für das Vorliegen einer Täuschung entscheidend, ob für den Sportler

---

339 Vgl. *Cherkeh*, Betrug (§ 263 StGB), verübt durch Doping im Sport, S. 232.

340 Vgl. weitergehend *Cherkeh*, Betrug (§ 263 StGB), verübt durch Doping im Sport, S. 178 f.

341 Vgl. *Cherkeh*, Betrug (§ 263 StGB), verübt durch Doping im Sport, S. 79, 91.

eine Aufklärungspflicht gegenüber dem Sponsor besteht. Eine hierfür erforderliche Garantenstellung könnte sich aus dem besonderen Vertrauensverhältnis zwischen Sportler und Sponsor ergeben.[342] Hierbei ist jedoch darauf zu achten, dass nicht bereits das Vorhandensein vertraglicher Beziehungen zu einer Aufklärungspflicht führt.[343] Vielmehr muss der zugrundeliegende Sponsoringvertrag darauf untersucht werden, ob er Anhaltspunkte für eine solche Pflicht birgt. Dies können bspw. eine besonders lange Vertragsdauer oder die Verbindung des Sportlers mit einem bestimmten Produkt des Sponsors („Werbegesicht") sein. In solchen Fällen kann sich eine Aufklärungspflicht für den Sportler ergeben; unterlässt er sie, liegt eine Täuschung vor. Der Irrtum des Sponsors stellt in beiden Beispielsfällen keine Schwierigkeit dar und ist bei Nichtwissen des Sponsors anzunehmen.[344] Die Vermögensverfügung in Beispielsfall 1 liegt bereits im Abschluss des Sponsorenvertrages. Im zweiten Beispielsfall ist eine Verfügung über das Vermögen des Sponsors anzunehmen, wenn dieser es unterlässt, den bestehenden Vertrag zu beenden. Der Vermögensschaden des Sponsors liegt darin, dass er den Sponsoringvertrag entweder überhaupt eingeht (Beispielsfall 1) oder aufrechterhält (Beispielsfall 2). Der Schaden entfällt auch nicht durch einen Vermögenszuwachs des Sponsors durch Absatzsteigerungen bei seinen Produkten, für die der Sportler wirbt. Der Unsicherheitsfaktor, der sich durch ein mögliches Bekanntwerden der Dopingeinnahme des Sportlers ergibt und zu einer negativen Beeinflussung des Marktwertes des Sponsors führen kann, ist zu hoch.[345] Eine adäquate Kompensation durch den Sportler kann nicht erfolgen.

2. Verstoß gegen Vorschriften außerhalb des Korruptionsstrafrechts

Neben den bereits genannten und geprüften Normen des Korruptionsstrafrechts können im Bereich des Dopings auch weitere Vorschriften miterfüllt sein. Zu nennen sind hier die Verbotsnormen des BtMG und des AMG sowie die Körperverletzungsdelikte des StGB. Um in der Folge eine umfangreiche Prävention aufbauen zu können ist es entscheidend, sämtliche in Betracht kommenden

342 Vgl. *Cherkeh*, Betrug (§ 263 StGB), verübt durch Doping im Sport, S. 102 ff.

343 Vgl. BGHSt 39, 392 = NJW 1994, 950, 951; BGHZ 80, 80 = NJW 1981, 1266, 1267.

344 Kann die Kenntnis des Sponsors über die Dopingaktivitäten hingegen nicht ausgeschlossen werden, kann dies zum Wegfall des Irrtums und zur Straflosigkeit des Sportlers führen, vgl. LG Stuttgart, BeckRS 2013, 18596.

345 *Cherkeh*, Betrug (§ 263 StGB), verübt durch Doping im Sport, S. 208 ff.

Risikobereiche zu erkennen. Daher sollten auch die folgenden Verbote im Rahmen der Präventionsarbeit im Auge behalten werden.

a. BtMG und AMG

Handelt es sich bei dem Dopingmittel zugleich um ein Betäubungsmittel i.S.v. § 1 Abs. 1 BtMG, können die Tathandlungen des Fremddopings sowie die diversen Handlungen zum Zwecke des Dopings ebenfalls auf Grundlage des BtMG sanktioniert werden. Die Vergabe von Dopingmitteln kann zu einer Strafbarkeit nach § 29 Abs. 1 S. 1 Nr. 6b BtMG führen. Hierfür muss das Betäubungsmittel verabreicht werden. Ein Verabreichen kann bspw. durch Injizieren, Einreiben, Inhalieren oder Eingeben (von Tabletten) erfolgen.[346] Der Täter muss vorsätzlich handeln; auf die Kenntnis des Sportlers kommt es hingegen nicht an, sodass auch ein heimliches Verabreichen mit umfasst ist. Die Strafbarkeit nach § 29 Abs. 1 S. 1 Nr. 1 BtMG kommt bei den Tathandlungen der Herstellung, des Handeltreibens sowie des Inverkehrbringens von Dopingmitteln in Betracht. Die Verschreibung von Dopingmitteln kann eine Strafbarkeit nach § 29 Abs. 1 S. 1 Nr. 6a BtMG hervorrufen; § 13 Abs. 1 BtMG regelt dabei ausdrücklich die Verschreibung und Abgabe auf Verschreibung. Der Besitz von Dopingmitteln in nicht geringer Menge kann gem. § 29 Abs. 1 S. 1 Nr. 3 StGB strafbar sein. Da die Überschreitung des Grenzwertes der nicht geringen Menge nicht strafbegründend, sondern strafschärfend wirkt, bestimmt sich die Strafbarkeit ebenfalls nach § 29a Abs. 1 Nr. 2 BtMG. Das Verbringen von Betäubungsmitteln in nicht geringer Menge ist gem. §§ 29 Abs. 1 S. 1 Nr. 1, 30 Abs. 1 Nr. 4 BtMG sanktioniert. Stellt das Dopingmittel ein Betäubungsmittel dar, kann sich eine Strafbarkeit auch auf Grundlage dieser Normen ergeben. Eine parallele explizite Regelung für den Erwerb von Betäubungsmitteln in nicht geringer Menge existiert nicht, sodass der Erwerb von Dopingmitteln in nicht geringer Menge nicht durch das BtMG sanktioniert werden kann.

Auch die Regelungen des AMG können im Bereich des Fremddopings und der Handlungen zum Zwecke des Dopings Grundlage einer Sanktionierung sein. Gem. § 5 AMG ist es verboten, bedenkliche Arzneimittel bei einem anderen Menschen anzuwenden. Bedenklich sind Arzneimittel nach § 5 Abs. 2 AMG, bei denen nach dem jeweiligen Stand der wissenschaftlichen Erkenntnisse der begründete Verdacht besteht, dass sie bei bestimmungsgemäßem Gebrauch schädliche Wirkungen haben, die über ein nach den Erkenntnissen

---

346 Vgl. Körner/*Patzak*/Volkmer, BtMG, § 29 Rn. 95.

der medizinischen Wissenschaft vertretbares Maß hinausgehen. Stellt das Dopingmittel ein solches Arzneimittel dar, kommt bei vorsätzlichem Handeln eine Strafbarkeit nach § 95 Abs. 1 Nr. 1 i.V.m. § 5 AMG in Betracht, bei Fahrlässigkeit nach § 95 Abs. 1 Nr. 1, Abs. 4 i.V.m. § 5 AMG. Unter der Voraussetzung, dass das Dopingmittel minderwertig oder gefälscht hergestellt wird, kann § 95 Abs. 1 Nr. 3a AMG i.V.m. § 8 Abs. 1 Nr. 1, Abs. 2 AMG erfüllt sein. Werden darüber hinaus Dopingmittel hergestellt, die mit irreführender Bezeichnung, Angabe oder Aufmachung versehen sind, kommt eine Strafbarkeit nach § 96 Nr. 3 i.V.m. § 8 Abs. 1 Nr. 2 AMG in Betracht. Das Handeltreiben mit verschreibungspflichtigen Medikamenten außerhalb von Apotheken ist gem. § 95 Abs. 1 Nr. 4 i.V.m. § 43 Abs. 1 S. 2 AMG verboten. Fällt das Dopingmittel in diese Kategorien, kann ebenfalls ein besonders schwerer Fall unter den Voraussetzungen des § 95 Abs. 3 AMG vorliegen.[347]

b. StGB

Schließlich kann die Vornahme von Doping zu Verstößen gegen das StGB führen. Zu nennen sind hier zuvorderst Verstöße gegen die Körperverletzungsdelikte, darüber hinaus das Vorliegen von Urkundenfälschungen.

aa. Fremddoping

Durch die Verabreichung von Dopingmitteln kann es beim Sportler zu Beeinträchtigungen der körperlichen Integrität kommen. In Betracht kommende Strafnomen sind hier die §§ 223 – 227, 229 StGB.

(1) Vorsätzliche Körperverletzungsdelikte, §§ 223 – 227 StGB

Der Tatbestand der einfachen Körperverletzung nach § 223 Abs. 1 StGB ist erfüllt, wenn der Sportler durch die Verabreichung von Dopingmitteln körperlich misshandelt oder bzw. und an seiner Gesundheit geschädigt wird. Wird das Dopingmittel injiziert, stellt dies eine körperliche Misshandlung i.S. der Norm dar. Als Taterfolg einer Gesundheitsschädigung kommen die folgenden Symptome in Betracht:[348] erhöhter Puls, Flimmern vor den Augen, Übelkeit, Fieber, Muskelkrämpfe, Erbrechen, Verwirrtheit, Veränderung des Hormonhaushaltes

347 Für die Voraussetzungen des besonders schweren Falles siehe Kapitel C, I, 1, a, bb, (2).

348 Zu Dopingmitteln und den Nebenwirkungen der verbotenen Wirkstoffe vgl. die eingehenden Übersichten bei Ahlers, Doping und strafrechtliche Verantwortlichkeit, S. 29 ff., 220 ff.

und des Fettstoffwechsels bei Minderjährigen,[349] Herz-Kreislauf-Störungen, Gefäßverengungen oder Schädigungen an Herz, Nieren oder Lungen.[350] Die verabreichende Person, i.d.R. ein Vereinsarzt, muss Kenntnis von den möglichen Folgen der Dopingvergabe haben und sich mit dem Erfolgseintritt zumindest abfinden. Wird hingegen darauf vertraut, dass der Erfolg ausbleibe, z.B. weil der Gesundheitszustand des Sportlers regelmäßig überwacht wird, liegt lediglich ein Fall der (bewussten) Fahrlässigkeit vor.[351]

Durch das Verabreichen von Dopingmitteln kann gleichzeitig die qualifizierte Begehungsweise der gefährlichen Körperverletzung erfüllt sein. In Betracht kommen hier die Beibringung von Gift, § 224 Abs. 1 Nr. 1 Alt. 1 StGB, die Verabreichung mittels eines gefährlichen Werkzeugs, § 224 Abs. 1 Nr. 2 Alt. 2 StGB sowie die Tatbegehung mittels einer das Leben gefährdenden Behandlung, § 224 Abs. 1 Nr. 5 StGB. Voraussetzung von § 224 Abs. 1 Nr. 1 Alt. 1 StGB ist, dass es sich bei dem Dopingmittel um ein Gift handelt. Gifte sind organische oder anorganische Stoffe, die durch chemische oder physikalisch-chemische Reaktionen im menschlichen Körper zu massiven Beeinträchtigungen der Gesundheit führen können.[352] Ob das verabreichte Dopingpräparat als Gift i.S.d. Norm zu qualifizieren ist, muss im Einzelfall untersucht werden. Grundsätzlich kann jedes Mittel unter diesen Begriff subsumiert werden, auch wenn es sich hierbei um Medikamente oder Wirkstoffe handelt, welche gesundheitsfördernd sind. Entscheidend ist die Dosierung: Ab einer gewissen Menge kann jedes ursprünglich positiv wirkende und ungefährliche Mittel schädlich für die Gesundheit sein. Da das Dopingpräparat oftmals durch eine Injektion verabreicht wird, stellt sich die Frage, ob hierin eine Körperverletzung mittels eines gefährlichen Werkzeugs gem. § 224 Abs. 1 Nr. 2 Alt. 2 StGB gesehen werden kann. Grundsätzlich ist ein gefährliches Werkzeug jeder bewegliche Gegenstand, der nach seiner objektiven Beschaffenheit und den konkreten Umständen seiner Verwendung dazu geeignet ist, eine erhebliche Körperverletzung herbei zu führen.[353] Hierunter kann eine Injektionsnadel ohne weiteres gefasst werden. Ob nun eine qualifizierte Form der Körperverletzung vorliegt, soll hingegen von der Person des Täters abhängig sein: Wird die Injektion von einem Arzt vorgenommen, soll es

349 Vgl. BGH NStZ 2000, 252.

350 *Magnus*, ZStW 124 (2012), 907, 909.

351 Siehe hierzu Kapitel C, I, 2, b, aa, (2).

352 Kindhäuser/Neumann/*Paeffgen*, StGB, § 224 Rn. 7.

353 MüKoStGB/*Hardtung*, § 224 Rn. 20.

sich nach Rspr.[354] bei der Nadel um einen ungefährlichen Gegenstand handeln. Begründet wird dies damit, dass die Injektionsnadel ein ärztliches Instrument darstelle, das bei bestimmungsgemäßer Verwendung aufs Ganze gesehen die Gesundheit des Patienten verbessern soll und somit nicht als Angriffs- oder Verteidigungswerkzeug gesehen werden könne. Problematisch hierbei ist, dass die Gefährlichkeit eines Tatwerkzeugs nicht davon abhängig sein kann, ob der mit ihm verübte Eingriff de lege artis ausgeübt wird.[355] Außerdem ist die Rspr. hier inkonsequent, wenn sie das Werkzeug eines ärztlichen Eingriffs als ungefährlich ansieht, zugleich aber den de lege artis ausgeführten ärztlichen Heileingriff grds. als rechtswidrige Körperverletzung einstuft.[356] Wird der Rspr. gleichwohl gefolgt, führt dies dazu, dass das Verabreichen eines Dopingmittels durch einen Vereinsarzt keine qualifizierte Form der Körperverletzung nach § 224 Abs. 1 Nr. 2 Alt. 2 StGB darstellt, die Vornahme durch bspw. Betreuer oder Teammitglieder hingegen schon. Werden die Dopingmittel bspw. mit einem nicht gereinigten Injektionsbesteck verabreicht oder handelt es sich um minderwertige Präparate, kann dies eine Lebensgefährdung des Sportlers bewirken, sodass eine Tatbegehung nach § 224 Abs. 1 Nr. 5 StGB in Betracht kommt.[357] Ausreichend ist hier bereits eine abstrakte Gefährdung des Lebens.[358]

Handelt es sich bei dem Sportler um ein Kind oder einen Jugendlichen und besteht somit ein besonderes Schutz- oder Abhängigkeitsverhältnis zwischen Täter und Sportler, kommt eine Misshandlung von Schutzbefohlenen gem. § 225 StGB in Betracht. Wird der Sportler von fürsorgepflichtigen Personen wie bspw. seinem Trainer (Abs. 1 Nr. 3) oder Betreuer (Abs. 1 Nr. 3) gedopt und dadurch gequält oder roh misshandelt, ist der Tatbestand erfüllt. Quälen bedeutet in diesem Sinne das Verursachen längerer oder sich – typischerweise durch eine Mehrzahl von Handlungen – wiederholender erheblicher Schmerzen oder Leiden.[359] Es ist somit nicht erforderlich, dass jede Dopingvergabe an sich ein Quälen

---

354 Vgl. BGH NJW 1978, 1206 (zahnärztliche Zange); BGH NStZ 1987, 174 (Spritze); StA Mainz, NJW 1987, 2946 (Kanüle); LG Köln, NJW 2012, 2128 (Skalpell); BeckOK/*Eschelbach*, StGB, § 224 Rn. 28.1.

355 Vgl. *Kargl*, NStZ 2007, 489, 490; *Fischer*, StGB, § 224 Rn. 9a.

356 Vgl. RGSt 25 (1894), 375, 378; BGHSt 11, 111, 112 = BGH NJW 1958, 267; siehe auch Kapitel C, I, 2, b, aa, (3).

357 Im Einzelfall wird es jedoch schwierig sein, der verabreichenden Person tatsächlich einen Vorsatz bezüglich einer Lebensgefährdung nachzuweisen, vgl. *Heger*, JA 2003, 76, 78.

358 BGH NStZ 2007, 339, 340; BGH NStZ-RR 2010, 176, 177.

359 BGHSt 41, 113, 115 = NJW 1995, 2045; *Fischer*, StGB, § 225 Rn. 8a m.w.N.

darstellt; auch mehrere Körperverletzungshandlungen zusammengenommen können zu einem Quälen i.S.d. Norm führen.[360] Schmerzen sind solche, die wie bei § 223 StGB eine körperliche Misshandlung darstellen, Leiden gehen darüber hinaus und umfassen auch seelische Beeinträchtigungen.[361] Die Erheblichkeitsgrenze ist überschritten, wenn die Schmerzen über das durchschnittliche Maß hinausgehen.[362] Wird dem Sportler bspw. täglich ein Dopingmittel verabreicht und ruft dies jedes Mal starke Schmerzen hervor, kann ein Quälen angekommen werden. Eine rohe Misshandlung setzt voraus, dass die (körperliche und seelische)[363] Misshandlung erheblich und dem Opfer gegenüber gefühllos ist.[364] Gemeint ist damit sowohl die innere Haltung des Täters[365] als auch die Art und Weise der Misshandlung.[366] Solche Extremfälle werden selten sein und können evtl. vorliegen, wenn die Anstellung des Trainers an den Erfolg des Sportlers geknüpft oder er an den finanziellen Gewinnen im Falle eines Erfolges beteiligt ist. Weiter in Betracht kommt die Tatvariante der Gesundheitsschädigung durch böswillige Vernachlässigung der Fürsorgepflicht, die vorliegen kann, wenn ein minderjähriger Sportler eigenständig ein Dopingmittel einnimmt oder mit Kenntnis der Fürsorgepflichtigen durch Dritte, bspw. einem Betreuer, verabreicht bekommt, davon Schäden erlangt und die Fürsorgepflichtigen, obwohl sie hiervon wissen, ihn aus eigensüchtigen Beweggründen nicht davon abhalten. Es handelt sich um ein sog. „echtes Unterlassungsdelikt", sodass neben der Fürsorgepflicht keine weiteren qualifizierenden Merkmale auf Seiten des Täters vorliegen müssen. Grundsätzlich wird eine gesteigerte Verwerflichkeit gefordert.[367] Diese dürfte aber in Betracht kommen, wenn bspw. Trainer oder Betreuer am Ruhm des Sportlers teilhaben wollen oder unmittelbare eigene finanzielle Vorteile anstreben.

Führt die Einnahme von Dopingmitteln, bspw. Testosteron, beim Sportler zu Geschlechtsveränderungen,[368] kommt eine schwere Körperverletzung nach § 226 StGB in Betracht. Der Verlust der Fortpflanzungsfähigkeit fällt unter § 226 Abs. 1 Nr. 1 Var. 4 StGB. Voraussetzung ist jedoch die Langwierigkeit der

---

360 BGH NStZ 2016, 472 (Rn. 15).
361 MüKoStGB/*Hardtung*, § 225 Rn. 12 m.w.N.
362 MüKoStGB/*Hardtung*, § 225 Rn. 12.
363 Lackner/Kühl/*Kühl*, StGB, § 225 Rn. 5.
364 Vgl. BGHSt 25, 277, 278 = NJW 1974, 958.
365 Vgl. BGH NStZ-RR 2009, 180, 181.
366 Vgl. BGH NStZ 2004, 94.
367 Vgl. zur Systematik SSW-StGB/*Momsen-Pflanz/Momsen*, § 225 Rn. 17 ff.
368 Vgl. *Ahlers*, Doping und strafrechtliche Verantwortung, S. 189, 223.

schweren Folge; ist absehbar, dass nach Beendigung der Hormonvergabe die Unfruchtbarkeit behoben sein wird, liegt die schwere Folge nicht vor.[369]

Verstirbt der Sportler infolge der Dopingeinnahme, so kommt eine Körperverletzung mit Todesfolge, § 227 StGB, in Betracht. Die Verabreichung des Dopingmittels als Körperverletzung muss dabei den Eintritt des Todes mindestens fahrlässig verursacht haben. Erforderlich ist hierfür, dass der Verwirklichung des Grunddelikts eine ihm eigentümliche tatbestandsspezifische Gefahr anhaften muss, die sich im tödlichen Ausgang verwirklicht hat,[370] d.h. zwischen Körperverletzung und Todesfolge muss ein Zurechnungszusammenhang bestehen, nicht jedoch eine Unmittelbarkeit i.e.S.[371] An einem solchen Zusammenhang fehlt es bspw., wenn der Eintritt der Todesfolge außerhalb jeder Lebenserfahrung liegt und sich als Verkettung außergewöhnlicher und unglücklicher Umstände erweist.[372] Ob die Dopingvergabe diesen Zurechnungszusammenhang aufweist, muss dabei im Einzelfall geprüft werden.

(2) Fahrlässige Körperverletzung, § 229 StGB

Handelt der Täter nicht vorsätzlich, vertraut er also darauf, der Erfolgseintritt der Tat bleibe aus, und trifft er hierfür auch bestimmte Vorkehrungen wie bspw. die regelmäßige Überwachung des Gesundheitszustandes des Sportlers, kann er nicht wegen vorsätzlicher Körperverletzung verfolgt werden. Kommt es gleichwohl zu einer körperlichen Misshandlung oder Gesundheitsschädigung des Sportlers, und ist diese Verletzung auf eine Sorgfaltspflichtverletzung des Täters zurückzuführen, kann ein Fall der fahrlässigen Körperverletzung gem. § 229 StGB vorliegen. Voraussetzung der Fahrlässigkeitsstrafbarkeit ist die Verletzung einer Sorgfaltspflicht und die Vorhersehbarkeit der Tatbestandsverwirklichung. Beide Merkmale müssen sowohl objektiv als auch subjektiv, d.h. in Form der individuellen Vorwerfbarkeit nach Maßgabe der konkreten Fähigkeiten vorliegen.[373]

Bei der Bestimmung des Sorgfaltsmaßstabes ist zwischen den unterschiedlichen Tätergruppen zu unterscheiden; für die verschiedenen Verkehrskreise werden andere Standards zugrunde gelegt. Grundsätzlich ergeben sich Art und

---

369 Vgl. zur Langwierigkeit MüKoStGB/*Hardtung*, § 226 Rn. 6 ff.

370 Vgl. BGHSt 31, 96 = NJW 1982, 2831; BGHSt 33, 322 = NJW 1986, 438, 439.

371 Vgl. MüKoStGB/*Hardtung*, § 227 Rn. 9.

372 BGHSt 31, 96, 100 = NJW 1982, 2831; *Fischer*, StGB, § 227 Rn. 3 m.w.N.

373 Ggf. kommt eine Haftung wegen eines sog. „Übernahmeverschuldens" in Betracht, vgl. SSW-StGB/*Momsen-Pflanz/Momsen*, § 229 Rn. 3 ff.

Umfang der erforderlichen Sorgfalt aus den Anforderungen, die bei objektiver ex-ante-Betrachtung an einen besonnenen und gewissenhaften Menschen in der konkreten Lage und der sozialen Rolle des Handelnden zu stellen sind (objektive Betrachtung).[374] In einem zweiten Schritt wird geprüft, ob der Täter nach seinen persönlichen Kenntnissen und Fähigkeiten in der Lage gewesen ist, die objektive Sorgfaltspflichtverletzung zu vermeiden (subjektive Betrachtung).[375]

Wird die Verabreichung des Dopingmittels von einem Arzt vorgenommen, ist er an die Vorschriften der jeweiligen (landesrechtlichen) Berufsordnung gebunden.[376] Diese schreiben vor, dass Ärzte der Gesundheit des einzelnen Menschen und der Bevölkerung dienen und es die ärztliche Aufgabe ist, das Leben zu erhalten, die Gesundheit zu schützen und Leiden zu lindern.[377] Das Verabreichen von Substanzen, welches nicht medizinisch indiziert ist und nur zum Zwecke künstlicher Leistungssteigerung erfolgt, gehört somit nicht zu den vorgeschriebenen Aufgaben und ist unzulässig.[378] Der vorgeschriebene Sorgfaltsmaßstab beinhaltet vielmehr, dass ein Arzt die Wirkungsweisen und Folgen der von ihm verschriebenen Mittel kennt; dies umfasst auch eine mögliche Wechselwirkung mit anderen Medikamenten, sodass der Arzt verpflichtet ist, den Sportler vor der Verabreichung nach einer etwaigen Einnahme anderer Medikamente zu befragen.[379] Ebenfalls dazu gehören Kenntnisse über mögliche allergische oder pseudoallergische Reaktionen des verabreichten Mittels.[380] Ist auf der Täterseite hingegen bspw. ein Betreuer aktiv, ist ein anderer Sorgfaltsmaßstab zugrunde zu legen. Hier können weitergehende medizinische Kenntnisse nicht vorausgesetzt werden. Gleichwohl ist auch hier zu verlangen, dass sich die Person, welche das Dopingmittel verabreicht, so verhält, dass keine fremden Rechtsgüter verletzt werden. Die Verabreichung allein zu leistungssteigernden (und nicht medizinischen) Zwecken verstößt gegen diese Pflicht. In einem zweiten Schritt müssen sodann die persönlichen Kenntnisse und Fähigkeit des Täters, die objektive

---

374 Vgl. BGH NJW 2000, 2754, 2758; BGH NStZ 2005, 446, 447; BeckOK/*Eschelbach*, StGB, § 229 Rn. 9.

375 Lackner/Kühl/*Kühl*, StGB, § 15 Rn. 49.

376 Die Berufsordnungen sind auf Länderebene erlassen, beruhen alle auf der Grundlage der vom Deutschen Ärztetag beschlossenen Musterberufsordnung und weisen daher keine wesentlichen Unterschiede auf, vgl. *Linck*, NJW 1987, 2545, 2547.

377 Vgl. beispielhaft § 1 Abs. 1 S. 1, Abs. 2 S. 1 der Berufsordnung der Berliner Ärztekammer.

378 *Linck*, NJW 1987, 2545, 2547.

379 Vgl. *Linck*, NJW 1987, 2545, 2549.

380 Vgl. *Linck*, NJW 1987, 2545, 2549.

Sorgfaltspflichtverletzung zu vermeiden, geprüft werden. Hier können im Einzelfall persönliche Einschränkungen dazu führen, dass eine subjektive Sorgfaltspflichtverletzung nicht angenommen werden kann und die Schuld des Täters entfällt.

Die Tatbestandsverwirklichung war vorhersehbar, wenn der eingetretene tatbestandliche Erfolg nach allgemeiner Lebenserfahrung erwartet werden konnte (objektive Betrachtung).[381] In einem zweiten Schritt wird ebenfalls geprüft, ob der Täter nach seinen persönlichen Kenntnissen und Fähigkeiten in der Lage gewesen ist, die objektive Sorgfaltspflichtverletzung vorauszusehen (subjektive Betrachtung).[382] Hier kann sich der Arzt im Allgemeinen nicht darauf berufen, dass ihm eine bestimmte Reaktion des verabreichten Dopingmittels nicht bekannt war. Laut Berufsordnung ist er verpflichtet, sich fortzubilden, wie es zur Erhaltung und Entwicklung der zur Berufsausübung erforderlichen Fachkenntnisse erforderlich ist.[383] Ist die eingetretene Reaktion, somit der Körperverletzungserfolg, in der medizinischen Wissenschaft bereits beschrieben worden, war sie für ihn damit vorhersehbar.[384] Auch für einen Nichtmediziner ist es in aller Regel vorhersehbar, dass die Vergabe von Substanzen zur Leistungssteigerung, welche nicht medizinisch indiziert ist, zum Eintritt des tatbestandlichen Erfolges der Körperverletzung führen kann.

Ein Ursachenzusammenhang zwischen dem sorgfaltswidrigen Verhalten und dem Erfolg kann jedoch dann nicht angenommen werden, wenn derselbe Erfolg auch bei verkehrsgerechtem Verhalten sicher oder möglicherweise eingetreten wäre.[385] Da nicht alle Dopingsubstanzen in kausaler Weise zu einer Gesundheitsschädigung führen, ist stets der individuelle Gesundheitszustand des Sportlers heranzuziehen. Beruht der Eintritt der Gesundheitsschädigung auf einer Grunderkrankung des Sportlers und wäre auch ohne Verabreichung des Dopingmittels eingetreten, ist die Kausalität zu verneinen.

(3) Einwilligung

Die Verabreichung könnte jedoch durch eine Einwilligung des Sportlers nach § 228 StGB gerechtfertigt sein.[386] Voraussetzung einer rechtswirksamen

381 Vgl. Lackner/Kühl/*Kühl*, StGB, § 15 Rn. 46.

382 Lackner/Kühl/*Kühl*, StGB, § 15 Rn. 49.

383 Vgl. beispielhaft § 4 Abs. 1 der Berufsordnung der Berliner Ärztekammer.

384 Vgl. *Linck*, NJW 1987, 2545, 2549.

385 Vgl. BGHSt 11, 1 = NJW 1958, 149; BGHSt 33, 61, 63 = NJW 1985, 1350.

386 Die folgenden Ausführungen beziehen sich auf alle Formen der vorsätzlichen Körperverletzungsdelikte.

Einwilligung in ein Vorsatzdelikt ist das vorherige[387] freiwillige[388] und bewusste Zustimmen nicht nur in die Tathandlung, sondern auch in den Taterfolg.[389] Der Sportler kann grds. auch in eine fahrlässige Körperverletzung rechtfertigend einwilligen. Auch wenn § 229 StGB systematisch dem einschlägigen § 228 StGB nachgestellt ist, fällt er gleichwohl in dessen Anwendungsbereich.[390] Die Einwilligung erfolgt hier dann nicht in den Taterfolg, sondern in das Risiko einer Körperverletzung.[391] Für den Wegfall der Rechtswidrigkeit der Tat bedeutet dies, dass der Sportler neben der Tatsache als solche auch über drohende Risiken einer Körperverletzung bereits im Vorfeld der Verabreichung aufgeklärt sein muss. Eine Einwilligung scheidet also in den Fällen aus, in denen der Sportler nicht weiß, dass er gedopt ist, nicht über das Ausmaß des Doping informiert war,[392] über das Maß der Schäden getäuscht[393] oder zur Einnahme gezwungen wurde.[394] Der Sportler sollte also im Vorfeld der Verabreichung auch dann über mögliche Folgewirkungen unterrichtet werden, wenn er von sich aus darauf verzichtet; ein Mindestmaß an Aufklärung ist gleichwohl erforderlich. Insbesondere bei minderjährigen Sportlern ist die Möglichkeit zur Einsichtsfähigkeit besonders sorgfältig zu prüfen. Grundsätzlich sind auch bereits Kinder einwilligungsfähig, auf eine Geschäftsfähigkeit kommt es hierbei nicht an.[395] Jedoch muss im Einzelfall genau untersucht werden, ob der individuelle Reifegrad des Minderjährigen für ein ausreichendes Verständnis vorliegt. Fehlt es an einer tatsächlichen Einsichtsfähigkeit, kann die Einwilligung durch sorgeberechtigte Personen, meist die Eltern, ersetzt werden.[396] Da sie hierbei jedoch lediglich eine Art „treuhänderisches Mandat“[397] gegenüber ihren Schützlingen besitzen, darf

---

387 Vgl. BGHSt 17, 359 = NJW 1963, 165, 166.

388 BGHSt 19, 201 = NJW 1964, 1190.

389 Vgl. *Fischer*, StGB, § 228 Rn. 5; Lackner/Kühl/*Kühl*, StGB, § 228 Rn. 2; BeckOK/*Eschelbach*, StGB, § 228 Rn. 10; a.A.: Die Einwilligung beziehe sich nur auf die Tathandlung vgl. OLG Frankfurt, MDR 1970, 105, 106; BayObLGSt 1977, 694, 695; Kindhäuser/Neumann/*Paeffgen*, StGB, § 228 Rn. 12; a.A.: die Einwilligung beziehe sich nur auf den Taterfolg vgl. BayObLG, NJW 1957, 1245, 1246.

390 Vgl. BeckOK/*Eschelbach*, StGB, § 229 Rn. 14.

391 Vgl. SSW-StGB/*Momsen-Pflanz/Momsen*, § 228 Rn. 9.

392 Vgl. BGHSt 19, 201 = NJW 1964, 1190, 1192.

393 *Schroth*, in: FS Volk, 2009, 719, 731 ff.

394 *Schroth*, in: FS Volk, 2009, 719, 728 ff.

395 Vgl. BGHSt 4, 88 = NJW 1953, 912.

396 Vgl. BeckOK/*Eschelbach*, StGB, § 228 Rn. 13 m.w.N.

397 BeckOK/*Eschelbach*, StGB, § 228 Rn. 13.

einzig allein die Gesundheitsfürsorge Zweck und Motivation des Handelns sein. Stimmen Eltern also der Verabreichung von Dopingmitteln an ihre Kinder zu, steht dies in Widerspruch zu ihrer Fürsorgepflicht und dem Schutz des Kindeswohles aus § 1627 BGB und stellt keine Einwilligung i.S. der Norm dar.

Es stellt sich die Frage, ob im Falle eines therapeutischen Dopings ein ärztlicher Heileingriff angenommen werden kann, der eine Strafbarkeit der Dopingvergabe entfallen lässt. So hat bspw. der spanische Arzt Fuentes versucht, seine Dopingabgaben zu rechtfertigen, in dem er angab, diese erfolgten zu medizinischen Zwecken.[398] Vordergründig wird das therapeutische Doping eingesetzt, um Sportler für einen Wettkampf oder ein Training „fit zu machen". Da dies jedoch einen Gesundheitszustand des Sportlers voraussetzt, der beeinträchtigt und somit krankhaft ist, zielt die Verabreichung des Dopingmittels auch auf eine Heilbehandlung ab. Unter diesem Aspekt ist von einem ärztlichen Heileingriff auszugehen. Umstritten ist, ob diese ärztlichen Maßnahmen als tatbestandliche Körperverletzungen einzuordnen sind.[399] Die Rspr. sieht dabei in jeder Maßnahme, welche die körperliche Integrität des Patienten berührt, eine tatbestandliche Körperverletzung, die jedoch im Wege der Einwilligung gerechtfertigt sein kann.[400] Weite Teile der Literatur hingegen befürworten die Tatbestandslosigkeit des ärztlichen Heileingriffs, solange dieser erfolgreich und lege artis ausgeführt wurde.[401] Begründet wird diese Ansicht damit, dass nicht auf den einzelnen Akt des Einschnitts oder Einstichs abzustellen, sondern das Gesamtergebnis zu betrachten sei. Da der Heileingriff zu einer Verbesserung des Körperzustandes führe, könne nicht von einer körperlichen Misshandlung oder Gesundheitsschädigung ausgegangen werden, es fehle vielmehr an einer objektiv verstandenen „Körperinteressenverletzung"[402]. Problematisch ist dies in den Fällen, in denen

398 Vgl. dazu FAZ v. 26.12.2007 (dpa), „Gesundheit der Athleten zweitrangig"; im Ergebnis erfolgte ein Freispruch mangels Anwendbarkeit der betreffenden Normen, dazu *Wampach*, "Opéracion Puerto": Dopingarzt Fuentes freigesprochen", Luxemburger Wort v. 14.6.2016 und *Geimer*, Doping: „Späte Aufklärung im Fuentes-Skandal?" Luxemburger Wort v. 13.10.2018.

399 Vgl. ausführlich MüKoStGB/*Joecks (Hardtung)*, § 223 Rn. 45 ff.; Kindhäuser/Neumann/*Paeffgen/Zabel*, StGB, § 228 Rn. 56 ff.

400 Vgl. RGSt 25 (1894), 375, 378; BGHSt 11, 111, 112 = BGH NJW 1958, 267; BGHSt 12, 379, 382 ff. = BGH NJW 1959, 825; BGHSt 16, 309 = BGH NJW 1962, 682; BGH NStZ 1996, 34.

401 Vgl. Lackner/Kühl/*Kühl*, StGB, § 223 Rn. 8 m.w.N.; Kindhäuser/Neumann/*Paeffgen/Zabel*, StGB, § 228 Rn. 57 (Fn. 211) m.w.N.

402 Lackner/Kühl/*Kühl*, StGB, § 223 Rn. 8.

der Arzt eigenmächtig handelt, d.h. der Eingriff gegen den ausdrücklichen Willen des Patienten durchgeführt wird oder eine Einwilligung des Patienten nicht vorliegt. Nach der soeben genannten Ansicht würde gleichwohl der Tatbestand der Körperverletzung entfallen, da nicht das Rechtsgut des § 223 StGB verletzt sei, sondern das Selbstbestimmungsrecht des Patienten, sodass eine Verletzung der Freiheits- und Nötigungsdelikte der §§ 239, 240 StGB in Betracht käme. Solange es keinen eigenen Tatbestand der eigenständigen Heilbehandlung gibt, wie er bspw. im Referentenentwurf 1996 zum 6. StrRRefG[403] gefordert wurde oder im österreichischen StGB[404] existiert, ist der Rspr. zu folgen und in der Folge die Rechtswidrigkeit der Dopingvergabe nur bei Vorliegen einer Einwilligung zu verneinen.[405]

Die Einwilligung darf jedoch nicht gegen ein gesetzliches Verbot verstoßen, welches dem Schutz des Rechtsguts dient.[406] Seit der Einführung des AntiDopG ist in diesem ein allgemeines rechtliches Verbot zu sehen, welches die Verabreichung von Dopingmitteln zum Zwecke der Leistungssteigerung im sportlichen Wettbewerb verbietet und ausdrücklich die Gesundheit des Sportlers schützt.[407] Das AntiDopG steht einer rechtswirksamen Einwilligung in die Verabreichung von Dopingmitteln somit im Wege.

bb. Handlungen im Umfeld des Dopings

Außerhalb des unmittelbaren Bereichs der Einnahme oder Vergabe von Dopingmitteln liegt der Tatbestand der Urkundenfälschung. Fälscht bspw. ein Sportler das Dopingformular, das ihm im Rahmen der Dopingkontrolle zur Unterzeichnung vorgelegt wurde, indem er nachträglich die Angaben ändert, kommt das Verfälschen einer echten Urkunde nach § 267 Abs. 1 Var. 2 StGB in Betracht. Diese Konstellation weist keine dopingspezifischen Besonderheiten auf, soll der Vollständigkeit halber jedoch kurz dargestellt werden. Beim Dopingformular handelt es sich um eine Urkunde, da es die Verkörperung einer allgemeinen oder für Eingeweihte verständlichen Gedankenerklärung darstellt, die den Erklärenden (den Aussteller) erkennen lässt und geeignet und bestimmt ist, im

---

403 Vgl. *Freund*, ZStW 109 (1997), 455, 465 f.

404 § 110 Abs. 1 öStGB: „Wer einen anderen ohne dessen Einwilligung, wenn auch nach den Regeln der medizinischen Wissenschaft, behandelt, ist mit Freiheitsstrafe bis zu sechs Monaten oder mit Geldstrafe bis zu 360 Tagessätzen zu bestrafen."

405 So auch Kindhäuser/Neumann/*Paeffgen/Zabel*, StGB, § 228 Rn. 57.

406 *Fischer*, StGB, § 228 Rn. 7.

407 Vgl. § 1 AntiDopG.

Rechtsverkehr Beweis zu erbringen.[408] Als Aussteller wird entweder die jeweilige Anti-Doping-Behörde oder das akkreditierte Labor auftreten. Haben diese auch tatsächlich das Formular ausgestellt, liegt eine echte Urkunde i.S.d. Norm vor.[409] Durch die nachträgliche Änderung kommt es zu einer Verfälschung der Urkunde. Nunmehr wird der Anschein erweckt, als stammen die Angaben, die der Sportler verändert hat, vom Aussteller.[410] Auf subjektiver Ebene ist neben dem Vorsatz bezüglich der Urkundseigenschaft und des Verfälschens auch die Absicht des Sportlers erforderlich, mit der veränderten Urkunde eine Täuschung im Rechtsverkehr vorzunehmen.[411] Die Motivation des Sportlers zur Tat wird daher rühren, über eigentlich positive Dopingbefunde hinwegzutäuschen, sodass die subjektiven Voraussetzungen regelmäßig erfüllt sein werden.

Ein weiterer Fall der Urkundenfälschung kann bspw. vorliegen, wenn ein Sportler die Dopingprobe austauscht und stattdessen sauberen Eigen- oder Fremdurin einfüllt.[412] Hier kommt ebenfalls das Verfälschen einer echten Urkunde in Betracht, § 267 Abs. 1 Var. 2 StGB. Der Urin an sich stellt keine eigene verkörperte Gedankenerklärung dar. Durch die Verbindung der Urinprobe (des Augenscheinobjekts) mit dem Dopingkontrollformular (der Urkunde) entsteht jedoch eine zusammengesetzte Urkunde, wenn sowohl das Etikett auf der versiegelten Probe als auch das Formular einen übereinstimmenden Code aufweisen.[413] Wird das Augenscheinobjekt ausgewechselt, kommt es zu einer Verfälschung der Urkunde.[414]

---

408 *Fischer*, StGB, § 267 Rn. 2.

409 Vgl. *Fischer*, StGB, § 267 Rn. 27.

410 Vgl. OLG Köln, NJW 1983, 769; OLG Düsseldorf, NJW 1983, 2341, Lackner/Kühl/*Heger*, StGB, § 267 Rn. 20 m.w.N.

411 Vgl. Lackner/Kühl/*Heger*, StGB, § 267 Rn. 25.

412 Vgl. hierzu bspw. die Betrugsversuche durch Mitarbeiter des Testlabors Serco Control aus dem Jahr 2010, vgl. „Löcher im Dopingtest-System – DHB ‚in Bredouille'", ZEIT v. 30.08.2010 (dpa), oder den Vorwurf während der Olympischen Winterspiele in Sotschi 2014 gegen Russland, vgl. *Scheler*, „Wir sind fassungslos - Russlands Anti-Doping-Agentur wird wieder zugelassen. Die Athletensprecherin Silke Kassner will juristisch dagegen vorgehen. Der Kampf gegen Doping liegt am Boden", ZEIT v. 20.09.2018.

413 Vgl. *Lüer*, Dopingstrafen im Sport, S. 114.

414 Durch dieselbe Handlung ebenfalls erfüllt sein können die gegenüber der Urkundenfälschung subsidiäre Urkundenunterdrückung nach § 274 Abs. 1 Nr. 1 StGB und der Betrugstatbestand des § 263 StGB.

3. Ergebnis

Der Bereich des Dopings bietet ein weites Feld an Strafbarkeitsrisiken, welche innerhalb eines Sportvereins Sportler und Verantwortliche wie Betreuer und Ärzte treffen können. Neben den Handlungen des Eigen- und Fremddopings, die unmittelbar den sportlichen Wettbewerb betreffen, besteht für einen Sportverein insb. auch die Gefahr der Bildung eines komplexen und weitläufigen Dopingrings durch die genannten Beteiligten, indem Dopingmittel bspw. hergestellt und an weitere Sportler verschrieben werden. Um diesem strafbaren Verhalten entgegenzuwirken, ist es für den Verein von herausragender Bedeutung, entsprechende Maßnahmen zur Prävention zu errichten. Hierzu gehört zum einen eine ausführliche Aufklärung der Sportler und Verantwortlichen, insb. auch über die bestehenden Strafbarkeitsrisiken,[415] sodass sie sich der Konsequenzen ihres Handelns bewusst werden. Um diesen Abschreckungseffekt noch zu verstärken, kann ebenfalls eine schriftliche Fixierung der entsprechenden Verbote, bspw. im Rahmen eines Arbeitsvertrags oder Verbandregelwerks, erfolgen.[416] Darüber hinaus besteht das Risiko einer Dopingeinnahme bzw. -vergabe insb. dann, wenn sich Sportler und Ärzte unbeobachtet fühlen, sodass eine kontinuierliche Überwachung durch Kontrollen der Sportler – sowohl innerhalb als auch außerhalb des Wettkampfs – hiergegen wirksam sein kann.[417] Durch die Implementierung entsprechender Präventivmaßnahmen kann die Verletzung der genannten Strafnormen minimiert werden, wodurch der Schutz der Reputation des Vereins gestärkt wird.

II. Matchfixing

Spielmanipulationen, auch Matchfixing genannt, stellen insb. in Mannschaftssportarten eine Risikoquelle für die Reputation eines Sportvereins dar. Insb. die Fußballskandale aus der Bundesligasaison 1970/71[418] und den Jahren 2005[419],

---

415 Siehe hierzu ausführlich Kapitel E, V, 2, b, bb, (2), (b).
416 Siehe hierzu ausführlich Kapitel E, V, 2, b, bb, (1) und aa, (1).
417 Siehe hierzu ausführlich Kapitel E, V, 2, b, cc, (2).
418 Siehe hierzu Kapitel C, II, 2, b.
419 Siehe zum Wettskandal um den deutschen Fußballschiedsrichter Robert Hoyzer Kapitel C, II, 1, b.

2009[420] und 2013[421] deckten die Bestechlichkeit einzelner Akteure auf, die nicht nur zu anschließenden Gerichtsverfahren führten, sondern auch den Verband animierten, ihre Regelwerke den neu erkannten Gefahren anzupassen. Das Matchfixing kann dabei auf zwei Arten vorgenommen werden: bezogen auf eine Wette (wettbezogenes Matchfixing) oder aus rein sportlichen Gründen (nicht wettbezogenes Matchfixing). In der Praxis relevanter sind die Fälle des wettbezogenen Matchfixings, in denen zumeist eine wettende Person auf einen Sportler oder Schiedsrichter zutritt und dieser als Gegenleistung für eine finanzielle Zuwendung den Wettkampf im Sinne der wettenden Person beeinflusst. So geschah es bspw. im Fall Robert Hoyzer, der als Schiedsrichter die Spiele entsprechend der abgesetzten Wetten manipulierte. Dem nicht wettbezogenen Matchfixing fehlt es hingegen an einem Zugriff von außen in Form einer wettenden Person; hier kommt es aus rein innersportlichen Gründen zu einer Manipulation des Wettbewerbs, wie es bspw. beim Fußballskandal der Saison 1970/71 der Fall war.

1. Wettbezogenes Matchfixing

Durch die Einführung des § 265c StGB wurde eine spezielle Rechtsgrundlage zur strafrechtlichen Behandlung von Spielmanipulationen geschaffen. Zuvor wurde hierfür zumeist die Verbotsnorm des Betrugs herangezogen. Beide Vorschriften werden im Folgenden dargestellt.

a. § 265c StGB

§ 265c StGB stellt ein abstraktes Gefährdungsdelikt dar: Anknüpfungspunkt ist die Gefährdung der Rechtsgüter durch entsprechende Verhaltensweisen, ohne dass im Einzelfall eine konkrete Gefahr eintreten muss. Als geschütztes Rechtsgut ist zunächst das Vermögen der Wettanbieter und Wettteilnehmer zu nennen; dies wird neben der eigentlichen Bezeichnung als „Sportwettbetrug" insb. durch die Einordnung der Norm in den 22. Abschnitt des StGB deutlich.[422] Die

---

420 Die Staatsanwaltschaft Bochum ermittelte im Zusammenhang mit Spielmanipulationen in über 200 Fußballspielen im In- und Ausland, vgl. *Becker*, „Vielleicht nur die Spitze des Eisbergs", FAZ v. 06.10.2010. Vgl. auch BGHSt 58, 102 = NJW 2013, 883 ff.; BGH BeckRS 2013, 1251; LG Bochum, BeckRS 2015, 12508.

421 Europol deckte die Manipulation von über 380 Spielen in 15 Ländern auf, beteiligt waren mehr als 420 Spieler, Schiedsrichter und Funktionäre, vgl. *Krüger/Hilbert/Wengenroth*, CaS 2013, 188.

422 Vgl. MüKoStGB/*Schreiner*, § 265c Rn. 1.

Erforderlichkeit des Vermögensschutzes scheint jedoch zumindest unter dem Gesichtspunkt fragwürdig, dass das Vermögen der Sportwettanbieter bereits umfassend von § 263 StGB geschützt wird und somit allein die darüber hinaus gehenden Vermögensinteressen von Wettanbietern, Mitwettenden sowie sonstigen Beteiligten schutzwürdig sind.[423] Die Schaffung von § 265c StGB macht daher einmal mehr die gestiegene Bedeutung des Sports in der Gesellschaft deutlich. Darüber hinaus nennt die Gesetzesbegründung[424] ebenfalls die Integrität des Sports als schützenswertes Rechtsgut. Hier bestehen dieselben Bedenken wie schon in Zusammenhang mit dem AntiDopG.[425]

aa. Täterkreis

Die Bestechungshandlungen in § 265c StGB können unterteilt werden in die passive Bestechung, bei der als Täter die Akteure in Betracht kommen, die unmittelbar Einfluss auf den sportlichen Wettbewerb nehmen können, und die aktive Bestechung, die von jeder natürlichen Person, i.d.R. der Wettperson, vorgenommen werden kann. Die Personen, die unmittelbar am Spielgeschehen teilnehmen, sind dabei Sportler, Trainer, Trainer gleichgestellte Personen, Schieds-, Wertungs- und Kampfrichter.

Eine Legaldefinition des Sportlers besteht, anders als für Trainer und ihm gleichstellte Personen, nicht. Die Gesetzesbegründung versteht unter einem Sportler einen Athleten, welcher an einem sportlichen Wettbewerb teilnimmt.[426] Entscheidend ist nicht, ob der Athlet einen bestimmten Grad an Professionalisierung oder die Zugehörigkeit zu einer bestimmten Leistungsklasse aufweist; umfasst sein sollen sowohl Berufssportler als auch Amateure.[427] Erforderlich ist jedoch, dass der Athlet an einem Sportwettbewerb teilnimmt, bei dem Regeln einzuhalten sind, die von einer nationalen oder internationalen Sportorganisation mit verpflichtender Wirkung für ihre Mitgliedsorganisationen verabschiedet wurden.[428]

§ 265c Abs. 6 S. 1 StGB definiert als Trainer im Sinne dieser Vorschrift, wer bei dem sportlichen Wettbewerb über den Einsatz und die Anleitung von Sportlern

---

423 Vgl. MüKoStGB/*Schreiner*, § 265c Rn. 3; *Krack*, ZIS 2016, 540, 544; *ders.*, wistra 2017, 289, 290; *Satzger*, JURA 2016, 1142, 1152.

424 BT-Drs. 18/8831, S. 15.

425 Siehe Kapitel C, I, 1, a.

426 BT-Drs. 18/8831, S. 15.

427 BT-Drs. 18/8831, S. 15.

428 BT-Drs. 18/8831, S. 18.

entscheidet. Beide Voraussetzungen müssen dabei kumulativ vorliegen.[429] Unter Einsatz und Anleitung fallen z.B. im Mannschaftssport die Aufstellung bzw. Ein- und Auswechslung von Sportlern sowie das Einwirken auf die Spieler während des Wettkampfs durch z.B. Vorgabe von Taktik oder Grundformation. Das Vorliegen einer Trainerlizenz ist nicht erforderlich, entscheidend ist ausschließlich die tatsächliche Leitungsfunktion,[430] also die Möglichkeit der unmittelbaren Einflussnahme auf das Wettbewerbsgeschehen. Somit erfüllt sowohl ein Teamchef die Voraussetzungen eines Trainers als auch Taktik-, Athletik-, Technik- und Co-Trainer,[431] soweit sie unmittelbar darüber mitentscheiden, welcher Spieler bspw. ausgewechselt oder wie die Spieltaktik während des Spiels geändert werden soll. Nach § 265c Abs. 6 S. 2 StGB stehen einem Trainer Personen gleich, die aufgrund ihrer beruflichen oder wirtschaftlichen Stellung wesentlichen Einfluss auf den Einsatz oder die Anleitung von Sportlern nehmen können. In Betracht kommen Personen, die ein arbeitgeberähnliches Weisungsrecht besitzen,[432] wie beispielsweise Sportdirektoren, die Vereinsleitung, Mannschaftsärzte, Mäzene oder Hauptsponsoren. Der Einfluss dieser Personen muss wesentlich sein, sodass Spielerberater[433] oder Journalisten nicht erfasst sind.

Eine Legaldefinition des Schiedsrichters besteht ebenfalls nicht. Laut Gesetzesbegründung sind Schiedsrichter dafür zuständig und befugt, den Wettbewerbsregeln unmittelbar Geltung zu verschaffen sowie Disziplinarmaßnahmen während des Wettbewerbs auszusprechen.[434] Für den Hauptschiedsrichter bspw. eines Fußballspiels ist dies leicht festzustellen; schwerer fällt die Einstufung hingegen bei Schiedsrichterassistenten,[435] denn sie treffen keine unmittelbaren Entscheidungen, sondern unterstützen lediglich den Schiedsrichter. Die Gesetzesbegründung macht hier jedoch keinen Unterschied und subsumiert sämtliche Mitwirkende unter den Begriff des Schiedsrichters, unabhängig davon, wer das Letztentscheidungsrecht trägt.[436] Auch die Praxis spricht für die Zuordnung der Schiedsrichterassistenten unter den Begriff des „Schiedsrichters". Zwar

---

429 BeckOK/*Bittmann/Nuzinger/Rübenstahl*, StGB, § 265c Rn. 18.
430 BT-Drs. 18/8831, S. 20.
431 BeckOK/*Bittmann/Nuzinger/Rübenstahl*, StGB, § 265c Rn. 19.
432 BT-Drs. 18/8831, S. 20; *Kubiciel*, SpuRt 2017, 188, 189 f.
433 A.A. *Fischer*, StGB, § 265c Rn. 13.
434 BT-Drs. 18/8831, S. 18.
435 Vgl. hierzu auch *Stam*, NZWiSt 2018, 41, 43.
436 BT-Drs. 18/8831, S. 18.

sehen die Fußballregeln des DFB[437] in Nummer 6 vor, dass die Assistenten dem Schiedsrichter lediglich helfen, das Spiel in Übereinstimmung mit den Spielregeln zu leiten, sodass die endgültige Entscheidung stets beim Schiedsrichter liegen soll. In der Regel aber folgen die Schiedsrichter den Vorschlägen ihrer Assistenten. Insbesondere unter der praktischen Betrachtungsweise sollte daher auch der Schiedsrichterassistent „Schiedsrichter" i.S.d. Norm sein: Durch Täuschungshandlungen des Assistenten gegenüber dem Schiedsrichter besteht eine reelle Möglichkeit, zumindest mittelbar auf das Spiel einzuwirken. Eine ebensolche Einwirkungsmöglichkeit besitzen auch der Videoschiedsrichter bzw. -assistent, sodass auch sie entsprechend unter den Begriff des „Schiedsrichters" zu subsumieren sind.

Wertungsrichter sind Personen, die in Wettkämpfen zum Einsatz kommen, in denen nach nicht uneingeschränkt objektiv messbaren Kriterien bewertet wird, z.B. nach Ausdruck, Haltung, Eleganz oder Genauigkeit.[438] Entsprechende Sportarten sind bspw. Turnen, Eiskunstlauf oder Skispringen. Kampfrichter überwachen die Einhaltung der Regeln bei einer Sportveranstaltung.[439] Sie werden eingesetzt z.B. als Zeitnehmer beim Handball oder Wenderichter beim Schwimmen.

bb. Tathandlungen

Die Tathandlungen des Sportwettbetrugs können entweder passiv (Abs. 1 und 3) oder aktiv (Abs. 2 und 4) erfolgen. Während die Tathandlungen auf Nehmerseite das Fordern, Sich-versprechen-lassen und Annehmen eines Vorteils als Gegenleistung für eine Manipulationshandlung mit Sportwettbezug erfassen, handelt der Täter auf Geberseite spiegelbildlich durch ein Anbieten, Versprechen oder Gewähren dieses Vorteils. Durch die Ähnlichkeit zu den Korruptionsdelikten decken sich hier die Voraussetzungen mit denen der §§ 299, 299a, 331, 333 StGB.

Fordern ist das ausdrückliche oder schlüssige Erkennenlassen, dass der Täter einen Vorteil für seine Dienstausübung begehrt.[440] Eine Übereinkunft muss dabei nicht getroffen werden, die Anbahnung einer Unrechtsvereinbarung ist

---

437 Fußball-Regeln des DFB 2020/2021, https://www.dfb.de/fileadmin/_dfbdam/225053-Fussball-Regeln_2020_21_RZ.indd.pdf (letzter Abruf am 01.10.2020).

438 BT-Drs. 18/8831, S. 18.

439 BT-Drs. 18/8831, S. 18.

440 Vgl. BGHSt 10, 237 = NJW 1957, 1078; *Fischer*, StGB, § 331 Rn. 18.

ebenfalls erfasst.[441] Die Forderung muss auch nicht erfolgreich sein, aber dem anderen zugehen.[442] Sich-versprechen-lassen ist das ausdrückliche oder konkludente Annehmen des entsprechenden Angebots einer künftigen Leistung; ein Leistungsaustausch muss nicht eintreten, dieser muss nur vom Täter intendiert sein.[443] Annehmen bedeutet, den geforderten oder angebotenen Vorteil tatsächlich zu empfangen.[444] Die Annahme erfordert eine Einigung über Inhalt und Zweck des Vorteils, wobei konkludentes Handeln genügt. Das Anbieten eines Vorteils ist die auf den Abschluss einer Unrechtsvereinbarung gerichtete ausdrückliche oder konkludente Erklärung, von der der Gegenüber (Sportler, Trainer, Schieds-, Wertungs- oder Kampfrichter) Kenntnis erlangen muss.[445] Das Versprechen eines Vorteils erfordert, dass über die Vorteilsvereinbarung ein Konsens erzielt wird.[446] Gewähren schließlich setzt die Annahme des Gegenübers voraus, d.h. zwischen Gebendem und Nehmendem muss eine Willensübereinstimmung bestehen.[447]

Unter Vorteil ist jede Zuwendung zu verstehen, auf die der Täter keinen Rechtsanspruch hat und die seine wirtschaftliche, rechtliche oder persönliche Lage objektiv verbessert.[448] Wie bei den Korruptionsdelikten der §§ 299, 331 ff. StGB besteht auch beim Sportbetrug keine Geringwertigkeitsgrenze. Sozialadäquate Zuwendungen sollen jedoch ebenfalls aus dem Tatbestand herausfallen. Eine einheitliche Grenze zu bestimmen, wann ein Verhalten noch als sozialadäquat gilt und ab wann ein strafbares Handeln vorliegt, ist für den gesamten Bereich des Sports nicht möglich. Am Beispiel des Fußballs wird deutlich, dass die persönlichen und wirtschaftlichen Verhältnisse eines Regionalligaspielers nicht mit denen eines Bundesligaspielers vergleichbar sind. Können für

441 BeckOK/*Momsen/Laudien*, StGB, § 299 Rn. 39. Hierdurch wird die Strafbarkeit weit ins Vorfeld verlagert; dies ist bedenklich, da so auch untaugliche Anbahnungsversuche mit Vollendungsstrafbarkeit belegt werden, vgl. *Fischer*, StGB, § 299 Rn. 30.

442 BeckOK/*Momsen/Laudien*, StGB, § 299 Rn. 39.

443 *Fischer*, StGB, § 311 Rn. 19.

444 *Fischer*, StGB, § 311 Rn. 20.

445 Vgl. BGHSt 47, 22, 29 = NJW 2001, 2560 (für die Vorteilsgewährung); BeckOK/*von Heintschel-Heinegg*, StGB, § 333 Rn. 2; a.A. *Fischer*, der das Anbieten als eine empfangsbedürftige Willenserklärung einstuft, welche lediglich den Zugang der Willenserklärung erfordert, StGB, § 299 Rn. 32, § 333 Rn. 4.

446 BeckOK/*von Heintschel-Heinegg*, StGB, § 333 Rn. 2; a.A. MüKoStGB/*Korte*, § 333 Rn. 12, der eine einseitige Erklärung des Versprechenden genügen lassen will.

447 BeckOK/*von Heintschel-Heinegg*, StGB, § 333 Rn. 2.

448 BGHSt 31, 264, 279 = NJW 1983, 2509; BGHSt 47, 295, 304 = NJW 2002, 2801, 2804.

erstgenannten 100 EUR bereits einen Anreiz darstellen, nicht seine gewohnte Leistung abzurufen oder durch überhartes Einsteigen aussichtsreiche Tormöglichkeiten für den Gegner zu kreieren, würde sich ein Bundesligaspieler sehr wahrscheinlich für diesen Betrag „nicht die Finger schmutzig machen".

cc. Unrechtsvereinbarung

Der Vorteil muss Gegenstand einer Unrechtsvereinbarung sein. Eine Unrechtsvereinbarung liegt vor, wenn Vorteilsnehmer und Vorteilsgeber übereingekommen sind, dass zwischen dem Vorteil und der vom Vorteilsnehmer zu erbringenden Leistung eine inhaltliche Verknüpfung besteht.[449] Der Vorteilsnehmer (Sportler, Trainer, Schiedsrichter) verspricht somit als eine Art Gegenleistung[450] für einen rechtswidrigen Vermögensvorteil die Beeinflussung des sportlichen Wettbewerbs. Abs. 1 und Abs. 3 unterscheiden sich dadurch, dass sich die Beeinflussung des Wettbewerbs entweder zugunsten des Gegners auswirken muss (Abs. 1) oder der Wettbewerb in regelwidriger Weise beeinflusst wird (Abs. 3). Die weiteren Voraussetzungen sind identisch.

Handelt es sich bei dem Täter um einen Sportler oder Trainer (Abs. 1), muss die Unrechtsvereinbarung dergestalt sein, dass eine Beeinflussung zugunsten des Gegners erfolgen soll; ausgeschlossen sind somit z.B. angebotene Siegprämien für einen Sportler, um den Wettbewerb dann zu seinem eigenen Vorteil zu beeinflussen. Die Beeinflussung durch den Sportler kann darin liegen, dass ein schlechteres Ergebnis im Wettkampf erzielt wird als eigentlich möglich, indem z.B. bewusst hinter der eigenen Leistungsgrenze zurückgeblieben wird oder bewusst Gewinnchancen vergeben werden. Auf Seiten des Trainers kann eine Beeinflussung in der bewussten Aufstellung von schwächeren Sportlern liegen oder in Anweisungen während des Wettkampfs, welche die eigene Mannschaft schwächen. Die Beeinflussung zielt darauf ab, bspw. einen bestimmten Spielstand zur Halbzeit oder als Endstand zu erreichen oder auch spezielle Wettbewerbsverläufe zu verändern.[451] Ist ein Schiedsrichter auf der Nehmerseite (Abs. 3), liegt die Unrechtsvereinbarung in einer regelwidrigen Beeinflussung des Wettbewerbs. Regelwidrige Entscheidungen sind solche, die nicht im Einklang mit den Regeln der Sportorganisation stehen.[452] Da der Schiedsrichter zur

449 *Fischer*, StGB, § 311 Rn. 21.

450 Hiermit ist kein „Gegenleistungsverhältnis" im engeren Sinne oder eine vertragsähnliche Vereinbarung gemeint, vgl. BGHSt 49, 275, 282 f. = NJW 2004, 3569.

451 BT-Drs. 18/8831, S. 16.

452 BT-Drs. 18/8831, S. 18.

Unparteilichkeit verpflichtet ist, liegt eine regelwidrige Beeinflussung vor, wenn er von dieser Neutralitätspflicht abweicht. Eine solche Abweichung kann bspw. dann vorliegen, wenn erbrachte Leistungen nicht anerkannt oder nicht erbrachte bestätigen werden, Regelwidrigkeiten wie Foulspiele nicht geahndet und unberechtigte Verwarnungen ausgesprochen werden.[453]

Für beide Tätergruppen ist Gegenstand der Unrechtsvereinbarung die Beeinflussung des Verlaufs oder des Ergebnisses eines Wettbewerbs des organisierten Sports. Der Wettbewerb des organisierten Sports wird in Abs. 5 legaldefiniert. Danach ist jede Sportveranstaltung im Inland und Ausland umfasst, die vor einer nationalen oder internationalen Sportorganisation oder in deren Auftrag oder mit deren Anerkennung organisiert wird und bei der Regeln einzuhalten sind, die von einer nationalen oder internationalen Sportorganisation mit verpflichtender Wirkung für ihre Mitgliedsorganisationen verabschiedet wurden. Umfasst ist hierbei neben dem Berufssport auch der Amateurbereich, soweit die Wettbewerbe im Vorfeld von den jeweils zuständigen Sportorganisationen anerkannt worden sind. Der Amateursport ist ebenfalls enthalten, um ein möglichst weites Spektrum an Taten abzudecken, denn gewettet wird auf Ereignisse unabhängig vom Leistungsniveau. Nicht unter die Norm fallen hingegen Sportveranstaltungen, die rein privat organisiert werden und bei denen keine Sportorganisation eingebunden ist. Grundsätzlich ist der Begriff des Wettbewerbs weit zu verstehen.[454] Auch wenn der Wortlaut („jede Sportveranstaltung“) dahingehend ausgelegt werden könnte, dass lediglich einzelne Wettkämpfe gemeint sind,[455] wodurch weder eine komplette Ligasaison noch ein ganzes Turnier unter die Norm fielen, sind von der Norm gemäß Gesetzesbegründung auch mehrere miteinander verbundene bzw. aufeinander bezogene Veranstaltungen wie Weltmeisterschaften, Meisterschaftsrunden oder Pokalwettbewerbe umfasst.[456] In Hinblick auf die vielzähligen Wettmöglichkeiten und einen umfassenden Rechtsgüterschutz lässt sich eine weite Auslegung der Begriffsbestimmung begründen: Vor dem Start einer Sportliga wird neben dem Meisterschaftskandidaten auch auf bspw. Abstiegsmannschaften oder Platzierungen einzelner Teams zum Ablauf der Saison gewettet. Auch im Vorfeld von großen Turnieren können Wetten dahingehend platziert werden, welche Nation z.B. im Medaillenspiegel ganz vorne liegen wird. Neben Sportwettbewerben im Inland sind ausdrücklich

453 Vgl. *Fischer*, StGB, § 265c Rn. 23a.
454 BT-Drs. 18/8831, S. 19.
455 So *Fischer*, StGB, § 265c Rn. 6; *Krack*, wistra 2017, 289, 292.
456 BT-Drs. 18/8831, S. 19.

auch solche im Ausland miterfasst. Hier müssen insb. auch die §§ 3 ff. StGB beachtet werden.[457]

Die Unrechtsvereinbarung muss sich darauf beziehen, dass auf den Wettkampf, der vom Vorteilsnehmer beeinflusst werden soll, eine öffentliche Sportwette entweder schon abgeschlossen wurde oder noch abgeschlossen werden soll. Sportwetten sind gem. § 17 Abs. 2 des Rennwett- und Lotteriegesetzes Wetten aus Anlass von Sportereignissen. Diese können z.B. Wetten zu festen Quoten sein, wie in § 3 Abs. 1 S. 4 des Glückspielstaatsvertrags vom 15. Dezember 2011 oder § 4 Abs. 3 des Rennwett- und Lotteriegesetzes. Die Sportwette muss öffentlich sein, d.h. grundsätzlich für einen unbeschränkten Interessentenkreis offenstehen.[458] Nicht-öffentliche Wetten werden nur erfasst, wenn eine Teilnahmemöglichkeit für einen größeren, nicht geschlossenen Personenkreis besteht oder es sich, wie auch in § 284 Abs. 2 StGB (Unerlaubte Veranstaltung eines Glückspiels),[459] um gewohnheitsmäßig veranstaltete Sportwetten z.B. in Vereinen handelt. Dabei ist nicht entscheidend, ob es sich um eine genehmigte oder genehmigungsfähige Sportwette handelt.[460] Wären unzulässige Wetten vom Tatbestand ausgeschlossen, könnte ein weites Feld von Wettangeboten nicht verfolgt werden, wie bspw. in Deutschland nicht erlaubte Wetten auf laufende Sportereignisse oder Wetten auf einzelne Vorgänge während des Sportereignisses (sog. Ereigniswetten), § 21 Abs. 4 S. 2, 3 Hs. 2 des Glücksspielstaatsvertrags vom 15. Dezember 2011. Diese nicht genehmigungsfähigen Sportwetten nehmen jedoch ca. 80 % bis 90 % des Sportwettaufkommens ein.[461] Die Unrechtsvereinbarung muss darüber hinaus auch den rechtswidrigen Vermögensvorteil erfassen, der aus der abgeschlossenen Wette erlangt werden soll, unabhängig davon, ob es im Ergebnis zu einer Auszahlung kommt.[462] Ein solcher ist anzunehmen, wenn der Wettteilnehmer bei der Abgabe der Wette gegenüber dem Wettanbieter (konkludent) wahrheitswidrig erklärt, dass er auf den Verlauf oder den Ausgang des Spiels nicht eingewirkt hat, der Wettgegenstand also manipulationsfrei sei.

Auf subjektiver Ebene ist bedingter Vorsatz ausreichend. Dieser muss sich insb. auf alle Teile der Unrechtsvereinbarung beziehen. Entscheidend ist dabei nur der Erklärungswert des Täterverhaltens, das nach außen hin sichtbar wird;

457 Hier insb. § 5 Nr. 10a StGB.

458 *Fischer*, StGB, § 265c Rn. 24.

459 Ebenso § 3 Abs. 2 des Glücksspielstaatsvertrags vom 15. Dezember 2011.

460 BT-Drs. 18/8831, S. 17.

461 Vgl. *Krewer*, ZfWG 2015, 485.

462 BT-Drs. 18/8831, S. 17.

behält sich der Täter vor, die Manipulation möglicherweise doch zu unterlassen, ist dies unerheblich.[463] Hinsichtlich der Wettsetzung muss der Täter mindestens damit rechnen und es billigend in Kauf nehmen, dass seine Manipulationshandlung für den Abschluss einer konkreten Wette genutzt wird.[464]

dd. Besonders schwerer Fall, § 265e StGB

In besonders schweren Fällen kann es zu einer erhöhten Mindest- als auch Höchststrafe kommen. Ein solcher Fall kann vorliegen, wenn sich die Tat auf einen Vorteil großen Ausmaßes bezieht, § 265e Nr. 1 StGB. Als Vorteil ist hier der Vorteil im Rahmen der Tathandlung gemeint, der für die Gegenleistung erbracht wird (das sog. „Bestechungsgeld"), nicht hingegen der Gewinn, der sich aus der Sportwette ergeben kann. Wann genau ein solch großes Ausmaß erreicht ist, ist nicht einheitlich festzustellen. Grundsätzlich liegt ein Vorteil großen Ausmaßes vor, wenn der Wert des erlangten oder erstrebten Vorteils den Durchschnittswert der erlangbaren Vorteile erheblich übersteigt.[465] Ähnlich wie bei der Frage, wann eine Zuwendung noch als sozialadäquat anzusehen ist, kann auch hier im Bereich des gesamten Sports[466] kein einheitlicher Gesamtwert bestimmt werden. Eine Parallele zu den Fällen der Vermögensdelikte (vgl. §§ 263 Abs. 3 S. 2 Nr. 2 Alt. 1, 264 Abs. 2 S. 2 Nr. 1 StGB) kann jedenfalls nicht gezogen werden. Die dort durch Rechtsprechung entwickelte Summe von 50.000 EUR[467] kann kein Maßstab für bspw. die Handlung eines Spielers eines Regionalligateams sein. Ein Vergleich verbietet sich auch im Hinblick auf die unterschiedlichen Strafrahmen: Da die Höchststrafe bei den Vermögensdelikten mit 10 Jahren doppelt so hoch liegt wie bei § 265e StGB, sollte die Summe hier auch in etwa bei der Hälfte angenommen werden.[468]

Ein besonders schwerer Fall kann ebenfalls gegeben sein, wenn der Täter gewerbsmäßig handelt oder als Mitglied einer Bande, die sich zur fortgesetzten Begehung solcher Taten verbunden hat. Gewerbsmäßigkeit liegt vor, wenn der Täter die Absicht hegt, sich aus wiederholter Tatbegehung eine fortlaufende

---

463 Vgl. BT-Drs. 18/8831, S. 16; vgl. hierzu auch die zivilrechtliche Betrachtung von Willenserklärungen, wonach eine Willenserklärung nicht deshalb nichtig ist, weil sich der Erklärende insgeheim vorbehält, das Erklärte nicht zu wollen, § 116 S. 1 BGB; a.A. Lackner/Kühl/*Heger*, StGB, § 299 Rn. 5.

464 *Fischer*, StGB, § 265c Rn. 27.

465 *Fischer*, StGB, § 300 Rn. 4.

466 Erfasst ist neben dem Berufs- auch der Amateursport.

467 Vgl. BGHSt 48, 360 = NJW 2004, 169.

468 So i.E. auch *Rübenstahl*, JR 2017, 333, 338.

Einnahmequelle von einigem Umfang und nicht unerheblicher Dauer zu verschaffen.[469] Entscheidend ist dabei, dass der Täter aus Eigennutz handelt, eine Drittnützigkeit lässt die Gewerbsmäßigkeit entfallen.[470] Eine Bande hingegen ist eine Gruppe von mindestens drei Personen, die sich zur fortgesetzten Begehung von im Einzelnen noch ungewissen Taten verbunden hat.[471]

§ 265e StGB ist eine Strafzumessungsregel, weitere unbenannte besonders schwere Fälle sind möglich. Ein solcher Fall kann bspw. vorliegen, wenn der Sportbetrug während eines besonders großen Sportevents vorgenommen wird[472] und somit besonders öffentlichkeitswirksam ist. Gleichsam kann trotz bestehenden Regelbeispiels in bestimmten Fällen von einer erhöhten Strafe abzusehen sein, bspw. dann, wenn durch den Abschluss einer Unrechtsvereinbarung zwar der Tatbestand erfüllt und das Delikt vollendet wurde, der Täter jedoch im Ergebnis die vereinbarte Manipulation nicht vollzieht.[473]

b. § 263 StGB

Neben der strafrechtlichen Bewertung der Spielmanipulation nach § 265c StGB kommt weiter eine Sanktionierung nach § 263 StGB wegen Betrugs in Betracht. Insb. vor Einführung der spezielleren Vorschrift des § 265c StGB[474] stellte die Heranziehung von § 263 StGB die einzige Möglichkeit zur Ahndung entsprechender Delikte dar. Bekanntestes Beispiel hierfür ist der Fall des Schiedsrichters Hoyzer, der für eine passive Bestechung verurteilt wurde.[475] Die konkludente Täuschung bei der aktiven Bestechung wurde dabei im Abschluss des Wettvertrages gesehen, bei dem der Wettende konkludent erklärte, nicht an einer Manipulation des Wettgegenstandes beteiligt zu sein.[476] Der darauf beruhende Irrtum des Mitarbeiters des Wettanbieters lag darin, dass es sich bei dem

469 BGHSt 1, 383 = NJW 1952, 113; MüKoStGB/*Hefendehl*, § 263 Rn. 841.

470 Vgl. BGH NStZ 2008, 282.

471 Vgl. weitergehend MüKoStGB/*Schmitz*, § 244 Rn. 39 ff.

472 Z.B. Weltmeisterschaften, Olympische Spiele.

473 Vgl. *Fischer*, StGB, § 265e Rn. 5 m.w.B.

474 § 265c StGB wurde eingeführt durch das Einundfünfzigste Gesetz zur Änderung des Strafgesetzbuchs – Strafbarkeit von Sportwettbetrug und der Manipulation von berufssportlichen Wettbewerben vom 11.04.2017 (BGBl. I 815), in Kraft getreten am 19.04.2017.

475 LG Berlin, BeckRS 2006, 5289. Durch die passive Bestechung kommt ein Betrug entweder in mittelbarer Täterschaft, §§ 263, 25 Abs. 1 Alt. 2 StGB, oder in Beihilfe, §§ 263, 27 StGB, in Betracht.

476 LG Berlin, BeckRS 2006, 5289 (Rn. 137), vgl. auch BGHSt 51, 165 = NJW 2007, 782 ff.

vorgelegten Spielschein um einen solchen handelte, der zum Abschluss eines Wettvertrags zugelassen werden durfte und kein Ablehnungsgrund vorlag.[477] Der Mitarbeiter ging also davon aus, dass das wettgegenständliche Risiko nicht durch Manipulation des Sportereignisses zu Ungunsten des Unternehmens ganz erheblich verändert wurde.[478] Die darauf beruhende Vermögensverfügung lag in der Zulassung des einzelnen Spielscheins, in dem er in der Datenverarbeitungsanlage eingeführt und der eigentliche Wettschein ausgedruckt wurde.[479] Durch diesen bekam der Täter den vermögenswerten Vorteil, den jeweiligen Gewinn beanspruchen zu können. Im Erfolgsfall wurde dann der entstandene Gewinn an den Täter ausgezahlt; hierin lag gleichzeitig der Schaden des Wettanbieters. Eine entsprechende Zahlungspflicht hätte nicht bestanden, da ohne die Täuschung der Wettanbieter den Wettvertrag nicht abgeschlossen oder zumindest nach Anfechtung des Wettvertrags die Auszahlung abgelehnt hätte.[480] Im Fall einer erfolglosen Wette war gleichwohl ein Schaden in Form einer schadensgleichen Vermögensgefährdung beim Wettanbieter eingetreten. Dieser wurde dadurch begründet, dass der Wettanbieter den Wettvertrag zu einer bestimmten Quote abgeschlossen hat, welche sich an der Ungewissheit des zugrundeliegenden sportlichen Ereignisses orientiere. Durch die Manipulationshandlung des Täters wurde das Wettrisiko zu seinen Gunsten und gleichzeitig zu Lasten des Wettanbieters derart verschoben, dass eine vom Täter abgegebene Wette zu der angebotenen Quote vernünftigerweise nicht angenommen worden wäre.[481]

Der so genannte Quotenschaden wurde in der Folge zunächst höchstrichterlich bestätigt,[482] jedoch auch zu Recht kritisch betrachtet, da als individueller Schaden nicht ein Betrag, sondern die Verschlechterung einer Quote gesehen wurde, die bei Lichte betrachtet noch nicht mal eine feste Gewinnerwartung für einen konkreten Wettenden darstellt.[483] Hierdurch wurde aus einem Verletzungs- ein Gefährdungsdelikt, was faktisch zu einer materiell begründeten Beweislastumkehr führte.[484] Vor dem Hintergrund des Bestimmtheitsgebotes des Art. 103

477 Vgl. LG Berlin, BeckRS 2006, 5289 (Rn. 138).

478 BGHSt 51, 165 = NStZ 2007, 151, 154.

479 LG Berlin, BeckRS 2006, 5289 (Rn. 139).

480 LG Berlin, BeckRS 2006, 5289 (Rn. 140).

481 LG Berlin, BeckRS 2006, 5289 (Rn. 141).

482 BGHSt 51, 165 = NStZ 2007, 151.

483 *Momsen/Vaudlet*, in: Emrich/Pierdzioch/Pitsch, Falsches Spiel im Sport, 219, 227.

484 Zu beweiserleichternden Tatbestandserfassungen und den sich daraus ergebenden Bedenken ausführlich *Bülte*, JZ 2014, 603 ff.

Abs. 2 GG war dies hochproblematisch.[485] So hat es auch das BVerfG gesehen und – in anderem Zusammenhang – entschieden, dass zur Verhinderung einer Tatbestandsüberdehnung der Vermögensschaden der Höhe nach beziffert und dies in wirtschaftlich nachvollziehbarer Weise auch in den Urteilsgründen dargelegt werden muss.[486] Diese Auffassung wurde in der Folge dann auch vom BGH umgesetzt.[487]

2. Nicht wettbezogenes Matchfixing

Neben der Spielmanipulation aufgrund einer dazugehörigen Wette können auch Fälle auftreten, in denen der Spielverlauf beeinflusst wird, um ein sportliches Ziel wie bspw. einen Nichtabstieg aus einer Liga zu erreichen. Als Rechtsgrundlage für eine Sanktionierung kommen §§ 265d sowie 266 StGB in Betracht.

a. § 265d StGB

§ 265d StGB unterscheidet sich von § 265c StGB[488] dahingehend, dass die Spielmanipulation keinen Zusammenhang mit einer darauf abgesetzten Wette aufweisen muss. Geschützte Rechtsgüter sind jedoch ebenfalls die Integrität des Sports und das Vermögen. In Hinblick auf das Merkmal der Integrität stellt sich die Frage, warum von § 265d StGB nur berufssportliche Wettbewerbe umfasst sind, nicht hingegen auch solche des Amateursports (§ 265d Abs. 5 StGB). Zwar begründet der Gesetzgeber diese Einschränkung damit, dass hochklassige Wettbewerbe mit berufssportlichem Charakter besonders öffentlichkeitswirksam sind und daher die Glaubwürdigkeit des Sports in besonders hohem Maße Schaden nimmt.[489] Gleichwohl spielen Werte wie Chancengleichheit und Fairness im amateursportlichen Wettbewerb mindestens eine gleichwertige Rolle.[490] Dies ist vielmehr ein Zeichen, dass der Vermögensschutz der Vereine und Sportler

485 Vgl. *Rönnau/Soyka*, NStZ 2009, 12.

486 BVerfGE 130, 1, 47 f. = NStZ 2012, 496, 504 (Rn. 176).

487 Vgl. BGHSt 58, 102 = NJW 2013, 883, 886.

488 Konkurrenzrechtlich besteht zwischen § 265d StGB und § 265c StGB aufgrund des unterschiedlichen Rechtsgutsbezugs Tateinheit, vgl. *Fischer*, StGB, § 265d Rn. 20; *Krack*, ZIS 2016, 540, 550; *Rübenstahl*, JR 2017, 333, 337; a.A. BT-Drs. 18/8831, S. 20.

489 BT-Drs. 18/8831, S. 20.

490 So auch *Reinhart*, SpuRt 2016, 235, 238.

im Mittelpunkt steht.[491] Deutlich wird dies auch durch die Verortung des Tatbestands im 22. Abschnitt des StGB.[492]

Der Tatbestand der Manipulation eines berufssportlichen Wettbewerbs unterteilt sich ebenfalls in eine passive (Abs. 1 und 3) und eine aktive (Abs. 2 und 4) Bestechung. Da der berufssportliche Wettbewerb in § 265d Abs. 5 Nr. 3 StGB nur voraussetzt, dass überwiegend Sportler teilnehmen, die durch ihre sportliche Betätigung Einnahmen von erheblichem Umfang erzielen, können neben Berufssportlern grds. auch Amateursportler Adressaten einer passiven Bestechung sein. Entscheidend ist lediglich, dass sich die Manipulation auf einen berufssportlichen Wettbewerb bezieht. Gleiches gilt neben Sportlern auch für Schieds-, Wertungs- oder Kampfrichter. Die aktive Bestechung kann von jeder natürlichen Person vorgenommen werden, stellt somit ein Jedermanns-Delikt dar.

Die Unrechtsvereinbarung in § 265d StGB unterscheidet sich im Vergleich zu § 265c StGB dadurch, dass sie sich auf einen berufssportlichen Wettbewerb beziehen muss. Dieser ist in Abs. 5 legaldefiniert und unterscheidet sich vom Wettbewerb des organisierten Sports aus § 265c Abs. 5 StGB in Nr.1 durch die Veranstaltung eines Sportbundesverbands und in Nr. 3 durch die Voraussetzung, dass an dem Wettbewerb überwiegend Sportler teilnehmen, die durch ihre sportliche Betätigung unmittelbar[493] oder mittelbar[494] Einnahmen von erheblichem Umfang erzielen. Da der Wettbewerb in Abs. 5 Nr. 1 Var. 1 von einem Sportbundesverband veranstaltet werden muss, fallen Sportveranstaltungen von nationalen regionalen Sportorganisationen nicht unter den Tatbestand, es sei denn, die Veranstaltung wurde von einem Bundesverband oder einer nationalen Sportorganisation anerkannt. Nicht umfasst sind somit bspw. Spiele der Kreis- oder Landesligen im Fußball, die von den entsprechenden Verbänden ohne eine Einbindung des Deutschen Fußballbundes veranstaltet werden.[495] Die sportliche Betätigung in Abs. 5 Nr. 3 muss nicht die Haupteinnahmequelle des Sportlers darstellen, ebenso wenig ist erforderlich, dass die Einnahme aus dem konkreten

---

491 *Swoboda/Bohn*, JuS 2016, 686, 689 sehen das Schutzgut der Integrität daher lediglich als „Aufhänger für eine Form der (Vorfeld-)Strafbarkeit, mit der vor allem diejenigen kriminalisiert werden, derer man mit den vorhandenen Ermittlungsmöglichkeiten der Strafverfolgungsbehörden überhaupt habhaft werden kann."

492 Vgl. auch *Satzger*, JA 2016, 1142, 1153.

493 Z.B. als Startgeld oder Preisgeld, soweit dieses nicht nur ausnahmsweise erzielte wurde, vgl. BT-Drs. 18/8831, S. 22.

494 Z.B. durch Sponsorengelder.

495 BT-Drs. 18/8831, S. 22.

Wettbewerb resultiert.[496] Voraussetzung ist, dass der Sportler durch seine sportliche Betätigung grds. Einnahmen von erheblichem Umfang erzielt[497] und der Anteil der Berufssportler im Teilnehmerfeld überwiegt, d.h. mehr als die Hälfte der Teilnehmer ausmacht. Bei einem Boxkampf, der nur aus zwei Teilnehmern besteht, müssen bspw. somit beide Boxer Berufssportler sein.[498] Darüber hinaus muss die vereinbarte Beeinflussung von Verlauf oder Ergebnis des Wettbewerbs wettbewerbswidrig sein. Bei Handlungen zugunsten des Wettbewerbsgegners ist dies anzunehmen; werden hingegen lediglich verbandsimmanente Vorteile gewährt und soll durch die Manipulation zumindest auch mittelbar die eigene Situation im Wettbewerb verbessert werden,[499] bspw. bei einer Absprache über ein Unentschieden, das für beide Teams (aber zulasten eines dritten) vorteilhaft ist,[500] soll keine Wettbewerbswidrigkeit vorliegen. Die weiteren Voraussetzungen zur Unrechtsvereinbarung, zum Täter, zur Tathandlung und zum besonders schweren Fall decken sich mit denen aus § 265c StGB.[501]

b. § 266 StGB

Durch die aktive Bestechung zur Manipulation eines sportlichen Wettbewerbs kann auch der Tatbestand der Untreue erfüllt sein. Bekanntestes Beispiel hierfür ist der sog. Bundesliga-Skandal aus der Saison 1970/71.[502] In dieser Saison spielte u.a. die Mannschaft von Arminia Bielefeld gegen den Abstieg aus der Bundesliga. Vor dem letzten Spieltag veranlasste der Vorsitzende des Vereins – mit Billigung einiger Vorstandsmitglieder – eine Zahlung von insgesamt 250.000 DM an den damaligen Gegner Hertha BSC, wovon 100.00 DM vom Vereinskonto stammten.[503] In der Buchhaltung erschien die Zweckrichtung des Geldes nicht.

Ob durch dieses Verhalten über den Treuebruchtatbestand hinaus auch der Missbrauchstatbestand erfüllt ist, ließ der BGH offen.[504] Jedenfalls ist ein Vorstandsmitglied zuständiges Organ eines rechtsfähigen Vereins, zu dessen

---

496 *Fischer*, StGB, § 265d Rn. 7.
497 Hier kann auf die Ausführungen zu § 4 Abs. 7 Nr. 2 AntiDopG verwiesen werden, Kapitel C, I, 1, a, aa, (1).
498 Vgl. BeckOK/*Bittmann/Nuzinger/Rübenstahl*, StGB, § 265d Rn. 47.
499 Vgl. Fritzweiler/Pfister/Summerer/*Reinhart*, Praxishandbuch Sportrecht, S. 830.
500 Vgl. BT-Drs. 18/8831, S. 21.
501 Siehe hierzu Kapitel C, II, 1, a.
502 Vgl. hierzu weitergehend *Rauball*, Bundesliga-Skandal.
503 BGH NJW 1975, 1234.
504 BGH NJW 1975, 1234.

Pflichtenkreis es gehört, die Vermögensinteressen des Vereins zu wahren. Diese Pflicht wird verletzt, indem in satzungswidriger Weise über das Vereinsvermögen verfügt wird. Die Pflichtverletzung entfällt auch nicht dadurch, dass diese Verfügung ausschließlich im Interesse des Vereins erfolgte. Die Feststellung eines Vermögensnachteils kann jedoch nur, ähnlich wie beim Betrug, durch einen Vergleich des Vermögens, das der Betreute ohne die Pflichtverletzung des Täters hätte, mit dem Vermögen danach vorgenommen werden,[505] inklusive des Vorteils, der durch die Pflichtverletzung erlangt wurde.[506] Dieser Vorteil liegt im Verbleib in der Bundesliga, sofern die Bestechungshandlung zum erwünschten Spielergebnis führt. Nur wenn dieser sportliche Erfolg auch eintritt und hieraus finanzielle Vorteile hervorgebracht werden, die den Wert der Bestechungsleistung übersteigen, liegt ein Schaden nicht vor. Da zum Zeitpunkt der Bestechungshandlung noch nicht sicher feststeht, ob das vereinbarte Spielergebnis auch eintritt und somit – durch den Nichtabstieg – auch eine schadensausschließende Kompensation entsteht, genügt eine Sachlage, bei der das Zuwachsen eines Vermögensvorteils aufgrund konkreter Umstände mit Wahrscheinlichkeit zu erwarten ist.[507]

3. Ergebnis

Der Bereich der Spielmanipulation kann einen weiteren großen Risikofaktor in einem Sportverein darstellen. Die Bestechlichkeit einzelner Spieler oder Trainer kann ein Gefahrenpotential für die Reputation des Vereins beinhalten, sodass auch auf diesem Gebiet präventive Maßnahmen getroffen werden sollten. Diese sollten, wie im Bereich des Dopings, zuvorderst bei einer Aufklärung der Beteiligten ansetzen,[508] insb. hinsichtlich der Strafbarkeitsrisiken nicht nur bei Spielabsprachen, die in Zusammenhang mit einer Wette stehen, sondern auch bei sonstigen, nicht wettbezogenen Manipulationen. Die Motivation der handelnden Personen wird insb. dann gesteigert sein, wenn es an einer Überwachung des Spielgeschehens fehlt. Durch eine regelmäßige Kontrolle nicht nur der Wettkämpfe der obersten Ligen, sondern insb. auch im Umfeld der darunterliegenden

---

505 BGH NJW 1975, 1234, 1235; BGHSt 15, 342, 343 = NJW 1961, 685.

506 Vgl. BGHSt 17, 147, 149 = NJW 1962, 973 zu § 263 StGB.

507 Eine bloß unbestimmte Aussicht genügt hingegen nicht; BGH NJW 1975, 1234, 1236 mit Beispielen zur entsprechenden Abwägung; BGHSt 17, 147, 148 = NJW 1962, 973 zu § 263 StGB.

508 Siehe hierzu ausführlich Kapitel E, V, 2, b, bb, (2).

Spielbetriebe, kann die regelwidrige Manipulation eines Spiels eingedämmt werden.[509]

III. Vergabesachen

Doping und Matchfixing bilden große Risikobereiche in Sportvereinen durch Beeinflussungen des aktiven Sportgeschehens. Doch auch außerhalb dieser breiten Felder können korruptive Verhaltensweisen im Sport auftreten. Hierzu folgende kurze Beispielsfälle:

Beispiel 1: Ein internationaler Sportverband schreibt die Vergabe um die Austragung eines sportlichen Großereignisses aus. Um den Wettbewerb ins eigene Land zu holen, besticht ein Mitarbeiter eines nationalen Sportverbandes stimmberechtigte Personen des internationalen Sportverbandes dahingehend, zugunsten seines Verbandes zu stimmen.

Beispiel 2: Ein Sportverband schreibt in Hinblick auf eine ausstehende sportliche Großveranstaltung die Vergabe der diesbezüglichen Fernsehrechte aus. Um die Rechte auf jeden Fall für seine eigene TV-Anstalt zu sichern, besticht der vermögensbetreuungspflichtige Mitarbeiter der TV-Anstalt den zuständigen Mitarbeiter des Sportverbandes.[510] Hierzu greift der Mitarbeiter der TV-Anstalt auf Gelder eines Kontos zurück, das er, genau für solche Fälle, als „schwarze Kasse" eingerichtet hat.

Beispiel 3: Ein Mitarbeiter eines Sportverbandes lässt sich dahingehend bestechen, TV-Rechte an eine bestimmte Anstalt zu vergeben. Das Bestechungsgeld behält er für sich persönlich.[511]

Zur Bewertung dieser Sachverhalte kommen die Strafnormen der Bestechlichkeit und Bestechung im geschäftlichen Verkehr, § 299 StGB, und der Untreue, § 266 StGB, in Betracht.

1. § 299 StGB

Die Tathandlungen des § 299 StGB unterteilen sich in ein aktives Bestechen (Abs. 2) und in ein passives Sich-bestechen-lassen (Abs. 1).

---

509 Siehe hierzu ausführlich Kapitel E, V, 2, b, cc, (2).

510 Vgl. bspw. den Fall des ehem. Medien- und Marketingunternehmens ISL und die dazugehörige Einstellungsverfügung der Staatsanwaltschaft Zug, Az. 2A 2005 31601.

511 Vgl. bspw. den Fall des ehem. Medien- und Marketingunternehmens ISL und die dazugehörige Einstellungsverfügung der Staatsanwaltschaft Zug, Az. 2A 2005 31601.

In den Beispielsfällen 1 und 2 kommt es zu einer (aktiven) Bestechung eines Mitarbeiters eines Sportverbandes. Nach § 299 Abs. 2 Nr. 1 StGB (Wettbewerbsmodell) macht sich strafbar, wer einem Angestellten oder Beauftragten eines Unternehmens im geschäftlichen Verkehr einen Vorteil für diesen oder einen Dritten (Drittbegünstigung) als Gegenleistung dafür anbietet, verspricht oder gewährt, dass er bei dem Bezug von Waren oder Dienstleistungen ihn oder einen anderen im inländischen oder ausländischen Wettbewerb in unlauterer Weise bevorzugt. Das Merkmal des geschäftlichen Verkehrs ist dabei weit auszulegen, sodass alle Maßnahmen erfasst sind, die der Förderung irgendeines beliebigen Geschäftszwecks dienen, solange die Tätigkeit in einem Zusammenhang mit den tatbestandlich geschützten Beziehungen des Unternehmens steht.[512] Sportverbände sind, ebenso wie Sportvereine, solange sie in der Rechtsform des eingetragenen Vereins organisiert sind, i.d.R. gemeinnützig aufgestellt. Da sie grds. dem Namen nach schon keine eigenen, dem Erwerb dienenden Zwecke verfolgen, nehmen sie i.d.R. auch nicht am geschäftlichen Verkehr teil. Eine Ausnahme gilt dann, wenn in einem bestimmten Bereich der Tätigkeit ein Erwerbszweck hinzutritt.[513] Beispielsfall 1 beschreibt die Vergabe sportlicher Großveranstaltungen durch einen internationalen Sportverband. Für die Einbeziehung in den geschäftlichen Verkehr spricht, dass die Vergabe in einem ausschreibungsähnlichen Modus erfolgt. Die sich bewerbenden Landesverbände erstellen i.d.R. Wirtschaftlichkeitsanalysen, um den ausschreibenden Verband zu überzeugen; der zu erwartende Gewinn der Veranstaltung wird somit Teil der Entscheidungsgrundlage.[514] Da dieser Zweck jedenfalls gleichberechtigt neben anderen, nicht unmittelbar erwerbswirtschaftlichen Zwecken verfolgt wird, liegt aus dieser Perspektive ein Handeln im geschäftlichen Verkehr vor. Auch der Aspekt des Prestiges, der mit der Vergabe von Großveranstaltungen wie einer Weltmeisterschaft oder Olympischen Spielen einhergeht und für die Entscheidung ebenfalls ausschlaggebend ist, kann hieran nichts ändern: Bei

---

512 BeckOK/*Momsen/Laudien*, StGB, § 299 Rn. 31.

513 GJW/*Sahan*, StGB, § 299 Rn. 17; dem steht auch nicht entgegen, dass die Einnahmen anschließend wieder in den gemeinnützigen Zweck fließen, entscheidend ist allein die Teilnahme am geschäftlichen Verkehr.

514 Die FIFA Fußball Weltmeisterschaft in Brasilien 2014 verbuchte (u.a. durch Sponsorengelder, Übertragungsrechte, Merchandising und Ticketverkäufe) einen Gesamtertrag von USD 5718 Millionen, am Ende der Geschäftsperiode 2011 – 2014 stand nach Abzug des Gesamtaufwands ein positives Ergebnis von USD 338 Millionen, vgl. den FIFA Finanzbericht 2014, S. 18.

realitätsnaher Betrachtung stehen wirtschaftliche Zwecke – auch und gerade bei der Entscheidung, sich nicht zu bewerben – deutlich im Vordergrund.[515] Die Vergabe der TV-Rechte in Beispielsfall 2 stellt hingegen unproblematisch eine unmittelbare Teilnahme am geschäftlichen Verkehr dar.

Die Tathandlung muss beim Bezug von Waren oder Dienstleistungen erfolgen. Die Begriffe sind ebenfalls weit auszulegen, da eine wettbewerbsrechtliche und keine handelsrechtliche Bestimmung erfolgt.[516] Waren i.S.d. Norm sind demnach alle wirtschaftlichen Güter, die Gegenstand des Handels sein können.[517] Auch der Begriff der Dienstleistung ist im weitesten Sinne zu verstehen[518] und erfasst alle geldwerten unkörperlichen Leistungen, unabhängig von der rechtlichen Einordnung des zugrunde liegenden Vertrags.[519] Die sich aus der Vergabe der Sportveranstaltung ergebende Austragung des Ereignisses stellt eine solche Dienstleistung dar, ebenso ist die vertragliche Vergabe von Lizenzen umfasst, sodass auch TV-Rechte als Dienstleistung einzustufen sind.[520] Der Begriff des Bezuges erfasst das gesamte, auf die Erlangung oder den Absatz von Waren oder Dienstleistungen gerichtete Geschäft, neben dem Abschluss des Vertrages sind auch vorbereitende Tätigkeiten umfasst.[521] Die Vergabe der Austragungsrechte fällt somit, ebenso wie die der TV-Rechte, hierunter.[522]

Die bestochene Person muss Angestellter oder Beauftragter eines Unternehmens sein. Der Unternehmensbegriff umfasst jede Einrichtung, die dauerhaft und regelmäßig durch den Austausch von Leistungen und Gegenleistungen am Wirtschaftsleben teilnimmt.[523] Eine Gewinnerzielungsabsicht ist hingegen nicht erforderlich,[524] sodass auch gemeinnützige Unternehmen umfasst sein können. Sportverbände, ob international (Beispielsfall 1) oder national (Beispielsfall 2), nehmen insb. durch die Vergabe von Übertragungsrechten, aber auch mit Sponsoringverträgen und Merchandisingprogrammen regelmäßig

---

515 So auch Fritzweiler/Pfister/Summerer/*Reinhart*, Praxishandbuch Sportrecht, S. 848; *Hoven/Kubiciel/Waßmer*, NZWiSt 2016, 121, 122.

516 Vgl. LK-StGB/*Tiedemann*, StGB, § 299 Rn. 30.

517 Vgl. GJW/*Sahan*, StGB, § 299 Rn. 36.

518 BT-Drs. 18/4350. S. 31.

519 MüKoStGB/*Krick*, § 299 Rn. 75.

520 Vgl. MüKoStGB/*Krick*, § 299 Rn. 75.

521 MüKoStGB/*Krick*, § 299 Rn. 73; GJW/*Sahan*, StGB, § 299 Rn. 34.

522 A.A., jedoch ohne weitere Ausführungen, *Pieth/Zerbes*, ZIS 2016, 619, 624, die ein Waren- oder Dienstleistungsgeschäft ablehnen.

523 BeckOK/*Momsen/Laudien*, StGB, § 299 Rn. 17.

524 BGHSt 2, 396, 401 f. = NJW 1952, 898; BeckOK /*Momsen/Laudien*, StGB, § 299 Rn. 17.

am Wirtschaftsleben teil. Bestochene im Beispielsfall 1 sind stimmberechtigte Personen des Sportverbandes, die in der Praxis wohl häufig als Beauftragte des Unternehmens auftreten werden.[525] Besteht eine gewisse Weisungsgebundenheit an den Geschäftsherrn, die sich aus einem, zumindest faktisch bestehenden, Dienstverhältnis ergibt, liegt, so wie in Beispielsfall 2, ein Angestelltenverhältnis vor.[526]

Die Tathandlung umfasst das Versprechen, Anbieten oder Gewähren[527] eines Vorteils[528]. Inhalt der Unrechtsvereinbarung muss eine unlautere Bevorzugung im Wettbewerb als Gegenleistung für den Vorteil sein. Eine Wettbewerbslage ist dann gegeben, wenn es mindestens zwei Mitbewerber gibt. Da auch der ausländische Wettbewerb geschützt ist,[529] ist auch der Sachverhalt des ersten Falls umfasst. Die Unlauterkeit der Bevorzugung ergibt sich aus der sachfremden Entscheidung, die auf der Vorteilsannahme beruht.[530] Ist die Entscheidung der bestochenen Person auf die Zahlung des Bestechungsgeldes zurückzuführen, ist eine unlautere Bevorzugung gegeben.

Nach § 299 Abs. 2 Nr. 2 StGB (Geschäftsherrenmodell) wird bestraft, wer im geschäftlichen Verkehr einem Angestellten oder Beauftragten eines Unternehmens ohne Einwilligung des Unternehmens einen Vorteil für diesen oder einen Dritten als Gegenleistung dafür anbietet, verspricht oder gewährt, dass er bei dem Bezug von Waren oder Dienstleistungen eine Handlung vornehme

---

525 Beauftragter ist, wer, ohne Angestellter zu sein, aufgrund seiner Stellung im Unternehmen berechtigt und verpflichtet ist, auf Entscheidungen des Unternehmens bzgl. des Waren- und Leistungsaustauschs unmittelbar oder mittelbar Einfluss zu nehmen, BeckOK/*Momsen/Laudien*, StGB, § 299 Rn. 25; BGHSt 57, 202 = NZWiSt 2012, 268, 270 f. Bei der Vergabe von Welt- und Europameisterschaften durch die FIFA sind bspw. deren Exekutivmitglieder stimmberechtigt, die durch die fehlende Weisungsgebundenheit nicht als Angestellte einzustufen sind.

526 Vgl. BeckOK/*Momsen/Laudien*, StGB, § 299 Rn. 21.

527 Siehe zu den Voraussetzungen des Anbietens, Versprechens oder Gewährens Kapitel C, II, 1, a, bb.

528 Siehe zur Voraussetzung des Vorteils Kapitel C, II, 1, a, bb.

529 Der ausländische Wettbewerb wurde in § 299 StGB aufgenommen durch das „Gesetz zur Ausführung des Zweiten Protokolls vom 19. Juni 1997 zum Übereinkommen über den Schutz der finanziellen Interessen der Europäischen Gemeinschaften, der Gemeinsamen Maßnahme betreffend die Bestechung im privaten Sektor vom 22. Dezember 1998 und des Rahmenbeschlusses vom 29. Mai 2000 über die Verstärkung des mit strafrechtlichen und anderen Sanktionen bewehrten Schutzes gegen Geldfälschung im Hinblick auf die Einführung des Euro" vom 22.08.2002, BGBl. I 3387.

530 BeckOK/*Momsen/Laudien*, StGB, § 299 Rn. 51.

oder unterlasse und dadurch seine Pflichten gegenüber dem Unternehmen verletze.[531] Im Rahmen des Geschäftsherrenmodells beinhaltet die Unrechtsvereinbarung die Vornahme einer Handlung oder ein Unterlassen, wodurch die Pflichten gegenüber dem Unternehmen verletzt werden. Diese Pflichtverletzung wird häufig darin liegen, dass eine Gefährdung der Vermögensinteressen des Geschäftsherrn im Hinblick auf einen Vorgang beim Bezug von Waren oder Dienstleistungen zu befürchten ist.[532] Durch die Annahme eines Bestechungsgeldes bilden (wie schon beim Wettbewerbsmodell) unsachliche Erwägungen die Entscheidungsgrundlage, Aspekte der Wirtschaftlichkeit i.S.d. Unternehmen spielen für den Bestochenen also zumeist keine Rolle. In Beispielsfall 1 erscheint es fraglich, inwieweit die stimmberechtigten Personen des Sportverbandes vertragliche Pflichten dahingehend besitzen, die Vermögensinteressen des Sportverbandes zu schützen. Die Beauftragung wird i.d.R. nicht den Vermögensschutz oder gar die Vermögensmehrung des Verbandes umfassen. In Beispielsfall 2 hingegen ist der Mitarbeiter des Sportverbandes mit der Vergabe der TV-Rechte und damit mit der Veräußerung eines finanziell wertvollen Guts betraut. Primäre Entscheidungsgrundlage muss demnach – im Hinblick auf das Interesse des Geschäftsherrn – das wirtschaftlich stärkste Angebot sein. Entscheidet sich der Angestellte, ohne vorherige Einwilligung des Unternehmens, aufgrund einer Bestechungszahlung für ein finanziell schwächeres Angebot, liegt eine Pflichtverletzung vor.

Lässt sich ein Mitarbeiter eines Sportverbandes bestechen (Beispielsfall 3), kommt eine Strafbarkeit nach § 299 Abs. 1 StGB in Betracht. § 299 Abs. 1 StGB stellt das Pendant auf Nehmerseite zu § 299 Abs. 2 StGB dar. Die Tathandlung umfasst das Fordern, Sich-versprechen-lassen und Annehmen eines Vorteils.[533] Die weiteren Voraussetzungen sind identisch mit denen der aktiven Bestechung.

2. § 266 StGB

Die Tathandlungen der Untreue lassen sich unterteilen in ein Bestechen, ein Sich-bestechen-lassen und das Bilden einer schwarzen Kasse.

Im Falle einer Bestechung wird das Vermögensinteresse des Geschäftsherrn neben dem Geschäftsherrenmodell des § 299 Abs. 2 Nr. 2 StGB auch durch den Untreuetatbestand in § 266 StGB geschützt. Ob dabei die Missbrauchs- oder Tatbestandsvariante einschlägig ist, hängt davon ab, ob sich die Nichtigkeit der

---

531 Ausführlich *Grützner/Helms/Momsen*, ZIS 2018, 299 ff.

532 *Fischer*, StGB, § 299 Rn. 31.

533 Siehe zu den Voraussetzungen Kapitel C, II, 1, a, bb.

der Bestechungszahlung zugrundeliegenden Absprache auch auf den Folgevertrag auswirkt. Der BGH hat hierzu in Zivilsachen ausgeführt, dass ein aufgrund einer Bestechung zustande gekommener Vertrag dann sittenwidrig und somit i.E. nichtig sei, wenn die Schmiergeldabrede zu einer für den Geschäftsherrn nachteiligen Vertragsgestaltung geführt habe.[534] Es muss demnach im Einzelfall geprüft werden, ob die Bestechungszahlung bspw. in den Auftrags- oder Kaufpreis geflossen ist und somit vom geschädigten Unternehmen finanziert wird.[535] Beweisrechtlich zieht der BGH in Zivilsachen den Beweis des ersten Anscheins heran.[536] Da im Strafprozess der Anscheinsbeweis nicht besteht, muss bei der Bewertung der nachteiligen Geschäftsführung somit ein erhöhter Maßstab angelegt werden.

Die für die Variante des Missbrauchstatbestands des § 266 Abs. 1 Alt. 1 StGB erforderliche Befugnis, neben der Vermögensbetreuung auch Verpflichtungs- und Verfügungsgeschäfte vorzunehmen, trifft sowohl für den Mitarbeiter in Beispielsfall 1 als auch Beispielsfall 2 zu. Die Befugnis ist dann missbraucht, wenn sie bestimmungswidrig ausgeübt wird,[537] bspw. wenn durch die Zahlung von Bestechungsgeldern das Vermögen des Geschäftsherrn im Ergebnis übermäßig gefährdet wird und ein Gesetzesverstoß, z.B. § 299 StGB, vorliegt. Fraglich ist, ob eine Einwilligung von Seiten des Vereins in die Bestechungshandlung des Mitarbeiters, und somit in die Verletzung der Verpflichtungs- und Verfügungsbefugnis des Vermögensbetreuungspflichtigen, zum Ausschluss des Tatbestands[538] führt. Grds. ist eine solche Einwilligung möglich; wenn es sich bei dem Geschäftsherrn um eine juristische Person, wie hier den Verein, handelt, ist das Einverständnis der zuständigen Organe erforderlich, somit des Vereinsvorstands oder der Mitgliederversammlung.[539] Ob eine Einwilligung jedoch auch dann rechtswirksam ist, wenn der Geschäftsherr dadurch selbst gegen Rechtsvorschriften verstößt, ist umstritten. Wie bereits festgestellt handelt es sich bei der Bestechungshandlung des Mitarbeiters um einen Verstoß gegen § 299 Abs. 2 StGB, der zu einer Verletzung der Interessen der Mitbewerber führt. Der BGH

---

534 BGHZ 141, 357 = NJW 1999, 2266, 2267.

535 Vgl. auch *Passarge*, NZI 2009, 86, 88.

536 Vgl. BGHSt 141, 357 = NJW 1999, 2266, 2267.

537 Schönke/Schröder/*Perron*, StGB, § 266 Rn. 18.

538 Vgl. Schönke/Schröder/*Perron*, StGB, § 266 Rn. 21; BeckOK/*Wittig*, StGB, § 266 Rn. 24; *Fischer*, StGB, § 266 Rn. 29, 90; a.A. BGHSt 9, 203, 216 = NJW 1956, 1326, der eine rechtfertigende Einwilligung annimmt.

539 Vgl. OLG Hamm, BeckRS 1999, 4286; Schönke/Schröder/*Perron*, StGB, § 266 Rn. 21.

betrachtet eine Einwilligung des Geschäftsherrn daher als unbeachtlich.[540] Problematisch an dieser Bewertung ist die Ausweitung des eigentlich geschützten Rechtsguts. Nach h.M. schützt § 266 StGB allein das individuelle Vermögen des Geschäftsherrn,[541] nicht hingegen, wie bspw. § 299 StGB,[542] den freien lauteren Wettbewerb und die Vermögensinteressen von Mitbewerbern. Wird nun aus genau diesen Gründen ein Einverständnis des Geschäftsherrn abgelehnt, führt dies unter dem Gesichtspunkt des Schutzgedankens zu einer Umfunktionierung der Untreue hin zu einem Delikt zur Verhinderung unredlichen Verhaltens im Geschäftsverkehr[543] und einer Angleichung an § 299 StGB.

Der Vermögensnachteil, der dem Geschäftsherrn entsteht, liegt in der Höhe der Bestechungssumme.[544] Im Fall der Vergabe des Sportereignisses (Beispielsfall 1) könnte dem Nachteil jedoch möglicherweise eine schadensausgleichende Kompensation gegenüberstehen, wenn die Entscheidung für die Vergabe ihren Ursprung in der Zahlung des Bestechungsgeldes hat.[545] Hier kann die Rechtsprechung des BGH zum sog. Bundesliga-Skandal aus dem Jahr 1970/71 herangezogen werden.[546] Da zum Zeitpunkt der Bestechungshandlung noch nicht sicher feststeht, ob die Vergabe des Sportereignisses auch tatsächlich im Sinne des Bestechenden ausfällt, ist eine Sachlage erforderlich, bei der das Zuwachsen eines Vermögensvorteils mit Wahrscheinlichkeit zu erwarten ist.[547] Für den Fall 1 sind also Faktoren heranzuziehen wie bspw. die Anzahl der Mitbewerber oder das persönliche Verhältnis zu den stimmberechtigten Personen, um eine solche Wahrscheinlichkeit zu bestimmen. Eine Schadenskompensation hinsichtlich

---

540 Vgl. BGHSt 50, 331, 342 = NJW 2006, 522; *Fischer*, NStZ-Sonderheft 2009, 8, 10 unter Berufung auf den juristisch-ökonomischen Vermögensbegriff; *Brand*, NJW 2010, 3463 f.

541 Vgl. BVerfGE 126, 170, 200 = NJW 2010, 3209, 3212; BGHSt 43, 293, 297 = NStZ 1998, 514, 515; BGH NJW 2000, 154, 155.

542 Vgl. BeckOK/*Momsen/Laudien*, StGB, § 299 Rn. 5.

543 Vgl. Schönke/Schröder/*Perron*, StGB, § 266 Rn. 21a; *Bernsmann*, GA 2009, 296, 307; *Ransiek*, StV 2009, 321.

544 Werden hierfür Gelder verwendet, die aus einem, dem Treugeber entzogenen, verdeckten Konto („schwarze Kasse") stammen, stellt dies lediglich eine Schadensvertiefung dar, vgl. BGHSt 52, 323 = CCZ 2009, 38, 39 (Fall Siemens-KWU).

545 Vgl. hierzu auch *Hoven/Kubiciel/Waßmer*, NZWiSt 2016, 121, 122.

546 Siehe Kapitel C, II, 2, b.

547 Eine bloß unbestimmte Aussicht genügt hingegen nicht; BGH NJW 1975, 1234, 1236 mit Beispielen zur entsprechenden Abwägung; BGHSt 17, 147, 148 = NJW 1962, 973 zu § 263 StGB.

der Vergabe der TV-Rechte (Beispielsfall 2) kann hingegen nicht vorgenommen werden. Hier steht der Vergabe der Rechte das dafür vereinbarte Entgelt gegenüber, sodass die Bestechungszahlung als zu viel geleisteter Betrag weiterhin die Nachteilssumme bestimmt.

In Beispielsfall 3 hat sich der Mitarbeiter des Sportverbandes bestechen lassen, gegen Zahlung einer bestimmten Summe die TV-Rechte an die bestechende Anstalt zu vergeben. Ob diese Fallkonstellation die Missbrauchs- oder Tatbestandsvariante des § 266 Abs. 1 StGB erfüllt, entscheidet sich an der Frage, ob sich die der Bestechungszahlung zugrundeliegenden Absprache anhaftende Nichtigkeit auch auf den Folgevertrag (Vergabe der TV-Rechte) auswirkt. Wird dies angenommen, da bspw. die Schmiergeldsumme in das dafür vereinbarte Entgelt des Folgevertrages eingeflossen ist, wäre der Vertrag über die TV-Rechte sittenwidrig i.S.d. § 138 BGB und im Außenverhältnis nichtig, sodass der Auffangtatbestand der Treuebruchvariante des § 266 Abs. 1 Alt. 2 StGB greift. Die Verletzung der Vermögensbetreuungspflicht liegt – je nach Schwerpunkt – entweder in dem Unterlassen, das Vermögen durch den Abschluss eines günstigeren Geschäfts i.S.d. Geschäftsherrn zu mehren oder in der aktiven Vernichtung einer entsprechenden Erwartung durch den Vertragsabschluss vor dem Hintergrund der Bestechungszahlung.[548] Die Nichtherausgabe des Bestechungsgeldes an den Geschäftsherrn stellt hingegen keine Verletzung i.S.d. § 266 StGB dar, sondern begründet lediglich eine zivilrechtliche Schuldnerpflicht nach §§ 687 Abs. 2, 681 S. 2, 667 BGB.[549] Die erforderliche Nachteilszufügung gegenüber dem Verein ergibt sich aus der Minderung des wirtschaftlichen Gesamtwertes, welche nicht durch einen Zuwachs ausgeglichen wird.[550] Für die Nachteilsbestimmung wird demnach das angenommene Angebot mit dem verglichen, das wirtschaftlich wertvoller gewesen wäre und bei pflichtgemäßem Verhalten hätte angenommen werden müssen; die sich daraus ergebene Differenz beziffert den Schaden des Vereins.

Die Bildung einer sog. „schwarzen Kasse“ (wie in Beispielsfall 2), d.h. das Beiseiteschaffen von Geldern, die zu einem späteren Zeitpunkt für eigenmächtige

---

548 Da es sich bei § 266 StGB um ein echtes Unterlassungsdelikt handelt, sind beide Annahmen möglich, vgl. Schönke/Schröder/*Perron*, StGB, § 266 Rn. 35.

549 Anders wurde dies in der Schweiz im Rahmen des „ISL-Verfahrens“ gehandhabt: Dort wurde in der Nichtweitergabe der Bestechungszahlungen durch den ehemaligen FIFA-Präsidenten Joao Havelange und das ehemalige Mitglied des Exekutivkomitees Ricardo Terra Texeira an die FIFA eine untreue Geschäftsbesorgung, Art. 158 chStGB, gesehen, vgl. Einstellungsverfügung der Staatsanwaltschaft Zug, Az. 2A 2005 31601.

550 Vgl. MüKoStGB/*Dierlamm*, § 266 Rn. 202.

Ausgaben eingesetzt werden sollen, erfüllt ebenfalls den Tatbestand der Untreue gem. § 266 StGB. Durch das Führen der verdeckten Kassen werden dem Verein als Treugeber erhebliche Vermögenswerte vorenthalten und seinem Zugriffsrecht entzogen.[551] Hierin sieht der BGH bereits den Eintritt eines endgültigen Vermögenschadens; dieser wird auch weder durch „die vage Chance, aufgrund des Mitteleinsatzes zu Bestechungszwecken später einmal einen möglicherweise im Ergebnis wirtschaftlich vorteilhaften Vertrag abzuschließen, noch gar die bloße Absicht des Täters, die entzogenen Mittel für solche Zwecke zu verwenden"[552], kompensiert. Problematisch an dieser weiten Betrachtungsweise ist erneut die Ausweitung des eigentlich geschützten Rechtsguts. § 266 StGB schützt allein das individuelle Vermögen des Geschäftsherrn, seine Dispositionsfreiheit stellt hingegen kein eigenständiges Schutzgut dar.[553] Da durch die Bildung der „schwarzen Kassen" der wirtschaftliche Vermögenswert bestehen bleibt und dem Geschäftsherrn auch weiterhin zusteht, kann unter dem Gesichtspunkt des Schutzgedankens ein Vermögensnachteil nur dann angenommen werden, wenn eine konkrete Verlustgefahr besteht, die zu einem Minderwert führen kann, nicht hingegen bei dem bloßen Entzug der Dispositionsfreiheit des Geschäftsherrn.[554]

3. Ergebnis

Der Bereich der Vergabesachen mag in der Praxis nur eine geringe Gefahr eines Strafbarkeitsrisikos auslösen. Gleichwohl ist bei Eintritt einer der soeben genannten Konstellationen ein möglicher Reputationsschaden ungleich größer, sodass auch auf diesem Gebiet entsprechende präventive Maßnahmen getroffen werden sollten, wie bspw. die Errichtung von Verhaltensrichtlinien, welche insb. ein transparentes Vorgehen bei sämtlichen Abläufen der Vergabe verpflichtend vorschreiben.[555]

IV. Sponsoring und Hospitality

Ebenfalls außerhalb des direkten sportlichen Wettbewerbs, gleichwohl im Risikobereich der strafrechtlichen Verfolgung liegen die Handlungen des Sponsorings und der Hospitality. Durch die stetig ansteigende mediale und daraus

551 Vgl. BGHSt 52, 323 = CCZ 2009, 38, 39 (Fall Siemens-KWU).
552 BGHSt 52, 323 = CCZ 2009, 38, 39 (Fall Siemens-KWU).
553 Vgl. BGHSt 43, 293, 297 = NStZ 1998, 514, 515; BGH NStZ 2018, 105.
554 Vgl. MüKoStGB/*Dierlamm*, § 266 Rn. 248.
555 Siehe hierzu ausführlich Kapitel E, V, 2, b, cc, (1).

resultierende wirtschaftliche Bedeutung des Sports entstehen vermehrt Anknüpfungspunkte zwischen Sportvereinen und Vertretern aus Wirtschaft und Politik. Gerade in diesen Überschneidungsbereichen besteht ein erhöhtes Gefahrenpotential des strafrechtlich relevanten Verhaltens, das sowohl auf dem Gebiet des Sponsorings als auch der Hospitality auftreten kann.

1. Sponsoring

Sponsoring im Sport findet sich auf allen Ebenen, vom Amateur- bis zum Profibereich und stellt für die jeweiligen Vereine eine wichtige Einnahmequelle dar. Bei der Eingehung der Sponsoringverträge kann es dabei zu Interessenkonflikten kommen, die strafrechtlich relevant sind. Dazu folgende Beispielsfälle.

Beispiel 1:[556] 2010 ermittelte die Staatsanwaltschaft Stuttgart gegen T-Systems und VW im Zusammenhang mit Sponsoring-Vereinbarungen zugunsten des VfL Wolfsburg. Die beschuldigten Mitarbeiter von T- Systems und VW sollen „laut Staatsanwaltschaft versucht haben, einen Großauftrag von VW für T-Systems mit der Verlängerung eines Sponsoringvertrages der Telekom für den VfL Wolfsburg zu verquicken; der lukrative Vertrag sollte nur zustande kommen, wenn die Telekom den Fußballclub weiter finanziell unterstützt."[557] Beim VfL Wolfsburg handelt es sich zwar nicht um einen Sportverein i.S. eines eingetragenen Vereins,[558] gleichwohl dient das Beispiel der Verdeutlichung der Problematik.

Beispiel 2:[559] Ein Sportverein schließt mit einem Ausrüster X einen Sponsoringvertrag mit dem Inhalt, dass der Ausrüster den Verein mit Sportartikeln ausstattet und der Verein im Gegenzug bei öffentlichen Veranstaltungen für den Vertragspartner wirbt, z.B. im Training, bei Wettkämpfen oder Presseterminen. Um dieser Pflicht nachkommen zu können, verpflichtet der Verein seine Spieler vertraglich, bei offiziellen Anlässen nur die zur Verfügung gestellten Vertragsprodukte des Ausrüsters zu tragen[560] und macht eine weitere Werbetätigkeit der Spieler mit Konkurrenzunternehmen der Werbepartner des

---

556 Näher zum Fall: *Momsen/Cherkeh*, Sciamus – Sport und Management 3/2011, 32 ff.; *Momsen*, in: Hoven/Kubiciel, Korruption im Sport – Tagungen und Kolloquien, S. 152.

557 2014 wurde das Verfahren nach § 153a StPO gegen ein (nach damaligem Recht mit dem höchstmöglichen) Bußgeld i.H.v. 2 Mio. EUR eingestellt.

558 VW ist hundertprozentiger Anteilseigner der VfL Wolfsburg-Fußball GmbH.

559 Aus: *Kubiciel/Dalinger*, SpuRt 2019, 17, 18 ff.

560 Vgl. bspw. § 1 Nr. 4 DFB-Mustervertrag Vertragsspieler.

Vereins von dessen Zustimmung abhängig.[561] Spieler A des Vereins schließt einen Sponsoringvertrag mit einem Individualausrüster Y dahingehend, dass Spieler A dessen Sportausrüstung in der Freizeit trägt. Der Ausrüster stellt jedoch Sonderzahlungen in Aussicht, wenn der Spieler die Kleidung des Y auch beim Training oder bei Autogrammstunden trägt.

Der Grat zwischen Sponsoring und (strafbarer) Korruption ist überraschend eng. In der Praxis am relevantesten sind neben § 266 StGB (Untreue bspw. durch Bildung „schwarzer Kassen“ oder durch Bestechung)[562] und § 370 Abs. 1 Nr. 1, Abs. 3 S. 2 Nr. 1 AO (Steuerhinterziehung im besonders schweren Fall) die klassischen Korruptionsdelikte §§ 299, 300 StGB (Bestechlichkeit und Bestechung im geschäftlichen Verkehr sowie der besonders schwere Fall). In bestimmten Konstellationen können bspw. auch die als „Amtsträgerbestechung“ bezeichneten Delikte der §§ 331 ff. StGB einschlägig sein, die Beteiligung öffentlich Bediensteter bleibt im Bereich des Sponsorings jedoch die Ausnahme und besitzt eher im Bereich der Hospitality Relevanz.[563] Der Fokus wird hier somit auf § 299 StGB gelegt.

Nach § 299 Abs. 1 Nr. 1, Abs. 2 Nr. 1 StGB (Wettbewerbsmodell) macht sich strafbar, wer als Angestellter oder Beauftragter eines Unternehmens im geschäftlichen Verkehr einen Vorteil für sich oder einen Dritten (Drittbegünstigung) als Gegenleistung dafür fordert, sich versprechen lässt, annimmt, anbietet, verspricht oder gewährt, dass er einen anderen bei dem Bezug von Waren oder Dienstleistungen im inländischen oder ausländischen Wettbewerb in unlauterer Weise bevorzuge. § 299 Abs. 1 Nr. 1 StGB normiert damit den Beschenkten als Täter, § 299 Abs. 2 Nr. 1 StGB erfasst dagegen (spiegelbildlich) den Schenkenden. Eine Teilnahme des Sportvereins am geschäftlichen Verkehr ist ausnahmsweise dann anzunehmen, wenn in einem bestimmten Bereich der Tätigkeit ein Erwerbszweck hinzutritt.[564] Durch den Abschluss eines Sponsoringvertrages sollen Einnahmen generiert werden, sodass eine unmittelbare Teilnahme am geschäftlichen Verkehr vorliegt. Die Tathandlung muss beim Bezug von Waren oder Dienstleistungen erfolgen. Der Begriff der Dienstleistung ist dabei im weitesten Sinne zu verstehen und erfasst alle geldwerten unkörperlichen Leistungen, unabhängig von der rechtlichen Einordnung des zugrunde liegenden Vertrags.[565] Die Vereinbarung zwischen dem Verein und Sponsor beinhaltet

---

561 Vgl. bspw. § 2 Abs. 5 DFB-Mustervertrag Vertragsspieler.

562 Vgl. auch BGHSt 47, 187 = NJW 2002, 1585.

563 Siehe hierzu Kapitel C, IV, 2.

564 Siehe Kapitel C, III, 1.

565 MüKoStGB/*Krick*, § 299 Rn. 75.

die Verpflichtung des Vereins, für den Vertragspartner zu werben im Gegenzug für den Erhalt von Sportartikeln oder sonstiger finanzieller Mittel und stellt somit eine Dienstleistung dar. Die bestochene Person muss Angestellter oder Beauftragter eines Unternehmens sein. Durch den Abschluss von Sponsoringverträgen nehmen Vereine regelmäßig am Wirtschaftsleben teil, sodass sie unter den Unternehmensbegriff der Norm fallen. Die bestechenden Personen in Beispielsfall 1 (§ 299 Abs. 2 Nr. 1 StGB) waren Mitarbeiter von VW, die T-Systems dazu bewegen wollten, für einen Großauftrag von VW Sponsoringmaßnahmen zugunsten des VfL Wolfsburg zu verlängern. Der Sportverein ist in diesem Fall somit lediglich Drittbegünstigter. In Beispielsfall 2 (§ 299 Abs. 1 Nr. 1 StGB) kommt als Täter der Spieler in Betracht, der einen Sponsoringvertrag mit einem Individualausrüster eingeht und sich mit Sonderzahlungen bestechen lässt. Da vom Tatbestand nur Angestellte und Beauftragte des Unternehmens umfasst sind, müssen die Sportler in einem arbeitsrechtlichen Verhältnis zum Verein stehen.[566]

Die Tathandlung umfasst das Fordern, Sich-versprechen-lassen, Annehmen, Versprechen, Anbieten und Gewähren[567] eines Vorteils[568]. Voraussetzung der Unrechtsvereinbarung ist die Einstufung des Vorteils als Gegenleistung für eine zukünftige unlautere Bevorzugung. Auch wenn die Gegenleistung noch nicht konkretisiert sein muss,[569] ist gleichwohl ein gewisser Bezug zu einer bestimmten Gegenleistung erforderlich; ein bloß grundsätzliches „Positiv-Stimmen" oder „Wohlwollen-Hervorrufen" ist, anders als bei den Korruptionsdelikten der §§ 331 ff. StGB,[570] nicht ausreichend. An diesem Punkt unterscheidet sich somit die Abgrenzung der reinen „Klimapflege" von korruptiven Verhaltensweisen. Die im Fall VW geplante Sponsoringvereinbarung wird strafrechtlich dann relevant, wenn – bei Vorhandensein i.Ü. gleichgeeigneter Mitbewerber[571] – einzig T-Systems die Möglichkeit eines Sponsorings eingeräumt worden wäre. Dann

566 Siehe zur Einordnung der Sportlerverträge Kapitel E, IV, 1.

567 Siehe zu den Voraussetzungen des Anbietens, Versprechens oder Gewährens Kapitel C, II, 1, a, bb.

568 Siehe zur Voraussetzung des Vorteils Kapitel C, II, 1, a, bb.

569 *Fischer*, StGB, § 299 Rn. 22.

570 Durch das KorrBekG (20.08.1997) wurde bezüglich der „Klimapflege" eine Lockerung der Unrechtsvereinbarung geschaffen, vgl. *Fischer*, StGB, § 299 Rn. 22, § 331, Rn. 22; *Momsen*, in: Hoven/Kubiciel, Korruption im Sport – Tagungen und Kolloquien, S. 153.

571 Voraussetzung einer Bevorzugung ist, dass sich mindestens zwei Mitbewerber gegenüberstehen, vgl. BeckOK/*Momsen/Laudien*, StGB, § 299 Rn. 50.

nämlich wäre die Sponsoringvereinbarung eine Art verdeckter Preisnachlass und strukturell sog. „Kick-Back"-Zahlungen ähnlich.[572]

§ 299 Abs. 1 Nr. 2 StGB (Geschäftsherrenmodell) stellt den Vorteilsempfänger unter Strafe, welcher im geschäftlichen Verkehr als Angestellter oder Beauftragter eines Unternehmens ohne Einwilligung des Unternehmens einen Vorteil für sich oder einen Dritten als Gegenleistung dafür fordert, sich versprechen lässt oder annimmt, dass er bei dem Bezug von Waren oder Dienstleistungen eine Handlung vornehme oder unterlasse und dadurch seine Pflichten gegenüber dem Unternehmen verletze. § 299 Abs. 2 Nr. 2 StGB stellt denselben Tatbestand für den Vorteilsgeber unter Strafe. Im Rahmen des Geschäftsherrenmodells[573] beinhaltet die Unrechtsvereinbarung die Vornahme einer Handlung oder ein Unterlassen, wodurch die Pflichten gegenüber dem Unternehmen verletzt werden. Eine Pflichtverletzung im Rahmen von Sponsoringverträgen kommt insb. dann in Betracht, wenn Angestellte des Sportvereins interne Vorgaben unterlaufen, welche entweder allgemeiner Natur sein können, wie bspw. Compliance-Richtlinien, oder expliziter, z.B. Sponsoring-Richtlinien[574] oder wie in Beispielsfall 2 arbeitsvertragliche Vorgaben. Diese internen Vorgaben können als eine Art „Einwilligung des Unternehmens" angesehen werden: Handelt der Mitarbeiter mit ihnen in Einklang, ist sein Vorgehen straflos, liegt hingegen ein Verstoß gegen sie vor, ist dies ein Indiz für korruptive Verhaltensweisen.[575] Ist der Sportler dem Verein gegenüber arbeitsvertraglich verpflichtet, bei sämtlichen öffentlichen Anlässen die Sportausrüstung des Werbepartners des Vereins zu tragen und verstößt er hiergegen, weil er von seinem Individualausrüster für solche Fälle eine Sonderzahlung erhält, kann hierin ein strafrechtsrelevanter Pflichtenverstoß gesehen werden.[576]

2. Hospitality

Je größer das mediale Auftreten eines Sportvereins ist, desto stärker wird auch die Verbindung mit der Wirtschaftswelt oder der Politik. Diese Vereinigung wird dabei oftmals von beiden Seiten angestrebt: Der Sportverein kann hierdurch einen möglichen Einfluss auf Wirtschaftspartner oder Politiker geltend

572 *Momsen*, in: Hoven/Kubiciel, Korruption im Sport – Tagungen und Kolloquien, S. 153.

573 Vgl. hierzu und insb. zu der Frage, ob auch beim Geschäftsherrenmodell ein Wettbewerbsbezug erforderlich ist, BeckOK/*Momsen/Laudien*, StGB, § 299 Rn. 7.

574 *Momsen*, in: Hoven/Kubiciel, Korruption im Sport – Tagungen und Kolloquien, S. 159.

575 *Momsen*, in: Hoven/Kubiciel, Korruption im Sport – Tagungen und Kolloquien, S. 159.

576 Vgl. *Kubiciel/Dalinger*, SpuRt 2019, 17, 19 f.

machen, Wirtschaftsvertreter und Politiker hingegen „sonnen" sich gerne im Lichte von erfolgreichen Sportlern, um so bspw. ihre Sympathiewerte zu steigern oder den Erfolg einer Mannschaft zu Werbezwecken zu nutzen. Grds. kann ein solches Verhalten unter den Begriff der Klimapflege fallen und strafrechtlich unauffällig sein. Unter gewissen Voraussetzungen wird die Grenze zum korruptiven (und somit strafbaren) Verhalten jedoch überschritten. Als Beispiele hierfür können folgende Fälle dienen.

Beispiel 1:[577] Der Energiekonzern EnBW trat als Hauptsponsor der FIFA-WM 2006 in Deutschland auf.[578] Im Dezember 2005 hatte der damalige Vorstandsvorsitzende Prof. Dr. Utz Claassen verfügt, den Weihnachtsgrußkarten an insg. 36 Personen – wovon sieben Fälle verfahrensrelevant wurden – Gutscheine für Logenplätze bei einem WM-Spiel in Stuttgart oder Berlin beizulegen. Die Empfänger der Karten waren Ministerpräsidenten und Minister des Landes Baden-Württemberg sowie ein Staatssekretär des BMU und „im Rahmen ihrer Ressortzuständigkeit mit Angelegenheiten befasst, die für die Geschäftspolitik und den wirtschaftlichen Erfolg der EnBW oder den Angeklagten persönlich von erheblicher Bedeutung waren."[579]

Beispiel 2:[580] Ein großer Automobilhersteller ist auf der Suche nach einem Sportverein zum Erwerb von Hospitality-Leistungen und Rechten zur werblichen Darstellung. Hierfür befindet sich das Unternehmen u.a. in Gesprächen mit dem Sportverein A. Um dem hochrangigen Marketingleiter des Unternehmens den Hospitality-Bereich und die werblichen Möglichkeiten vor Ort präsentieren zu können, lädt der Verein ihn zu einem Besuch des VIP-Bereichs an einem Spieltag ein.

Im Bereich der strafbaren Klimapflege kommen insb. die Korruptionstatbestände der §§ 331 ff. StGB und §§ 299 ff. StGB in Betracht. Bei einer Beteiligung öffentlich Bediensteter (Beispielsfall 1) finden die Straftaten im Amt gem. §§ 331 ff. StGB Anwendung. Nach § 333 Abs. 1 StGB macht sich strafbar, wer

577 BGHSt 53, 6 = NJW 2008, 3580 (Fall EnBW).

578 Zur selben Zeit war EnBW ebenfalls Sponsor des Fußballvereins Karlsruher SC, sodass dieser durch den Fall zumindest auch mittelbar beeinflusst war.

579 BGHSt 53, 6 = NJW 2008, 3580, 3581, der Freispruch des LG Karlsruhe wurde vom BGH bestätigt.

580 Beispiel übernommen aus dem Leitfaden „Hospitality und Strafrecht" von der Sponsorenvereinigung S20 zusammen mit dem DOSB, BMJV und BMI, https://cdn.dosb.de/alter_Datenbestand/fm-dosb/downloads/recht/Hospitality-und-Strafrecht-ein-Leitfaden_2017.pdf (letzter Abruf am 01.10.2020).

einem Amtsträger, einem Europäischen Amtsträger, einem für den öffentlichen Dienst besonders Verpflichteten oder einem Soldaten der Bundeswehr für die Dienstausübung einen Vorteil für diesen oder einen Dritten anbietet, verspricht oder gewährt. Der Vorteil in diesem Fall ist in den Gutscheinen über die Fußballspiele zu sehen. Hieran ändert sich auch nichts, wenn anzunehmen ist, dass die Empfänger der Eintrittskarten ohnehin freien Zugang zu den jeweiligen Spielen gehabt hätten und mit dem unmittelbaren Erleben einer Weltmeisterschaft in einem Stadion persönliche Interessen befriedigt werden.[581] Die erforderliche Unrechtsvereinbarung muss eine inhaltliche Verknüpfung zwischen dem angebotenen, versprochenen oder gewährten Vorteil und der Dienstausübung aufweisen. Anders als bei § 299 StGB kommt es zwar nicht auf eine bestimmte Handlung, sondern auf die Dienstausübung im Allgemeinen an.[582] Gleichwohl muss auch bei § 333 Abs. 1 StGB[583] ein Gegenseitigkeitsverhältnis zwischen dem Vorteil und der Dienstausübung bestehen, der Vorteil also gerade mit dem Ziel erfolgen, auf die künftige Dienstausübung Einfluss zu nehmen.[584] Der Umfang der dienstlichen Tätigkeit muss dabei „nach den Vorstellungen der Beteiligten nicht – noch nicht einmal in groben Umrissen – konkretisiert sein; daher genügt es, wenn der Wille des Vorteilsgebers auf ein generelles Wohlwollen bezogen auf künftige Fachentscheidungen gerichtet ist, das bei Gelegenheit aktiviert werden kann."[585] Die Auslegung des Merkmals der Unrechtsvereinbarung kann im Einzelfall zu großen Abgrenzungs- und damit Beweisschwierigkeiten führen. In Beispielsfall 1 beruhte der Freispruch des CEO Claassen auf einer nicht nachweisbaren Verknüpfung des Vorteils mit der Dienstausübung der Amtsträger.[586]

Richten sich die Hospitality-Einladungen statt an Amtsträger an Mitarbeiter eines Unternehmens aus der Privatwirtschaft (Beispielsfall 2), entscheidet sich die Frage einer Strafbarkeit an den Voraussetzungen des § 299 StGB. Durch die Anbahnung eines Vertrags über den Abschluss eines Hospitality-Pakets ist der geschäftliche Verkehr beim Bezug von Waren oder Dienstleistungen eröffnet.[587] Voraussetzung der Unrechtsvereinbarung nach § 299 Abs. 2 Nr. 1 StGB ist die

---

581 Vgl. BGHSt 53, 6 = NJW 2008, 3580, 3582.

582 Bis zur Einführung des KorrBekG v. 20.08.1997 musste der Vorteil noch als Gegenleistung für eine Diensthandlung angeboten, versprochen oder gewährt worden sein.

583 Ebenso bei §§ 331, 332, 334 StGB.

584 BGHSt 53, 6 = NJW 2008, 3580, 3583; ebenfalls umfasst sind Fälle, in denen vergangene Dienstleistungen honoriert werden.

585 BGHSt 53, 6 = NJW 2008, 3580, 3583.

586 BGHSt 53, 6 = NJW 2008, 3580, 3583 ff.

587 Zu den Voraussetzungen im Einzelnen siehe Kapitel C, III, 1.

Einstufung des Vorteils als Gegenleistung für eine zukünftige unlautere Bevorzugung. Bei Vorhandensein i.Ü. gleichgeeigneter Mitbewerber[588] ist hier die Einordnung der Bevorzugung als unlauter fraglich. Eine Bevorzugung ist grds. dann als unlauter zu bezeichnen, wenn sie auf sachfremden Erwägungen beruht und dadurch Mitbewerber geschädigt werden.[589] Grundlage der Einladung in Beispielsfall 2 ist ein möglicher Vertrag über den Abschluss eines Hospitality-Pakets. Durch den Besuch der VIP-Loge an einem Spieltag ermöglicht der Verein dem Marketingleiter des Automobilherstellers, die Hospitality-Leistungen kennenzulernen und die möglichen werblichen Darstellungen zu überprüfen. Außerhalb eines Spieltags könnte diese Situation nicht angemessen gleichwertig präsentiert werden. Da der Einladung somit sachgerechte Motive zugrunde liegen, ist eine Unrechtsvereinbarung und somit eine Bestechung im geschäftlichen Verkehr zu verneinen.

3. Ergebnis

Durch die stetig ansteigende mediale und daraus resultierende wirtschaftliche Bedeutung des Sports entstehen weitere Risikofaktoren für einen Sportverein. Die strafbare Überschreitung der Klimapflege kann ein Gefahrenpotential für die Reputation des Vereins beinhalten, sodass auch auf diesem Gebiet präventive Maßnahmen getroffen werden sollten. Entscheidender Anknüpfungspunkt ist hierbei die Errichtung von Verhaltensrichtlinien, an denen sich die Beteiligten orientieren können und die die Voraussetzungen eines strafrechtlich relevanten Verhaltens aufzeigen.[590]

---

588 Vgl. BeckOK/*Momsen/Laudien*, StGB, § 299 Rn. 50.

589 Vgl. BeckOK/*Momsen/Laudien*, StGB, § 299 Rn. 51.

590 Siehe hierzu ausführlich Kapitel E, V, 2, b, cc, (1).

D. Sanktionsmöglichkeiten gegen Sportvereine

Die vorangegangenen Kapitel bieten einen Überblick über die verschiedenen korruptiven Verhaltensweisen sowie denkbaren Sanktionsmöglichkeiten der handelnden natürlichen Personen. Bislang außen vor blieb eine mögliche Verantwortlichkeit des dahinterstehenden Sportvereins oder Sportverbandes, welche neben einem Reputationsverlust insb. unmittelbare Sanktionen mit sich ziehen kann.

Eine strafrechtliche Verantwortlichkeit scheitert an einem bislang noch fehlenden Verbandsstrafrecht. Zurzeit kommt gegenüber dem Verein lediglich die Verhängung einer Verbandsgeldbuße über § 30 OWiG in Betracht. § 30 OWiG stellt dabei keinen eigenen, besonderen Bußgeldtatbestand dar,[591] sondern vielmehr eine bußgeldrechtliche Haftungsnorm,[592] welche eine Haftung für zugerechnetes Verhalten umschreibt.[593] Bei § 30 OWiG handelt es sich um eine „kann"-Vorschrift, d.h. es wird lediglich die Möglichkeit einer Sanktion gegen juristische Personen und Personenvereinigungen geboten, hingegen keine Verpflichtung. Dieser Aspekt zusammen mit dem Umstand, dass die Verfolgung von Ordnungswidrigkeiten gem. § 47 Abs. 1 OWiG im pflichtgemäßen Ermessen der Verfolgungsbehörden liegt und ein Verfahren, das bei ihnen anhängig ist, jederzeit eingestellt werden kann, spricht für die Einführung eines Verbandssanktionengesetzes. Ein entsprechender Entwurf eines Gesetzes zur Stärkung der Integrität in der Wirtschaft liegt vom Bundesministerium der Justiz und für Verbraucherschutz (BMJV) bereits vor.[594]

I. Voraussetzungen des Gesetzes zur Sanktionierung von verbandsbezogenen Straftaten

Dieser Referentenentwurf beinhaltet als Kernstück den Entwurf eines Gesetzes zur Sanktionierung von verbandsbezogenen Straftaten

591 Vgl. BGHSt 46, 207 = NJW 2001, 1436, 1438.

592 Vgl. BGHSt 57, 193 = NJW 2012, 164; BGHSt 46, 207 = NJW 2001, 1436.

593 Vgl. BeckOK/*Meyberg*, OWiG, § 30 Rn. 17; *Ransiek*, NZWiSt 2012, 45, 48.

594 Referentenentwurf des Bundesministeriums der Justiz und für Verbraucherschutz – Entwurf eines Gesetzes zur Stärkung der Integrität in der Wirtschaft (Bearbeitungsstand 20.04.2020).

(Verbandssanktionengesetz – VerSanG-E), welcher die Sanktionierung von Verbänden, deren Zweck auf einen wirtschaftlichen Geschäftsbetrieb gerichtet ist, wegen Straftaten regeln soll, durch die Pflichten, die den Verband treffen, verletzt worden sind oder durch die der Verband bereichert worden ist oder werden sollte (§ 1 VerSanG-E). In einem ersten Entwurf aus August 2019 bestanden dabei noch keine Einschränkungen hinsichtlich des Adressatenkreises. Umfasst waren daher ursprünglich sämtliche Sportvereine, unabhängig von der Vereinsform. Durch den überarbeiteten Entwurf fallen nun alle Idealvereine aus dem Anwendungsbereich des Gesetzes heraus. Insb. in Hinblick auf die gesetzte Zielrichtung lässt sich eine Unterscheidung zwischen wirtschaftlichen und nichtwirtschaftlichen Vereinen jedoch nur schwerlich erklären. Der Gesetzesentwurf soll, schon dem Namen nach, die Integrität der Wirtschaft stärken. Die Integrität wird laut Entwurfsbegründung dadurch verletzt, dass Unternehmen durch die Verletzung von Regeln einen Wettbewerbsvorteil erlangen, der auf Kosten der übrigen Unternehmen gehe.[595] Durch die Neuregelung sollen diese Wirtschaftskriminalität wirksam bekämpft und Unternehmen, die von einem Fehlverhalten ihrer Mitarbeiter profitieren, zur Verantwortung gezogen werden können.[596] Begründet wird nun eine Unterscheidung damit, dass „die gewinnorientierte Betätigung in einem von Konkurrenz geprägten Markt mit erhöhten Risiken der Begehung von Straftaten durch Leitungspersonen und Mitarbeitern einhergeht", sodass ein stärkerer Bedarf für den Einsatz von Verbandssanktionen zur Prävention erforderlich sei.[597] Worauf diese Schlussfolgerung beruht, wird nicht ausgeführt. Wie bereits dargestellt[598] dürfen auch Idealvereine aufgrund des Nebenzweckprivilegs am Wirtschaftsleben teilnehmen. Zudem birgt das Umfeld eines Idealvereins ebenfalls Risiken des korruptiven Verhaltens von Vereinsmitarbeitern, welche durch eine Regelverletzung einen Wettbewerbsvorteil erlangen können.[599] Soll nun durch die Neuregelung eine wirksame Bekämpfung der Wirtschaftskriminalität erfolgen, fragt es sich, ob eine Unterscheidung allein an einer „gewinnorientierten Betätigung" tatsächlich zielführend ist. Es kann im Ergebnis keinen Unterschied machen, welche Zweckrichtung der Teilnahme am Wirtschaftsverkehr zugrunde liegt. Mitarbeiter beider Vereinsformen

---

595 Begründung zum VerSanG-E, S. 50.
596 Begründung zum VerSanG-E, S. 50.
597 Begründung zum VerSanG-E, S. 50.
598 Siehe Kapitel B, I, 4, b.
599 Siehe Kapitel C, insb. die Delikte der Vergabesachen, des Sponsorings und der Hospitality.

können, sobald sie wirtschaftlich tätig werden, die Integrität der Wirtschaft verletzen, unabhängig davon, wie letztlich das Erwirtschaftete verwendet wird. Aus Schutzgründen überzeugt eine solche Differenzierung daher kaum.

Die Entwurfsbegründung stellt zudem darauf ab, dass nichtwirtschaftliche Vereine i.d.R. in hohem Maße durch ehrenamtliches Engagement gekennzeichnet seien und insb. gemeinnützigen Zwecken dienen.[600] Daher solle das im Ordnungswidrigkeitenrecht geltende Opportunitätsprinzip den Idealvereinen mit ihren ehrenamtlichen Mitarbeitern weiterhin zugutekommen. Inwieweit der Aspekt der Ehrenamtlichkeit bei der Frage des Schutzes der Integrität der Wirtschaft eine Rolle spielt, wird nicht weiter erläutert. Bei der Zielsetzung der Bekämpfung der Wirtschaftskriminalität kann es nicht erheblich sein, welche Stellung der handelnde Mitarbeiter im Verein innehat. Zum einen haftet im Rahmen der Neuregelung der Verein mit seinem Vermögen, nicht der einzelne Mitarbeiter mit seinem Privatvermögen. Zum anderen soll nach § 3 VerSanG-E eine Sanktionierung nur dann eintreten, wenn eine Leitungsperson eine Verbandstat, nach § 2 Abs. 1 Nr. 3 VerSanG-E also eine Straftat, begangen oder eine solche nicht durch angemessene Vorkehrungen verhindert hat. Anknüpfungspunkt ist somit das Fehlverhalten einer Leitungsperson, entweder durch das eigenständige Begehen einer Straftat oder durch eine Aufsichtspflichtverletzung. Weder das Strafrecht noch das Ordnungswidrigkeitenrecht, an dessen § 30 Abs. 1 OWiG sich die Bestimmung der Leitungsperson in § 2 Abs. 1 Nr. 2 VerSanG-E orientiert, kennen dabei eine Privilegierung Ehrenamtlicher. Eine Einbeziehung auch Ehrenamtlicher in den Anwendungskreis des VerSanG-E stellt somit vergleichsweise keine Benachteiligung dar. Insb. da es sich bei § 3 VerSanG-E um eine Zurechnungsnorm handelt entsteht i.E. keine Abwägung zwischen dem Schutz von Ehrenamtlichen und dem Schutz der Integrität der Wirtschaft.

Des Weiteren führt die Entwurfsbegründung aus, dass es für Verbände, deren Zweck auf einen wirtschaftlichen Geschäftsbetrieb gerichtet ist, ergänzender Regelungen bedarf, die den Gegebenheiten wirtschaftlicher Betätigung Rechnung tragen, insb. der Einführung eines umsatzbezogenen Sanktionsrahmens, der Berücksichtigung von Compliance-Maßnahmen und der Schaffung von Regelungen zu verbandsinternen Untersuchungen.[601] Hieraus schließt sich, dass lediglich Wirtschaftsvereinen das Privileg der Berücksichtigung errichteter Compliance-Maßnahmen zugutekommen wird. Unter dem Gesichtspunkt, dass neben wirtschaftlichen Vereinen ebenfalls auch nichtwirtschaftliche Vereine

600 Begründung zum VerSanG-E, S. 72.
601 Begründung zum VerSanG-E, S. 50 f.

nicht nur angehalten, sondern verpflichtet sind, angemessene Compliance-Maßnahmen zu implementieren,[602] lässt sich eine Differenzierung nicht begründen. Insb. solange noch keine gesetzliche Regelung besteht, in welchem Umfang Compliance-Maßnahmen bei der Sanktionierung von Verbänden zu berücksichtigen sind,[603] führt die Nichtbeachtung von Idealvereinen, die (in den Grenzen des Nebenzweckprivilegs) am Wirtschaftsleben teilnehmen, insoweit zu einer Benachteiligung gegenüber Wirtschaftsvereinen, als dass rechtssichere Anreize für Investitionen in Compliance[604] fehlen.

Der Regelungsbereich des VerSanG-E sollte daher zum umfassenden Schutz der Integrität der Wirtschaft sowie zur Gleichberechtigung von wirtschaftlichen und nichtwirtschaftlichen Vereinen auf alle Verbände ausgeweitet werden, die am Wirtschaftsleben teilnehmen. Herangezogen werden kann dabei der europarechtliche Unternehmensbegriff, den der EuGH in seiner Rspr. entwickelt hat und nachdem grds. „jede eine wirtschaftliche Tätigkeit ausübende Einheit, unabhängig von ihrer Rechtsform und der Art ihrer Finanzierung“[605] erfasst ist. Somit wären auch Idealvereine, die ihrem Nebenzweckprivileg nachkommen, vom Anwendungsbereich erfasst. Die Entwurfsbegründung lehnt einen solch weiten Unternehmensbegriff ausdrücklich, jedoch ohne gesonderte Begründung, ab und verweist lediglich auf die Übernahme des in § 30 OWiG geltenden Rechtsträgerprinzips.[606] Diese erfolgt indes nicht konsequent, wenn zwar im Übrigen die Begriffsbestimmungen in § 2 Abs. 1 VerSanG-E allesamt fast wortgleich § 30 Abs. 1 OWiG entnommen wurden, jedoch eine Einschränkung des Begriffs der juristischen Person erfolgt, die so nicht von § 30 Abs. 1 Nr. 1 OWiG vorgesehen ist. Die Anwendung des europarechtlichen Unternehmensbegriffs würde den Idealverein auch nicht übermäßig belasten; einerseits würde nur eine begrenzte Anzahl an Vereinen in den Anwendungsbereich fallen, andererseits haben sich die, die dem Privileg des Nebenzwecks nachkommen, eben auch an die damit einhergehenden gesetzlichen Regelungen zu halten.

Unter den jetzigen Voraussetzungen wäre der Anwendungsbereich für Sportvereine nach § 2 Abs. 1 Nr. 1a VerSanG-E nicht eröffnet,[607] da Verbände im Sinne

---

602 Siehe Kapitel E, II.

603 Siehe auch Kapitel E, V, 1.

604 Begründung zum VerSanG-E, S. 50.

605 St.Rspr. seit EuGH, Rs. C-41/90 (Höfer und Elser), Slg. 1991, I-1979, Rn. 21.

606 Begründung zum VerSanG-E, S. 72.

607 Der Gesetzesentwurf in seiner jetzigen Form umfasst jedoch die Teile eines Sportvereins, die, bspw. als Profiabteilung, als Kapitalgesellschaft ausgegliedert wurden.

der Norm zwar juristische Personen des Privaten Rechts umfassen,[608] diese jedoch gem. § 1 VerSanG-E ihren Zweck auf einen wirtschaftlichen Geschäftsbetrieb gerichtet haben müssen. Dass der Gesetzesentwurf, abgesehen von der wirtschaftlichen Ausrichtung des Vereinszwecks, Anwendung auf Sportvereine finden würde, zeigt eine Betrachtung der übrigen Voraussetzungen. Für die Verhängung einer Verbandssanktion ist nach § 3 VerSanG-E erforderlich, dass entweder eine Leitungsperson des Verbandes (Nr. 1) oder eine sonstige Person in Wahrnehmung der Angelegenheiten des Verbands eine Verbandstat nach § 2 Abs. 1 Nr. 3 VerSanG-E begangen hat und im letzteren Fall Leitungspersonen des Verbandes die Straftat durch angemessene Vorkehrungen zur Vermeidung von Verbandstaten wie insb. Organisation, Auswahl, Anleitung und Aufsicht hätten verhindern oder wesentlich erschweren können (Nr. 2). Bei § 3 VerSanG-E handelt es sich wie bei § 30 OWiG um eine Zurechnungsnorm, Anknüpfungspunkt ist somit ein strafbares Verhalten[609] einer natürlichen Person. Inwieweit die bereits festgestellten Straftaten aus Kapitel C als Verbandstaten in Betracht kämen, wird im Folgenden geprüft.

1. Doping

Wie bereits festgestellt kommen im Bereich des Dopings zum einen der dopende Sportler selbst, zum anderen die Personen als Täter in Betracht, die das Dopingmittel verabreichen, also insb. Vereinsärzte. Es stellt sich die Frage, inwieweit dieser Personenkreis unter den VerSanG-E fällt. Bei Sportlern und Vereinsärzten handelt es sich nicht um Leitungspersonen, wie es § 3 Abs. 1 Nr. 1 VerSanG-E vorschreibt. Leitungspersonen sind gem. § 2 Abs. 1 Nr. 2a VerSanG-E Mitglieder des Vorstands oder gem. § 2 Abs. 1 Nr. 2e VerSanG-E sonstige Personen, die faktisch eine Leitungsfunktion innehaben. Sie könnten jedoch in den Anwendungsbereich des § 3 Abs. 1 Nr. 2 VerSanG-E fallen. Hierfür müssten die Sportler bzw. Vereinsärzte in Wahrnehmung der Angelegenheiten des Vereins handeln. Sportler werden mit solchen Aufgaben nicht betraut, sie kommen im Verein eigenen (sportlichen) Aufgaben nach. Vereinsärzte hingegen sind angestellt, um für die Gesunderhaltung der Sportler zu sorgen. Hierbei müsste es sich um eine originäre Aufgabe des Vereins handeln, welche von den Ärzten wahrgenommen wird. Hierbei kommen sowohl gesetzliche als auch vertragliche Grundlagen in Betracht. Zu den vertraglichen Nebenpflichten des Vereins als Arbeitgeber des

608 Sportvereinen kommt gem. § 21 BGB eine eigene Rechtspersönlichkeit zu.

609 Anders als bei § 30 OWiG ist eine Ordnungswidrigkeit als Anknüpfungspunkt nicht ausreichend.

Sportlers[610] zählen gesetzliche Schutz- und Fürsorgepflichten. Hierdurch wird der Verein verpflichtet sich so zu verhalten, dass u.a. der Körper und die Gesundheit des Sportlers nicht verletzt werden.[611] Diese Pflicht dient in erster Linie der Schaffung eines entsprechenden Arbeitsumfelds.[612] Durch die Besonderheit eines sportlichen Umfelds und der damit verbundenen latenten Gefahr einer körperlichen Verletzung kann hierunter jedoch auch die Bereitstellung von entsprechendem Personal gesehen werden, wie bspw. ausgebildete Trainer für den Ablauf eines geordneten Trainings oder eben Ärzte zur Behandlung auftretender Verletzungen. Neben den gesetzlichen Schutzpflichten kann sich die Pflicht des Vereins zur Gesunderhaltung des Sportlers auch aus vertraglichen Regelungen ergeben, bspw. aus der Vereinssatzung. So schreibt z.B. § 4 Nr. 1k DFB-Satzung vor, dass das Dopingverbot zu beachten ist und stellt dabei als Grund des Verbots den Schutz der Spieler vor Gesundheitsschäden fest. Mitgliedsvereine des DFB sind gem. § 14 Nr. 1b DFB-Satzung verpflichtet, dieser Regelung und somit auch dem Schutz der Sportler nachzukommen. Letztlich kann in der Einstellung eines Vereinsarztes zudem eine rein faktische Übernahme der Gesunderhaltungspflicht durch den Sportverein gesehen werden, die in der Folge auf die Vereinsärzte delegiert wird, sodass diese i.E. Angelegenheiten des Vereins wahrnehmen. Weitere Voraussetzung ist, dass der Täter der Auswahl, Anleitung und Überwachung durch Leitungspersonen des Vereins unterliegt, somit ein Subordinationsverhältnis besteht.[613] Vereinsärzte als Angestellte des Vereins unterliegen den Weisungen der Vereinsleitung und sind ihr somit untergeordnet.

Verabreicht ein Vereinsarzt einem Sportler ein Dopingmittel, verstößt er damit gegen die Strafnorm aus § 4 Abs. 1 Nr. 2 AntiDopG.[614] Hierbei müsste es sich um eine Verbandstat nach § 2 Abs. 1 Nr. 3 VerSanG-E handeln. Eine Verbandstat ist hiernach eine Straftat, durch die Pflichten, die den Verband treffen, verletzt worden sind oder durch die der Verband bereichert worden ist oder werden sollte. In Betracht kommt hier die erste Variante. Dafür müsste die Dopingvergabe gegen eine Pflicht des Vereins verstoßen. Hier müssen die entsprechenden Satzungen des Vereins herangezogen werden. Schreiben diese vor, dass Doping verboten ist,[615] liegt ein solcher Verstoß vor.

---

610 Erforderlich ist somit, dass der Sportler eine Arbeitnehmerstellung im Verein innehat. Siehe hierzu auch Kapitel E, IV, 1.

611 Vgl. BeckOK/*Sutschet*, BGB, § 241 Rn. 89.

612 Vgl. auch § 618 BGB.

613 Begründung zum VerSanG-E, S. 78.

614 Siehe hierzu ausführlich Kapitel C, I, 1, a, bb.

615 Vgl. bspw. § 4 Nr. 1k DFB-Satzung, § 3 Abs. 1 Nr. 1c DOSB-Satzung.

Weitere Voraussetzung des § 3 Abs. 1 Nr. 2 VerSanG-E ist, dass Leitungspersonen des Verbandes die Straftat durch angemessene Vorkehrungen zur Vermeidung von Verbandstaten hätten verhindern oder wesentlich erschweren können. Exemplarisch genannt werden die Organisation, Auswahl, Anleitung und Aufsicht der handelnden Personen. Zu prüfen ist somit, ob die Verbandstat durch die Implementierung entsprechender erforderlicher Maßnahmen zur Prävention durch den Vereinsvorstand[616] zur Verhinderung der Dopingvergabe geführt hätte. Hierfür müssen die in Betracht kommenden Maßnahmen bestimmt[617] und auf den Einzelfall übertragen werden, um feststellen zu können, ob eine Verhinderung oder wesentliche Erschwerung möglich gewesen wären. Nur wenn die Feststellung getroffen wird, dass trotz umfangreicher Maßnahmen durch den Vereinsvorstand die Verbandstat nicht hätte verhindert werden können, entfällt eine Zurechnung auf den Sportverein und somit dessen Verantwortung. Liegt hingegen ein pflichtwidriges Unterlassen geeigneter und notwendiger Maßnahmen vor und führt dies zu einer objektiven Erkennbarkeit einer Straftat, ist eine Verantwortung des Vereins anzunehmen. Im Gegensatz zu § 130 OWiG ist dabei nicht erforderlich, dass die Leitungsperson die Aufsichtsmaßnahme vorsätzlich oder fahrlässig unterlassen hat; das Unterlassen ist rein objektiv festzustellen.[618]

2. Matchfixing

Bei der Manipulation von Wettkämpfen kommen als Täter insb. Sportler, Trainer und Schiedsrichter in Betracht. Eine Zurechnung dieses strafbaren Verhaltens auf einen Sportverein, der an diesem Wettkampf beteiligt war, kommt dann in Betracht, wenn der genannte Täterkreis unter den Anwendungsbereich des § 3 Abs. 1 VerSanG-E fällt. Eine Einordnung als Leitungsperson scheidet aus. Zu prüfen ist somit, ob die Täter in Wahrnehmung der Angelegenheiten des Sportvereins gehandelt haben. Durch die Spielmanipulation wird der ordnungsgemäße Spielbetrieb außer Kraft gesetzt. Es stellt sich somit die Frage, ob der Sportverein zur Einhaltung eines geordneten Spielbetriebs verpflichtet ist und diese Pflicht in der Folge an einen der Täter delegiert und von diesem verletzt wurde. Die Pflicht kann sich aus einer entsprechenden Regelung aus der Vereinssatzung ergeben. § 4 Nr. 1 S. 1 DFB-Satzung bspw. schreibt die (nachhaltige) Führung und Organisation des Spielbetriebs vor. Mitgliedsvereine des

616 Der Vereinsvorstand ist Leitungsperson gem. § 2 Abs. 1 Nr. 2a VerSanG-E.
617 Siehe zur inhaltlichen Ausgestaltung Kapitel E, V, 2, b.
618 Vgl. Begründung zum VerSanG-E, S. 79.

DFB sind gem. § 14 Nr. 1b DFB-Satzung verpflichtet, diese Regelung zu befolgen, sodass sich die Pflicht, für einen geordneten Spielbetrieb zu garantieren, aus der Satzung ergibt. Diese Pflicht kann nicht auf Sportler oder Trainer übertragen werden, auch wenn diese während eines Wettkampfs Spielregeln einhalten müssen.[619] Die ordnungsgemäße Leitung eines Wettkampfs kann hingegen von einem Schiedsrichter vorgenommen werden, der zur Durchführung eines den Regeln entsprechenden Spielbetriebs eingesetzt[620] wird. Die Ansetzung eines Schiedsrichters erfolgt jedoch nicht durch den Sportverein, sondern durch einen Schiedsrichterausschuss, der von einem übergeordneten Sportverband eingesetzt wird.[621] Es kommt somit lediglich eine Zurechnung auf den Sportverband in Betracht, nicht hingegen auf einen betroffenen Sportverein. Voraussetzung ist dann, dass der Täter der Auswahl, Anleitung und Überwachung durch Leitungspersonen des Verbands unterliegt, somit ein Subordinationsverhältnis besteht.[622] Dabei ist nicht erforderlich, dass es sich um einen Verbandsangehörigen handelt, auch eine nur vorübergehende Betreuung mit Aufgaben ist möglich.[623] Gleichwohl liegt eine Täterschaft nur vor, wenn die entsprechende Leitungsperson Direktions- und Weisungsrechte aufweisen kann.[624] Daher ist zu untersuchen, in welchem Rechtsverhältnis Sportverband und Schiedsrichter zueinanderstehen. Hier muss die zugrunde liegende Schiedsrichtervereinbarung betrachtet werden. Das LAG Hessen[625] hat für DFB-Schiedsrichter der Lizenzligen festgestellt, dass es sich bei der Vereinbarung, die zwischen Verband und Schiedsrichter vor einer Saison getroffen wird, lediglich um eine Rahmenvereinbarung[626] handelt, welche noch keine konkreten Rechte und Pflichten für beide Parteien bestimmt, sondern lediglich die Bedingungen der dann in der Folge noch abzuschließenden Einzelverträge für eine jeweilige Spielleitung festlegt. Da hiernach den Schiedsrichtern weder ein Anspruch auf einen Einsatz bei einer bestimmten Anzahl von Spielen zukommt noch eine Verpflichtung entsteht, eine angebotene Spielleitung zu übernehmen,[627] liegt somit auch keine Weisungsgebundenheit des Schiedsrichters aufgrund der Rahmenvereinbarung

619 Vgl. bspw. die DFB-Spielordnung.
620 Vgl. bspw. § 1 DFB-Schiedsrichterordnung.
621 Vgl. § 55 DFB-Satzung, § 4 DFB-Schiedsrichterordnung.
622 Begründung zum VerSanG-E, S. 78.
623 Begründung zum VerSanG-E, S. 78.
624 Begründung zum VerSanG-E, S. 78.
625 LAG Hessen, NZA-RR 2018, 414, 416.
626 Vgl. auch BeckOGK/*Maties*, BGB, § 611a Rn. 147.
627 Vgl. auch *Walker*, SpuRt 2018, 173.

vor. Schiedsrichter im Amateurbereich werden ebenfalls keine Verträge mit konkretem Inhalt hinsichtlich der einzelnen Spielleitungen im Voraus einer Saison mit einem Verband schließen, sodass für Schiedsrichter im Profi- wie im Amateurbereich die Ausgestaltung der Einzelverträge für eine jeweilige Spielleitung entscheidend ist. Abzugrenzen ist hier der Arbeitsvertrag nach § 611a BGB vom allgemeinen Dienstvertrag, § 611 BGB (i.V.m. § 675 BGB, Geschäftsbesorgungsvertrag). Für die Einordnung als Arbeitsvertrag und somit eine Weisungsgebundenheit i.S.d. § 3 Abs. 1 VerSanG-E spricht, dass der Schiedsrichter hinsichtlich der konkreten Spielleitung sowohl örtlich als auch zeitlich[628] von den Vorgaben des Verbandes abhängig ist.[629] Demgegenüber ist fraglich, ob ebenfalls eine fachliche[630] Weisungsgebundenheit besteht. Zwar ist der Schiedsrichter verpflichtet, die aufgestellten Regeln des Verbands während der Spielleitung anzuwenden; bei der Ausübung steht ihm hingegen eine gewisse Freiheit zu. So hat der BFH[631] in Hinblick auf Fußballschiedsrichter, die im Rahmen der Bundesliga, UEFA Champions League und FIFA Weltmeisterschaft eingesetzt werden, festgestellt, dass eine entsprechende Weisungsgebundenheit nicht vorläge. Die vom Schiedsrichter während des Spiels getroffenen Entscheidungen seien verbindlich und, solange es um die Wahrnehmung von Tatsachen gehe, auch im Nachhinein grds. endgültig und unanfechtbar.[632] Die Spielleitung des Schiedsrichters stelle daher eine selbstständige Tätigkeit dar.[633] Wenn sich wie hier keine eindeutige Einordnung vornehmen lässt, ist gem. § 611a Abs. 1 S. 5 BGB eine Gesamtbetrachtung aller Umstände vorzunehmen. Hieraus ergibt sich, dass dem Schiedsrichter zwar vorgegeben wird, an welchem Tag und zu welcher Uhrzeit er die Spielleitung vorzunehmen hat. Gleichwohl liegt der Schwerpunkt der Tätigkeit des Schiedsrichters in der Leitung des Wettkampfs, in der er grds. frei und nicht, wie in § 611a Abs. 1 S. 1 BGB gefordert, fremdbestimmt ist.[634] Der Einschätzung des

---

628 Vgl. § 611a Abs. 1 S. 2 BGB.

629 Vgl. *Köhler*, SpuRt 2016, 3, 5 f.

630 Vgl. § 611a Abs. 1 S. 2 BGB („Inhalt").

631 BFHE 260, 169 = DStR 2018, 449 ff.; anders zuvor FG Rheinland-Pfalz, BeckRS 2014, 96119.

632 Vgl. auch *Schütz*, SpuRt 2014, 53.

633 Vgl. zu den Auswirkungen des BFH-Urteils auf die Steuerpflicht von Schiedsrichtern *Bertling/Roth*, SpuRt 2019, 146 ff.

634 So i.E. auch ArbG Verden, SpuRt 2019, 141, 142; *Kuhn*, Der Sportschiedsrichter zwischen bürgerlichem Recht und Verbandsrecht, S. 77; *Heermann*, Haftung im Sport, Rn. 534. A.A. *Köhler*, SpuRt 2016, 3 ff.; in diese Richtung tendiert auch *Fritzweiler*/Pfister/Summerer, Praxishandbuch Sportrecht, S. 339.

BFH ist somit zu folgen. Für die Spielleitung von Schiedsrichtern im Amateurbereich kann ebenfalls nichts anderes gelten, auch sie unterliegen während des Spiels keinem Direktions- und Weisungsrecht der Leitungspersonen des Verbands. Dies hat zur Folge, dass aufgrund eines fehlenden Subordinationsverhältnisses eine Zurechnung des strafbaren Verhaltens auf den Verband entfällt.

3. Vergabesachen

Bei der Vergabe von Austragungs- oder Übertragungsrechten agieren die entsprechenden Entscheidungsträger eines Sportvereins. Hierbei wird es sich entweder um (faktische) Leitungspersonen nach § 2 Abs. 1 Nr. 2a oder 2e VerSanG-E oder zumindest um Personen handeln, die in Wahrnehmung der Angelegenheiten des Vereins gem. § 3 Abs. 1 Nr. 2 VerSanG-E handeln. Die Vergabe der entsprechenden Rechte gehört in letzterem Fall zu den Aufgaben des Vereins, die dann auf den Entscheidungsträger übertragen und von diesem ausgeführt werden.

Die in Betracht kommenden Straftaten sind in diesem Fall die Bestechlichkeit und Bestechung im geschäftlichen Verkehr nach § 299 StGB[635] und die Untreue nach § 266 StGB.[636] Hierbei müsste es sich um Verbandstaten i.S.v. § 2 Abs. 1 Nr. 3 VerSanG-E handeln. Durch die genannten Straftaten könnte eine Bereicherung des Vereins eingetreten oder zumindest angestrebt worden sein (Var. 2). Wurden im Gegenzug für die Rechtevergabe Bestechungsgelder angenommen, die in das Vermögen des Vereins fließen sollen, kann eine Verbandstat angenommen werden. Weniger eindeutig ist der Fall, in dem ein Sportverein oder -verband einen höherrangigen Sportverband besticht, um die Austragungsrechte eines sportlichen Wettkampfs zu erlangen. Um von einer Verbandstat sprechen zu können, müsste das Austragungsrecht eine Bereicherung für den Verein darstellen. Die hiermit verbundenen Vermögensvorteile, die mit der Austragung einer Veranstaltung einhergehen, können eine solche Bereicherung darstellen. Da auch die angestrebte Bereicherung ausreichend ist, fällt somit ebenfalls die Aussicht auf einen Vermögensvorteil unter den Bereicherungsbegriff. Voraussetzung ist jedoch, dass der erlangte oder erstrebte Vorteil rechtswidrig sein muss.[637] Bei der Annahme von Bestechungsgeldern ist dies unproblematisch anzunehmen. Die Erlangung des Austragungsrechts durch Bestechungszahlungen ist dann als rechtswidrig zu bezeichnen, wenn sie wettbewerbswidrig erfolgte.[638] Durch die

---

635 Siehe hierzu ausführlich Kapitel C, III, 1.

636 Siehe hierzu ausführlich Kapitel C, III, 2.

637 Vgl. Begründung zum VerSanG-E, S. 76.

638 Vgl. BeckOK/*Meyberg*, OWiG, § 30 Rn. 86.

Bestechungshandlung wurde die Vergabe auf unlautere Weise vorgenommen, sodass auch hier Rechtswidrigkeit vorliegt.

Handelte der Täter nicht als Leitungsperson, sondern in Wahrnehmung der Angelegenheiten des Vereins i.S.v. § 3 Abs. 1 Nr. 2 VerSanG-E, ist weiter erforderlich, dass Leitungspersonen des Verbandes die Straftat durch angemessene Vorkehrungen zur Vermeidung von Verbandstaten hätten verhindern oder wesentlich erschweren können. Dafür müssen auch hier die in Betracht kommenden Maßnahmen bestimmt[639] und auf den Einzelfall übertragen werden, um feststellen zu können, ob eine Verhinderung oder wesentliche Erschwerung der Bestechungs- oder Untreuehandlung möglich gewesen wäre. Wird dabei festgestellt, dass die Straftat hätte verhindert werden können, da der Sportverein die Implementierung geeigneter und erforderlicher Maßnahmen unterlassen hat, führt dies zu einer Verantwortlichkeit des Vereins.

4. Sponsoring und Hospitality

Die möglichen Täter im Bereich von Sponsoring und Hospitality sind wie im Bereich der Vergabesachen entweder (faktische) Leitungspersonen nach § 2 Abs. 1 Nr. 2a oder 2e VerSanG-E oder zumindest Personen, die in Wahrnehmung der Angelegenheiten des Vereins gem. § 3 Abs. 1 Nr. 2 VerSanG-E handeln. Der Abschluss von Sponsoring-Verträgen und der Bereich der Klimapflege gehören in letzterem Fall zu den Aufgaben des Vereins, die dann auf den Entscheidungsträger übertragen und von diesem ausgeführt werden.

Die in Betracht kommenden Straftaten sind die Bestechlichkeit im geschäftlichen Verkehr nach § 299 StGB[640] und die Vorteilsgewährung nach § 333 StGB.[641] Hierbei müsste es sich um Verbandstaten i.S.v. § 2 Abs. 1 Nr. 3 VerSanG-E handeln. Durch die genannten Straftaten könnte eine Bereicherung des Vereins eingetreten oder zumindest angestrebt worden sein (Var. 2). Werden bspw. Koppelungsverträge zwischen Sponsoren geschlossen, durch die anderweitige Interessenten ausgeschlossen werden, kann in dem zusätzlich geschlossenen Vertrag eine unlautere und somit rechtswidrige Bereicherung gesehen werden.

Handelte der Täter nicht als Leitungsperson, sondern in Wahrnehmung der Angelegenheiten des Vereins i.S.v. § 3 Abs. 1 Nr. 2 VerSanG-E, ist auch hier erforderlich, dass Leitungspersonen des Verbandes die Straftat durch angemessene Vorkehrungen zur Vermeidung von Verbandstaten hätten verhindern oder

639 Siehe zur inhaltlichen Ausgestaltung Kapitel E, V, 2, b.
640 Siehe hierzu ausführlich Kapitel C, IV.
641 Siehe hierzu ausführlich Kapitel C, IV, 2.

wesentlich erschweren können. Die in Betracht kommenden Maßnahmen müssen hierfür bestimmt[642] und auf den Einzelfall übertragen werden. Wird dabei festgestellt, dass die Straftat hätte verhindert werden können, führt die unterlassene Implementierung der geeigneten und erforderlichen Maßnahmen zur Verantwortlichkeit des Vereins.

II. Folgen einer Verantwortlichkeit

Bei einer Anwendbarkeit des VerSanG-E kommen verschiedene Sanktionsmöglichkeiten eines Verbands in Betracht. § 8 VerSanG-E schreibt die Möglichkeiten der Verbandsgeldsanktion (Nr. 1) und der Verwarnung mit Verbandsgeldsanktionsvorbehalt (Nr. 2) vor.[643] Die Höhe der Verbandsgeldsanktion bestimmt sich dabei nach § 9 VerSanG-E und unterscheidet sich von § 30 OWiG dadurch, dass im Einzelfall auch eine Geldstrafe mit einem Höchstmaß von über 10 Millionen EUR ausgesprochen werden kann (Abs. 2).

Es besteht für den Verband jedoch die Möglichkeit, die Höhe der Verbandssanktion zu beeinflussen. Wurden bereits vor Auftreten der Verbandstat Vorkehrungen zur Vermeidung und Aufdeckung der Taten getroffen, kann dies im Rahmen der Strafzumessung nach § 15 Abs. 3 Nr. 6 VerSanG-E berücksichtigt werden. Auch wenn der Verein erst nach Bekanntwerden der strafbaren Handlung entsprechende Maßnahmen trifft, kann dies nach § 15 Abs. 3 Nr. 7 VerSanG-E in die Bemessung der Verbandsgeldsanktion einfließen. Handelt es sich bei der Verbandstat um einen Einzelfall,[644] bei dem zu erwarten ist, dass eine Verwarnung ausreichend ist, um in Zukunft solche Taten zu vermeiden, können bereits eingerichtete Maßnahmen sowie auch nach der Tat implementierte dazu führen, dass lediglich eine Verwarnung mit Verbandsgeldsanktionsvorbehalt nach §§ 8 Nr. 2, 10 Abs. 1 VerSanG-E ausgesprochen wird. Bei den vorgenommenen Maßnahmen handelt es sich dann um „besondere Umstände“ aus § 10 Abs. 1 Nr. 2 VerSanG-E.[645] Eine Milderung der Strafe kommt in Betracht, wenn der Verein durch eigene interne Untersuchungen bei der Aufklärung der Tat mithilft, §§ 16 ff. VerSanG-E. Unter den Voraussetzungen der §§ 35, 36 VerSanG-E

---

642 Siehe zur inhaltlichen Ausgestaltung Kapitel E, V, 2, b.

643 In einem früheren Entwurf bestand ebenfalls die Möglichkeit der Verbandsauflösung, hiervon wurde jedoch Abstand genommen.

644 Die Gesetzesbegründung spricht von einem „Ausreißer“, vgl. Begründung zum VerSanG-E, S. 87.

645 § 10 Abs. 1 VerSanG-E soll laut Gesetzesbegründung Anreize für die Schaffung von Compliance-Maßnahmen schaffen, vgl. Begründung zum VerSanG-E, S. 87.

kann zudem von der Verfolgung wegen Geringfügigkeit bzw. unter Auflagen und Weisungen abgesehen werden.

Die aufgezeigten Strafminderungsgründe machen deutlich, welche Bedeutung präventiven Maßnahmen zur Verhinderung von Straftaten in einem Verband zukommt. Insb. unter diesem Gesichtspunkt führt eine unterschiedliche Behandlung von wirtschaftlichen und nichtwirtschaftlichen Vereinen zu einer nicht begründbaren Benachteiligung letztgenannter. Der geplante Anreiz für die Einführung von Compliance-Maßnahmen fällt somit für Idealvereine aus.

E. Verhinderung von strafbarem Handeln im Sportverein und -verband

Die aufgezeigten (möglichen) strafbaren Handlungen von Mitarbeitern und Mitgliedern eines Sportvereins und -verbands können zu großen Reputationsschäden führen. Besonders deutlich wird dies am Beispiel der etlichen Dopingfälle in der Tour de France. Die Live-Übertragung des Radrennens im öffentlich-rechtlichen Fernsehen wurde zwischenzeitlich aus diesem Grund eingestellt.[646] Auch zogen sich Sponsoren, wie bspw. T-Mobile, aus dem Sponsoring zurück.[647] Sportvereine sollten sich dabei nicht auf die abschreckende Wirkung der Strafgesetze verlassen, um strafbares Verhalten der Mitarbeiter und Mitglieder aus dem Verein fernzuhalten.[648] Um Reputations- oder Vermögensschäden zu vermeiden empfiehlt es sich für den Verein, entsprechende Maßnahmen zur Vorbeugung vorzunehmen.

Zunächst stellt sich die Frage, ob der Verein nicht nur aus Eigeninteresse (und somit freiwillig) tätig werden sollte, sondern vielmehr dazu verpflichtet ist, Compliance-Maßnahmen einzuführen. Zudem ist zu klären, welche Personen im Verein zur entsprechenden Ausführung verpflichtet sind. Nachdem die Reichweite einer Compliance-Pflicht geprüft wurde, wird zuletzt die inhaltliche Ausgestaltung bestimmt.

I. Begriffsbestimmung Compliance

Der Begriff Compliance stammt aus der angelsächsischen Rechtsterminologie und bedeutet in etwa „Einhaltung, Befolgung, Übereinstimmung"[649] mit bestimmten Geboten. Grds. heißt dies erst einmal nichts anderes, als dass Unternehmen, seine Organe und Mitarbeiter im Einklang mit allen gesetzlichen und unternehmensinternen Geboten und Verboten handeln müssen.[650] Neben der (eigentlich selbstverständlichen) Gesetzestreue umfasst Compliance zudem auch die Frage, wie die Einhaltung dieser Vorgaben innerhalb eines Unternehmens

---

646 Vgl. *Hanfeld*, „ARD und ZDF steigen aus der Berichterstattung aus", FAZ v. 17.10.2008.

647 FAZ v. 28.11.2007, „Distanzieren uns und T-Mobile".

648 Vgl. auch *Fiedler*, DRiZ 2016, 17.

649 *Von Beseler/Jacobs-Wüstefeld*, Law Dictionary, Fachwörterbuch der anglo-amerikanischen Rechtssprache.

650 *Passarge*, NZI 2009, 86.

sichergestellt werden kann[651] und durch welche Maßnahmen Risiken frühzeitig erkannt und minimiert werden können (Risikomanagement).[652] Der Begriff Compliance umfasst damit sowohl reaktive (begangene Gesetzesverletzungen aufklären, abstellen und ahnden) als auch präventive (künftige Gesetzesverletzungen vorbeugen) Aspekte[653] und dient somit auch der Vorbeugung von Haftungs- oder Sanktionsrisiken wie bspw. Bußgeldzahlungen.[654]

Der Deutsche Corporate Governance Kodex (DCGK) definiert Compliance in Ziffer 4.1.3 S. 1 wie folgt: „Der Vorstand hat für die Einhaltung der gesetzlichen Bestimmungen und der unternehmensinternen Richtlinien zu sorgen und wirkt auf deren Beachtung durch die Konzernunternehmen hin (Compliance)."

Wird die Definition von Compliance auf Vereine übertragen, bedeutet Compliance die „Gesamtheit aller zumutbaren Maßnahmen, die das regelkonforme Verhalten eines Vereins, seiner (soweit vorhanden) Untergliederungen, seiner Mitarbeiter (hauptamtliche und ehrenamtliche) sowie seiner Vereinsmitglieder im Hinblick auf alle gesetzlichen Ge- und Verbote sowie sonstiger Pflichten im Vereinsleben begründen."[655]

II. Compliance-Pflicht

Vereine sind als juristische Personen genauso wie natürliche Personen an Recht und Gesetz gebunden. Handelt der Verein durch seine Organe, sind diese verpflichtet, geltendes Recht einzuhalten. Diese Pflicht zur Rechtstreue gilt gemeinhin als selbstverständlich und kann als Legalitätspflicht bezeichnet werden.[656] Eine Pflicht zur Compliance geht über die bekannte Gesetzesbindung hinaus und beinhaltet die Verpflichtung, zusätzlich durch entsprechende Maßnahmen für ein rechtskonformes Verhalten der Mitarbeiter der juristischen Person Sorge zu tragen. Eine solch weitergehende Pflicht wird als Legalitätskontrollpflicht

---

651 *Passarge*, NZI 2009, 86.

652 Vgl. *Hauschka/Moosmayer/Lösler*, Corporate Compliance, § 1 Rn. 2, 8, 12: Nicht vom Begriff der Compliance umfasst ist die Vermeidung fehlerhafter Unternehmensentscheidungen, die gem. § 93 Abs. 1 S. 2 AktG der Business Judgment Rule unterfallen können und, bei Vorliegen aller Voraussetzungen, einer umfassenden gerichtlichen Überprüfung entzogen wären, vgl. auch *Hauschka*, GmbHR 2007, 11, 12.

653 Vgl. *Momsen*, in: Rotsch, Criminal Compliance vor den Aufgaben der Zukunft, S. 55 ff.

654 *Cherkeh*, npoR 2014, 101.

655 *Cherkeh*, npoR 2014, 101, 102.

656 Vgl. BGHSt 55, 266 = NJW 2010, 3458, 3460 (Rn. 29).

bezeichnet.[657] Ob eine branchenunabhängige, allgemeingültige Pflicht zur Compliance besteht wird stark diskutiert.[658] Als Grundlage hierfür wird bspw. § 130 OWiG herangezogen. Gem. § 130 Abs. 1 OWiG hat der Inhaber eines Betriebs oder Unternehmens erforderliche Maßnahmen zu treffen, um Zuwiderhandlungen gegen bestehende Pflichten zu verhindern. Zu seinen Sorgfaltspflichten gehört es mithin, seinen Betrieb oder sein Unternehmen dahingehend zu beaufsichtigen, dass keine Pflichtverletzungen erfolgen. Kommt es gleichwohl zu Zuwiderhandlungen, die durch gehörige Aufsicht verhindert oder wesentlich erschwert worden wären, wird er mit einem Bußgeld belegt. Problematisch bei der Heranziehung von § 130 OWiG zur Begründungen einer Pflicht zur Errichtung von Compliance-Maßnahmen ist, dass nicht ausdrücklich eine entsprechende Verpflichtung vorgeschrieben wird; vielmehr wird das Bestehen einer solchen vorausgesetzt, sodass diese Norm zur Übertragbarkeit lediglich mittelbar herangezogen werden kann.[659] Zudem werden zwar die Folgen einer unterlassenen Aufsicht beschrieben, die Norm beinhaltet hingegen keine ausdrücklichen Regelungen hinsichtlich eines bestimmten Verhaltens,[660] wie dies bspw. im Bereich des Wertpapierhandels,[661] des Immissionsschutzes[662] oder für Kreditinstitute[663] und Versicherungsunternehmen[664] der Fall ist. Die h.M. sieht in § 130 OWiG daher keine Grundlage für eine branchenunabhängige Compliance-Organisationspflicht.[665] Durch unterschiedliche branchen- und unternehmensspezifische Risiken kann nur im Einzelfall[666] entschieden werden,

---

657 Für die AG vgl. *Immenga*, in: FS Schwark, 199, 202 f.; *Winter*, in: FS Hüffer, 1103, 1104; *Verse*, ZHR 175, 2011, 401, 404; *Merkt*, ZIP 2014, 1705, 1707.

658 Die Frage nach einer branchenunabhängigen Rechtspflicht wird in der Literatur weiterhin diskutiert, vgl. *Hauschka/Moosmayer/Lösler*, Corporate Compliance, § 1 Rn. 30 f.; *Bachmann*, Gesellschaftsrecht in der Diskussion 2007, 65, 67 ff.

659 Vgl. *Merkt*, ZIP 2014, 1705, 1707.

660 Vgl. *Kretschmer*, StraFo 2012, 259, 263.

661 § 80 WpHG.

662 § 52a BImSchG.

663 § 25a KWG.

664 § 29 VAG.

665 Vgl. *Petermann*, in: Eisele/Koch/Theile, Der Sanktionsdurchgriff im Unternehmensverbund, 99, 109 ff.; *Krause*, StraFo 2011, 437, 438; *Kretschmer*, StraFo 2012, 259, 263; *Hauschka/Moosmayer/Lösler*, Corporate Compliance, § 1 Rn. 30 ff.; *Bürkle*, BB 2005, 565, 568 f.; *Hauschka*, ZIP 2004, 877, 878. A.A. *Schneider*, ZIP 2003, 645, 649, *Schneider/v. Buttlar*, ZIP 2004, 1621, 1622 (für eine mittelbare Herleitung).

666 Vgl. KK OWiG/*Rogall*, § 130 Rn. 39 ff.; *Adam*, wistra 2003, 285, 288 f.; *Moosmayer*, Compliance – Praxisleitfaden für Unternehmen, B I 1 Rn. 10; Müller-Gugenberger/

welche jeweiligen Maßnahmen zu ergreifen sind. Die Rechtsprechung[667] macht den Umfang der Aufsichtsmaßnahmen dabei abhängig von der Art, Größe und Organisation des Betriebs, der praktischen Durchführbarkeit der Überwachung, der Vielfalt und Bedeutung der zu beachtenden Vorschriften und der Gefahr der Verletzung sowie der Art und Häufigkeit von Verletzungen in der Vergangenheit.[668] Für den Verein ergeben sich somit aus § 130 OWiG zwar generelle Aufsichts- und Organisationspflichten, diese gelten jedoch lediglich im Außenverhältnis.[669] Angaben für eine interne Compliance-Pflicht fehlen.

Als allgemeingültige Rechtsgrundlage einer Compliance-Pflicht könnte ebenfalls der Referentenentwurf des BMJV in Betracht kommen. Dieser findet zwar in seiner aktuellen Fassung keine Anwendung auf Idealvereine, könnte jedoch gleichwohl durch eine entsprechende Auslegung Indizcharakter besitzen. § 3 Abs. 1 Nr. 2 VerSanG-E nimmt eine Verbandsverantwortlichkeit an, wenn eine andere Person als eine Leitungsperson in Wahrnehmung der Angelegenheiten des Verbands eine Verbandstat begangen hat und die Leitungspersonen des Verbands die Straftat durch angemessene Vorkehrungen zur Vermeidung von Verbandstaten wie insb. Organisation, Auswahl, Anleitung und Aufsicht hätten verhindern oder wesentlich erschweren können. Die Zurechnung des strafbaren Verhaltens der handelnden Person erfolgt somit nur in Fällen, in denen die Tat durch angemessene Maßnahmen hätte verhindert oder erschwert werden können. Gleichwohl ergibt sich aus dem VerSanG-E keine unmittelbare Pflicht zur Implementierung von Compliance-Maßnahmen. Bei der Prüfung von § 3 Abs. 1 Nr. 2 VerSanG-E wird lediglich eine hypothetische Untersuchung vorgenommen, inwieweit „angemessene Vorkehrungen" die Straftat verhindert oder erschwert hätten. Die Entwurfsbegründung nennt hierfür exemplarisch[670] Compliance-Maßnahmen, durch die den bestehenden Leitungs-, Koordinations-,

---

Schmid/Friedrich, Wirtschaftsstrafrecht, § 30 Rn. 142. So hat es i.E. auch das LG München I, NZWiSt 2014, 183 ff., für die Errichtung eines Compliance-Systems für eine Aktiengesellschaft auf Grundlage von §§ 76 Abs. 1, 93 Abs. 1 AktG gesehen, siehe sogleich in Kapitel E, II, 1, b.

667 Vgl. OLG Düsseldorf, wistra 1999, 115, 116; OLG Zweibrücken, NStZ-RR 1998, 311, 312; OLG Düsseldorf, wistra 1991, 38, 39.

668 Vgl. OLG Düsseldorf, Beschluss v. 12.11.1998, Az. 2 Ss (OWi) 385/98 – (OWi) 112/98 III, juris.

669 *Larisch/von Hesberg*, CCZ 2017, 17, 20; *Koch*, WM 2009, 1013, 1015; *Grützner/Leisch*, DB 2012, 787, 790.

670 Die Entwurfsbegründung spricht von „insbesondere", Begründung zum VerSanG-E, S. 79.

Organisations- und Kontrollpflichten nachgekommen werden kann. Wie bei § 130 OWiG werden auch in diesem Rahmen keine einzelnen Verhaltensmaßnahmen vorgeschrieben. Die Entwurfsbegründung nennt hierzu lediglich Maßnahmen der Organisation, die rechtlich zulässig, geeignet und notwendig sind, ohne dass das Maß des Zumutbaren überschritten wird;[671] eine unmittelbare Pflicht zur Schaffung eines Compliance-Programms beinhaltet der Tatbestand hingegen nicht.[672] Vielmehr hängt auch hier der Umfang der erforderlichen Maßnahmen insb. ab von der Art, Größe und Organisation eines Unternehmens, der Gefährlichkeit des Unternehmensgegenstandes, der Anzahl der Mitarbeiter, den zu beachtenden Vorschriften sowie dem Risiko ihrer Verletzung.[673] Auch spricht § 15 Abs. 3 Nr. 6, 7 VerSanG-E gegen eine allgemeine Pflicht: Getroffene Vorkehrungen zur Vermeidung und Aufdeckung von Verbandstaten werden hiernach lediglich im Rahmen der Strafzumessung berücksichtigt. Die Regelungen des VerSanG-E bieten den Verbänden, die in den Anwendungsbereich fallen, somit zwar einen Anreiz, Compliance-Vorkehrungen zu treffen, zu einer Begründung einer (allgemeingültigen) Compliance-Pflicht führen sie hingegen nicht.

Welche rechtliche Grundlage stattdessen zur Begründung einer Compliance-Pflicht des Vereins herangezogen werden kann, wird im Folgenden untersucht.

1. Analogie aus aktienrechtlichen Vorschriften

Die Compliance-Pflicht für Vereine wird überwiegend durch eine analoge Anwendung aktienrechtlicher Vorschriften hergeleitet.[674] In Betracht kommt hier sowohl die Heranziehung des Deutschen Corporate Governance Kodex (DCGK) als auch die Übertragung entsprechender Vorschriften aus dem Aktiengesetz (AktG).

a. DCGK

Der Vorstand börsennotierter Unternehmen hat nach Ziff. 4.1.3 S. 1 DCGK für die Einhaltung der gesetzlichen Bestimmungen und der unternehmensinternen Richtlinien zu sorgen und auf deren Beachtung durch die Konzernunternehmen

671 Begründung zum VerSanG-E, S. 78.

672 Begründung zum VerSanG-E, S. 79.

673 Begründung zum VerSanG-E, S. 79.

674 Vgl. auch *Schockenhoff*, NZG 2019, 281, 282; *Larisch/von Hesberg*, CCZ 2017, 17, 20; *Engel/Hesselbarth*; CB 2015, 1, 2 f. Vgl. zur Herleitung der Compliance-Pflicht in der AG *Fleischer*, NZG 2014, 321, 322; *ders.*, BB 2008, 1070, 1072; *Bachmann*, Gesellschaftsrecht in der Diskussion 2007, 65 ff.; *Bicker*, AG 2012, 542, 543.

hinzuwirken.[675] Zudem besteht nach Ziff. 4.1.3 S. 2 DCGK die Verpflichtung, für angemessene, an der Risikolage des Unternehmens ausgerichtete Maßnahmen zu sorgen und deren Grundzüge offenzulegen. Der DCGK entfaltet zwar keine Rechtsverbindlichkeit,[676] durch die Entsprechenserklärung zum DCGK gem. § 161 AktG sind Vorstand und Aufsichtsrat der AG jedoch faktisch verpflichtet, die entsprechenden Vorschriften umzusetzen. Eine Übertragbarkeit des DCGK auf Sportvereine lässt sich nicht ohne weiteres vornehmen. Der DCGK ist zugeschnitten auf börsennotierte Aktiengesellschaften und beachtet nicht die besonderen Strukturen anderer Unternehmens- oder Gesellschaftsformen. Der DCGK findet im Sportbereich nur auf die Vereinsabteilungen Anwendung, die als Aktiengesellschaften aus dem Verein ausgegliedert sind. Der nicht in diesem Umfang wirtschaftlich tätig werdende Verein unterfällt aufgrund der unterschiedlichen Struktur und Ausrichtung nicht dem DCGK.

b. Aktiengesetz

Innerhalb des Aktiengesetzes besteht keine ausdrückliche Regelung, aus der sich eine allgemeine Compliance-Pflicht der Aktiengesellschaft ergibt. Die allgemeine Leitungspflicht aus § 76 Abs. 1 AktG schreibt dem Vorstand der Aktiengesellschaft jedoch vor, die Gesellschaft unter eigener Verantwortung zu leiten. Hierbei hat er gem. § 93 Abs. 1 AktG die Sorgfalt eines ordentlichen und gewissenhaften Geschäftsleiters anzuwenden. Aus dieser Verpflichtung leitet die h.M. die Legalitätspflicht[677] des Vorstands ab, d.h. dessen Leitungsaufgaben beinhalten die Pflicht, sich stets gesetzestreu zu verhalten, intern seine sich aus dem Aktiengesetz ergebenen Pflichten gegenüber der Gesellschaft zu erfüllen und sich extern gegenüber Dritten ebenfalls pflichtentreu zu verhalten.[678] Die Legalitätspflicht, die grds. nur gegenüber der Gesellschaft besteht,[679] führt dazu, dass der Vorstand gleichwohl keine Gesetzesverstöße „nach außen" begehen darf, auch wenn die Ergebnisse der Tat für die Gesellschaft vorteilhaft wären.[680] Zu den Sorgfaltspflichten eines ordentlichen und gewissenhaften Vorstands gehört jedoch nicht nur die eigene Rechtstreue, sondern ebenfalls die Pflicht, Schäden

---

675 Vgl. hierzu auch Spindler/Stilz/*Fleischer*, AktG, § 91 Rn. 52.
676 Vgl. MüKoAktG/*W. Goette*, § 161 Rn. 22 m.w.N.
677 Vgl. BGHSt 55, 266 = NJW 2010, 3458, 3460 (Rn. 29); Hüffer/*Koch*, AktG, § 93 Rn. 6; *Hölters*, AktG, § 93 Rn. 54; MüKoAktG/*Spindler*, § 93 Rn. 86 f.
678 *Hoffmann/Schieffer*, NZG 2017, 401, 402.
679 BGHZ 194, 26 = NZG 2012, 992; BGHZ 201, 344 = NZG 2014, 991 (Rn. 23).
680 *Meyer*, DB 2014, 1063.

von der Gesellschaft fern zu halten.[681] Hierzu hat er aktiv Vorkehrungen zu treffen, um Rechtsverstöße, die von Unternehmensangehörigen ausgehen, zu verhindern (Legalitätskontrollpflicht).[682] Wie diese Vorkehrungen auszusehen haben, schreibt das Gesetz jedoch nur in § 91 Abs. 2 AktG ausdrücklich vor. Hiernach wird der Vorstand einer Aktiengesellschaft verpflichtet, geeignete Maßnahmen zu treffen, insbesondere ein Überwachungssystem einzurichten, damit den Fortbestand der Gesellschaft gefährdende Entwicklungen früh erkannt werden. Diese Vorgaben betreffen jedoch schon dem Wortlaut nach nur Maßnahmen, die zur Existenzsicherung des Unternehmens erforderlich sind. Es handelt sich somit nur um einen Bestandteil einer allgemeinen, übergreifenden Pflicht.[683] Wie die Ausgestaltung der Legalitätskontrollpflicht im Rahmen des Sorgfaltsmaßstabs aus § 93 Abs. 1 AktG[684] darüber hinaus auch hinsichtlich geringerer Risiken erfolgen kann, insb. nach welchen Kriterien sich der Umfang der Vorkehrungen bestimmt, wird im Folgenden exemplarisch am Beispiel des Siemens/Neubürger-Urteils[685] verdeutlicht.

Dem Urteil des LG München I lag folgender Sachverhalt zugrunde: Heinz-Joachim Neubürger war in den Jahren 1998 bis 2006 Vorstandsmitglied der Siemens AG und führte die Zentralabteilung Finanzen. In dieser Zeit (und auch schon in den Jahren zuvor) hatte sich im Unternehmen ein System der „schwarzen Kassen" entwickelt, welches später abgelöst wurde durch das Eingehen von Beraterverträgen zum Schein, wodurch die erfolgten Korruptionszahlungen verschleiert werden sollten. Auch nachdem der Vorstand der Siemens AG wiederholt darauf aufmerksam gemacht wurde, dass eine Vielzahl von Bestechungsfällen im Ausland vorläge und die Organisation des Compliance-Systems mangelhaft sei, wurden keine entsprechenden Schritte eingeleitet. Zur Aufklärung des Systems der „schwarzen Kassen" engagierte das Unternehmen schließlich eine US-amerikanische Anwaltskanzlei, der für ihre Arbeit ein Honorar von 12,97 Millionen EUR gezahlt wurde. Nachdem Heinz-Joachim Neubürger eine Vergleichslösung mit dem Aufsichtsrat der Siemens AG ablehnte, machte die Siemens AG einen Anspruch auf Schadenersatz i.H.d. Anwaltshonorars (zuzüglich

681 Umfasst sind Schäden unabhängig von der Größe des Schadenspotentials, vgl. *Paefgen*, WM 2016, 433, 437.

682 *Immenga*, in: FS Schwark, 199, 202 f.; *Winter*, in: FS Hüffer, 1103, 1104; *Verse*, ZHR 175, 2011, 401, 404; *Merkt*, ZIP 2014, 1705, 1707; *Reichert/Ott*, NZG 2014, 241; *Paefgen*, WM 2016, 433, 437.

683 MüKoAktG/*Spindler*, § 91 Rn. 18.

684 *Stöber/Otto*, Handbuch zum Vereinsrecht, Rn. 469; *Ehlers*, NJW 2011, 2689.

685 LG München I, NZWiSt 2014, 183 ff. (Neubürger-Entscheidung).

einer Zahlung von 2,15 Millionen EUR wegen eines mutmaßlich unwirksamen Beratervertrags) geltend.

Das LG München I hat in seiner Entscheidung eine Verletzung des Sorgfaltsmaßstabes des § 93 Abs. 1 AktG festgestellt und eine Haftung nach § 93 Abs. 2 S. 1 AktG bejaht. In der Urteilsbegründung wurden zunächst bereits bestehende Compliance-Pflichten der Aktiengesellschaft bestätigt und präzisiert und zudem detailliert beschrieben, wie die Compliance-Verantwortung eines Vorstandmitglieds auszugestalten sei. Aus der organschaftlichen Legalitätspflicht des Vorstands ergebe sich die Pflicht, Sorge zu tragen, dass das Unternehmen so organisiert und beaufsichtigt werde, dass keine Gesetzesverletzungen stattfinden. Die Legalitätspflicht umfasse dabei auch eine Legalitätskontrollpflicht anderer Personen.[686] Um dieser nachzukommen, müssen geeignete organisatorische Maßnahmen geschaffen werden, die für ein gesetzestreues Verhalten nachgeordneter Unternehmensmitglieder sorgen.[687] Grundlage hierfür sei zunächst § 91 Abs. 2 AktG, wonach der Vorstand ein Überwachungssystem zu installieren habe, damit den Fortbestand der Gesellschaft gefährdende Entwicklungen früh erkannt werden. Dieser Organisationspflicht genüge der Vorstand nur dann, wenn er eine auf Schadensprävention und Risikokontrolle angelegte Compliance-Organisation einrichte.[688] Der Umfang der Organisationspflicht richte sich dabei im jeweiligen Einzelfall nach der Gefährdungslage und der „Art, Größe, und Organisation des Unternehmens, (den) zu beachtenden Vorschriften, (der) geographischen Präsenz wie auch (den) Verdachtsfälle(n) aus der Vergangenheit“[689].[690]

In Hinblick auf die Frage, inwieweit sich die Compliance-Pflichten des Vorstands einer Aktiengesellschaft[691] auf den Verein übertragen lassen, ist eine

686 Vgl. *Arnold*, ZGR 2014, 76, 79; *Fleischer*, CCZ 2008, 1, 2.

687 Vgl. BGH NZG 2013, 293, 295 (Rn. 22), „Vorstandsmitglieder verletzen ihre Pflichten nicht nur dann, wenn sie eigenhändig tätig werden oder Kollegialentscheidungen treffen, sondern auch, wenn sie pflichtwidrige Handlungen anderer Vorstandsmitglieder oder von Mitarbeitern anregen oder pflichtwidrig nicht dagegen einschreiten.“

688 LG München I, NZWiSt 2014, 183, 187. Die Entscheidung, ob sich diese Pflicht aus § 91 Abs. 2 AktG oder aus §§ 76 Abs. 1, 93 Abs. 1 AktG ergibt, ließ das LG dabei offen.

689 LG München I, NZWiSt 2014, 183, 187.

690 Für die Anwendbarkeit der Business Judgment Rule auch *Larisch/von Hesberg*, CCZ 2017, 17, 18; *Oppenheim*, DStR 2014, 1063, 1065; *Meyer*, DB 2014, 1063, 1065; *Seibt/Cziupka*, DB 2014, 1598, 1599 (Fn. 21); *Paefgen*, WM 2016, 433, 437; a.A. *Bachmann*, ZIP 2014, 579, 580 ("Reduktion auf Null").

691 Vgl. hierzu auch *Berg*, AG 2007, 271, 274 ff.; *Spindler*, WM 2008, 905, 906 f.; *Schwintowski*, NZG 2005, 200, 201 f.

entsprechende Vergleichbarkeit von Aktiengesellschaft und Verein herzustellen. Hierbei kann auch die Gesetzesbegründung[692] des § 91 Abs. 2 AktG herangezogen werden, welche eine Ausstrahlungswirkung der Vorschrift auch auf andere Gesellschaftsformen sieht.[693] Die Bundesregierung hat mit dem Gesetz zur Kontrolle und Transparenz im Unternehmensbereich (KonTraG) in § 91 AktG einen Abs. 2 eingeführt, wodurch der Vorstand verpflichtet wird, für ein angemessenes Risikomanagement und für eine angemessene interne Revision zu sorgen. Gleichzeitig wurde festgestellt, dass eine entsprechende Regelung für die GmbH nicht aufgenommen werden soll, dass jedoch davon auszugehen sei, dass für Gesellschaften mit beschränkter Haftung je nach Größe, Komplexität der Struktur usw. nichts anderes gelte und die Neuregelung „Ausstrahlungswirkung auf den Pflichtenrahmen der Geschäftsführer auch anderer Gesellschaftsformen“ habe.[694]

Um zu prüfen, ob die Ausstrahlungswirkung auch auf den Verein wirkt, müssen die Strukturen von Aktiengesellschaft und Verein verglichen werden. Eine allgemeine Vergleichbarkeit lässt sich schwer herstellen. Ein entscheidender Unterschied liegt in der jeweiligen Zweckrichtung. Während die Aktiengesellschaft darauf angelegt ist, am Kapitalmarkt tätig zu sein, liegt der Zweck eines Sportvereins zuvorderst in der Förderung des Sports.[695] Zwar steht auch dem Sportverein im Wege des Nebenzweckprivilegs ein gewisses wirtschaftliches Tätigwerden zu; hieraus erzielte Einnahmen dürfen jedoch nur zur Erreichung des Vereinszwecks eingesetzt werden.[696] Vereinsmitglieder werden somit nicht am Wirtschaftsbetrieb des Sportvereins beteiligt.[697] Bei der Aktiengesellschaft hingegen besteht eine solche Beteiligung der Aktionäre.[698] Ein weiterer Unterschied zeigt sich hinsichtlich der Mitgliederversammlung: Während der Vorstand einer Aktiengesellschaft eigenverantwortlich und von den Aktionären weitestgehend unabhängig handeln kann,[699] wird der Vorstand eines Vereins von der Mitgliederversammlung gewählt und untersteht grds. deren Weisungsrecht,[700] insb.

692 BT-Drs. 13/9712, S. 15.

693 Vgl. auch *Merkt*, ZIP 2014, 1705, 1712; *Drygala/Drygala*, ZIP 2000, 297, 300; *Fleischer*, GmbHR 2008, 673, 678.

694 BT-Drs. 13/9712, S. 15.

695 Siehe hierzu ausführlich Kapitel E, II, 2.

696 Siehe Kapitel B, I, 4, b.

697 Vgl. auch § 55 Abs. 1 Nr. 1 S. 2 AO.

698 Vgl. z.B. §§ 58 Abs. 4, 60, 186 Abs. 1 AktG.

699 Vgl. § 76 Abs. 1 AktG, *Larisch/von Hesberg*, CCZ 2017, 17, 20.

700 Siehe Kapitel B, I, 1, b, bb.

bei risikobehafteten und besonders bedeutsamen Geschäften.[701] Die Mitgliederversammlung kann somit grds. jederzeit von ihrer Geschäftsführungskompetenz Gebrauch machen.[702] Entscheidend ist i.E. die Aufgabenbestimmung in der jeweiligen Satzung.[703] Daher sprechen gute Gründe gegen eine generelle analoge Anwendung der aktienrechtlichen Vorgaben auf den Verein. Etwas Anderes kann nur dann angenommen werden, wenn sich der Verein durch Größe, Struktur, Ausrichtung, Professionalität oder Umsatz einer Aktiengesellschaft annähert.[704] Insb. in Großvereinen existieren Satzungsbestimmungen, die eine Ersetzung der Mitgliederversammlung durch Vertreter- bzw. Delegiertenversammlungen[705] regeln.[706] Indem ein gewählter Delegierter sodann mit seiner Stimme eine Vielzahl von Mitgliedern vertritt, werden die Rechte des einzelnen Mitglieds auf ein Minimum reduziert.[707] Eine Angleichung kann bspw. auch dann vorliegen, wenn sich die Organisationsstruktur der einer Aktiengesellschaft ähnelt, wenn etwa durch eine satzungsmäßige Implementierung ein Aufsichtsorgan dem eigenständig handelnden Vereinsvorstand vorgesetzt wird oder dem Verein eine „gesamtwirtschaftliche Bedeutung" zukommt.[708] Eine „gesamtwirtschaftliche Bedeutung" liegt dann vor, wenn die Voraussetzungen aus dem HGB an eine Kapitalgesellschaft (§ 267 HGB) auch beim Verein angenommen werden können.[709] Insbesondere im Bereich des Profisports kann eine solche Vergleichbarkeit durchaus bestehen.[710] Als Vergleichsobjekt kann dabei

---

701 *Kreißig*, Der Sportverein in Krise und Insolvenz, S. 35.

702 Vgl. MüKoBGB/*Leuschner*, § 27 Rn. 37.

703 Bspw. schreibt § 13 DOSB-Satzung der Mitgliederversammlung eher grundlegende Aufgaben zu, z.B. nach Ziff. a) die Entscheidungen in grundsätzlichen Angelegenheiten, die die Sportorganisation oder die Sportpolitik betreffen.

704 Vgl. auch *Larisch/von Hesberg*, CCZ 2017, 17, 20; *Merkt*, ZIP 2014, 1705, 1708 ff. Vgl. für die GmbH *Drygala/Drygala*, ZIP 2000, 297, 301; *Lutter*, GmbHR 2000, 301, 305; *Martin/Bär*, Grundzüge des Risikomanagements nach KonTraG, 2002, S. 39 ff.

705 Vgl. hierzu §§ 32, 38 S. 2, 40 S. 1 BGB.

706 Bspw. § 12 DOSB-Satzung. Vgl. auch *Larisch/von Hesberg*, CCZ 2017, 17, 20; *Engel/Hesselbarth*, CB 2014, 446, 447.

707 Vgl. *Larisch/von Hesberg*, CCZ 2017, 17, 20; *Engel/Hesselbarth*, CB 2014, 446, 447.

708 *Kreißig*, Der Sportverein in Krise und Insolvenz, S. 36.

709 *Kreißig*, Der Sportverein in Krise und Insolvenz, S. 36; *Drygala/Drygala*, ZIP 2000, 297, 302 (für die GmbH).

710 *Kreißig*, Der Sportverein in Krise und Insolvenz, S. 36; Wadsack/*Cherkeh*/v. Büdingen/Hamel, Krisenmanagement in Sportbetrieben, S. 114; für den Profifußball vgl. *Straub*, Wirtschaftliche Kontrollmaßnahmen und verbandsrechtliche Sanktionen zur Sicherung des sportlichen Wettbewerbs im Fußball, S. 65 ff.

eine mittelgroße Kapitalgesellschaft (§ 267 Abs. 2 HGB) herangezogen werden, da diese bereits mit einem Profisportteam vergleichbar aufgestellt ist.[711] Bei Sportvereinen, die diesen Voraussetzungen entsprechen, kann daher bei der Frage nach einer Compliance-Pflicht auf die bestehenden Regelungen des Aktienrechts[712] und die in der Neubürger-Entscheidung aufgestellten Kriterien[713] zurückgegriffen werden. In der Praxis werden hingegen die wenigsten Sportvereine unter diese Vorgaben fallen, in Betracht kommen dabei nur die Vereine, die eine ausgeprägte Professionalisierung aufweisen können. Insb. die Erfüllung des Vereinszwecks wird zumeist gegen eine Vergleichbarkeit sprechen. Eine Übertragbarkeit kommt daher nur in Einzelfällen in Betracht, eine Anwendung auf kleinere Vereine oder Verbände ist aufgrund der unterschiedlichen Strukturen zur Aktiengesellschaft stets abzulehnen.

2. § 27 Abs. 3 BGB

Eine Compliance-Pflicht für alle Größen und Formen von Vereinen lässt sich über eine analoge Anwendung bestehender aktienrechtlicher Vorschriften nicht herleiten. Es kann jedoch festgehalten werden, dass sich die Pflicht zur Compliance des Vorstands einer Aktiengesellschaft aus seiner allgemeinen Leitungspflicht ergibt. Da auch das Vereinsrecht keine konkrete Regelung zur Compliance-Pflicht aufweist,[714] ist zu prüfen, inwieweit die Leitungspflichten eines Vereinsvorstands eine entsprechende Pflicht beinhalten. Grundlage hierfür ist § 27 Abs. 3 BGB, wonach die Geschäftsführung dem Vorstand obliegt.[715] Eine ausdrückliche Ausgestaltung der hiermit einhergehenden Pflichten ist zwar nicht enthalten,[716] gleichwohl kann die normierte Geschäftsführung dahingehend ausgelegt werden, dass hierdurch die Rechte und Pflichten der

711 Wadsack/*Cherkeh*/v. Büdingen/Hamel, Krisenmanagement in Sportbetrieben, S. 114; Anders *Kreißig*, Der Sportverein in Krise und Insolvenz, S. 36, der einen Vergleich mit einer großen Kapitalgesellschaft zieht.

712 Vgl. *Stöber/Otto*, Handbuch zum Vereinsrecht, Rn. 469.

713 *Engel/Hesselbarth*, CB 2015, 1, 3.

714 Auch andere Personenverbände wie bspw. die GbR, Handelsgesellschaft oder Genossenschaft besitzen keine spezialgesetzlichen, ausdrücklichen Vorgaben.

715 Eine Delegation der Pflicht auf einen besonderen Vertreter ist möglich, siehe Kapitel E, III.

716 Vgl. auch Wadsack/*Cherkeh*/v. Büdingen/Hamel, Krisenmanagement in Sportbetrieben, S. 111 f.

Vorstandsmitglieder begründet werden, die Geschäfte des Vereins zu führen[717] und stets zum Vorteil und im Interesse des Vereins zu handeln,[718] d.h. Schäden vom Verein fernzuhalten.[719] Eine konkrete Regelung zur Bestimmung des anzuwendenden Sorgfaltsmaßstabs und somit zur Festlegung der erforderlichen Sorgfaltspflichten, wie bspw. in § 93 Abs. 1 S. 1 AktG, § 43 Abs. 1 GmbHG oder § 34 Abs. 1 S. 1 GenG, fehlt im Vereinsrecht.[720] Durch den Verweis in § 27 Abs. 3 BGB auf die Normen des Auftragsrechts in §§ 664 ff. BGB hat der Vorstand daher die Geschäfte mit der Sorgfalt eines „ordentlichen Beauftragten" zu führen.[721] Zur Bestimmung dieser Sorgfaltspflicht für den Vorstand eines Sportvereins müssen dessen Besonderheiten herangezogen werden,[722] um entscheiden zu können, ob die Sorgfalt eine Pflicht zur Compliance beinhaltet. Zu nennen ist hier insb. die Förderung des Vereinszwecks.

Der Vereinszweck sämtlicher Sportverbände und -vereine umfasst – in teils unterschiedlichen Formulierungen – die Förderung des Sports.[723] Diese allgemeine und erst einmal sehr weit gefasste Zielsetzung wird vielmals im Anschluss weiter beschrieben und beinhaltet Aufgaben wie die Schaffung eines Zugangs zur Sportausübung für jedermann oder die Ausrichtung von sportlichen Wettkämpfen. Insb. in den Satzungen der übergeordneten Sportverbände finden sich darüber hinaus explizite Verpflichtungen, Doping und Spielmanipulationen mit geeigneten Maßnahmen zu bekämpfen.[724] Beinhaltet der Vereinszweck eines

---

717 MüKoBGB/*Leuschner*, § 27 Rn. 35; Palandt/*Ellenberger*, BGB, § 27 Rn. 4; Krieger/Schneider/*Burgard*, Handbuch Managerhaftung, § 6 Rn. 6.10 mit weiteren Ausführungen zu den übrigen Leitungsaufgaben des Vorstands, § 6 Rn. 11.

718 Vgl. auch unter dem Begriff „Treuepflicht" MüKoBGB/*Leuschner*, § 27 Rn. 41; BeckOGK/*Segna*, BGB, § 27 Rn. 76; Krieger/Schneider/*Burgard*, Handbuch Managerhaftung, § 6 Rn. 6.22 ff.; Schimke/Dauernheim/Reichert/*Wagner*, Vereins- und Verbandsrecht, Rn. 934.

719 Vgl. zur Pflicht zur Schadenabwehr BGH NJW-RR 1988, 745, 748; BeckOGK/*Segna*, BGB, § 27 Rn. 72.

720 Eine solche Regelung fehlt, da der Idealverein regelmäßig weniger wirtschaftliche Zwecke verfolgt, vgl. *Mugdan*, Die gesamten Materialien zum Bürgerlichen Gesetzbuch für das Deutsche Reich, Band I S. 613.

721 BGH NJW-RR 1986, 572, 574; vgl. auch LG Kaiserslautern, SpuRt 2006, 79; Krieger/Schneider/*Burgard*, Handbuch Managerhaftung, § 6 Rn. 6.33.

722 Vgl. auch *Stöber/Otto*, Handbuch zum Vereinsrecht, Rn. 469; *Larisch/von Hesberg*, CCZ 2017, 17, 20, die bei der Bestimmung des Sorgfaltsmaßstabs die Vielfalt der Vereinstätigkeit und des Vereinslebens berücksichtigen.

723 Vgl. hierfür beispielhaft die Satzungen des DVL, BDR, DOSB, DFB.

724 Vgl. bspw. die Satzungen des DVL, BDR, DOSB, DFB.

Sportvereins bereits die Aufgabe, gegen korruptives Verhalten wie Doping und Spielmanipulation vorzugehen, ergibt sich hieraus die Verpflichtung, entsprechende Maßnahmen vorzunehmen.

Auch ohne eine entsprechende ausdrückliche Zielsetzung kann aus anderen selbstgesetzten Aufgaben eine entsprechende Pflicht hergeleitet werden. Verpflichtet sich der Verband oder Verein bspw. in seiner Satzung dazu, den Verein und die Sportart als solche nach außen hin zu vertreten, gegenüber anderen Verbänden, Organisationen, der Gesellschaft oder dem Staat, im In- wie im Ausland,[725] stellt sich dabei die Frage, in welcher Form er dies vornimmt oder vorzunehmen hat. Zweck einer solchen Vertretung ist, den Verein sowie die Sportart nach außen hin positiv zu repräsentieren. Hierdurch können neue Mitglieder gewonnen, potentielle Zuschauer aufmerksam gemacht oder mögliche Sponsoren akquiriert werden. Erforderlich für einen Zugewinn ist, dass die Authentizität des Sports im Allgemeinen und des Vereins im Besonderen außer Frage steht. Für Personen oder Unternehmen, die sich dem Verein anschließen wollen, ist es von herausragender Bedeutung, dass die Werte des Sports wie Leistungsbereitschaft, Fairness und Teamgeist überzeugend vorgelebt werden.[726] Diese Werte machen die Faszination des Sports aus: Für den Zuschauer liegt die Attraktivität eines Sports in einem fairen und unvorhersehbaren Wettkampf, Sponsoren erhoffen sich von einer Verbindung eine Übertragung des positiven Images des Sports auf ihr Unternehmen. Verlieren diese Werte an Gewicht, indem bspw. Doping und Spielmanipulation in einem Verein nicht bekämpft werden oder der Verein durch korruptive Vergaben von Veranstaltungsrechten auffällig wird, wird eine positive Präsentation des Sportvereins erheblich erschwert. Gleichzeitig kann es zu einer Einbuße der gesellschaftlichen sowie wirtschaftlichen Bedeutung des Vereins kommen, woraus auch finanzielle Schäden resultieren können. Um die Vorbildfunktion des Vereins aufrechtzuerhalten oder gar zu verstärken, gehört es bei entsprechender satzungsrechtlicher Regelung zu den Aufgaben eines Vorstandes, entsprechende Maßnahmen zur Verhinderung korruptiver Handlungen zu treffen.

Sollte es in der Vereinssatzung auch an einer Passage zur Repräsentation fehlen, ist zu prüfen, inwieweit sich aus der eingangs genannten, von sämtlichen Sportvereinen aufgerufenen allgemeinen Zielsetzung der Förderung des Sports die Aufgaben der Vereinsführung bestimmen lassen. Wenn von der Förderung

725 Vgl. bspw. (mit unterschiedlichen Ausführungen) die Satzungen des DVL, BDR, DOSB, DFB.

726 Vgl. hierzu und im Weiteren BT-Drs. 18/4898 und BT-Drs. 18/8831.

des Sports gesprochen wird, stellt sich die Frage, was Inhalt und Zweck des Sports im Allgemeinen sind. Zu den wichtigsten Werten des Sports gehört dessen Integrität.[727] Ohne eine unverfälschte und authentische Ausübung sowohl sportlicher Wettbewerbe als auch vorbereitender Trainingseinheiten lassen sich die elementaren Grundpfeiler des Sports der Chancengleichheit und Fairness nicht aufrechterhalten. Zu den in jeder Sportart aufgestellten Regeln gehört – wie selbstverständlich –, dass derjenige Sportler in einem Wettkampf gewinnt, der im Vergleich zu allen anderen Teilnehmern die beste Leistung erbracht hat. Es liegt in der Natur der sportlichen Vergleiche, dass sowohl der Verlauf als auch das Ergebnis nicht vorhersehbar sind. Wäre es anders, würde der Sport vollständig seine Glaubwürdigkeit verlieren.[728] Eine solche Unvorhersehbarkeit lässt sich nur erreichen, wenn alle Teilnehmer an einem Wettbewerb dieselben Grundvoraussetzungen besitzen. Diese Gleichheit kann durch Sportler insb. durch die Einnahme von Dopingmitteln mit anschließender Teilnahme an einem sportlichen Wettkampf vernichtet werden. Die durch das Dopingmittel hervorgerufene außergewöhnliche Leistungssteigerung führt zu einer ungerechtfertigten Besserstellung des jeweiligen Sportlers. Auch das Verschieben von Spielen setzt einen fairen Wettkampf außer Kraft. Durch die Absprache von Sportlern mit Außenstehenden, das Spielgeschehen in deren Sinne zu beeinflussen, und die anschließende Manipulation des regulären Spielablaufs kann ein gerechter Vergleich der gegeneinander antretenden Mannschaften nicht stattfinden. Die Integrität des Sports kann jedoch nicht nur im unmittelbaren Spielgeschehen verletzt werden. Auch außerhalb des Spielfeldes können in dessen unmittelbaren Umfeld korruptive Verhaltensweisen auftreten, welche das Ansehen der jeweiligen Sportart gefährden können. Insb. bei der Vergabe von Übertragungs- oder Austragungsrechten besteht die Gefahr von Bestechungshandlungen. Diese können auch bei Verhandlungen über Sponsorenverträge oder im Bereich der Klimapflege aufkommen. Der Satzungszweck der Förderung des Sports beinhaltet somit den Schutz dessen Integrität insb. in den aufgezeigten Bereichen. Der besondere Stellenwert der Integrität des Sports wird auch durch die Einstufung als schützenswertes Rechtsgut[729] durch die Einführung des Anti-Doping-Gesetzes und den Regelungen zur Spielmanipulation deutlich. Schreibt sich der Sportverein also auf die Fahnen, den Sport zu fördern, kann dies nicht ohne einen angemessenen

727 Vgl. hierzu und im Weiteren BT-Drs. 18/4898 und BT-Drs. 18/8831.
728 Vgl. auch *Hutz/Kaiser*, NZWiSt 2013, 379, 383.
729 Siehe zur Kritik an diesem Rechtsgut bereits Kapitel C, I, 1, a.

Schutz der genannten Werte erfolgen. Um dieser Schutzpflicht nachkommen zu können, hat der Vereinsvorstand entsprechende Maßnahmen zu errichten.

Weiterhin werden von Sportvereinen i.d.R. unmittelbar gemeinnützige Zwecke verfolgt.[730] Eine entsprechende Regelung findet sich in den entsprechenden Satzungen.[731] Die Gemeinnützigkeit kann gem. § 52 Abs. 1 S. 1 AO dahingehend bestimmt werden, dass Tätigkeiten umfasst sind, welche darauf gerichtet sind, die Allgemeinheit auf materiellem, geistigem oder sittlichem Gebiet selbstlos[732] zu fördern. Die Förderung des Sports ist dabei ausdrücklich in § 52 Abs. 2 Nr. 21 AO genannt.[733] Die Vereinsführung muss somit bei all ihren Handlungen darauf achten, die ausschließliche[734] und unmittelbare[735] Erfüllung der steuerbegünstigten Zwecke zu erreichen, § 63 Abs. 1 AO. Es ist dabei Aufgabe des Vorstands, stetig zu prüfen, ob der Verein weiterhin den Zweck des Idealvereins erfüllt oder sich bspw. in Richtung eines wirtschaftlichen Vereins entwickelt.[736] Kommt es zu Verstößen gegen Rechtsvorschriften, stehen diese der Gemeinnützigkeit grds. entgegen;[737] eine gemeinnützige Körperschaft muss sich wie jedes andere Rechtssubjekt an die Rechtsordnung halten.[738] Nicht jeder Verstoß führt jedoch

---

730 Durch die Verfolgung eines gemeinnützigen Zwecks werden Vereine von der Körperschaftssteuer (§ 5 Abs. 1 Nr. 9 S. 1 KStG), Gewerbesteuer (§ 3 Nr. 6 S. 1 GewStG), Erbschafts- und Schenkungssteuer (§ 13 Abs. 1 Nr. 16b S. 1 ErbStG) und Grundsteuer (§ 3 Abs. 1 S. 1 Nr. 3b GrStG) überwiegend befreit und hinsichtlich der Umsatzsteuer bevorzugt (§ 12 Abs. 2 Nr. 8a S. 1 UStG).

731 Die Verankerung des gemeinnützigen Zwecks ist nach §§ 59, 60 AO Voraussetzung für die Erlangung der Steuervergünstigung. Vgl. hierfür beispielhaft die Satzungen des DVL, BDR, DOSB, DFB.

732 Die Selbstlosigkeit bestimmt sich nach § 55 AO und liegt insb. vor, wenn in erster Linie keine eigenwirtschaftlichen Zwecke verfolgt werden. Ist die Tätigkeit in erster Linie auf die Mehrung des eigenen Vermögens angelegt, liegt Selbstlosigkeit nicht vor, vgl. AEAO Nr. 1 zu § 55 AO.

733 Vgl. zum Umfang der umfassten Sportarten AEAO Nr. 7 zu § 52 AO; vgl. auch Schimke/Dauernheim/Reichert/*Alvermann*, Vereins- und Verbandsrecht, Rn. 72 ff.

734 Die Ausschließlichkeit bestimmt sich nach § 56 AO und liegt vor, wenn eine Körperschaft nur ihre steuerbegünstigten satzungsmäßigen Zwecke verfolgt.

735 Die Unmittelbarkeit bestimmt sich nach § 57 Abs. 1 S. 1 AO und liegt vor, wenn die Körperschaft selbst die steuerbegünstigten satzungsmäßigen Zwecke verwirklicht. Die Unmittelbarkeit richtet sich für einen Dachverband nach § 57 Abs. 2 AO.

736 Vgl. *Grambow*, CB 2017, 45, 49: Bei einer Entwicklung in Richtung eines wirtschaftlichen Vereins kann die Ausgliederung des wirtschaftlichen Betriebes erfolgen oder eine komplette Umwandlung in eine Kapitalgesellschaft.

737 BFHE 197, 314 = DStR 2002, 166; BFHE 175, 484 = DStR 1995, 254.

738 BFHE 184, 226 = DStR 1998, 113.

zum Entzug der Gemeinnützigkeit.[739] Entscheidend sind der Schutzbereich der verletzten Norm und die Intensität der Verletzung: Bei einer Gesamtschau ist zu prüfen, ob die Gesamttätigkeit des Vereins nicht ausschließlich auf die Erfüllung des steuerbegünstigten Zwecks gerichtet ist.[740] Vor diesem Hintergrund gehört es zu den Aufgaben der Vereinsführung, den Satzungszweck der Gemeinnützigkeit des Vereins zu erhalten und der Gefahr von Rechtsverstößen durch korruptives Verhalten durch entsprechende Compliance zu begegnen.

3. Ergebnis

Eine Pflicht zur Compliance kann für den Sportverein aus der Leitungspflicht des Vorstands abgeleitet werden. Die Erreichung des Vereinszwecks[741] dient der Abwehr von Schäden und somit dem Interesse des Vereins. Der Umstand, dass entsprechende Risiken im Vereinsleben eine reelle und potentielle Gefahr darstellen[742] und mit einer fehlenden Compliance ein hohes Schadenspotential einhergeht,[743] spricht somit dafür, dass grds. zunächst sämtliche Vereine und Verbände,[744] unabhängig von Größe und Organisationsstruktur,[745] Compliance-Maßnahmen zur Schadensabwehr zu errichten haben. Der konkrete Umfang der erforderlichen Maßnahme ist dabei im Einzelfall zu bestimmen, hierbei können insb. die Faktoren Art und Größe des Vereins herangezogen werden.

Bei der Betrachtung der Art des Vereins stellt sich die Frage, ob bestimmte Sportbranchen ein größeres Gefährdungspotential für Gesetzesverletzungen aufweisen und daher ein größerer Aufwand an Organisationsmaßnahmen erforderlich ist. Auf den ersten Blick mag der Eindruck entstehen, dass Sportarten, die medial besonders stark vertreten sind, einer größeren Gefährdung ausgesetzt sind. Sportler in diesen Branchen stehen unter einem erhöhten Druck, immer wieder aufs Neue ihre Leistungen abzurufen oder sogar noch zu steigern. Die

---

739 Vgl. bspw. LG Frankfurt, SpuRt 2018, 274.

740 Koenig/*Koenig*, AO, § 63 Rn. 3; FG Münster, DStRE 2012, 802.

741 Vgl. zur Pflicht zur Verwirklichung des Vereinszwecks auch MüKoBGB/*Leuschner*, § 27 Rn. 40; *Stöber/Otto*, Handbuch zum Vereinsrecht, Rn. 374; Schimke/Dauernheim/Reichert/*Wagner*, Vereins- und Verbandsrecht, Rn. 2547; Krieger/Schneider/*Burgard*, Handbuch Managerhaftung, § 6 Rn. 6.10.

742 Siehe Kapitel C.

743 Siehe hierzu Kapitel F, II, 3, III, 1.

744 So i.E. auch Hauschka/Moosmayer/Lösler/*Brouwer*, Corporate Compliance, § 59 Rn. 46 f.; *Brouwer*, CCZ 2009, 161, 162; *Cherkeh*, npoR 2014, 101, 102; *Larisch/von Hesberg*, CCZ 2017, 17, 20.

745 So auch *Larisch/von Hesberg*, CCZ 2017, 17, 20; *Merkt*, ZIP 2014, 1705, 1707.

Wahrscheinlichkeit, dass diese Sportler bspw. unerlaubte Mittel zur Leistungssteigerung zu sich nehmen, könnte gesteigert sein. In Einzelfällen wird dies anzunehmen sein; eine allgemeingültige Feststellung dahingehend lässt sich hingegen nicht treffen. Im Gegenteil wird die Einnahme von Dopingmitteln vermehrt dort auftauchen, wo die Kameras nicht so genau hinschauen; sei es, um sich selbst voran oder den eigenen Sport verstärkt in den Mittelpunkt zu bringen, sei es in der Hoffnung, dass durch die fehlende mediale Präsenz schlicht niemand von der Dopingeinnahme Kenntnis erlangt. Die gleiche Argumentation kann auch auf andere korruptive Verhaltensweisen übertragen werden. Entscheidend ist somit stets die konkret bestehende Betrachtung der Gefährdungslage im Einzelfall. Ebenso verhält es sich mit der Größe des Vereins. Grds. bieten größere Vereine mit einer höheren Mitgliederanzahl eine stärkere Wahrscheinlichkeit, dass ein einzelnes Mitglied durch ein Fehlverhalten auffällig wird und den Verein somit gefährdet. Gleichwohl muss auch hier im Einzelfall entschieden werden, ob die jeweilige Situation im Verein einen größeren oder kleineren Umfang an Maßnahmen erforderlich macht.

III. Übertragbarkeit der Compliance-Pflicht

Nachdem die Compliance-Pflicht des Vereins festgestellt wurde, stellt sich die Frage, welche Personen zur Ausübung derselben verpflichtet sind. Primär obliegt die Pflicht zur Compliance der Unternehmensleitung, so hat es das Landgericht München I für die Aktiengesellschaft festgestellt.[746] Dies ergibt sich aus der dogmatischen Einordnung der Compliance als Leitungsaufgabe i.S.d. § 76 Abs. 1 AktG, wonach eine Delegation der Verantwortung als solche nicht möglich ist.[747] Der Kernbereich der Compliance muss also vom Vorstand ausgeübt werden. Hierzu gehört, bei einer entsprechenden Gefährdungslage,[748] die Etablierung eines Compliance-Management-Systems. Die Vorbereitung und Umsetzung dieses Systems kann zwar delegiert werden,[749] bspw. an einen Compliance-Beauftragten, eine Gesamtüberwachungspflicht verbleibt jedoch beim Vorstand.[750] Auch im Verein richtet sich die Pflicht zur Compliance an den

---

746 LG München I, NZWiSt 2014, 183 ff.; „Compliance ist Chef-Sache", *Lösler*, WM 2007, 676, 679; *Fleischer*, CCZ 2008, 1, 3.

747 Vgl. *Fleischer*, NZG 2014, 321, 323.

748 LG München I, NZWiSt 2014, 183, 187.

749 *Larisch/von Hesberg*, CCZ 2017, 17, 19.

750 Vgl. *Larisch/von Hesberg*, CCZ 2017, 17, 19; *Fleischer*, CCZ 2008, 1, 3. Umfasst sind u.a. Auswahl-, Instruktions-, Kontroll- und Aufsichtspflichten.

Vorstand. Dieser ist nach dem Prinzip der Allzuständigkeit verantwortlich für alle Angelegenheiten des Vereins.[751] Gleichwohl ist auch im Verein eine Delegation der Compliance-Pflicht möglich.

Bei einer horizontalen Übertragung der Compliance-Pflichten kann durch eine entsprechende Ressortaufteilung von dem in § 26 Abs. 2 S. 1 BGB vorgeschriebenen Mehrheitsprinzip abgewichen werden (§ 40 BGB), wenn in der Satzung entsprechende Regelungen getroffen werden.[752] Der Vereinsvorstand wird somit berechtigt, die Verwaltungsaufgaben der Geschäftsführung (und somit auch die Compliance-Pflicht) in verschiedene Ressorts aufzuteilen[753] und einem einzelnen Mitglied des Vorstands die Verantwortung über die Ausführung der Compliance-Maßnahmen zu übertragen.[754]

Auf vertikaler Ebene kann die Verantwortung zur Compliance nach § 30 S. 1 BGB an einen besonderen Vertreter delegiert werden. Dies kann bspw. durch eine Satzungsbestimmung oder eine interne Ressortverteilung erfolgen.[755] Umstritten ist hierbei, ob dem besonderen Vertreter nur einzelne, konkretisierte Aufgaben übertragen werden dürfen oder ob er sämtliche „Geschäfte der laufenden Verwaltung" übernehmen kann.[756] Für die Frage der Delegation der Ausführung der Compliance-Pflicht an einen besonderen Vertreter (bspw. einen Compliance-Beauftragten) kann jedoch auch nach der engeren Auslegung geschlussfolgert werden, dass eine solche Beauftragung möglich ist. Die Satzung kann ausdrücklich vorschreiben, dass ein besonderer Vertreter die Compliance-Pflicht innehat. Des Weiteren kann durch die Satzung zwar die Zuständigkeit eines besonderen Vertreters bestimmt, die Auswahl und Bestellung hingegen beim Vorstand belassen oder der Mitgliederversammlung übertragen werden.[757] Neben der festen Zuschreibung eines besonderen Vertreters als Compliance-Beauftragten kann durch die Satzung auch geregelt werden, dass

---

751 *Stöber/Otto*, Handbuch zum Vereinsrecht, Rn. 465; vgl. auch BGHZ 133, 370 = NJW 1997, 130, 132 (für die Allzuständigkeit des Geschäftsführers einer GmbH).

752 Vgl. *Stöber/Otto*, Handbuch zum Vereinsrecht, Rn. 548; *Brouwer*, NZG 2017, 481, 482.

753 Vgl. Schimke/Dauernheim/Reichert/*Wagner*, Vereins- und Verbandsrecht, Rn. 2554; *Sauter/Schweyer/Waldner*, Der eingetragene Verein, Rn. 277a.

754 Neben der satzungsmäßigen Aufteilung besteht ebenfalls die Möglichkeit, per Vereinsordnung oder Geschäftsordnung des Vorstands eine Verteilung einzelner Aufgaben vorzunehmen, vgl. MüKoBGB/*Leuschner*, § 27 Rn. 58; Schimke/Dauernheim/Reichert/*Wagner*, Vereins- und Verbandsrecht, Rn. 2555.

755 *Larisch/von Hesberg*, CCZ 2017, 17, 22.

756 Siehe Kapitel B, I, 1, b, cc.

757 *Brouwer*, NZG 2017, 481, 488; *Schockenhoff*, NZG 2019, 281, 286.

die Übertragung der Compliance-Pflicht gestattet wird.[758] In diesem Fall liegt es am Vorstand, die Übertragung der Compliance-Pflicht vorzunehmen. Enthält die Satzung keine näheren Angaben zur Delegation der Compliance, besteht für den Vorstand gleichwohl die Möglichkeit, im Rahmen seines Leitungsermessens die Compliance-Pflicht an einen Compliance-Beauftragten weiterzugeben.[759] Die Übertragung kann auch auf ein Mitglied des Vorstands erfolgen, sodass dieses Mitglied die Aufgaben der Compliance-Pflicht als zusätzliche Funktion eines besonderen Vertreters nach § 30 BGB neben den bestehenden Aufgaben als Vorstandsmitglied wahrnimmt.[760]

Bei der Delegation der entsprechenden Pflichten sollte klar festgelegt sein, wer zuständig und verantwortlich für jeweils welchen Bereich ist; jeder Mitarbeiter muss klar instruiert werden, wie der jeweilige Aufgabenbereich auszuführen ist und ist nach seinen persönlichen und fachlichen Fähigkeiten mit Aufgaben zu betreuen.[761]

IV. Reichweite der Compliance-Verantwortung

Die Reichweite der Compliance-Pflicht ist gesetzlich nicht festgeschrieben. Insb. in größeren Vereinen, in Vereinskonzernen oder Dachverbänden mit einer Vielzahl an Mitgliedern und Untergliederungen ist es daher besonders wichtig, den personellen und gesellschaftsrechtlichen Umfang der Compliance-Pflicht zu kennen.

1. Personelle Reichweite

Für die Bestimmung der personellen Reichweite wird noch einmal der allg. Zweck von Compliance herangezogen. Compliance-Maßnahmen werden zur Verhinderung von Gesetzesverstößen errichtet, aus denen sich u.a. Haftungs- und Sanktionsrisiken wie bspw. Bußgeldzahlungen als auch Reputationsschäden für den Verein ergeben können. Unter diesem Gesichtspunkt muss die Compliance-Verantwortung also gegenüber all denjenigen Personen gelten, für die der Verein haftungsrechtlich einzustehen hat und deren Verhalten eine Gefahr für die eigene Reputation darstellt. In Hinblick auf eine mögliche Haftung sind zum einen die zivilrechtliche Haftungsnorm des § 31 BGB, zum anderen die bußgeldrechtliche

758 *Schockenhoff*, NZG 2019, 281, 285.
759 *Schockenhoff*, NZG 2019, 281, 287.
760 Vgl. *Brouwer*, NZG 2017, 481, 483; *Stöber/Otto*, Handbuch zum Vereinsrecht, Rn. 568.
761 *Cherkeh*, npoR 2014, 101, 106.

des § 30 OWiG zu nennen.[762] Beide Normen haben gemein, dass der Verein für Schäden einzustehen hat, die von Vorstandsmitgliedern oder besonderen Vertretern begangen wurden.[763] Darüber hinaus ist der Verein als Arbeitgeber gem. § 831 BGB zum Ersatz von Schäden verpflichtet, die von seinen Mitarbeitern hervorgerufen wurden. In einem Verein kommen hier sowohl hauptamtliche als auch ehrenamtliche Mitarbeiter in Betracht. Hinsichtlich der korruptiven Straftaten, die typischerweise in einem Sportverein auftreten können, bezieht sich die Compliance-Pflicht somit bereits auf die Verhinderung der strafrechtlich relevanten Vergabesachen, des Sponsorings und der Hospitality. Zur Einbeziehung der Straftaten, die direkt mit dem sportlichen Geschehen verbunden sind, wie das Doping und Matchfixing, müssten auch die (übrigen[764]) Vereinsmitglieder gem. § 831 BGB als Mitarbeiter einzustufen sein. Erforderlich ist somit das Bestehen eines Angestelltenverhältnisses. Verträge zwischen Sportlern und Vereinen sind typischerweise Dienstverträge, § 611 BGB.[765] Voraussetzung für eine Haftung nach § 831 BGB ist, dass der Angestellte gegenüber seinem Geschäftsherren weisungsgebunden ist.[766] Dieses Merkmal liegt bei einem „einfachen" Dienstvertrag nicht vor.[767] Erforderlich ist somit, dass zwischen Sportverein und Athlet die qualifizierte Form des Arbeitsvertrags geschlossen ist, welcher sich durch eine Weisungsgebundenheit des Angestellten auszeichnet.[768] Als Anknüpfungspunkt für die Einordnung als Arbeitsvertrag kann die Eingliederung des

---

762 Siehe hierzu im Einzelnen Kapitel F, II, 3 für § 31 BGB und Kapitel F, III, 1 für § 30 OWiG.

763 § 30 BGB, § 130 Abs. 1 Nr. 1 OWiG.

764 Die Vereinsorgane können ebenfalls Mitglieder des Vereins sein, sog. Organmitglieder, vgl. Schimke/Dauernheim/Reichert/*Wagner*, Vereins- und Verbandsrecht, Rn. 679. Eine Pflicht hierzu besteht jedoch nur dann, wenn die Satzung eine entsprechende Regelung enthält, vgl. OLG Düsseldorf, BeckRS 2016, 5595 (Rn. 20 ff.).

765 Werkverträge, § 631 BGB, sind im Sportbereich eher selten, da hierbei ein konkreter Erfolg geschuldet wird. In Betracht kommen kann eine solche vertragliche Ausgestaltung am ehesten im Bereich von Trainerverträgen, bei denen die Vergütung an ein bestimmtes Ereignis, wie bspw. eine Meisterschaft oder ein Nichtabstieg, gekoppelt wird.

766 Vgl. BeckOGK/*Spindler*, BGB, § 831 Rn. 15; BGH BeckRS 2015 00555 (Rn. 11); BGH NJW-RR 2014, 614, 615 (Rn. 12).

767 Im Gegensatz zum Arbeitsvertrag bleibt es dem Auftragsnehmer überlassen, auf welchem Weg er den geschuldeten Erfolg erreicht, vgl. BeckOGK/*Merkle*, BGB, § 631 Rn. 164.

768 Vgl. hierzu *Fritzweiler*/Pfister/Summerer, Praxishandbuch Sportrecht, S. 298.

Sportlers in den Organisationsbereich des Arbeitgebers dienen.[769] Unterschieden werden kann dabei insb. zwischen Mannschaftssportarten und Einzelsportarten. Während Mannschaftssportler regelmäßig in den Organisationsablauf des Vereins eingegliedert sein werden, indem sie verbindliche Vorgaben bspw. bzgl. der Zeit oder des Ortes ihrer Arbeit haben,[770] kann der Einzelsportler i.d.R. selbst bestimmen, wann und wo er trainiert oder an welchen Wettkämpfen er teilnimmt.[771] Grds. werden daher Mannschaftssportler i.d.R. Arbeitsverträge abschließen,[772] Einzelsportler hingegen i.d.R. Dienstverträge. Für die Haftung des Vereins nach § 831 BGB bedeutet dies, dass nur Sportler unter die Norm fallen, die mit dem Verein einen Arbeitsvertrag geschlossen haben. In der Praxis werden dies neben den Profisportlern auch Sportler des höheren Amateurbereichs sein. Die Reichweite der Compliance-Pflicht schließt unter diesem Haftungsgesichtspunkt somit Sportler mit Arbeitnehmerstellung ein.

Fraglich ist, ob sich die Compliance-Verantwortlichkeit auch auf die (überwiegende Anzahl von) Vereinsmitglieder bezieht, die in keinem arbeitsrechtlichen Verhältnis zum Verein stehen. Aus Haftungsgründen scheidet eine Einbeziehung aus. An dieser Stelle kann jedoch der Compliance-Zweck der Verhinderung von Reputationsschäden herangezogen werden, die ebenfalls zu einer erheblichen wirtschaftlichen Einbuße des Vereins führen können. Die Reputation eines Sportvereins kann insb. durch Straftaten, wie sie in Kapitel C dargestellt wurden, verletzt werden. Die Compliance sollte sich somit auch auf die Sportler beziehen, welche als Täter in Frage kommen. Um einen größtmöglichen Schutz erzeugen zu können, sollte sich der Täterkreis an einer weitgehenden Norm orientieren. Herangezogen werden kann dabei der Tatbestand des Sportwettbetrugs nach § 265c StGB. Hiernach sollen als Täter neben Berufssportlern auch Amateure umfasst sein. Um den Compliance-Zweck zu erfüllen, sollte somit auch dieser Personenkreis in den personellen Bereich der Compliance-Pflicht einbezogen werden.

Zusammenfassend kann festgehalten werden, dass sich der Umfang der Compliance-Verantwortung sowohl auf die haupt- und ehrenamtlichen

---

769 Schaub/*Vogelsang*, Arbeitsrechtshandbuch, § 8 Rn. 24.

770 Weitere Indizien sind bspw. die Vorgabe taktischer Spielzüge des Trainers oder die Vorgabe der Teilnahme auch an außersportlichen Auftritten.

771 Der Einzelsportler schließt bei der Teilnahme an einem Turnier mit dem Veranstalter einen Dienstvertrag, § 611 BGB. Eine Einstufung des Einzelsportlers als Arbeitnehmer kann in Einzelfällen dann vorliegen, wenn sich der Einzelsportler einer Mannschaft anschließt, vgl. ArbG Bielefeld, NZA 1989, 966 f.

772 Vgl. BAG NJW 1980, 470; BGH SpuRt 2002, 240.

Mitarbeiter des Vereins bezieht sowie auf Sportler, die in einem Angestelltenverhältnis zum Verein stehen und Mitglieder, die dem Amateurbereich zuzuordnen sind.

2. Gesellschaftsrechtliche Reichweite

Zu prüfen ist weiterhin, wie weit eine Compliance-Pflicht des Sportvereins reichen kann, wenn Tochtergesellschaften oder Untergliederungen bestehen. Hierbei können als Beispiele die Konstellationen der Vereinskonzerne[773] und der Dachverbände genannt werden.

Insb. Sportvereine mit starker Professionalisierung und einhergehender wirtschaftlicher Tätigkeit können an einen Punkt gelangen, an dem darüber entschieden werden muss, inwieweit die Rechtsform des eingetragenen, nicht wirtschaftlichen Vereins aufrechterhalten werden kann. Oftmals wird die Profiabteilung des Vereins ausgegliedert und als Kapitalgesellschaft organisiert. In solchen Konstellationen behält der eingetragene Verein i.d.R. eine Mehrheitsbeteiligung an der ausgegliederten Gesellschaft.[774] Es stellt sich die Frage, inwieweit der Vereinsvorstand verantwortlich dafür ist, seine Compliance-Pflicht ebenfalls auf die Kapitalgesellschaft auszuweiten oder dort ein eigenständiges Compliance-Programm zu implementieren.

Eine weitere Aufteilung des Vereins kann durch Untergliederungen vorkommen. Hier kann bspw. der Dachverband einer Sportart genannt werden. Bei einem Dachverband sind mehrere Vereine auf horizontaler Ebene zu einem Hauptverein organisiert.[775] Auch hier stellt sich die Frage, inwieweit sich die Compliance-Pflicht des Hauptvereins auf die einzelnen Mitgliedsvereine erstreckt.

Anders als bspw. im Aktienrecht enthält das BGB keine Regelungen bezüglich dieser Frage. Mit der Einführung des KonTraG hat der Gesetzgeber festgelegt, dass die Überwachungs- und Organisationspflicht der Aktiengesellschaft aus § 91 Abs. 2 AktG konzernweit zu verstehen ist und somit auch

---

773 Vgl. allg. zum Konzernrecht der Vereine *Segna*, DB 2003, 1311 ff.; *Niehus*, DB 2003, 1125 ff.; *Reuter*, npoR 2012, 101 ff.; *Kögel*, Rpfleger 2014, 569 ff.; *Leuschner*, ZIP 2015, 356 ff.

774 In bestimmten Bereichen ist eine solche Mehrheitsbeteiligung Voraussetzung, vgl. § 16c DFB-Satzung. Hiernach muss der Mutterverein mehrheitlich an der Kapitalgesellschaft beteiligt sein, sog. „50+1"-Regelung. Vgl. hierzu auch *Summerer*, SpuRt 2008, 234 ff.; Adolphsen/Nolte/Lehner/Gerlinger/*Spindler*, Sportrecht in der Praxis, S. 470 Rn. 1892 ff.

775 Siehe auch schon Kapitel B, I, 3.

Tochtergesellschaften umfasst.[776] Auch der DCGK schreibt in Ziff. 4.1.4 ein angemessenes Risikomanagement „im Unternehmen" vor; der Begriff des Unternehmens umfasst dabei laut Präambel nicht nur die Gesellschaft selbst, sondern auch ihre Konzernunternehmen.[777] Eine entsprechende Auslegung oder Rechtsprechung liegt im Vereinsrecht nicht vor, eine analoge Anwendung scheitert i.d.R. aus den bereits genannten Gründen.[778]

Für die Bestimmung der Reichweite der Compliance-Pflicht könnte die Aufsichtspflicht aus § 130 Abs. 1 OWiG herangezogen werden. Voraussetzung hierfür wäre jedoch, dass der Hauptverein Betriebs- oder Unternehmensinhaber der jeweiligen Kapitalgesellschaften bzw. Mitgliedervereine wäre. Inhaber eines Betriebs oder Unternehmens ist derjenige, dem die Erfüllung der bestehenden Pflichten obliegt.[779] Da das Vereinsrecht jedoch nicht explizit vorschreibt, wem diese Pflicht bei einem Mutterverein oder einem Dachverband zukommt, hilft diese Definition bei der Einordnung nicht weiter. Von einer Inhaberschaft kann wohl ausgegangen werden, wenn der Mutterverein zu einhundert Prozent an der ausgegliederten Gesellschaft oder dem Mitgliedsverein beteiligt wäre[780] oder tatsächlich eine umfassende und weitreichende Compliance-Pflicht vom Mutterverein eingeführt wurde und dieser die Aufsichtshoheit somit an sich gezogen hat.[781] Zwar besitzt der Verein an einer ausgegliederten Kapitalgesellschaft i.d.R. eine Mehrheitsbeteiligung, eine Beteiligung von einhundert Prozent wird in der Praxis hingegen eher unwahrscheinlich sein.[782] Eine Einbeziehung der ausgegliederten Gesellschaft in die eigenen Compliance-Maßnahmen kann, genauso wie beim Dachverband, grds. vorkommen. Insb. in den Bereichen, die unmittelbar die Mitgliedsvereine betreffen, wie z.B. der Bereich des Dopings, kann der Mutterverein bzw. Dachverband konkrete Maßnahmen für diese implementieren.[783] Eine weitergehende Compliance-Pflicht kommt jedoch nur

---

776 Vgl. BT-Drs. 13/9712, S. 15; vgl. auch Hauschka/Moosmayer/Lösler/*Bürkle*, Corporate Compliance, § 36 Rn. 82.

777 Vgl. auch *Fleischer*, CCZ 2008, 1, 5.

778 Siehe Kapitel E, II, 1, b.

779 Vgl. KK-OWiG/*Rogall*, § 130 Rn. 25.

780 So *Tiedemann*, NJW 1979, 1849, 1852.

781 So *Wirtz*, WuW 2001, 342, 348 f.

782 Insb. im Bereich des Fußballs wird seit längerer Zeit über eine Änderung der sog. „50+1"-Regelung hin zu einer größeren Beteiligung von außen gestritten, vgl. hierzu auch *Summerer*, SpuRt 2008, 234 ff.; Adolphsen/Nolte/Lehner/Gerlinger/*Spindler*, Sportrecht in der Praxis, S. 470 Rn. 1892 ff.

783 Vgl. § 6 Nr. 2 der DFB-Anti-Doping-Richtlinie, der den Mitgliedsvereinen die Kontrolle der Spieler bzgl. einer angeordneten Dopingkontrolle vorschreibt.

dann in Betracht, wenn eine umfangreiche Einbeziehung vorgenommen wurde und der Mitgliedsverein keine eigenständige Aufsichtshoheit besitzt. Gemeinsam haben die beiden genannten Fälle, dass die ausgegliederte Gesellschaft oder der Mitgliedsverein nicht selbstständig auftreten.[784] Demgegenüber könnte eine eigenständige Rechtspersönlichkeit einer weitreichenden Compliance-Pflicht entgegenstehen. Der BGH hat dies zwar bislang nicht ausdrücklich festgestellt, jedoch angedeutet.[785] Das Bestehen einer weitergehenden Compliance-Pflicht hängt dann davon ab, ob es sich bei der ausgegliederten Gesellschaft bzw. bei dem untergeordneten Verein um selbstständige oder unselbständige Rechtsformen handelt.[786] Sind sie selbstständig organisiert, kommen ihnen eigene Compliance-Pflichten zu; unselbstständige Untergliederungen stellen hingegen einen Teil des Hauptvereins dar. Im Fall der Konzernvereine handelt es sich bei den ausgegliederten Gesellschaftsformen oftmals um Aktiengesellschaften, bei den Mitgliedern des Dachverbands um eingetragene Vereine. Beide Rechtsformen stellen eine selbstständige Rechtsform dar und sind Träger eigener Rechte und Pflichten.[787] Der Mutterverein bzw. Dachverband kann daher keinen Einfluss auf die Geschäftsführung der ausgegliederten Gesellschaft oder den Mitgliedsvereinen ausüben.[788] Die Compliance-Pflicht des (Haupt-)Vereins endet somit dort, wo die eigene Compliance-Pflicht des Tochterkonzerns oder der Untergliederung beginnt.[789] Zum Schutz vor Vermögens- oder Reputationsschäden, die durch die genannten Untergliederungen entstehen können, bietet

---

784 So hat auch der EuGH in seiner Akzo Nobel-Entscheidung festgestellt, dass eine hundertprozentige Beteiligung einer Muttergesellschaft an ihrer Tochtergesellschaft die widerlegliche Vermutung bestehen lässt, dass die Muttergesellschaft einen bestimmten Einfluss auf die Tochtergesellschaft ausübe und diese in der Folge am Markt nicht selbstständig auftrete, vgl. EuGH (Dritte Kammer), Slg. I 2009, 8266 = EuZW 2009, 816, 821 (Rn. 61).

785 Vgl. BGH WuW/E 1871, 1876 („Transportbeton-Vertrieb").

786 Vgl. Hauschka/Moosmayer/Lösler/*Brouwer*, Corporate Compliance, § 59 Rn. 31; *Fleischer*, CCZ 2008, 1, 5; *Brouwer*, CCZ 2009, 161, 165. Vgl. ausführlicher, auch zur Frage des Umfangs einer möglichen Compliance-Pflicht Spindler/Stilz/*Fleischer*, AktG, § 91 Rn. 70 m.w.N.; *Sonnenberg*, JuS 2017, 917, 921 m.w.N. (Fn. 35).

787 Die Rechtspersönlichkeit der juristischen Person erlangt die AG aus § 1 Abs. 1 S. 1 AktG, der Verein aus § 21 BGB.

788 Vgl. auch *Brouwer*, CCZ 2009, 161, 166.

789 Zu beachten ist jedoch die allgemeine Schadensabwendungspflicht des Vereinsvorstands als Ausprägung der Sorgfaltspflicht, die sich aus der Pflicht zur ordnungsgemäßen Geschäftsführung aus § 27 Abs. 3 BGB ergibt, vgl. MüKo/*Leuschner*, BGB, § 27 Rn. 46 f.

es sich gleichwohl an, sich als Mutterverein auch auf diesen Ebenen um eine entsprechende Compliance-Organisation zu bemühen.[790]

V. Ausgestaltung der Compliance-Pflicht

Weder normiert das Vereinsrecht konkrete Vorgaben zur Erfüllung der Compliance-Pflicht, noch besteht eine allgemeine Bestimmung eines gesetzlichen Katalogs wenigstens der Mindeststandards von Compliance-Maßnahmen. Folgend werden somit die Möglichkeiten einer gesetzlichen Regelung untersucht und im Anschluss die konkret möglichen Vorkehrungen dargestellt.

1. Gesetzliche Regelung

Wie bereits festgestellt fehlt es an gesetzlichen Vorgaben zur Ausgestaltung der Compliance-Pflicht. Weder bestehen feste Regelungen hinsichtlich einer inhaltlichen Ausgestaltung, noch gibt es verbindliche Feststellungen zur Berücksichtigung von Compliance-Maßnahmen bei der Bemessung von Sanktionen. Insb. der letztgenannte Punkt könnte jedoch nicht nur Vereinen, sondern sämtlichen Unternehmen einen Anreiz geben, Maßnahmen zur Vorbeugung von Fehlverhalten der eigenen Mitarbeiter zu implementieren.[791] Bislang können entsprechende Maßnahmen zwar bei der Bußgeldbemessung berücksichtigt werden, die Möglichkeit der Strafmilderung beruht jedoch lediglich auf (höchstrichterlicher) Rechtsprechung.[792] Der Entwurf eines Verbandssanktionengesetzes normiert nun diese Strafzumessungsregelung in § 15 Abs. 3 Nr. 6, 7 VerSanG-E, zumindest für Verbände, deren Zweck auf einen wirtschaftlichen Geschäftsbetrieb gerichtet ist.[793] Hiernach gehören Vorkehrungen zur Vermeidung und Aufdeckung von Verbandstaten zur Grundlage der Verbandsgeldsanktionsbemessung. Durch solch eine gesetzliche Regelung wird nicht nur Rechtssicherheit geschaffen, es besteht zudem die Möglichkeit einer Angleichung an internationale Regelungen, was i.E. einer Vereinheitlichung der internationalen Wettbewerbsbedingungen

790 *Fleischer*, CCZ 2008, 1, 6 spricht von einer „Bemühungspflicht der Muttergesellschaft"; so auch Hauschka/Moosmayer/Lösler/*Brouwer*, Corporate Compliance, § 59 Rn. 36.

791 Vgl. *Moosmayer/Gropp-Stadler*, NZWiSt 2012, 241, 242.

792 Vgl. BGH BeckRS 2017, 114578; siehe auch Kapitel F, III, 1.

793 Vgl. zur Minderung der Geldbuße auch den Entwurf eines Gesetzes zur Schaffung von Anreizen für Compliance-Maßnahmen in Betrieben und Unternehmen (CompAG) des Deutschen Instituts für Compliance e.V., https://www.dico-ev.de/wp-content/uploads/2016/10/CompAG_21_07_2014.pdf (letzter Abruf am 01.10.2020).

dienen kann.[794] In anderen Ländern werden effektive Compliance-Maßnahmen bereits sanktionsmindernd berücksichtigt. Zu nennen sind hier insb. die USA und Großbritannien: Die US-amerikanischen „Sentencing Guidelines“[795] und der UK Bribery Act[796] beinhalten entsprechende Regelungen.

Zudem können die internationalen Vorschriften ebenfalls bei der Frage nach einer inhaltlichen Ausgestaltung der Compliance-Pflicht herangezogen werden. Zwar scheidet eine allgemeingültige, detaillierte Festlegung einzelner Pflichten aus, da sich der Umfang der Compliance-Maßnahmen nach dem jeweiligen Einzelfall richtet. Gleichwohl sollte es möglich sein, jedenfalls Mindeststandards zu bestimmen, die für alle Unternehmensformen Geltung besitzen und im Einzelfall konkretisiert werden können. Die US-amerikanischen „Sentencing Guidelines“ beinhalten, anders als bspw. der VerSanG-E, nicht nur eine allgemeine Möglichkeit der Berücksichtigung etwaiger Compliance-Maßnahmen, sondern schreiben zudem konkrete Mindestanforderungen vor. Auch die Guidance[797] zum UK Bribery Act regelt allgemeine und spezielle Organisationspflichten für Unternehmen in Hinblick auf Bestechungshandlungen. Ebenfalls herangezogen werden kann der US-amerikanische Sarbanes-Oxley-Act[798], welcher sich an Unternehmen richtet, deren Wertpapiere in den USA an der Börse oder außerhalb gehandelt oder öffentlich angeboten werden und Mindeststandards hinsichtlich Compliance beinhaltet. Auf Grundlage dieser bereits bestehenden Regelungen[799] wie auch bspw. unter Heranziehung der Vorgaben des Neubürger-Urteils des LG München I[800] und einem entsprechenden Vorschlag des Bundesverbandes der Unternehmensjuristen (BUJ) aus dem Jahr 2014[801] sollte das

---

794 Vgl. *Moosmayer/Gropp-Stadler*, NZWiSt 2012, 241, 243.

795 United States Sentencing Commission 2007 Federal Sentencing Guidelines Manual (effective November 1, 2007), § 8 B2.1, § 8 C2.5(f) und § 8 D1.4(b)(1).

796 UK Bribery Act 2010, Section 7 (2) nennt „adequate procedures“.

797 The Bribery Act 2010 Guidance about procedures which relevant commercial organizations can put into place to prevent persons associated with them from bribing (section 9 of the Bribery Act 2010).

798 Public Law No. 107 – 204, 116 Stat. 745.

799 Vgl. hierzu auch *Sieber*, in: FS Tiedemann, 449, 457 f.; *Walisch*, Organisatorische Prävention gegen strafrechtliche Haftung deutscher Unternehmen und ihrer Leitungen nach US-Recht, S. 55 ff., 66 ff.

800 LG München I, NZWiSt 2014, 183 ff.; vgl. hierzu auch *Larisch/von Hesberg*, CCZ 2017, 17, 21 ff.

801 https://www.ilf-frankfurt.de/fileadmin/_migrated/content_uploads/Moosmayer__Plaedoyer_fuer_ein_modernes_Unternehmenssanktionenrecht.pdf (letzter Abruf am 01.10.2020). Vgl. hierzu auch *Beulke/Moosmayer*, CCZ 2014, 146 ff.

Ziel sein, auch in Deutschland eine entsprechende verbindliche Vorgabe für Mindeststandards von Compliance-Maßnahmen zu erarbeiten. Diese Regelung sollte sodann für alle Gesellschaftsformen, die der Pflicht zur Errichtung von Compliance-Maßnahmen unterliegen, verbindlich gelten.

Ob hierfür ein eigenes Gesetz geschaffen oder eine Erweiterung einer bereits bestehenden Regelung vorgenommen wird, ist dabei vordergründig unerheblich. Zum einen könnte der Entwurf des Verbandssanktionengesetzes dafür genutzt werden, entsprechende Erweiterungen vorzunehmen. Bislang nennt der Entwurf in § 3 Abs. 1 Nr. 2 VerSanG-E lediglich exemplarisch Vorkehrungspflichten hinsichtlich Organisation, Auswahl, Anleitung und Aufsicht der handelnden Personen. Um verbindliche Geltung zu erlangen wäre es dann jedoch erforderlich, keine Vereinsformen aus dem Anwendungsbereich des Gesetzes auszuschließen. Zum anderen kommt auch eine Ergänzung des § 130 Abs. 1 OWiG im Wege von Regelbeispielen in Betracht.[802]

Bei der Festlegung von Mindeststandards sollte zu allererst eine klare Regelung geschaffen werden, wer auf der Leitungsebene die Hauptverantwortung zu tragen hat.[803] Die „Sentencing Guidelines“[804] beinhalten die Begründung einer Verantwortlichkeit der obersten Führungsebene hinsichtlich der Verhinderung von Unternehmenskriminalität sowie der Pflicht zur Schaffung einer Compliance-Abteilung. Eine ähnliche Vorschrift weist die UK Bribery Act Guidance auf, indem die Leitungsebene verpflichtet wird, Bestechungen durch Mitarbeiter zu verhindern.[805] Auch das LG München I hat eine entsprechende Verpflichtung des Vorstands festgestellt.[806] Der Vorschlag des BUJ[807] beinhaltet eine Erweiterung des § 130 OWiG, welcher die Hauptverantwortung dem Inhaber eines Betriebs oder Unternehmens zuschreibt.

---

802 Vgl. den Vorschlag des BUJ.

803 So auch *Larisch/von Hesberg*, CCZ 2017, 17, 18.

804 § 8 B2.1 (b)(2)(B): "High-level personnel of the organization shall ensure that the organization has an effective compliance and ethic program, as described in this guideline. Specific individual(s) within high-level personnel shall be assigned overall responsibility for the compliance and ethic program."

805 Principle 2: "The top-level management of a commercial organisation (be it a board of directors, the owners or any other equivalent body or person) are committed to preventing bribery by persons associated with it."

806 LG München I, NZWiSt 2014, 183, 188, 193.

807 *Beulke/Moosmayer*, CCZ 2014, 146 ff.

Ausgehend von den „Sentencing Guidelines“[808] sollte eine Pflicht zur regelmäßigen Analyse der entsprechenden spezifischen Risiken der Unternehmen sowie zur Einleitung geeigneter Maßnahmen zur Verringerung der jeweiligen Risiken implementiert werden. Auch die UK Bribery Act Guidance schreiben dem Unternehmen eine regelmäßige Risikobewertung vor.[809] Der Vorschlag des BUJ beinhaltet ebenfalls „die regelmäßige Ermittlung und Bewertung der vom Betrieb oder Unternehmen ausgehenden Gefahren der Begehung von Straftaten und Ordnungswidrigkeiten.“[810]

Erforderlich sind zudem Berichtslinien vom Compliance-Beauftragten zu den Vorstandsmitgliedern, welche festlegen, in welchen zeitlichen Abständen und über welche Themen[811] Informationen weitergegeben werden müssen. Entsprechende Berichterstattungspflichten sind auch in den „Sentencing Guidelines“[812] und im Sarbanes-Oxley-Act[813] geregelt.

Weiter müssen klare Regelungen geschaffen werden, welche Kompetenzen dem Compliance-Beauftragten für ein disziplinarisches Vorgehen zuteilwerden. Idealerweise verfügt er über Befugnisse, aufgetretenes Fehlverhalten von

---

808 § 8 B2.1 (c): “In implementing subsection (b), the organization shall periodically assess the risk of criminal conduct and shall take appropriate steps to design, implement, or modify each requirement set forth in subsection (b) to reduce the risk of criminal conduct identified through this process.”

809 Principle 3: “The commercial organisation assesses the nature and extent of its exposure to potential external and internal risks of bribery of its behalf by persons associated with it. The assessment is periodic, informed and documented.”

810 § 130 Abs. 1 S. 3 Nr. 2 OWiG n.F., *Beulke/Moosmayer*, CCZ 2014, 146, 151.

811 Bspw. über Ergebnisse aus internen Ermittlungen, vgl. LG München I, NZWiSt 2014, 183, 189.

812 § 8 B2.1 (b)(2)(C): „Specific individual(s) within the organization shall be delegated day-to-day operational responsibility for the compliance and ethic program. Individual(s) with operational responsibility shall report periodically the high-level personnel and, as appropriate, to the governing authority, or an appropriate subgroup of the governing authority, on the effectiveness of the compliance and ethics program. To carry out such operational responsibility, such individual(s) shall be given adequate resources, appropriate authority, and direct access to the governing authority or an appropriate subgroup of the governing authority.“

813 Sec. 302:“ The Commission shall, by rule, require, for each company filing periodic reports under section 13(a) or 15 (d) (…), that the principal executive officer or officers and the principal financial officer or officers, or persons performing similar functions, certify in each annual or quarterly report filed or submitted under either such section of such Act that (1) the signing officer has reviewed the report (…).“

Mitarbeitern eigenständig zu ahnden.[814] In diese Richtung zielt auch der Vorschlag des BUJ, wonach „Verdachtsmomente, welche auf Straftaten oder Ordnungswidrigkeiten im Zusammenhang mit dem Geschäftsbetrieb hindeuten", aufzuklären sind und entsprechendes Fehlverhalten zu ahnden ist.[815]

Entscheidend für ein Compliance-konformes Verhalten sind Ethikrichtlinien, an denen sich die Mitarbeiter orientieren können. Eine entsprechende Verpflichtung besteht im Sarbanes-Oxley Act.[816] Die „Sentencing Guidelines" schreiben vor, dass die bestehenden Unternehmenswerte definiert und kommuniziert werden müssen,[817] wodurch den Mitarbeitern eine entsprechende Befolgung erleichtert wird. In der UK Bribery Act Guidance ist geregelt, dass die Richtlinien des Unternehmens an sämtliche Mitarbeiter bekannt gegeben und durch Schulungen trainiert werden müssen.[818] Auch der Vorschlag des BUJ schreibt „den Erlass von Weisungen und die Schulung der Mitarbeiter zwecks Verhinderung von Straftaten und Ordnungswidrigkeiten, die im Zusammenhang mit dem Geschäftsbetrieb stehen", vor.[819]

Um sicherzustellen, dass die unternehmensinternen Vorgaben auch umgesetzt und befolgt werden, ist es erforderlich, entsprechende Überwachungsmaßnahmen zu implementieren. Durch eine regelmäßige Kontrolle[820] der Mitarbeiter nicht nur nach Bekanntwerden eines Fehlverhaltens, sondern insb. auch als präventive Maßnahme, ist es möglich, regelwidriges Verhalten aufzudecken und in

---

814 LG München I, NZWiSt 2014, 183, 189.

815 § 130 Abs. 1 S. 3 Nr. 5 OWiG n.F., *Beulke/Moosmayer*, CCZ 2014, 146, 152.

816 Sec. 406 (a): „The Commission shall issue rules to require each issuer, together with periodic reports required pursuant to section 13(a) or 15(d) (…), to disclose whether or not, and if not, the reason therefor, such issuer has adopted a code of ethics for senior financial officers, applicable to its principal financial officer and comptroller or principal accounting officer, or persons performing similar functions." Vgl. hierzu auch *Immenga*, in: FS Schwark, 199, 207.

817 § 8 B2.1. (b)(6): "The organization's compliance and ethics program shall be promoted and enforced consistently throughout the organization through (A) appropriate incentives to perform in accordance with the compliance and ethics program; and (B) appropriate disciplinary measures for engaging in criminal conduct and for failing to take reasonable steps to prevent or detect criminal conduct."

818 Principle 5: "The commercial organisation seeks to ensure that its bribery prevention policies and procedures are embedded and understood throughout the organisation through internal and external communication, including training, that is proportionate to the risks it faces."

819 § 130 Abs. 1 S. 3 Nr. 3 OWiG n.F., *Beulke/Moosmayer*, CCZ 2014, 146, 152.

820 LG München I, NZWiSt 2014, 183, 188.

der Folge ahnden zu können. So schreiben es auch der Sarbanes-Oxley Act,[821] die „Sentencing Guidelines“[822] sowie die UK Bribery Act Guidance[823] vor. Auch der Vorschlag des BUJ beinhaltet „die sorgfältige Auswahl und Instruktion sowie Überwachung und Kontrolle von Mitarbeitern und Aufsichtspersonen.“[824]

Es sollte ein anonymes System zur Entdeckung und Aufklärung von relevantem Fehlverhalten installiert werden, bspw. durch eine Hotline oder einen Ombudsmann. So wird es sowohl im Sarbanes-Oxley Act,[825] in den „Sentencing Guidelines“[826] als auch in der UK Bribery Act Guidance[827] vorgeschrieben. Auch

---

821 Sec. 404 (a): „The Commission shall prescribe rules requiring each annual report required by section 13(a) or 15(d) (…) to contain an internal control report, which shall (1) state the responsibility of management for establishing and maintaining an adequate internal control structure and procedures for financial reporting; and (2) contain an assessment, as of the end of the most recent fiscal year of the issuer, of the effectiveness of the internal control structure and procedures of the issuer for financial reporting.“ Vgl. hierzu auch *Immenga*, in: FS Schwark, 199, 206.

822 § 8 B2.1. (b)(5)(A): “The organization shall take reasonable steps to ensure that the organization's compliance and ethics program is followed, including monitoring and auditing to detect criminal conduct.”

823 Principle 6: “The commercial organisation monitors and reviews procedures designed to prevent bribery by persons associated with it and makes improvements where necessary.”

824 § 130 Abs. 1 S. 3 Nr. 1 OWiG n.F., *Beulke/Moosmayer*, CCZ 2014, 146, 151.

825 In Sec. 806 geht es um den Schutz von Whistleblowern: „No company with a class of securities registered under section 12 (…) or any officer, employee, contractor, subcontractor, or agent of such company, may discharge, demote, suspend, threaten, harass, orin any other manner discriminate against an employee in the terms and conditions of employment because of any lawful act done by the employee (1) to provide information, cause information to be provided, or otherwise assist in an investigation regarding any conduct which the employee reasonably believes constitutes a violation of (…), when the information or assistance is provided to or the investigation is conducted by (A) a federal regulatory or law enforcement agency (…). Vgl. hierzu auch *Reufels/Deviard*, CCZ 2009, 201 ff.

826 § 8 B2.1. (b)(5)(C): “The organization shall take reasonable steps to have and publicize a system, which may include mechanisms that allow for anonymity or confidentiality, whereby the organization's employees and agents may report or seek guidance regarding potential or actual criminal conduct without the fear of retaliation.”

827 Principle 1.7: “The procedures put in place to implement an organisation's bribery prevention policies should be designed to mitigate identified risks as well as to prevent deliberate unethical conduct on the part of associated persons, e.g. the reporting of bribery including 'speak up' or 'whistle blowing' procedures.”

der Vorschlag des BUJ beinhaltet „ein Verfahren, das es den Mitarbeitern unter Wahrung der Vertraulichkeit ermöglicht, Hinweise auf mögliche Straftaten oder Ordnungswidrigkeiten, die im Zusammenhang mit dem Geschäftsbetrieb stehen, an eine geeignete Stelle zu geben.“[828]

2. Inhaltliche Ausgestaltung

Da es an einem gesetzlichen Rahmen zur Ausgestaltung der Compliance-Pflichten fehlt, stellt sich die Frage, welche erforderlichen Maßnahmen in einem Sportverein zu errichten sind. Die soeben genannten Mindeststandards sollten dabei unbedingt als Grundlage dienen. Ob sich darüber hinaus an den bestehenden Vorgaben der wirtschaftlich operierenden Unternehmen orientiert werden kann, hängt von einer möglichen Vergleichbarkeit ab. Bei Heranziehung des allg. Zwecks von Compliance kann festgestellt werden, dass Compliance-Maßnahmen sowohl im Unternehmen als auch im Verein zur Verhinderung von Gesetzesverstößen errichtet werden, aus denen sich u.a. Haftungs- und Sanktionsrisiken als auch Reputationsschäden ergeben können.[829] Diese Gemeinsamkeit spricht daher für eine grds. parallele Implementierung von Maßnahmen, insb. der bereits genannten Mindeststandards. Besonders die hierbei vorzunehmende Risikoanalyse bildet sodann die Grundlage für die konkrete Ausgestaltung. Die individuellen Compliance-Risiken bestimmen sich dabei nach der jeweiligen Branchenzugehörigkeit[830] und insb. den einzuhaltenden Vorschriften. Die daraus resultierende Gefahrenlage unterscheidet sich bei Unternehmen und Vereinen grundlegend: Während Unternehmen i.d.R. wirtschaftliche Zwecke verfolgen, richtet sich der Zweck in einem Sportverein auf die Förderung des Sports und die Aufrechterhaltung der Gemeinnützigkeit, mithin die Erfüllung ideeller Zwecke. Hieraus ergeben sich in der Folge unterschiedliche Gefahren für Unternehmen und Vereine. Dies wird besonders deutlich bei Betrachtung der entsprechenden Compliance-Vorgaben für Aktiengesellschaften, Kredit- und Finanzdienstleitungsunternehmen, Wertpapierdienstleistungsunternehmen und Versicherungsunternehmen. Diese dienen insb. dem Schutz der wirtschaftlichen Interessen der jeweils involvierten Personen. Eine Verletzung dieser

828 § 130 Abs. 1 S. 3 Nr. 4 OWiG n.F., *Beulke/Moosmayer*, CCZ 2014, 146, 152.

829 Siehe schon Kapitel E, I; vgl. auch MüKoAktG/*Spindler*, § 91, Rn. 3; Park/*Boehm*, Kapitalmarktstrafrecht, Kap. 2.2 Rn. 11 f.

830 Vgl. auch Hauschka/Moosmayer/Lösler/*Schorn*, Corporate Compliance, § 13 Rn. 35 („Unternehmensziele“).

Interessen kann in der Folge eine entsprechende Klage gegen das Unternehmen hervorrufen.

a. *Compliance-Vorgaben für Unternehmen*

Da es sich bei der Aktiengesellschaft um einen „interessenmonistische(n) Verband der Kapitalgeber“[831] handelt, ist die Leitung der Aktiengesellschaft primär auf das Wohl der Gesellschaft und ihrer Aktionäre, insb. die Wahrung erwerbswirtschaftlicher Interessen, ausgerichtet.[832] Dieses Shareholder-Value-Konzept, das eine „deutlich vorrangige Berücksichtigung der Aktionärsinteressen gegenüber den Interessen der anderen sog. Stakeholder bei der Ausrichtung des Vorstandshandelns sieht“, ist von der Rspr. als Entscheidungsgrundlage des Vorstands anerkannt worden; gleichwohl komme diesem aber „kein grundsätzlicher Vorrang gegenüber dem plural verstandenen Gesellschaftsinteresse zu, welches das Aktionärsinteresse und die Interessen der übrigen Stakeholder vereint.“[833] Um – zumindest auch – die Interessen der Aktionäre zu schützen, hat der Vorstand bei der Ausübung seiner Aufgaben daher dafür Sorge zu tragen, dass der Bestand der Gesellschaft gesichert ist und eine dauerhafte Rentabilität besteht.[834] Das besondere Interesse der Aktionäre hieran gründet auf der eigenen Gewinnbeteiligung; bspw. haben Aktionäre Anspruch auf den Bilanzgewinn, § 58 Abs. 4 AktG,[835] oder auf eine Zuteilung neuer Aktien entsprechend dem Anteil an dem bisherigen Grundkapital, § 186 Abs. 1 S. 1 AktG. Eine gesetzliche Verankerung dieser Bestandspflicht findet sich in § 91 Abs. 2 AktG, der den Vorstand einer Aktiengesellschaft verpflichtet, geeignete Maßnahmen zu treffen, insb. ein Überwachungssystem einzurichten, damit den Fortbestand der Gesellschaft gefährdende Entwicklungen früh erkannt werden. Ob dieser Pflicht angemessen nachgekommen wurde, ist bei börsennotierten Aktiengesellschaften gem. § 317 Abs. 4 HGB durch einen Abschlussprüfer zu überprüfen. Das Ziel von § 91 Abs. 2 AktG ist die frühzeitige Erkennung von bestandsgefährdenden Entwicklungen. Zu solchen Entwicklungen gehören insb. risikobehaftete Geschäfte, Unrichtigkeiten der Rechnungslegung und Verstöße gegen gesetzliche Vorschriften, die

---

831 MüKoAktG/*Spindler*, § 76 Rn. 66.

832 MüKoAktG/*Spindler*, § 76 Rn. 72.

833 OLG Frankfurt, CCZ 2012, 236, 238. Vgl. ausführlicher zur Abgrenzung von Shareholder-Value-Orientierung und Stakeholder-Value-Orientierung Spindler/Stilz/*Fleischer*, AktG, § 76 Rn. 29 ff.

834 Vgl. OLG Hamm, ZIP 1995, 1263; MüKoAktG/*Spindler*, § 76 Rn. 72 m.w.N. (Fn. 345).

835 Die Gewinnbeteiligung bestimmt sich dabei nach § 60 AktG.

sich auf die Vermögens-, Finanz- und Ertragslage der Gesellschaft oder des Konzerns wesentlich auswirken.[836] Durch den Schutz des Bestands der Gesellschaft werden implizit die Interessen der einzelnen Anteilseigner – durch eine entsprechende Gewinnbeteiligung – berücksichtigt. Die zu errichtenden Maßnahmen sind daher (auch) am Schutz der wirtschaftlichen Interessen der Aktionäre auszurichten. Auch der DCGK, der sich in erster Linie an börsennotierte Gesellschaften und Gesellschaften mit Kapitalmarktzugang i.S.v. § 161 Abs. 1 S. 2 AktG richtet, beinhaltet laut Präambel die Verpflichtung, für den Bestand des Unternehmens zu sorgen. Dazu schreibt Ziff. 4.1.1 dem Vorstand vor, das Unternehmen im Unternehmensinteresse zu leiten. Berücksichtigt werden müssen die Belange der Aktionäre, der Arbeitnehmer und der sonstigen dem Unternehmen verbundenen Gruppen (Stakeholder). Die Unternehmensinteressen folgen in diesem Kontext einem interessenpluralistischen Ansatz und räumen keinem der genannten Interessen einen Vorrang ein.[837] Gleichwohl finden auch hier Aktionärsinteressen Berücksichtigung.

Eine § 91 Abs. 2 AktG entsprechende Regelung besteht für Kredit- und Finanzdienstleitungsunternehmen[838] in § 25a KWG, wobei die Vorgaben hinsichtlich besonderer organisatorischer Pflichten im KWG weiter ausgestaltet und präzisiert sind.[839] Nach § 25a Abs. 1 KWG müssen Kredit- und Finanzinstitute über eine ordnungsgemäße Geschäftsorganisation verfügen, die die Einhaltung der vom Institut zu beachtenden gesetzlichen Bestimmungen und der betriebswirtschaftlichen Notwendigkeiten gewährleistet. Hierfür muss insb. ein angemessenes und wirksames Risikomanagement aufgebaut werden, auf dessen Basis ein Institut die Risikotragfähigkeit laufend sicher zu stellen hat. Zu den betriebswirtschaftlichen Zielen zählen dabei u.a. die Effektivität und Effizienz des Wirtschaftens, eine renditeorientierte Unternehmensführung und die Steigerung des Shareholder Values.[840] Auch die Ziele des Risikomanagements gehen in dieselbe Richtung. Die Bundesanstalt für Finanzdienstleitungsaufsicht (BaFin) gibt in ihrem „Rundschreiben 09/2017 (BA) – Mindestanforderungen an das Risikomanagement (MaRisk)“ auf Grundlage des § 25a Abs. 1 KWG einen flexiblen und praxisnahen Rahmen für die Ausgestaltung des Risikomanagements

836 BT-Drs. 13/9712, S. 15.

837 MüKoAktG/*Spindler*, § 76 Rn. 71.

838 Vgl. zur Begriffsbestimmung § 1 KWG.

839 Z.B. § 25a Abs. 1 S. 3, 6 KWG. Vgl. auch Boos/Fischer/Schulte-Mattler/*Braun*, KWG, § 25a Rn. 18.

840 Boos/Fischer/Schulte-Mattler/*Braun*, KWG, § 25a Rn. 31.

der Institute vor. Durch die Beachtung der Anforderungen des Rundschreibens soll nach AT 2 Nr. 1 MaRisk („Anwendungsbereich") dazu beigetragen werden, Missständen im Kredit- und Finanzdienstleistungswesen entgegenzuwirken, welche die Sicherheit der den Instituten anvertrauten Vermögenswerte gefährden, die ordnungsgemäße Durchführung der Bankgeschäfte oder Finanzdienstleistungen beeinträchtigen oder erhebliche Nachteile für die Gesamtwirtschaft herbeiführen können. Der Schutz des Vermögens der Einleger stellt damit eine wesentliche Zielsetzung des KWG im Allgemeinen und des § 25a KWG im Speziellen dar. Die konkret genannten Vorgaben in § 25a Abs. 1 S. 3, 6 KWG müssen daher diesem Schutz bei der Ausführung des Risikomanagements und der ordnungsgemäßen Geschäftsorganisation dienen.

Auch Wertpapierdienstleistungsunternehmen[841] haben gem. § 80 Abs. 1 S. 1 WpHG die organisatorischen Pflichten nach § 25a Abs. 1 KWG einzuhalten. So trifft sie dieselben Verantwortungen wie Kredit- und Finanzinstitute, die keine Wertpapierdienstleistungen erbringen. Darüber hinaus beinhaltet § 80 WpHG weitergehende Aufgaben für Wertpapierdienstleistungsunternehmen. § 80 Abs. 1 S. 2 Nr. 3 WpHG dient dabei ebenfalls ausdrücklich dem Schutz des Kundeninteresses. Auch das MaRisk richtet sich als Ausgestaltungshilfe an Wertpapierdienstleistungsunternehmen: Diese fallen ebenfalls in den Anwenderkreis nach AT 2.1 MaRisk und haben somit die im Anwendungsbereich in AT 2 Nr. 1 MaRisk genannten Ziele zu beachten. AT 2 Nr. 1 S. 2 MaRisk schreibt dabei hinsichtlich der Erbringung von Wertpapierdienstleistungen die zusätzliche Zielrichtung vor, die Interessen der Wertpapierdienstleistungskunden zu schützen. Die BaFin richtet sich zudem mit ihrem „Rundschreiben 05/2018 (WA) – Mindestanforderungen an die Compliance-Funktion und weitere Verhaltens-, Organisations- und Transparenzpflichten (MaComp)" direkt an Wertpapierdienstleistungsunternehmen und bietet diesen einen flexiblen und praxisnahen Rahmen für die Ausgestaltung der Geschäftsorganisation des Wertpapiergeschäfts. Das Rundschreiben soll dabei nach AT 1 Nr. 2 MaComp u.a. das Vertrauen der Anleger in das ordnungsgemäße Funktionieren der Wertpapiermärkte fördern und den Schutz der Gesamtheit der Anleger und die institutionelle Funktionsfähigkeit der Kapitalmärkte stärken. Auch hier richtet sich die Compliance-Pflicht nach dem Schutz der wirtschaftlichen Interessen der Anleger.

---

841 Vgl. zur Begriffsbestimmung § 2 Abs. 10 WpHG.

Die Vorgaben zur ordnungsgemäßen Geschäftsführung ergeben sich für Versicherungsunternehmen[842] aus §§ 23 ff. VAG. § 23 Abs. 1 VAG beinhaltet dabei allgemeine Anforderungen an die Geschäftsorganisation, § 26 VAG die Errichtung eines wirksamen Risikomanagementsystems und § 29 VAG die Implementierung eines wirksamen internen Kontrollsystems. Die Versicherungsunternehmen werden dabei von der BaFin beaufsichtigt, §§ 320, 322 VAG, oder auf deren Antrag von einer zuständigen Landesaufsichtsbehörde, § 321 VAG. Hauptziel der Beaufsichtigung ist nach § 297 Abs. 1 VAG der Schutz der Versicherungsnehmer und der Begünstigten von Versicherungsleistungen. Die Aufsichtsbehörde überwacht gem. § 294 Abs. 2 S. 1 VAG den gesamten Geschäftsbetrieb der Versicherungsunternehmen und achtet dabei bei Erstversicherungsunternehmen insb. auf die ausreichende Wahrung der Belange der Versicherten, § 294 Abs. 2 S. 2 VAG. Zudem hat die Aufsichtsbehörde für die gesamte Geschäftstätigkeit auf die dauernde Erfüllbarkeit der Verpflichtungen aus den Versicherungen zu achten, insb. die Solvabilität, die Bildung ausreichender versicherungstechnischer Rückstellungen und die Anlage in entsprechenden geeigneten Vermögenswerten, § 294 Abs. 4 VAG. Durch die Einhaltung dieser Vorgaben können die wirtschaftlichen Interessen der Versicherungsnehmer geschützt werden.

Zusammenfassend lässt sich festhalten, dass die Zweckrichtung der genannten Unternehmen u.a. dem Schutz des Vermögens der Aktionäre, Einleger, Anleger oder Versicherungsnehmer dient. Hierfür hat das jeweilige Unternehmen seine Rentabilität zu sichern. Es ist daher erforderlich, die Compliance-Maßnahmen auch in diese Richtung auszurichten, um so potentiellen Haftungsansprüchen zu entgehen.

Zwar ist auch der Verein angehalten, seine finanziellen Interessen zu wahren. Zu den Pflichten des Vereinsvorstands gehört u.a. die Verwaltung des Vereinsvermögens,[843] d.h. die Erhaltung des Vermögens, und die Befriedigung von Vereinsverbindlichkeiten[844].[845] Grund hierfür ist jedoch nicht der finanzielle Schutz

842 Vgl. zur Begriffsbestimmung, § 1 Abs. 2 i.V.m. § 7 Nr. 33, 34, § 7 Nr. 31, §§ 293 Abs. 4, 168, 223, 236 Abs. 1 VAG.

843 *Stöber/Otto*, Handbuch zum Vereinsrecht, Rn. 472; Schimke/Dauernheim/Reichert/*Wagner*, Vereins- und Verbandsrecht, Rn. 2756.

844 *Stöber/Otto*, Handbuch zum Vereinsrecht, Rn. 472.

845 Um diesen Aufgaben nachkommen zu können, ist es bspw. erforderlich, dass der Vorstand sich fortlaufend über die wirtschaftliche Situation des Vereins informiert, insb. wenn die Gefahr einer wirtschaftlichen Schieflage besteht, Wadsack/*Cherkeh*/v. Büdingen/Hamel, Krisenmanagement in Sportbetrieben, S. 112.

der eigenen Mitglieder, diese werden nicht an einem möglichen Gewinn beteiligt.[846] Vielmehr ist der Verein verpflichtet, erzielte Einnahmen nur zur Erreichung des Vereinszwecks einzusetzen.[847] Die Gefahr einer Haftung gegenüber den eigenen Mitgliedern ist daher gering. Eine inhaltliche Orientierung an den bestehenden Vorgaben der genannten Unternehmen kann aufgrund der bestehenden unterschiedlichen Zweckrichtung daher nicht erfolgen. Die Bestimmung der konkreten Maßnahmen muss vielmehr unter Beachtung der vereinsspezifischen Besonderheiten vorgenommen werden. Hierzu zählt der Vereinszweck, der sich zum einen der Förderung des Sports und damit verbunden dem Schutz der Werte des Sports verschreibt als auch der Aufrechterhaltung der Gemeinnützigkeit. Werden diese Interessen verletzt, bspw. durch die in Kapitel C genannten Delikte, besteht neben dem Verlust an Reputation die Gefahr einer Haftung gegenüber sportlichen[848] oder wirtschaftlichen[849] Konkurrenten.

b. Vereins- und verbandsrechtliche Besonderheiten

Bei der konkreten Ausgestaltung der Compliance-Pflicht im Sportverein sind die jeweilige Gefahrenlage sowie die Geeignetheit, Erforderlichkeit und Zumutbarkeit der jeweiligen Maßnahme zu berücksichtigen.[850] Diese Einschätzung wird bei verschiedenen Vereinen ganz unterschiedlich ausfallen und erfordert stets eine Einzelfallentscheidung. Grds. können dabei jedoch die wirtschaftliche Tätigkeit des jeweiligen Vereins sowie die bestehenden finanziellen Möglichkeiten betrachtet und berücksichtigt werden. Kleinere Vereine, die bspw. keine oder nur wenige Sponsoringverträge abschließen oder Hospitality-Pakete anbieten, werden i.d.R. eine weniger ausgeprägte Gefahrenlage aufweisen als größere Vereine und Verbände, die in ihrem wirtschaftlichen Handeln eher einer Kapitalgesellschaft ähneln. Während somit bei kleineren Vereinen die Errichtung weniger Maßnahmen ausreichend sein kann, wird bei größeren Vereinen und Verbänden eher die Implementierung umfangreicherer Maßnahmen erforderlich und (insb. auch finanziell) zumutbar sein.

Unabhängig von der finanziellen Lage eines Vereins können bestimmte Maßnahmen sowohl für kleinere als auch für größere Vereine und Verbände

---

846 Vgl. auch § 55 Abs. 1 Nr. 2 AO.

847 Siehe Kapitel B, I, 1, 4, b.

848 Bspw. in den Bereichen des Dopings oder Matchfixings.

849 Bspw. in den Bereichen der Vergabesachen, des Sponsorings oder der Hospitality.

850 Vgl. für die Aktiengesellschaft *Fleischer*, AG 2003, 291, 299; *ders.*, BB 2008, 1070, 1072; *Reichert/Ott*, ZIP 2009, 2173, 2174; Spindler/Stilz/*Fleischer*, AktG, § 91 Rn. 56 m.w.N.

erforderlich und zumutbar sein. Hierzu zählen die Implementierung eines eigenen Regelwerks, welches Bereiche regelt, die von der Gefahrenlage des Vereins bzw. Verbands umfasst sind, wie bspw. das Doping, sowie die Einführung einer Tax-Compliance zur Erhaltung des Status der Gemeinnützigkeit. Darüber hinaus muss unterschieden werden: Zum einen bestehen Maßnahmen, die sämtlichen Sportvereinen zumutbar sind, wie bspw. arbeitsvertragliche Regelungen und eine persönliche Aufklärung insb. der Sportler. Durch den Arbeitsvertrag oder ein Mitgliedschaftsverhältnis ist der Verein direkt mit den Sportlern verbunden und kann so unmittelbar auf sie einwirken. Zum anderen schafft die besondere Stellung wirtschaftlich tätiger Vereine und Verbände eine gesteigerte Gefahrenlage und erfordert daher die Errichtung speziellerer Maßnahmen. In Betracht kommt hier die Implementierung weiterer Verbandsregelwerke sowie Maßnahmen in den Bereichen Überwachung, Kartellrecht und Aufdeckung. Zudem wird i.d.R. auch die Einsetzung eines Compliance-Beauftragten erforderlich sein.

aa. Maßnahmen für sämtliche Vereine und Verbände

Zu den gemeinsamen Maßnahmen, die für sämtliche Vereine und Verbände erforderlich und zumutbar sein werden, gehören die Implementierung von Regelwerken sowie die Einführung einer Tax-Compliance.

(1) Regelwerke

Auf Vereins- und Verbandsebene können allgemeingültige Regelwerke implementiert werden, die Bereiche regeln, welche von der Gefahrenlage des jeweiligen Vereins bzw. Verbands umfasst sind. Hierdurch können Sportlern und Mitarbeitern die bestehenden grundlegenden Werte eines Vereins oder Verbands nicht nur zugänglich, sondern auch verbindlich unterbreitet werden. Hat der übergeordnete Sportverband bereits ein zentrales Verbandsregelwerk entwickelt, braucht der Verein dann kein eigenes Regelwerk zu errichten, wenn der einzelne Sportler des Vereins durch einen entsprechenden Vermerk in der Vereinssatzung gebunden wird.[851]

Da sämtliche Sportvereine der Gefahr des Dopings ausgesetzt sind, kann insb. ein eigener Anti-Doping-Code entwickelt werden, welcher für die Vereinsmitglieder Regelungen trifft bspw. hinsichtlich bestehender Meldepflichten, der Unterziehung von Dopingkontrollen oder dem Erfordernis einer medizinischen

---

851 Vgl. BGHZ 128, 93, 96 ff. = NJW 1995, 583 ff. (Reiterfall).

Ausnahmegenehmigung. Eine solche Implementierung wird in der Praxis unumgänglich sein; sie steht den Sportvereinen jedoch, anders als den übergeordneten Sportverbänden, grds. frei.[852] Nationale Sportfachverbände sind gem. Art. 18.3 des NADC verpflichtet, ihre eigenen Regelwerke dem NADC anzupassen und die ihnen angehörigen bzw. nachgeordneten Verbände, Vereine, Athleten und sonstigen Beteiligten hieran zu binden.[853] Die Rechts- und Verfahrensordnung eines Sportverbands sollte daher einen Abschnitt über das Verbot der Dopingeinnahme und der Teilnahme an sportlichen Wettkämpfen unter Dopingeinfluss enthalten.[854] Hat auch der Sportverein ein eigenes Regelwerk errichtet, hat auch dieses in Einklang mit den Vorgaben der NADA zu stehen.

(2) Tax-Compliance

Sowohl kleinere als auch größere Vereine und Verbände verfolgen gemeinnützige Zwecke. Zur Aufrechterhaltung der Gemeinnützigkeit und der damit einhergehenden Vorteile ist es somit erforderlich, entsprechende Maßnahmen zur Einhaltung der steuerrechtlichen Vorgaben zu ergreifen.

Der Status der Gemeinnützigkeit führt zu einer überwiegenden Befreiung von der Körperschaftssteuer, § 5 Abs. 1 Nr. 9 S. 1 KStG, der Gewerbesteuer, § 3 Nr. 6 S. 1 GewStG, der Erbschafts- und Schenkungssteuer, § 13 Abs. 1 Nr. 16b S. 1 ErbStG und der Grundsteuer, § 3 Abs. 1 S. 1 Nr. 3b GrStG sowie zu einer Bevorzugung hinsichtlich der Umsatzsteuer, § 12 Abs. 2 Nr. 8a S. 1 UstG. Um diese Vorteile erhalten zu können, unterliegen Vereine zahlreichen gesetzlichen Anforderungen. Gemeinnützige Zwecke werden nach § 52 Abs. 1 S. 1 AO verfolgt, wenn die Tätigkeit darauf gerichtet ist, die Allgemeinheit auf materiellem, geistigem oder sittlichem Gebiet selbstlos zu fördern; die Förderung des Sports ist gem. § 52 Abs. 2 Nr. 21 AO ausdrücklich umfasst. Insb. die Vorgaben zur Selbstlosigkeit, § 55 AO, Ausschließlichkeit, § 56 AO und Unmittelbarkeit, § 57 AO, sind dabei zu beachten und einzuhalten. Unter dem Begriff der Tax-Compliance wird nun aus vereinsrechtlicher Sicht die Erhaltung des Status der

852 Besitzt der Sportverein keine eigene Doping-Regelung, untersteht er den Regelwerken des übergeordneten Sportverbands. Hält er sich nicht an diese Vorgaben, indem bspw. ein vom Verband erlassenes Dopingverbot nicht beachtet bzw. nicht entsprechend durchgesetzt wird, kann dies u.U. zu einem Ausschluss des Vereins aus dem übergeordneten Verband führen, vgl. hierzu bspw. §§ 10 Nr. 1, 16b Nr. 6, 7 der DFB-Satzung (für Mitglieder der DFL).

853 Vgl. hierzu auch *Jakob/Berninger*, SpuRt 2008, 61; *Jakob*, SpuRt 2009, 51 f.

854 Vgl. bspw. § 6 der Rechts- und Verfahrensordnung des DFB. Diese beinhaltet in § 6a ebenfalls das Verbot von Spielmanipulationen.

Gemeinnützigkeit verstanden, um die finanziellen Vorteile, die mit der steuerlichen Begünstigung verbunden sind, uneingeschränkt genießen zu können.[855] Eine entsprechende Verpflichtung für die Geschäftsführung ergibt sich auch aus § 63 Abs. 1 AO. Eine Steuervergünstigung kann jedoch dann ausgeschlossen sein, wenn ein wirtschaftlicher Geschäftsbetrieb vorliegt.[856] In der Folge verliert der Verein sodann nach § 64 Abs. 1 AO seine Steuervergünstigungen. Hiervon kann nur dann abgesehen werden, wenn es sich bei dem wirtschaftlichen Geschäftsbetrieb um einen Zweckbetrieb i.S.d. §§ 65 ff. AO handelt. Für den Sportverein ist diese Einordnung insb. in den Bereichen der Sportveranstaltungen und des Sponsorings von größerer Bedeutung.

Gem. § 67a Abs. 1 S. 1 AO stellen sportliche Veranstaltungen eines Sportvereins einen Zweckbetrieb dar, wenn die Einnahmen einschließlich Umsatzsteuer insg. 45.000 EUR im Jahr nicht übersteigen. Eine sportliche Veranstaltung ist dabei „die organisatorische Maßnahme eines Sportvereins, die es aktiven Sportlern (nicht nur Mitgliedern des Vereins) ermöglicht, Sport zu treiben."[857] Zu den Einnahmen zählen u.a. Eintrittsgelder, Start- und Meldegebühren und Erlöse aus der Überlassung von Übertragungsrechten.[858] Wird die finanzielle Grenze überschritten, liegt ein wirtschaftlicher Geschäftsbetrieb vor und die entsprechenden Steuervergünstigungen, bspw. nach § 12 Abs. 2 Nr. 8a UStG, entfallen. § 67a Abs. 2 AO bietet jedoch ein Wahlrecht: Wird auf die Anwendung nach § 67a Abs. 1 S. 1 AO verzichtet, wird die Frage des Zweckbetriebs nach § 67a Abs. 3 AO beantwortet. Nach § 67a Abs. 3 S. 1 AO liegt ein Zweckbetrieb unabhängig von der Höhe der Einnahmen vor, wenn an der sportlichen Veranstaltung kein Sportler teilnimmt, der für seine sportliche Betätigung eine Vergütung erhält, die über eine Aufwandsentschädigung hinausgeht.[859] Insb. für Amateurvereine bietet sich diese Wahlmöglichkeit daher an. Es ist jedoch darauf zu achten, dass bei der Betrachtung der sportlichen Veranstaltung nach § 67a Abs. 3 AO jede einzelne Veranstaltung isoliert bewertet wird,[860] d.h. bspw. in einer Meisterschaftsrunde jedes einzelne Spiel eine eigene Sportveranstaltung

855 Vgl. *Knittel*, SpuRt 2019, 71, 72.

856 Vgl. § 5 Abs. 1 Nr. 9 S. 2 KStG, § 3 Nr. 6 S. 2 GewStG, § 12 Abs. 2 Nr. 8a S. 1 UStG.

857 BFHE 181, 222 = DStR 1997, 107.

858 Vgl. Koenig/*Koenig*, AO, § 67a Rn. 10.

859 Die Finanzverwaltung sieht hierin Zahlungen bis hin zu durchschnittlich 400 EUR im Monat, Tz. 32 AEAO zu § 67a Abs. 3 AO; werden höhere Aufwendungen erstattet, sind die gesamten Aufwendungen im Einzelnen nachzuweisen.

860 Vgl. Tz. 24 AEAO zu § 67a Abs. 3 AO.

darstellt.[861] Sobald dabei mindestens ein bezahlter Sportler an der Veranstaltung teilnimmt, liegt ein steuerpflichtiger wirtschaftlicher Geschäftsbetrieb vor, § 67a Abs. 3 S. 2 AO, auch wenn die Einnahmegrenze des § 67a Abs. 1 S. 1 AO nicht überstiegen wird. Die Teilnahme von bezahlten Sportlern verstößt dabei nicht gegen den Grundsatz der Selbstlosigkeit aus § 55 AO, auch wenn Berufssportler in erster Linie eigenwirtschaftliche Zwecke verfolgen. Neben § 67 AO lässt auch § 58 Nr. 8 AO die Förderung des bezahlten Sports nicht die Steuervergünstigung ausschließen. Sportvereine sollten daher bei der Austragung von Sportveranstaltungen die für sie passende Option wählen und in der Folge die erwirtschafteten Einnahmen kontrollieren.

In Bezug auf Sponsoring wird es den Sportvereinen zumeist darauf ankommen, erhaltende Zuwendungen möglichst ertragssteuerfrei zu empfangen, d.h. dass die Einnahmen im ideellen Bereich liegen und somit steuerlich irrelevant sind.[862] Zur Einordnung sind die zugrundeliegende Vertragsgestaltung und die vereinbarten Gegenleistungen zwischen Verein und Sponsor zu betrachten. Das BMF hat in einem Sponsoring-Erlass[863] die ertragsteuerliche Behandlung des Sponsorings aufgezeichnet und bei der steuerlichen Behandlung von steuerbegünstigten Empfängern das Bestehen eines wirtschaftlichen Geschäftsbetriebs davon abhängig gemacht, in welcher Weise sich die Gegenleistung des Vereins bestimmen lässt. Ein ideeller Bereich ist demnach anzunehmen, wenn der Verein dem Sponsor lediglich die Nutzung seines Namens zu Werbezwecken in der Weise gestattet, dass der Sponsor selbst zu Werbezwecken oder zur Imagepflege auf seine Leistungen an den Verein hinweist. Ebenfalls in den Bereich der steuerfreien Einnahmen zählt der Hinweis des Vereins auf die Unterstützung durch den Sponsor unter Verwendung seines Namens, Emblems oder Logos ohne eine besondere Hervorhebung, bspw. auf einem Plakat oder Veranstaltungshinweis. Ein wirtschaftlicher Geschäftsbetrieb liegt hingegen vor, wenn der Verein an den Werbemaßnahmen mitwirkt. Der wirtschaftliche Geschäftsbetrieb stellt dabei keinen Zweckbetrieb i.S.d. §§ 65 ff. AO dar, insb. zählen Werbemaßnahmen auch nicht zu sportlichen Veranstaltungen, § 67a Abs. 1 S. 2 AO. Etwas anderes soll hingegen bei Übertragungen von Werberechten auf einen Dritten, bspw. eine

861 Vgl. Fritzweiler/Pfister/Summerer/*Alvermann*, Praxishandbuch Sportrecht, S. 876.

862 Ausnahmsweise kann auch eine Zuordnung der Einnahmen zu einem wirtschaftlichen Geschäftsbetrieb sinnvoll sein, wenn bspw. ein Verlustausgleich nach § 64 Abs. 2 AO zur Kompensation negativer Ergebnisse anderer Geschäftsbetriebe erfolgen soll, vgl. Fritzweiler/Pfister/Summerer/*Alvermann*, Praxishandbuch Sportrecht, S. 876.

863 BMF, Ertragsteuerliche Behandlung des Sponsorings, BStBl. 1998 I, S. 212 f.

Werbeagentur, gelten. In der sog. Bandenwerbung, d.h. der entgeltlichen Übertragung des Nutzungsrechts von Werbeflächen in vereinseigenen oder gemieteten Sportstätten sowie von Lautsprecheranlagen an Werbeunternehmen, soll eine steuerfreie Vermögensverwaltung gesehen werden unter der Voraussetzung, dass dem Werbeunternehmer ein angemessener Gewinn verbleibe.[864] Lediglich die entgeltliche Übertragung des Rechts zur Nutzung von Werbeflächen auf der Sportkleidung und auf Sportgeräten sei stets als steuerpflichtiger wirtschaftlicher Geschäftsbetrieb zu behandeln.[865] Warum hier eine Unterscheidung vorgenommen wird, lässt sich nicht erklären. Es ist kein sachlicher Grund ersichtlich, im Falle der Bandenwerbung die Nutzung des Vermögens von der Angemessenheit des Nutzungsentgelts abhängig zu machen; der Gewinn des Werbeunternehmers liegt vielmehr in dessen Unternehmerrisiko.[866] Mit der Nutzungsüberlassung geht für den Verein zudem die Verpflichtung einher, eine angemessene Anzahl von sportlichen Veranstaltungen mit einem Mindestmaß an Zuschauerresonanz auszutragen,[867] sodass die Gesamttätigkeit hierdurch unternehmerisch geprägt ist.[868] I.E. ist somit auch die Bandenwerbung als wirtschaftlicher Geschäftsbetrieb einzuordnen.[869] Unter dem Gesichtspunkt der Ertragssteuerfreiheit sollte der Verein daher beim Abschluss eines Sponsorenvertrags darauf achten, welche Gegenleistungen er verspricht. Das Anbringen eines Sponsorenlogos auf einem Plakat fällt somit noch in den ideellen Bereich, während die Werbung für den Sponsor im Stadion, auf Banden oder Trikots gegen Entgelt[870] sowie die Übertragung der Rundfunk- und Übertragungsrechte[871] die Ausübung eines steuerschädlichen wirtschaftlichen Geschäftsbetriebs darstellen.[872]

Zur Erfüllung der steuerrechtlichen Vorgaben kann der Verein bspw. ein entsprechendes Buchführungs- oder Aufzeichnungssystem entwickeln. Zwar besteht grds. keine Pflicht zur Buchführung,[873] anders als bspw. für einen

864 Vgl. Tz. 9 S. 1 AEAO zu § 67a AO.
865 Vgl. Tz. 9 S. 2 AEAO zu § 67a AO.
866 Fritzweiler/Pfister/Summerer/*Alvermann*, Praxishandbuch Sportrecht, S. 882.
867 Koenig/*Koenig*, AO, § 67a Rn. 12.
868 BFHE 164, 57 = DStR 1991, 773 ff. (Bandenwerbung).
869 Vgl. Koenig/*Koenig*, AO, § 67a Rn. 12; Fritzweiler/Pfister/Summerer/*Alvermann*, Praxishandbuch Sportrecht, S. 882.
870 BFHE 164, 57 = DStR 1991, 773 ff. (Bandenwerbung); BFHE 146, 115 = BeckRS 1985, 22007490 (Benutzung von Sportgeräten).
871 FG München, BeckRS 2001, 21012016.
872 Vgl. Fritzweiler/Pfister/Summerer/*Alvermann*, Praxishandbuch Sportrecht, S. 882.
873 MüKoBGB/*Leuschner*, § 27 Rn. 56, a.A. *Stöber/Otto*, Handbuch zum Vereinsrecht, Rn. 474.

Kaufmann in § 238 HGB. Jedoch ist der Vereinsvorstand ganz allgemein gem. §§ 27 Abs. 3 i.V.m. 666 BGB dem Verein gegenüber zur Auskunft und Rechenschaft hinsichtlich des Stands der Geschäfte verantwortlich[874] und hat darüber hinaus nach § 259 BGB die Ausgaben des Vereins zu belegen.[875] Aus steuerrechtlicher Sicht ist zudem nach § 63 Abs. 3 AO die Erbringung des Nachweises der Erfüllung des steuerbegünstigten Zwecks erforderlich. Ein „vereinsinternes Pflichtensystem“[876] bspw. in Form eines Buchführungssystems kann somit bei der Aufrechterhaltung des gemeinnützigen Status und den daraus resultierenden Steuerbegünstigungen helfen.[877] Zudem kann die Errichtung entsprechender Tax-Compliance-Maßnahmen, die der Erfüllung steuerlicher Pflichten dient, bspw. bei einem Vorwurf der Steuerhinterziehung im Einzelfall ein Indiz darstellen, das gegen das Vorliegen eines Vorsatzes oder der Leichtfertigkeit sprechen kann.[878]

bb. Maßnahmen für sämtliche Vereine

Unabhängig von der Größe des Vereins und dem wirtschaftlichen Tätigwerden kann dieser Maßnahmen implementieren, welche stets erforderlich und zumutbar sein werden. Hierzu zählen arbeitsvertragliche Maßnahmen sowie eine Aufklärung über gesundheitliche und strafrechtliche Risiken und arbeitsrechtliche Konsequenzen. Da der Sportverein durch den Arbeitsvertrag oder ein Mitgliedschaftsverhältnis direkt mit den Sportlern verbunden ist, kann er, im Gegensatz zum übergeordneten Verband, unmittelbar auf diese einwirken und eine direkte Aufklärungsarbeit betreiben.

(1) Arbeitsvertragliche Maßnahmen

Der Sportverein kann bereits im Rahmen des Arbeitsvertrages entsprechende Punkte aufnehmen, welche gezielt das Verhalten des Angestellten hinsichtlich einer bestimmten Handlungsweise regeln. Insb. im Verhältnis zu Sportlern, Trainern und ärztlichen Betreuern kann eine solche individuelle Regelung

---

874 Vgl. *Stöber/Otto*, Handbuch zum Vereinsrecht, Rn. 474.

875 MüKoBGB/*Leuschner*, § 27 Rn. 56; *Sauter/Schweyer/Waldner*, Der eingetragene Verein, Rn. 279.

876 *Kreißig*, Der Sportverein in Krise und Insolvenz, S. 38; vgl. auch *Haas*, SpuRt 1999, 1, 3; Wadsack/*Cherkeh*/v. Büdingen/Hamel, Krisenmanagement in Sportbetrieben, S. 112.

877 Vgl. hierzu auch *Knittel*, SpuRt 2019, 71, 74 f.

878 Vgl. Anwendungserlass des BMF zu § 153 AO v. 23.05.2016, Nr. 2.6.

zielführend sein, da sie den Vorteil hat, dass diese direkt angesprochen werden und sich vor der Unterzeichnung des Vertrages über die Bedeutung entsprechender Regelungen bewusstwerden können. Da die genannten Personen im Rahmen der Korruptionsdelikte des Dopings und Matchfixings auffällig werden können, beschränken sich die Ausführungen auf diese Bereiche.

Der Arbeitsvertrag zwischen Verein und Sportler sollte eine Regelung enthalten, welche ausdrücklich das Verbot der Dopingeinnahme beinhaltet. Als Beispiel kann hier die Formulierung des § 4 DFB-Mustervertrag Vertragsspieler dienen. Neben dem allgemeinen Dopingverbot kann dabei auch direkt das strafbewehrte Verhalten aufgenommen werden. § 4 nennt hier bspw. das Vorhandensein einer verbotenen Substanz in einer dem Körper entnommenen Probe, die (auch versuchte) Anwendung einer verbotenen Substanz oder deren Besitz oder die Weigerung der Teilnahme an einer Dopingkontrolle. Auch in einem Arbeitspapier zwischen dem Sportverein und einem ärztlichen Betreuer kann eine entsprechende Regelung aufgenommen werden. § 4 DFB-Mustervertrag Vertragsspieler regelt bspw. auch diesen Fall und untersagt die (auch versuchte) Verabreichung im Wettbewerb von verbotenen Substanzen an Spieler. In Hinblick auf das Verbot von Wetten sollten entsprechende arbeitsvertragliche Regelungen zwischen Sportlern und Trainern[879] aufgestellt werden. Als Beispiel kann hier die Formulierung des § 1 Nr. 5 DFB-Mustervertrag Vertragsspieler dienen. Der Spieler bzw. Trainer verpflichtet sich demnach es zu unterlassen, auf Gewinnerzielung gerichtete Sportwetten abzuschließen, die auf den Ausgang oder den Verlauf von Wettkämpfen der eigenen Mannschaft gerichtet sind. Auch die Teilnahme an einem solchen Vergehen kann umfasst sein, insb. auch die Weitergabe von sog. Insiderwissen wie bspw. die nicht öffentlich bekannte Verletzung eines Mitspielers oder die taktische Vorgabe eines Trainers. Ebenfalls können bereits Kündigungsmodalitäten oder Schadenersatzmöglichkeiten im Arbeitsvertrag geregelt werden. Auch hier bietet § 6 DFB-Mustervertrag Vertragsspieler eine entsprechende Vorlage. So kann das Arbeitspapier eine Klausel enthalten, wonach bspw. ein Verstoß eines Spielers, der mit einer rechtskräftigen Spielsperre geahndet wurde, einen wichtigen Grund darstellt, das Arbeitsverhältnis außerordentlich fristlos zu beenden.

Dass Sportler in einem arbeitsvertraglichen Verhältnis zum Sportverein stehen stellt jedoch eher die Ausnahme da,[880] sodass über den arbeitsvertraglichen Weg i.d.R. nur professionelle Sportler erreicht werden. Doch auch außerhalb

879 Sowie Trainern gleichgestellte Personen, siehe Kapitel C, II, 1, a, aa.
880 Siehe Kapitel E, IV, 1.

eines Arbeitsvertrags kann der Sportverein mit dem einzelnen Sportler über bestimmte Punkte individuelle Regelungen treffen. So kann bspw. ein Sportler verpflichtet werden, sich hinsichtlich eines manipulationsfreien Spiels den bestehenden Regularien des jeweiligen Verbandes zu unterwerfen. Das Regionalliga-Statut des Norddeutschen Fußball Verbandes bspw. schreibt in Art. 8.6 vor, dass „eine unterschriebene Bestätigung über die Kenntnisnahme und Anerkennung der geltenden Bestimmungen des DFB zum Wettverbot, Verbot der Spielmanipulation und zu damit in Zusammenhang stehenden Informationspflichten vorgelegt werden" muss.[881]

(2) Aufklärung

Die schriftliche Niederlegung der entsprechenden Verpflichtungen stellt den grundlegenden, jedoch nicht einzigen Schritt hin zur Regeltreue der Mitarbeiter und Sportler dar. Erforderlich und unabdingbar ist die Aufklärungsarbeit, die von der Vereinsführung vorzunehmen ist. In regelmäßigen Schulungen und durch entsprechendes Informationsmaterial sind Mitarbeiter und Sportler nicht nur über den Inhalt der Maßnahmen, sondern auch über mögliche Konsequenzen bei Missachtung hinzuweisen.

(a) Gesundheitsrisiken

Die Aufklärungsarbeit der Vereinsführung sollte die Bereiche Doping und Matchfixing betreffen. Dabei sind auf der einen Seite die Sportler zu unterrichten, welche gesundheitlichen Schäden durch die Einnahme von Dopingmitteln drohen[882] und dass auch durch Wetten eine Abhängigkeit eintreten kann, die neben gesundheitlichen Folgen auch solche im sozialen Umfeld hervorrufen kann. Über diese Gefahren kann auch entsprechendes Informationsmaterial erstellt werden, das den Sportlern zur Verfügung gestellt wird. Auch sollten die Sportler darauf hingewiesen werden, dass sie arbeitsrechtlich zur Gesundhaltung verpflichtet sind[883] und entsprechende Konsequenzen bei einer Missachtung erfolgen können. Außer den Sportlern sollten auf der anderen Seite auch die Vereinsärzte dahingehend instruiert werden, dass die Gesundheit der Sportler

---

881 https://www.nordfv.de/fileadmin/Satzungen_und_Ordnungen/Regionalliga-Statut_NFV_10.09.2019.pdf (letzter Abruf am 01.10.2020).

882 Siehe zu den möglichen Verletzungen schon oben Kapitel C, I, 2, b, aa.

883 So regelt bspw. die Lizenzordnung Spieler (LOS) des Ligaverbands (Fußball) in § 2 Abs. 4 als Voraussetzung der Lizenzerteilung, dass der Sportler jährlich seine Sporttauglichkeit auf orthopädischem und kardiologisch-internistischem Gebiet nachzuweisen hat.

stets einen größeren Stellenwert besitzt als die wirtschaftlichen Belange des Vereins. Um es sowohl den Sportlern als auch den Vereinsärzten zu erleichtern, einen Überblick darüber zu erlangen, welche Medikamente und sonstigen Substanzen eingenommen werden dürfen und welche verbotene Dopingmittel darstellen, kann ein Hinweis auf die Medikamentendatenbank der NADA erfolgen.

(b) Strafrechtliches Risiko

Neben dem Aspekt der Gesundheit sollte die Aufklärung auch dahingehend erfolgen, dass die Handlungen der Dopingeinnahme zur anschließenden Teilnahme an einem sportlichen Wettbewerb, das Manipulieren von Wettkämpfen, Bestechung und Bestechlichkeit im Bereich der Vergabesachen, des Sponsorings und der Hospitality Straftaten darstellen[884] und zu strafrechtlichen Ermittlungen gegen die Beteiligten führen können. Darüber hinaus sollten insb. die Sportler dahingehend unterrichtet werden, dass sämtliche Verdachtsfälle des Dopings ebenfalls vom Sportverein untersucht,[885] aufgeklärt und geahndet werden.[886] Für das Thema der verbotenen Spielmanipulation sollten dabei insb., aber nicht ausschließlich junge Sportler mit einem geringen bis gar keinem Einkommen sensibilisiert werden, da diese besonders anfällig für eine Bestechlichkeit sein können. Die Aufklärungsarbeit sollte sich darauf beziehen, welche Verhaltensweisen unter die strafbare Spielmanipulation fallen. Ein wichtiger Punkt hierbei ist die mögliche Kontaktaufnahme von außen, die sowohl Sportler als auch Trainer zu einem Verschieben des sportlichen Wettkampfs bewegen möchte.

(c) Arbeitsrechtliche Konsequenzen

Ebenfalls sollte sich die Aufklärung auf die arbeitsrechtlichen Konsequenzen einer Missachtung bestehender Regelungen beziehen. Als Folge einer korruptiven Verhaltensweise kann dem Sportler[887] oder Mitarbeiter des Sportvereins eine Abmahnung oder eine (ordentliche und außerordentliche) verhaltensbedingte Kündigung[888] ausgesprochen werden, ggf. sogar allein aufgrund eines

884 Zur strafrechtlichen Bewertung siehe Kapitel C.

885 Vgl. zur Einhaltung der entsprechenden datenschutzrechtlichen Vorgaben *Stück*, CCZ 2018, 88 ff.

886 Vgl. zur Pflicht zur Sanktionierung von Verstößen in der AG *Reichert/Ott*, ZIP 2009, 2173, 2178 m.w.N.

887 Eine Kündigung des Sportlers kommt dann in Betracht, wenn es sich bei ihm um einen Angestellten des Vereins handelt.

888 Vgl. zur verhaltensbedingten Kündigung BeckOK/*Stoffels*, BGB, § 626 Rn. 85 ff.

Verdachts.[889] Lässt sich ein Mitarbeiter bspw. bestechen und nimmt im Gegenzug für die Vergabe der Austragung eines sportlichen Wettbewerbs Schmiergelder an, so kann eine verhaltensbedingte Kündigung in Betracht kommen.[890] Etwas anderes gilt nur dann, wenn der Sportverein ein solches Verhalten in der Vergangenheit stillschweigend geduldet hat; eine verhaltensbedingte Kündigung gilt dann als treuwidrig, § 242 BGB.[891] Über diese Umstände sind die Mitarbeiter aufzuklären. Sportler, die in keinem arbeitsvertraglichen Verhältnis zum Verein stehen, können als letzte Konsequenz aus dem Verein ausgeschlossen werden.[892] Entsprechende Konsequenzen eines Verstoßes sollten bestenfalls direkt in der Satzung festgehalten werden. Bei Bestehen eines entsprechenden Passus in der Satzung kann der Sportler hierauf aufmerksam gemacht werden; im Übrigen sollte der Hinweis erfolgen, dass auch ohne eine solche Regelung ein Ausschluss erfolgen kann, soweit hierfür ein „wichtiger Grund" vorliegt,[893] der die Fortsetzung des Mitgliedschaftsverhältnisses für den Verein unzumutbar macht.[894] Ein solcher Grund kann bei einem groben Verstoß gegen die Mitgliedschaftspflichten vorliegen.[895] Umfassen diese Pflichten ein Dopingverbot, kann sich hierauf eine Vereinsausschluss stützen.[896]

cc. Spezielle Maßnahmen für wirtschaftlich tätige Vereine und Verbände

Neben den genannten Maßnahmen für Vereine wird es i.d.R. für größere, wirtschaftlich tätige Vereine und Verbände zusätzlich erforderlich und insb. durch ihre finanziellen Möglichkeiten auch zumutbar sein, weitere konkrete Vorkehrungen zu ergreifen. Hierzu zählen Verbandsregelwerke, welche die Themen

---

889 Vgl. BAGE 93, 1 = NZA 2000, 418; BAG NZA 2001, 837; BAG NZA-RR 2008, 344; BAGE 131, 155 = NZA 2009, 1136. Aufgrund der Kündigung in Folge eines zerstörten Vertrauens kann auch von einer Vertrauenskündigung gesprochen werden, vgl. *Gilberg*, DB 2006, 1555; *ders.*, RdA 2015, 209.

890 Vgl. BAG NZA 2006, 101 (außerordentliche Kündigung ohne vorherige Abmahnung).

891 Vgl. ArbG München, NZA-RR 2009, 134.

892 Vgl. *Sauter/Schweyer/Waldner*, Der eingetragene Verein, Rn. 350a; Schimke/Dauernheim/Reichert/*Wagner*, Vereins- und Verbandsrecht, Rn. 2888 ff., 2897 ff.

893 Vgl. *Sauter/Schweyer/Waldner*, Der eingetragene Verein, Rn. 350a; *Stöber/Otto*, Handbuch zum Vereinsrecht, Rn. 293; Schimke/Dauernheim/Reichert/*Wagner*, Vereins- und Verbandsrecht, Rn. 2912 ff.; MüKo/*Leuschner*, BGB, § 38 Rn. 34.

894 Da es sich bei der Vereinsmitgliedschaft um ein Dauerschuldverhältnis handelt, bestimmt sich der wichtige Grund nach § 314 Abs. 1 S. 2 BGB.

895 Vgl. OLG Frankfurt, NJW-RR 1991, 1276.

896 Vgl. hierzu bspw. § 16b Nr. 6 der DFB-Satzung.

Corporate Social Responsibility und „Business-Partner-Check" beinhalten, sowie Maßnahmen in den Bereichen Überwachung, Kartellrecht und Aufdeckung. Darüber hinaus wird i.d.R. auch die Einsetzung eines Compliance-Beauftragten erforderlich sein.

(1) Regelwerke

Durch die verstärkte Teilnahme am wirtschaftlichen Verkehr, insb. durch die Vergabe von Rechten sowie den Abschluss von Sponsoring-Verträgen und Hospitality-Paketen, wird sich eine verstärkte Gefahrenlage ergeben, welche die Errichtung von entsprechenden Regelwerken erforderlich machen wird.

(a) Corporate Social Responsibility

Bei der Vergabe von Rechten sollte insb. eine Regelung hinsichtlich der Auswahl des Geschäftspartners bestehen, da besondere Vorsicht vor allem dann anzuwenden ist, wenn dessen Verband oder Unternehmen im Ausland besteht und dort abweichende Regelungen zum Schutz bspw. der Menschenrechte existieren. In Zusammenhang mit der Vergabe und der anschließenden Vorbereitung der Fußball-Weltmeisterschaften der Männer in Südafrika,[897] Brasilien,[898] Russland[899] und Katar[900] kam es immer wieder zu Vorfällen, in denen die vorherrschenden unmenschlichen Arbeitsbedingungen ans Licht kamen. Es wurde entweder kein Arbeitslohn gezahlt oder die Maßnahmen zum Arbeitsschutz waren so erheblich mangelhaft, dass Bauarbeiter bei der Errichtung von Stadien verletzt wurden oder ums Leben kamen. Zudem wurden, um Platz für den Bau eines neuen Stadions zu schaffen, zehntausende Menschen aus ihren Wohnungen und Häusern vertrieben. Solche Tragödien fallen dann auf den Sportverband, der die Austragung an dieses Land übergeben hat, zurück. Nicht nur wird dessen Reputation hierdurch geschädigt, vielmehr stellt sich die Frage, inwieweit der Verband verpflichtet ist, schon bei der Auswahl auf die Menschenrechtslage

---

897 Vgl. https://www.humanrights.ch/de/menschenrechte-schweiz/aussenpolitik/aussenpolitik-diverses/kampagnen/fussball-wm-sdafrika (letzter Abruf am 01.10.2020).

898 *Segador*, „Brasilien tritt Menschenrechte mit Füßen", https://www.deutschlandfunk.de/fussball-wm-brasilien-tritt-menschenrechte-mit-fuessen.724.de.html?dram:article_id=288980 (letzter Abruf am 01.10.2020).

899 Vgl. https://www.hrw.org/de/news/2017/06/14/russland/fifa-arbeiter-stadien-fuer-wm-2018-ausgebeutet (letzter Abruf am 01.10.2020).

900 Vgl. https://www.amnesty.ch/de/ueber-amnesty/publikationen/magazin-amnesty/2016-2/katar-wm-der-schande (letzter Abruf am 01.10.2020).

in den entsprechenden Ländern zu achten. Unter dem Stichwort der Corporate Social Responsibility (CSR) wird eine solche verantwortungsbewusste Geschäftsführung in Hinblick auf Nachhaltigkeit sowie gesellschaftliche und soziale Belange gesehen.[901] Der Begriff des CSR wird dabei auf vielfältige Weise definiert.[902] Die Europäische Kommission bestimmt CSR als ein „Konzept, das den Unternehmen als Grundlage dient, auf freiwilliger Basis soziale Belange und Umweltbelange in ihre Unternehmenstätigkeit und in die Wechselbeziehungen mit den Stakeholdern zu integrieren."[903] Diese Definition wurde 10 Jahre später weiterentwickelt hin zu der „Verantwortung von Unternehmen für ihre Auswirkungen auf die Gesellschaft."[904] Das Unternehmen müsse, um seiner sozialen Verantwortung vollumfänglich gerecht werden zu können, ein Verfahren entwickeln, „mit dem soziale, ökologische, ethische, Menschenrechts- und Verbraucherbelange in enger Zusammenarbeit mit den Stakeholdern in die Betriebsführung und in ihre Kernstrategie integriert werden."[905] Hierdurch sollen die Schaffung gemeinsamer Werte des Unternehmens gestärkt und etwaige negative Auswirkungen aufgezeigt, verhindert und abgefedert werden.[906] Die Komplexität der Maßnahmen hänge dabei von der Art, Größe und Geschäftstätigkeit der Unternehmen ab.[907]

Auf internationaler Ebene bestehen mehrere Regelwerke hinsichtlich einer globalen sozialen Rahmenordnung.[908] Zu nennen sind hier bspw. der UN Global Compact (UNGC),[909] die UN-Leitlinien für Wirtschaft und Menschenrechte,[910]

---

901 Vgl. *Teicke*, CCZ 2018, 274.

902 Vgl. Hauschka/Moosmayer/Lösler/*Spießhofer*, Corporate Compliance, § 11 Rn. 2.

903 KOM(2001) 366, S. 8.

904 Mitteilung der Kommission an das Europäische Parlament, den Rat, den Europäischen Wirtschafts- und Sozialausschuss und den Ausschuss der Regionen, Eine neue EU-Strategie (2011 - 2014) für die soziale Verantwortung der Unternehmen (CSR), KOM(2011) 681, S. 7.

905 KOM(2011) 681, S. 7.

906 KOM(2011) 681, S. 7.

907 KOM(2011) 681, S. 8; UN-Leitprinzipien Nr. 14, 17. So hat auch das LG München I hinsichtlich der Anforderungen an eine angemessene Compliance-Organisation entschieden, vgl. NZWiSt 2014, 183 ff.

908 Hauschka/Moosmayer/Lösler/*Spießhofer*, Corporate Compliance, § 11 Rn. 10.

909 Vgl. die „Ten Principles of the UN Global Compact", https://www.unglobalcompact.org/what-is-gc/mission/principles (letzter Abruf am 01.10.2020).

910 Die UN-Leitprinzipien basieren auf drei Säulen („Protect, Respect, Remedy"): einer staatlichen Plicht zum Schutz der Menschenrechte, einer unternehmerischen Verantwortung zur Achtung der Menschenrechte und dem Zugang zur Abhilfe für Betroffene

die OECD-Leitlinien für Multinationale Unternehmen[911] und der ISO-Leitfaden zur gesellschaftlichen Verantwortung[912]. Daneben bestehen auch europäische CSR-Strategien. Die Europäische Kommission bspw. hat in ihrer Mitteilung an das Europäische Parlament, den Rat, den Europäischen Wirtschafts- und Sozialausschuss und den Ausschuss der Regionen eine neue EU-Strategie (2011-14) für die soziale Verantwortung der Unternehmen (CSR) eingeführt.[913] Darin wurden u.a. alle großen europäischen Unternehmen aufgefordert, sich zu verpflichten, zumindest eines der soeben genannten internationalen Regelwerke bei der Entwicklung ihres CSR-Konzepts zu berücksichtigen.[914] Auch die EU-Mitgliedsstaaten wurden aufgefordert, nationale Pläne für die Umsetzung der UN-Leitprinzipien zu erstellen.[915] Neben der EU-Kommission schreiben auch die UN-Leitlinien für Wirtschaft und Menschenrechte den Mitgliedstaaten eigene Verpflichtung vor. Zu den grundlegenden Prinzipien gehört, dass Staaten den Schutz vor Menschenrechtsverletzungen gewähren müssen, die in ihrem Hoheitsgebiet und bzw. oder ihrer Jurisdiktion von Dritten, einschließlich Wirtschaftsunternehmen, verübt werden.[916] Zur Wahrnehmung ihrer Schutzpflicht sollten Staaten daher u.a. Rechtsvorschriften durchsetzen, deren Ziel oder Wirkung darin besteht, von Wirtschaftsunternehmen die Achtung der Menschenrechte einzufordern und ihnen wirksame Handlungsanleitungen zur Achtung der Menschenrechte bereitzustellen.[917] Auf diesen Grundlagen

---

von Menschenrechtsverstößen, https://www.globalcompact.de/wAssets/docs/Menschenrechte/Publikationen/leitprinzipien_fuer_wirtschaft_und_menschenrechte.pdf (letzter Abruf am 01.10.2020).

911 Die Ausgabe aus 2011 enthält Empfehlungen für verantwortungsvolles unternehmerisches Handeln in einem globalen Kontext (Teil I) und ein Umsetzungsverfahren der OECD-Leitsätze für multinationale Unternehmen (Teil II), https://mneguidelines.oecd.org/48808708.pdf (letzter Abruf am 01.10.2020).

912 DIN ISO 26000 „Leitfaden zur gesellschaftlichen Verantwortung von Organisationen", https://www.bmas.de/SharedDocs/Downloads/DE/PDF-Publikationen/a395-csr-din-26000.pdf (letzter Abruf am 01.10.2020).

913 KOM(2011) 681. Vgl. auch die CSR-Reporting-Richtlinie des Europäischen Parlaments und des Rates, RL 2014/95/EU v. 22.10.2014, ABl. EU v. 15.11.2014, Nr. L 330, umgesetzt durch das Gesetz zur Stärkung der nichtfinanziellen Berichterstattung der Unternehmen in ihren Lage- und Konzernlageberichten (CSR-Richtlinie-Umsetzungsgesetz), BGBl. I 2017, 802.

914 KOM(2011) 681, S. 16.

915 KOM(2011) 681, S. 17.

916 Vgl. UN-Leitprinzipen Nr. 1.

917 Vgl. UN-Leitprinzipen Nr. 3.

entwickelte Deutschland einen Nationalen Aktionsplan zur Umsetzung der UN-Leitprinzipien für Wirtschaft und Menschenrechte (NAP).[918] Dieser Aktionsplan verankert Verantwortlichkeiten deutscher Unternehmen zur Wahrung der Menschenrechte in einem festen Rahmen. Als Kernelemente der menschenrechtlichen Sorgfaltspflicht werden dabei eine Grundsatzerklärung zur Achtung der Menschenrechte angesehen,[919] ebenso wie ein Verfahren zur Ermittlung tatsächlicher und potentieller nachteiliger Auswirkungen auf die Menschenrechte, Maßnahmen zur Abwendung potentieller negativer Auswirkungen und die Überprüfung der Wirksamkeit dieser Maßnahmen, eine Berichterstattung sowie ein Beschwerdemechanismus.[920]

Die CSR-bezogenen Vorgaben richten sich wörtlich an Unternehmen, sodass fraglich ist, ob ebenfalls Sportverbände einbezogen werden sollen. Die UN-Leitprinzipien sowie darauf bezogen der NAP legen einen weiten Unternehmensbegriff zu Grunde, der grds. alle Unternehmen umfasst, unabhängig von ihrer Größe, Branche, ihrem operativen Umfeld, ihren Eigentumsverhältnissen oder ihrer Struktur.[921] Bei Zugrundelegung eines funktional-teleologischen weiten Unternehmensbegriffs[922] fallen demnach auch Sportverbände in den Anwendungsbereich, solange sie am Geschäftsverkehr teilnehmen. Hierfür spricht auch der Unternehmensbegriff, wie er in § 130 OWiG zugrunde gelegt wird, unter den Verbände zu subsumieren sind, soweit sie einen wirtschaftlichen Geschäftsbetrieb aufweisen.[923] Wirtschaftliches Handeln ist dem Sportverband grds. gestattet, solange es im Rahmen des erlaubten Nebenzweckprivilegs erfolgt.[924] Insb. die Vergabe der Austragung eines Sportevents gehört zu einer legitimen Teilnahme am Geschäftsverkehr, sodass die CSR-Richtlinien grds. auch Sportverbände verpflichten können. Die Vorgaben des NAP basieren jedoch, ebenso wie die der internationalen Regelwerke, auf einer freiwilligen Basis. Die Bundesregierung erwartet dabei allerdings von allen deutschen

---

918 https://www.auswaertiges-amt.de/blob/297434/8d6ab29982767d5a31d2e85464461565/nap-wirtschaft-menschenrechte-data.pdf (letzter Abruf am 01.10.2020).

919 Auch die UN-Leitprinzipien schreiben in Nr. 16 vor, dass „zur Verankerung ihrer Verantwortung zur Achtung der Menschenrechte (…) Wirtschaftsunternehmen ihre Selbstverpflichtung (…) in einer Grundsatzerklärung zum Ausdruck bringen" müssen.

920 NAP, S. 8.

921 UN-Leitprinzipien Nr. 14; NAP, S. 7.

922 Vgl. *Spießhofer*, NZG 2018, 441, 444.

923 Siehe hierzu auch Kapitel F, III, 1.

924 Siehe hierzu schon Kapitel B, I, 4, b.

Unternehmen, dass die genannten Prozesse in angemessener Weise eingeführt werden; sofern keine ausreichende Umsetzung erfolgt, werden weitergehende Schritte bis hin zu gesetzlichen Maßnahmen geprüft.[925] Es stellt sich somit die Frage, inwieweit die Freiwilligkeit der CSR der Errichtung von entsprechenden Compliance-Maßnahmen entgegensteht. Auch wenn es noch keine rechtsverbindliche Verpflichtung gibt,[926] so besteht doch eine gesellschaftliche Erwartung der Respektierung von Menschenrechten,[927] welche insb. auch in Hinblick auf die eigene Reputation erfüllt werden sollte.[928] Die Compliance-Verantwortung sollte sich daher ebenfalls auf die Errichtung von CSR-Richtlinien beziehen.[929] Bestehen entsprechende Regelungen, werden diese dann auch von der Legalitäts- und Legalitätskontrollpflicht erfasst.

Inhaltlich sollte eine verbandsinterne Regelung insb. eine entsprechende Grundsatzerklärung zur Achtung der Menschenrechte aufweisen. Die FIFA bspw. hat in Art. 3 ihrer Statuten ein entsprechendes Bekenntnis vorgenommen.[930] Bei der Vergabe von sportlichen Großevents sollten daher in der Ausschreibung nicht nur Wirtschaftlichkeitsanalysen den Ausschlag geben, sondern ebenfalls die Menschenrechtslage vor Ort. Dabei sollte ermittelt werden, inwieweit die Austragung des Wettkampfs menschenrechtliche Auswirkungen haben kann,[931] wie bspw. Verletzungen von Leben, arbeitsrechtlichen Mindeststandards oder Eigentumsverhältnissen. Auch nach Vertragsschluss empfiehlt es sich, eine weitergehende Kontrolle vorzunehmen, um zu überprüfen, ob den Menschenrechten auch tatsächlich ausreichend Geltung zukommt. Da sowohl

---

925 NAP, S. 10. Ein entsprechender Entwurf liegt nach Aussage der Bundesregierung zurzeit noch nicht vor, vgl. BT-Drs. 19/10985.

926 Anders als bspw. in Frankreich, vgl. das Gesetz über unternehmerische Sorgfaltspflichten („Loi relative au devoir de vigilance des société mères et des entreprises donneuse d'ordre").

927 Vgl. *Spießhofer*, NJW 2014, 2473, 2475; *Kroker*, CCZ 2015, 120, 122.

928 *Spießhofer* spricht daher von einer Verbindlichkeit, jedoch keiner Rechtsverbindlichkeit, Hauschka/Moosmayer/Lösler/*Spießhofer*, Corporate Compliance, § 11 Rn. 24.

929 Die Compliance-Verantwortung sollte nach *Spießhofer* erweitert werden von einer „legal license to operate" hin zu einer „social license to operate", *Spießhofer*, NZG 2018, 441, 444.

930 Vgl. hierzu auch den Report von John G. Ruggie, „For the game. For the world. FIFA and Human Rights", https://www.hks.harvard.edu/sites/default/files/centers/mrcbg/programs/cri/files/Ruggie_humanrightsFIFA_reportApril2016.pdf (letzter Abruf am 01.10.2020).

931 Vgl. auch UN-Leitprinzipien Nr. 17.

die UN-Leitprinzipien als auch der NAP den Menschenrechtsschutz als Sorgfaltspflicht beschreiben, bleibt abzuwarten, inwieweit sich die Verpflichtung zum Teil der „im Verkehr üblichen Sorgfalt“ entwickelt,[932] wodurch auch eine Erweiterung der Fahrlässigkeitsprüfung im Strafrecht und im zivilrechtlichen Haftungsrecht eintreten könnte.[933]

Neben der Einhaltung von CSR-Vorgaben sollten bei der Vergabe von Rechten wie bspw. Übertragungsrechte oder Austragungsrechte eines sportlichen Wettbewerbs auch intern Regelungen getroffen werden, wie das Vergabeprozedere möglichst transparent und ohne die Gefahr der Manipulation stattfinden kann. Ein großes Risiko liegt darin, dass nur wenigen oder teilweise einem einzelnen Mitarbeiter des Sportverbands die Entscheidungsmacht über die Vergabe zukommt. Es sollte somit verpflichtend festgelegt werden, dass alle wichtigen Entscheidungen von mehr als einer Person getroffen werden müssen. Zudem sollte ein Rotationsprinzip eingeführt werden, um die Entscheidungsmacht nicht bei einer Person zu belassen. Eine weitere Möglichkeit, Transparenz bei der Vergabe von Rechten zu schaffen, liegt in der Offenbarung der Vorgehensweisen und der Einbeziehung von unbeteiligten Dritten. Als Beispiel kann hier die Vergabe der EURO 2024 durch die UEFA genannt werden: Bei der Auswahl der Spielorte durch den DFB durften Vertreter von Transparency Deutschland teilnehmen und die Entscheidungen begleiten.[934] Darüber hinaus wurden sie in die Erstellung von Verhaltensrichtlinien für den Auswahlprozess und eines Codes of Conduct für die internationale Bewerbung mit eingebunden.[935] Im Anschluss konnte die Johannes-Gutenberg-Universität Mainz die Auswertungsmatrix auf ihre mathematische Korrektheit überprüfen.[936] Durch diese transparente Vorgehensweise kann dem Eindruck eines manipulativen Handelns vorgebeugt und die Reputation des Sportvereins gestärkt werden.

Verstößt ein Mitarbeiter des Sportverbands in der Folge gegen eine bestehende Richtlinie, kann dies unter gewissen Umständen zu einer verhaltensbedingten Kündigung (auch ohne Abmahnung) führen.[937] Voraussetzung hierfür

932 Vgl. auch *Spießhofer*, NJW 2014, 2473, 2476.

933 Vgl. zu der Frage der strafrechtlichen Verantwortlichkeit von Unternehmen für Menschenrechtsverletzungen *Momsen/Willumat*, KriPoZ 2019, 323 ff.

934 Vgl. auch *Schumacher/Schumacher*, SpuRt 2018, 99, 100.

935 Vgl. die Pressemitteilung vom 27.09.2018 von Transparency Deutschland, https://www.transparency.de/aktuelles/detail/article/deutschland-em-ausrichter-2024-eine-verpflichtung-fuer-den-dfb-und-die-deutsche-politik/ (letzter Abruf am 01.10.2020).

936 Vgl. die Mitteilung des DFB, https://www.dfb.de/die-mannschaft/euro-2024/stadien-und-staedte/ (letzter Abruf am 01.10.2020).

937 Vgl. OLG Hamm, BeckRS 2019, 14258; vgl. auch *Eufinger*, RdA 2017, 223, 226.

ist, dass dem Mitarbeiter die Einhaltung der Richtlinie verbindlich und ernsthaft aufgegeben war und er sie gleichwohl missachtet hat.[938]

(b) „Business-Partner-Check"

Der Bereich des Sponsorings und der Hospitality kann im Umfeld des Sports ein großes Einfallstor für korruptives Verhalten darstellen. Die Verbindung des Sports mit den Bereichen der Wirtschaft und Politik birgt das Risiko, dass wettbewerbswidrige Absprachen getroffen werden oder Interessenkonflikte entstehen. Ist ein Sportverein in diesen Bereichen tätig, ist es erforderlich und auch zumutbar, entsprechende Verhaltensregeln festzulegen. Alternativ kann auch eine Einbeziehung in das Regelwerk des übergeordneten Sportverbands erfolgen, für den eine Implementierung durch entsprechendes Tätigwerden erforderlich sein wird.

In einem entsprechenden Regelwerk sollte festgelegt werden, wie sich die Mitarbeiter des Vereins bei der Anbahnung von Verträgen, bspw. über Hospitality-Pakete oder im Bereich des Sponsorings, zu verhalten haben. Hierbei sollte im Wege eines „Business-Partner-Checks" bereits im Vorfeld der Verhandlungen eine Überprüfung der potentiellen Geschäftspartner vorgenommen werden.[939] Hierdurch können Risiken, die in Zusammenhang mit der Person oder dem Unternehmen stehen, als Gefahr für den eigenen Verein rechtzeitig erkannt werden.[940] Ein schlechtes Image, das dem möglichen Geschäftspartner anhängt, kann somit nicht zur Gefahr der eigenen Reputation werden. Welche Überprüfungen konkret vorzunehmen sind, kann nicht pauschal festgestellt werden, sondern hängt im Einzelfall von der Art oder der Größe des Geschäfts ab. Handelt es sich bei einem potentiellen Sponsor um ein multinationales Unternehmen, sind i.E. umfangreichere Überprüfungen erforderlich als bei einem kleinen und lokalen Betrieb. Gleichwohl können gewisse Mindestanforderungen herausgearbeitet werden, die zur Grundlage jeder Überprüfung

---

938 Vgl. LAG Hessen, CCZ 2011, 196, 197.

939 Vgl. auch *Hülsberg/Kuhn*, CB 2013, 353 ff.; *Schumacher/Schumacher*, SpuRt 2018, 99, 101. Eine solche Überprüfung sollte ebenfalls auf Seiten der Sponsoren erfolgen, vgl. hierfür den Guide „Fighting Corruption in Sport Sponsorship and Hospitality: A Pracitcal Guide for Companies" des UN Global Compact (UNGP) aus 2013, https://www.unglobalcompact.org/docs/issues_doc/Anti-Corruption/SportsSponsorshipHospitalityGuide.pdf (letzter Abruf am 01.10.2020).

940 Vgl. *Hülsberg/Kuhn*, CB 2013, 353.

herangezogen werden können. Hierbei kann sich an den Vorgaben des Guide[941] zum US Foreign Corrupt Practices Act (FCPA) und der bereits genannten Guidance[942] zum UK Bribery Act orientiert werden, welche beide ein Due Diligence Verfahren vorschreiben. Der Guide zum FCPA beinhaltet dabei eine Überprüfung des Geschäftspartners hinsichtlich seiner Qualifikation und Reputation,[943] das Erforschen der Gründe des Geschäftspartners für den Abschluss eines Vertrages,[944] die Einhaltung einer konkreten Vertragsgestaltung[945] sowie die auch nach Vertragsabschluss fortlaufende Überwachung der Beziehungen zum Geschäftspartner.[946] Die Guidance zum UK Bribery Act schreibt ebenfalls eine situations- und risikoabhängige Überprüfung vor[947] und nennt dabei u.a. eine Direktbefragung der potentiellen Geschäftspartner, eine Hintergrunduntersuchung und ebenfalls eine fortlaufende Überwachung.[948] Insb. der Gesichtspunkt der Überprüfung der Reputation des Geschäftspartners kann für den Sportverein von großer Relevanz sein. Durch den Abschluss eines Sponsoringvertrages und der anschließenden Werbemaßnahmen identifiziert sich der Sportverein

---

941 A Resource Guide to the U.S. Foreign Corrupt Practices Act by the Criminal Division of the U.S. Department of Justice and the Enforcement Division of the U.S. Securities and Exchange Commission, 2012.

942 The Bribery Act 2010 Guidance about procedures which relevant commercial organizations can put into place to prevent persons associated with them from bribing (section 9 of the Bribery Act 2010).

943 Guide to the FCPA, S. 69: „Companies should understand the qualifications and associations of its third-party partners, including its business reputation."

944 Guide to the FCPA, S. 69: „Companies should have an understanding of the business rationale for including the third party in the transaction. Among other things, the company should understand the role of and need for the third party (…)."

945 Guide to the FCPA, S. 69: „(…) ensure that the contract terms specifically describe the service to be performed. Additional considerations include payment terms and how those payment terms compare to typical terms in that industry and country (…)."

946 Guide to the FCPA, S. 69: „Companies should undertake some form of ongoing monitoring of third-party relationships."

947 Principle 4: „The commercial organisation applies due diligence procedures, taking a proportionate and risk based approach, in respect of persons who perform or will perform services for or on behalf of the organisation, in order to mitigate identified bribery risks."

948 Principle 4.5: „In higher risk situations, due diligence may include conducting direct interrogative enquiries, indirect investigations, or general research on proposed associated persons. Appraisal and continued monitoring of recruited or engaged ‚associated' persons may also be required, proportionate to the identified risks."

insb. auch nach außen mit den Werten des Sponsors. So sollte bereits im Vorfeld sichergestellt werden, ob der Verein dieselben Werte teilt und mit diesen in Verbindung gebracht werden möchte. Insb. wenn es sich bei den Sponsoren um Atomkonzerne,[949] Chemiekonzerne[950] oder Gaszulieferer[951] handelt, wurde dies in der Vergangenheit bisweilen kritisch in der Außenwirkung wahrgenommen. Die Mitarbeiter sollten daher darauf hingewiesen werden, bei sämtlichen Verhandlungen dem Grundsatz des „know your partner" Beachtung zu schenken. Die Auswahl eines Sponsoring-Partners sollte zudem stets auch nach außen hin nachvollziehbar sein und die Wettbewerbs- und Chancengleichheit potentieller weiterer Sponsoren wahren.[952] Dabei ist besonders darauf zu achten, dass potentielle Interessenskonflikte beleuchtet und Verknüpfungen mit anderen Verträgen (Kopplungsgeschäfte) vermieden werden.[953]

Neben der korrekten Auswahl des Geschäftspartners spielt insb. auch der richtige Umgang mit diesem eine wichtige Rolle. Insb. der Bereich der Geschenkepolitik betrifft das zum Teil schwer abgrenzbare Gebiet der straflosen (Hospitality) und strafbaren (Bestechung) Klimapflege. Hierzu sollte das Regelwerk Angaben erhalten, welche Geschenke von den Mitarbeitern angenommen werden dürfen, aber auch welche ausgegeben werden können. Kleine Präsente, die zu gegebenem Anlass (z.B. Weihnachtszeit oder Jahreswechsel) an sämtliche Vertragspartner verschenkt werden, können bspw. erlaubt sein. Hierfür können entsprechende Leitfäden entwickelt werden.[954] Auch sollte es klare Regelungen hinsichtlich einer angemessenen Einladungspraxis geben. Um einer korruptiven und damit strafbaren Klimapflege vorzubeugen, sollten keine Einladungen

---

949 So war bspw. des Atomkonzern Areva (heute Orano) über vier Spielzeiten (von 2008 bis 2012) Trikotsponsor des 1. FC Nürnberg.

950 Der Chemiekonzern Ineos bspw. ist Sponsor des britischen Radsportteams Team Ineos (ehem. Sky Professional Cycling Team).

951 Der Gaszulieferer Gazprom ist bspw. offizieller Partner der UEFA Champions League.

952 *Momsen*, in: Hoven/Kubiciel, Korruption im Sport – Tagungen und Kolloquien, S. 156.

953 Vgl. *Grützner/Momsen*, CCZ, 2017, 155 ff.

954 Vgl. bspw. den Leitfaden „Hospitality und Strafrecht" von der Sponsorenvereinigung S20 zusammen mit dem DOSB, BMJV und BMI, https://cdn.dosb.de/alter_Datenbestand/fm-dosb/downloads/recht/Hospitality-und-Strafrecht-ein-Leitfaden_2017.pdf (letzter Abruf am 01.10.2020) und die „Selbstverpflichtungserklärung und Memorandum" des DFB und der DFL zum Thema „Handhabung von Hospitality-Paketen bei Fußballveranstaltungen vor dem Hintergrund gesetzlicher Anforderungen", https://www.dfb.de/fileadmin/_dfbdam/16574-dfb_broschuere_hospitality_09-11_100dpi.pdf (letzter Abruf am 01.10.2020).

ausgesprochen werden, soweit dienstliche Berührungspunkte bestehen, kein nachvollziehbarer Anlass für die Einladung vorliegt und sie ohne hinreichende Transparenz erfolgt.[955] Ebenfalls sollte die bisherige Einladungspraxis insb. in den Fällen überprüft werden, in denen der empfangende Entscheidungsträger Ehrenämter ausübt oder parallel in der Wirtschaft tätig ist. Verflechtungen aufgrund etwaiger Interessenkonflikte müssen unbedingt vermieden werden. Zudem sollten jegliche Einladungen transparent erfolgen, d.h. dass sie stets an den offiziellen Geschäftssitz der Empfängerbehörde oder des Empfängerunternehmens adressiert sein sollten, der Leistungsinhalt genau bezeichnet und die Einladung unter dem Vorbehalt der Genehmigung ausgesprochen wird.[956] Insb. die Genehmigung der Einladung kann zur Straffreiheit der Vorteilsgewährung führen, § 333 Abs. 3 StGB. Diese Möglichkeit besteht bei der Bestechung nach § 334 StGB nicht, eine Einladung vor dem Hintergrund einer bestimmten Diensthandlung führt demnach auch trotz möglicher Genehmigung zur Strafbarkeit und sollte stets unterlassen werden.

(2) Überwachungsmaßnahmen

Eine regelmäßige Kontrolle der Mitarbeiter und Mitglieder des Vereins ermöglicht die Aufdeckung regelwidrigen Verhaltens. Durch die Implementierung entsprechender Überwachungsmaßnahmen kann sichergestellt werden, dass die unternehmensinternen Vorgaben auch umgesetzt und befolgt werden. Insb. in den Bereichen des Dopings und Matchfixings bietet sich die Installation entsprechender Maßnahmen an. Da diese im Einzelfall aus finanzieller Sicht für den Verein nicht zumutbar sein können, kann der übergeordnete Verband die Implementierung vornehmen und den jeweiligen Vereinen zur Verfügung stellen.

Die Sportler sollten regelmäßig hinsichtlich einer möglichen Dopingeinnahme überwacht und kontrolliert werden, nicht nur während des Wettkampfs, sondern auch während des Trainings. Bei den Sportlern, die dem NADA-Testpool angehören,[957] werden die Kontrollen von der NADA durchgeführt. Den Kreis der Athleten, die dem Testpool angehören, legt die NADA in Abstimmung mit dem jeweiligen Sportfachverband fest.[958] Es liegt hierbei am Sportfachverband,

---

955 Vgl. BGHSt 53, 6 = NJW 2008, 3580, 3583 m.w.N.; *Momsen*, in: Hoven/Kubiciel, Korruption im Sport – Tagungen und Kolloquien, S. 163 m.w.N.

956 *Cherkeh*, npoR 2014, 101, 103; Stopper/Lentze/*von Appen*, Handbuch Fußball-Recht, S. 156.

957 Siehe hierzu Kapitel C, I, 1, a, aa, (1).

958 Art. 5.3.1 NADC.

der NADA die in Betracht kommenden Sportler zu nennen.[959] Als Sportler werden dabei in erster Linie solche bedacht, die auf internationaler und nationaler Ebene an Sportveranstaltungen teilnehmen.[960] Gehören Athleten nicht zu den internationalen oder nationalen Spitzenathleten, kann die Anzahl von Dopingkontrollen verringert werden oder ganz entfallen. Zu beachten ist jedoch, dass es auch zu Ausweitungen des Testpools kommt. Neu aufgenommen wurden bspw. die „Mastersportler" im Radsport, sodass nun auch Amateursportler dem Testpool unterliegen.[961] Gehören die Sportler eines Vereins nicht dem Testpool der NADA an, liegt es an der Vereinsführung, entsprechende Kontrollen anzuordnen. Diese sollten dann sowohl angekündigt als auch unangekündigt vorgenommen werden.

Im Bereich des Matchfixings erfolgt die Überwachung des Wettmarktes von dritter Seite durch das Unternehmen Sportradar, welches den Bereich der Onlinewetten vor und während eines sportlichen Wettkampfs hinsichtlich des Verlaufs der Wettquoten kontrolliert und jegliche Veränderungen und Abweichungen von der ursprünglich errechneten Quote notiert. Hierfür wurde, in Folge des Hoyzer-Skandals im Jahr 2005, in Zusammenarbeit mit dem DFB ein Früherkennungssystem (Early Warning System) entwickelt,[962] welches in Kooperation mit der UEFA überarbeitet wurde (Betting Fraud Detection System).[963] Sportvereine und -verbände können die Dienstleistung von Sportradar in Anspruch nehmen und so die Gefahren von wettbezogenen Spielmanipulationen überwachen lassen. Es bestehen bspw. Partnerschaften mit der Deutschen Handball Bundesliga (HBL), dem Internationalen Tennisverband (ITF), der Professional Squash Association (PSA) sowie den US-amerikanischen Profiligen des Baseballs (MLB), Footballs (NFL), Basketballs (NBA) und Hockeys (NHL).[964]

---

959 Die in Betracht kommenden Sportler sollen dabei an den Kriterien des Standards für Dopingkontrollen und Ermittlungen der NADA ausgewählt werden.

960 Vgl. die Begriffsbestimmung „Athlet" des NADC, Anhang 1, S. 113. Umfasst sind somit zum großen Teil nur professionelle Sportler und Olympiateilnehmer.

961 *Kornes*, „Jetzt sind auch Amateure im Visier der Doping-Jäger", Augsburger Allgemeine Zeitung v. 19.06.2019.

962 https://sportradar.com/about-us/milestones/ (letzter Abruf am 01.10.2020).

963 https://www.uefa.com/insideuefa/protecting-the-game/integrity/index.html?redirectFromOrg=true (letzter Abruf am 01.10.2020).

964 https://sportradar.com/about-us/our-partners/ (letzter Abruf am 01.10.2020).

(3) Kartellrechtliche Maßnahmen

Wirtschaftlich tätige Vereine oder Verbände können ebenfalls kartellrechtlich relevante Berührungspunkte aufweisen. Die nicht zu unterschätzende Rolle des Kartellrechts im Sport kann in sämtlichen Bereichen zu Spannungsverhältnissen führen und auftretende Kartellrechtsverstöße können erhebliche Bußgelder[965] oder Schadenersatzforderungen[966] nach sich ziehen. Aus diesem Grund ist es besonders wichtig, bei der Ausrichtung von Compliance-Maßnahmen die Vorschriften des Kartellrechts im Auge zu behalten und entsprechende Regelungen zu schaffen.

Das Kartellrecht dient dem Zweck, einen freien und unverfälschten Wettbewerb zu sichern[967] und regelt den Schutz des Wettbewerbs vor durch Unternehmen und Unternehmensverbänden veranlassten Beschränkungen.[968] Sportvereine und -verbände können solche „Unternehmen" oder „Unternehmensverbände" darstellen[969] und dem Kartellrecht[970] unterliegen, sofern sie

965 Vgl. § 81 Abs. 4 S. 2 GWB, Art. 23 Abs. 2 Verordnung (EG) Nr. 1/2003 des Rates vom 16.12.2002 zur Durchführung der in den Artikeln 81 und 82 des Vertrags niedergelegten Wettbewerbsregeln, ABl. 2003 L 1/1, („VO 1/2003").

966 Zu Schadenersatzklagen auf europäischer Ebene vgl. *Legner*, WRP 2014, 1163 ff.; *Stauber/Schaper*, NZKart 2014, 346 ff.

967 Vgl. *Ohly*/Sosnitza, Gesetz gegen den unlauteren Wettbewerb, Einführung A b) Rn. 2 m.w.N.

968 Die Regeln des Kartellrechts stellen dabei zwingendes Recht dar und können von den Vereinen oder Verbänden nicht durch Parteivereinbarung aufgehoben werden, vgl. *Stancke*, SpuRt 2015, 46.

969 Vgl. BKartA 12.01.2012, B6 114/10 (Fußball-Bundesliga); OLG München, BeckRS 2015, 02086 (Pechstein); BGHZ 101, 100 = NJW 1987, 3007, 3008 (Inter Mailand Spiel); BGHZ 137, 297 = NJW 1998, 756, 757 (Europapokalheimspiele); KG Berlin, WuW/E OLG 1429, 1431 (DFB); BKartA, WuW/E BKartA 357, 359 (Berufsboxer); OLG Frankfurt, GRUR 1983, 517 ff. (Motorradrennfahrer); EuGH, C-49/07, Slg. 2008 I-4863 Rn. 22 ff. (MOTOE). Ist ein Sportverein oder -verband (z.B. Bundesliga-Verein oder die DFL) als Kapitalgesellschaft organisiert, ist die Anwendung des Kartellrechts unzweifelhaft gegeben.

970 Auch das europäische Kartellrecht ist anwendbar, vgl. EuGH, Slg. 2006 I-7006, Rn. 27 = SpuRt 2006, 195 ff. (Meca-Medina); hierzu auch *Heermann*, CaS 2006, 345 ff.; *Orth*, SpuRt 2006, 198 f.; EuGH, Slg I 2011, 9159 = NJW 2012, 213 (Premier League/ Murphy) und hat im Verhältnis zum deutschen Kartellrecht grds. Anwendungsvorrang, vgl. Art. 3 Abs. 2 S. 1 VO 1/2003, § 22 GWB, *Bechtold/Bosch*, GWB (Kartellgesetz), § 22 Rn. 4, 9.

am Wirtschaftsverkehr teilnehmen oder Erwerbszwecke verfolgen[971] und keine gesetzliche Ausnahmeregelung besteht.[972] Für Vereine und Verbände im Profisportbereich lässt sich eine solche wirtschaftliche Betätigung in vielfältigen Bereichen feststellen, u.a. in Form des Angebots von Sportveranstaltungen,[973] des Verkaufs von Eintrittskarten,[974] der Vergabe von Übertragungsrechten[975] oder der Bereitstellung von Werbeflächen.[976] Gleiches kann für den Amateurbereich gelten, soweit sich die jeweiligen Vereine auf dem Markt für Sportveranstaltungen betätigen.[977] Grds. wird bei den meisten Amateurvereinen hingegen die Interessenvertretung der Athleten auf sportlichem Gebiet im Vordergrund stehen,[978] sodass nicht von einer Teilnahme am geschäftlichen Verkehr ausgegangen werden kann.

Der Schutz des Wettbewerbs wird insb. mit dem „Verbot wettbewerbsbeschränkender Verhaltenskoordinierung“ gem. § 1 GWB, Art. 101 AEUV und dem „Verbot des Missbrauchs einer marktbeherrschenden Stellung“ gem. § 18 ff. GWB, Art. 102 AEUV erzielt.

Im Bereich der Korruptionsprävention besitzen insb. die Bereiche des Matchfixings, der Rechtevermarktung sowie der Sponsoringverträge eine hohe praktische Relevanz.[979] Um die Gefahren des Matchfixings umfänglich zu minimieren besteht ein Verbot der Mehrfachbeteiligung an Fußballvereinen: Unternehmen sowie Einzelpersonen ist es untersagt, gleichzeitig an mehreren Vereinen

971 Sog. funktionaler Unternehmensbegriff, vgl. EuGH, Slg. 1991, I-1979 Rn. 21 (Höfner und Elser): „(…) jede wirtschaftliche Tätigkeit ausübende Einheit, unabhängig von ihrer Rechtsform und der Art ihrer Finanzierung“.

972 Vgl. *Stancke*, SpuRt 2015, 46, 47.

973 BGHZ 210, 292 = NJW 2016, 2266, 2270; vgl. auch *Stancke*, SpuRt 2016, 230, 231.

974 Vgl. zum unzulässigen gekoppelten Kartenverkauf BGHZ 101, 100 = NJW 1987, 3007, 3008 (Inter Mailand Spiel).

975 BGHZ 137, 297 = NJW 1998, 756, 757 (Europapokalheimspiele).

976 Vgl. *Stancke*, SpuRt 2015, 46, 47 m.w.B.

977 *Stancke*, SpuRt 2015, 46, 47; Immenga/Mestmäcker/*Zimmer*, Wettbewerbsrecht, Band 2 Teil 1, § 1 Rn. 60.

978 *Stancke*, SpuRt 2015, 46, 47; OLG Frankfurt, WRP 1983, 35 ff. (Aikido-Verband).

979 Ebenfalls kartellrechtlich relevant, jedoch ohne verstärkten Korruptionsbezug sind u.a. auch die Bereiche Zulassung zu Sportveranstaltungen, Aufnahmezwang in Verbände, Veranstalterabgaben, Zulassung von Wettkampfsportgeräten und die mediale Berichterstattung, vgl. hierzu ausführlich *Stancke*, SpuRt 2015, 46, 49 ff.

beteiligt zu sein, die an einem Mannschaftswettbewerb der UEFA teilnehmen.[980] In Hinblick auf Compliance-Regelungen sollte in Profivereinen daher die strikte Trennung von mehreren Mannschaften eingehalten werden.

Bei der Vergabe von Übertragungsrechten hat die EU-Kommission festgestellt, dass eine Zentralvermarktung, d.h. die Vergabe der Übertragungsrechte sämtlicher Spiele durch nur einen Anbieter,[981] wettbewerbsbeschränkend wirken kann.[982] Um kartellrechtlich unbedenklich handeln zu können sei es u.a. erforderlich, die Übertragungsrechte in Pakete aufzuteilen und anzubieten[983] und zudem den Vereinen abgestufte Rechte zur Eigenvermarktung[984] einzuräumen[985].[986] Auf nationaler Ebene hat das Bundeskartellamt die zentrale Vermarktung der Übertragungsrechte der Spiele der Bundesliga und 2. Bundesliga durch den Ligaverband und die DFL grds. als ein Kartell der Bundesligavereine und somit als wettbewerbsbeschränkende Vereinbarung eingestuft.[987] Eine Freistellung vom Kartellverbot sei nur dann möglich, wenn hierdurch

---

980 Das Verbot der sog. „Multiple-Ownerships", EU Kommission, Entscheidung v. 25.06.2002, COMP/37.806 (ENIC); vgl. auch Adolphsen/Nolte/Lehner/Gerlinger/*Spindler*, Sportrecht in der Praxis, S. 470 Rn. 1887 ff.

981 So steht bspw. das Vermarktungsrecht der Fernsehübertragung der Spiele der Fußball Bundesliga weitgehend exklusiv dem Ligaverband zu (welcher sich zur operativen Durchführung der Vermarktung der DFL bedient) und nicht den einzelnen Bundesligavereinen.

982 Vgl. EU Kommission, Entscheidung v. 19.01.2005, COMP/C-2/37.214 (Gemeinsame Vermarktung der Medienrechte an der deutschen Bundesliga); EU Kommission, Entscheidung v. 23.07.2003, COMP/C-2/37.398 (Gemeinsame Vermarktung der gewerblichen Rechte an der UEFA Champions League); EU Kommission, Entscheidung v. 22.03.2006, COMP/C-2/38.173 (Zentralvermarktung der FA Premier League); BGH NJW 1998, 756, 757 (Europapokalheimspiele).

983 Vgl. zur konkreten Aufteilung Adolphsen/Nolte/Lehner/Gerlinger/*Körber*, Sportrecht in der Praxis, S. 610 Rn. 2540.

984 Vgl. hierzu auch Adolphsen/Nolte/Lehner/Gerlinger/*Körber*, Sportrecht in der Praxis, S. 611 Rn. 2542.

985 So hat es der Ligaverband der Fußball Bundesliga in einer Verpflichtungszusage gegenüber der EU-Kommission erklärt, vgl. hierzu *Körber*, Großereignisse und Übertragungsrechte, S. 95 ff.; *ders.*, WRP 2005, 463 ff.; *Ballasch*, Die Verpflichtungszusage des Ligaverbandes gegenüber der EU-Kommission.

986 Weitere Voraussetzungen sind ein offenes Ausschreibungsverfahren der Übertragungsrechte, keine exzessive Exklusivität in den Verträgen, keine längere Laufzeit der Verträge als drei Jahre und keine automatische Verlängerung, vgl. Adolphsen/Nolte/Lehner/Gerlinger/*Körber*, Sportrecht in der Praxis, S. 610 Rn. 2539.

987 BKartA, 12.01.2012, B 6 – 114/10.

eine angemessene Verbraucherbeteiligung erzielt werden könne. Hierfür müsse der Rechteerwerb grds. allen interessierten Erwerbern offen stehen, was insb. durch ein transparentes und diskriminierungsfreies Verfahren erreicht werden könne.[988] Des Weiteren nennt das Bundeskartellamt u.a. die schon von der EU-Kommission aufgestellte Voraussetzung der Vielzahl von Rechtepaketen, die neben dem Pay-TV auch dem Free-TV zustehen müssen.[989] Die DFL und der Ligaverband haben sich daraufhin entschlossen, sich gegenüber dem Bundeskartellamt dahingehend zu verpflichten, für die Vergabe der Übertragungsrechte ein Alleinerwerbsverbot aufzustellen.[990] Hiernach ist es einem Bieter nicht mehr möglich, alleiniger Rechteinhaber aller Bundesligaspiele zu werden.[991] Bei der Vergabe von Medienrechten ist es aus Compliance-Sicht somit wichtig darauf zu achten, sich kartellrechtskonform zu verhalten.[992] Andernfalls droht die Verhängung von Bußgeldern oder Schadenersatzforderungen.

Auch im Bereich des Sportsponsorings sollten bestimmte Vorgaben beachtet werden, um haftungsrechtlich „auf der sicheren Seite" zu sein.[993] Kartellrechtlich relevant sind insb. der sachliche und zeitliche Umfang von Sponsoringverträgen. Besonders eine überlange Vertragsdauer kann eine Marktausschlusswirkung zu Lasten weiterer Anbieter haben.[994] Entsprechende Vorgaben sollten in Compliance-Regelungen getroffen werden. Zudem sind Absprachen bei der Sponsorensuche verboten.[995] Vereine und Verbände sollten daher stets darauf Wert legen, bei der Gewinnung von Sponsoren transparent und kartellrechtskonform zu handeln. Ebenfalls sollte darauf geachtet werden, den Sportlern die Möglichkeit einzuräumen, im Zusammenhang mit einem sportlichen Wettbewerb auch mit ihren individuellen Sponsoren – und nicht lediglich mit denen des Vereins oder Verbands – zu Werbezwecken zusammenzukommen. So haben sich der DOSB und der IOC im Rahmen eines Verwaltungsverfahrens des Bundeskartellamts dazu verpflichtet, die zuvor bestehenden Werbebeschränkungen

---

988 BKartA, 12.01.2012, B 6 – 114/10, S. 3.

989 BKartA, 12.01.2012, B 6 – 114/10, S. 3, dem Free-TV jedoch lediglich in Form einer Highlight-Berichterstattung.

990 Vgl. hierzu BKartA, 22.02.2017, B 6 – 32/15.

991 Ausführlich hierzu *Hellmann/Cetintas*, SpuRt 2018, 10 ff.

992 Insb. sollte hier das „Verbot wettbewerbsbeschränkender Verhaltenskoordinierung" gem. § 1 GWB, Art. 101 AEUV beachtet werden.

993 Vgl. *Heermann*, WRP 2009, 285, 286 ff.; *ders.*, WRP 2014, 125 ff.

994 *Stancke*, SpuRt 2015, 46, 50; dasselbe gilt auch für Ausrüsterverträge, vgl. *Heermann*, WRP 2009, 285, 286; BKartA, 28.11.1972, WuW/E BKartA 1433 (DFB).

995 BKartA, Tätigkeitsbericht 2007/2008, S. 158.

aus der Anwendung der Regel 40 Nr. 3 der Olympischen Charta zu ändern.[996] Dem Sportler soll demnach gestattet werden, großzügiger mit seinen Rechten an seiner Person, seinem Namen, seinem Bild oder seiner sportlichen Leistung umzugehen.[997]

Sportliche oder sportorganisatorische Regelungen können jedoch auch kartellrechtsneutral zu bewerten sein.[998] Dies ist bspw. der Fall, wenn Vereinbarungen einen Hauptzweck beinhalten, der wettbewerbsrechtlich zulässig ist, und die wettbewerbsausschließende Wirkung lediglich der Vereinbarung „immanent" ist;[999] Voraussetzung ist jedoch stets, dass die Regeln objektiv, transparent, nicht diskriminierend sowie verhältnismäßig[1000] sind[1001] und sich auf das zum ordnungsgemäßen Funktionieren des sportlichen Wettkampfs Notwendige begrenzen.[1002] Umfasst können demnach bspw. Regelungen sein, die einen geregelten Spielbetrieb erst ermöglichen,[1003] wie bspw. Auswahlkriterien bei Wettbewerben oder Anti-Doping-Vorschriften.[1004]

---

996 Vgl. Pressemitteilung des Bundeskartellamts v. 27.02.2019, https://www.bundeskartellamt.de/SharedDocs/Publikation/DE/Pressemitteilungen/2019/27_02_2019_DOSB_IOC.pdf?__blob=publicationFile&v=2 (letzter Abruf am 01.10.2020).

997 Regel 40 der Olympischen Charta erhielt bislang das Verbot, die genannten Rechte während der Spiele sowie kurz zuvor und danach zu Werbezwecken zu nutzen.

998 *Stancke*, SpuRt 2015, 46, 47.

999 Immenga/Mestmäcker/*Zimmer*, Wettbewerbsrecht, Band 2 Teil 1, § 1 Rn. 148 ff. Vgl. zur Frage der immanenten Wettbewerbsbeschränkungen auch das seit längerer Zeit umstrittene Verbot der Beteiligung Dritter an Fußballvereinen („50+1"-Regelung), *Summerer*, SpuRt 2008, 234 ff.; Adolphsen/Nolte/Lehner/Gerlinger/*Spindler*, Sportrecht in der Praxis, S. 470 Rn. 1892 ff. und die „Financial-Fair-Play"-Regeln der UEFA, *Heermann*, NZKart 2015, 128 ff.

1000 Vgl. EU-Kommission, Weißbuch Sport, KOM 2007, 391 final, Ziff. 4.1; EuGH, Slg. 2006 I-7006 (Rn. 42) = SpuRt 2006, 195 ff. (Meca-Medina).

1001 Begr. RegE zur 7. GWB-Novelle, BT-Drs. 15/3640, S. 50.

1002 EuGH, Slg. 2006 I-7006 (Rn. 47) = SpuRt 2006, 195 ff. (Meca-Medina).

1003 *Schürnbrand*, ZWeR 2005, 396, 406; kritisch hierzu *Schmittmann/Lehmann*, AfP 1996, 255, 258.

1004 *Stancke*, SpuRt 2015, 46, 47; so auch schon EuGH, Slg. 2006 I-7006 (Rn. 43) = SpuRt 2006, 195 ff. (Meca-Medina): Der Zweck der Anti-Doping-Regeln ist die Dopingbekämpfung mit dem Ziel eines fairen Ablaufs der Sportwettkämpfe sowie die Gewährleistung der Chancengleichheit der Sportler, ihre Gesundheit, die Ehrlichkeit und Objektivität des Wettkampfs so wie die ethischen Werte des Sports.

(4) Maßnahmen zur Aufdeckung

Die Aufdeckung von Straftaten innerhalb eines Sportvereins oder -verbands erfolgt oftmals nicht nur durch eigene Recherche; vielmehr sind die verantwortlichen Ermittler auf Hinweise aus den betroffenen Kreisen angewiesen. Erst durch diese Hinweisgeber (sog. Whistleblower) können tiefe Einblicke insb. auch in das Ausmaß und die Hintergründe der Tat erlangt werden. Im Dopingskandal der „Operation Aderlass" bspw. führten die Hinweise des Ski-Langläufers und Kronzeugen Johannes Dürr zur Zerschlagung des Dopingnetzwerkes um den Sportmediziner Mark Schmidt.[1005] Das von Russland geführte staatliche Dopingsystem konnte u.a. durch die Aussagen der Whistleblower Yuliya Stepanova und ihres Ehemanns Vitaliy Stepanov sowie Grigori Rodschenkow aufgedeckt werden. Stepanova ist 800-Meter-Läuferin und wurde selbst jahrelang gedopt, Stepanov arbeitete in der russischen Anti-Doping-Agentur RUSADA[1006] und Rodschenkow leitete das Dopingkontroll-Labor in Moskau.[1007] Ihre eigenen Erfahrungen brachten den Ermittlern bis dahin nicht bekannte Einblicke in das Ausmaß des Dopingvergabesystems, die angewendeten Dopingpraktiken sowie die Vertuschung positiver Dopingproben.

Zur Aufdeckung von bestehenden Unregelmäßigkeiten sollte daher die Errichtung eines Hinweisgebersystems in Betracht gezogen werden, welches es Sportlern und Mitarbeitern des Sportvereins ermöglicht, anonym[1008] beobachtetes Fehlverhalten anzeigen zu können.[1009] Hierbei kann entweder der einzelne Verein ein eigenes System implementieren; ausreichend wird es jedoch sein, wenn der übergeordnete Verband ein zentrales Hinweisgebersystem errichtet, an das sich Mitglieder sämtlicher Vereine werden können.

1005 Vgl. FAZ v. 05.03.2019, „Doping-Kronzeuge Dürr festgenommen".

1006 Vgl. https://presse.wdr.de/plounge/tv/das_erste/2014/12/20141203_geheimsache_doping.xml (letzter Abruf am 01.10.2020).

1007 https://www.deutschlandfunk.de/grigori-rodschenkow-im-sportgespraech-russland-ist-ein.892.de.html?dram:article_id=409019 (letzter Abruf am 01.10.2020).

1008 Vgl. hierzu *Baur/Holle*, AG 2017, 379, 382; *Johnson*, SpuRt 2017, 50, 52. Kritisch unter dem Gesichtspunkt datenschutzrechtlicher Vorgaben und eingeschränkter Möglichkeiten zur Verteidigung *Casper*, in: Liber Amicorum für M. Winter, 77, 90 ff.

1009 Vgl. zur Implementierung eines Hinweisgebersystems auch *Miege*, CCZ 2018, 45.

(a) Hinweisgebersystem

Die Ausgestaltung eines Hinweisgebersystems ist flächendeckend bzw. zentral noch nicht geregelt.[1010] Auch im Sportbereich fehlt es an konkreten Regelungen zum Schutz von Hinweisgebern.[1011] Durch die Einführung des Gesetzes zum Schutz von Geschäftsgeheimnissen (GeschGehG)[1012] im April 2019 wurde jedoch eine gesetzliche Grundlage geschaffen, welche erlaubte und unerlaubte Handlungen in Bezug auf die Erlangung und Weitergabe von Geschäftsgeheimnissen festlegt. Auch wenn das Gesetz primär – schon dem Namen nach – dem Schutz von Geschäftsgeheimnissen dient, wird gleichwohl der Schutz von Whistleblowern gestärkt, indem nun Rechtssicherheit darüber besteht, welche Handlungen ausdrücklich nicht verboten sind.

Bei Geschäftsgeheimnissen handelt es sich gem. § 2 Nr. 1 GeschGehG um Informationen, die (verkürzt gesagt) nicht allgemein bekannt, von wirtschaftlichem Wert, Gegenstand von gewissen Geheimhaltungsmaßnahmen des Geheimnisinhabers sind und bei denen ein berechtigtes Interesse an der Geheimhaltung besteht. Erfährt der Hinweisgeber in einem Sportverein von unrechtmäßigen Geschäftsvorgängen und werden diese von den entsprechenden Personen geheim gehalten, kann es sich dabei um Geschäftsgeheimnisse i.S.d. Norm handeln.

Grds. erlaubt sind Handlungen, wie sie in § 3 GeschGehG beschrieben sind. Hiernach können Informationen insb. durch eigenständige Entdeckung (Abs. 1 Nr. 1) rechtmäßig erlangt werden. Erforderlich ist jedoch, dass der Hinweisgeber befugten Zugang zu den Informationen besaß (Umkehrschluss aus § 4 Abs. 1 Nr. 1 GeschGehG) und keine vertraglich vereinbarten Beschränkungen der Nutzung von Geschäftsgeheimnissen bestanden (Umkehrschluss aus § 4 Abs. 2 Nr. 2 GeschGehG). Mitarbeiter eines Sportvereins, die Informationen aus ihrer täglichen Arbeit gewinnen, werden regelmäßig einen befugten Zugang zu diesen Geschäftsgeheimnissen besitzen.[1013] Entscheidend ist dann, welche vertraglichen Regelungen bzgl. etwaiger Geschäftsgeheimnisse bestehen. Geheimhaltung

---

1010 Entsprechende Regelungen bestehen bspw. in § 25a Abs. 1 S. 6 Nr. 3 KWG, § 80 Abs. 1 S. 1 WpHG i.V.m. § 25a KWG, § 28 Abs. 1 S. 1 Nr. 9 KAGB, § 23 Abs. 6 VAG, § 4d FinDAG, § 3b BörsG, § 53 GWG. Die entsprechende Vorschrift der Ziff. 4.1.3 S. 3 DCGK erwirkt hingegen keine Rechtsverbindlichkeit.

1011 Vgl. zur Schaffung einer Kronzeugenregelung im Rahmen des AntiDopG *Cherkeh*, SpuRt 2019, 167 ff.; *Hauptmann/Klarmann*, SpuRt 2019, 190, 197.

1012 BGBl. I 466, Umsetzung der EU-Richtlinie 2016/943.

1013 Vgl. auch BT-Drs. 19/4724, S. 27.

und Loyalität werden dabei häufig Inhalt eines Arbeitsvertrages sein.[1014] Trotz einer solchen Vereinbarung kann die Offenlegung von Geschäftsgeheimnissen gleichwohl rechtmäßig sein. Voraussetzung hierfür ist gem. § 5 GeschGehG der Schutz eines berechtigten Interesses. Dies ist insb. der Fall bei der Aufdeckung einer rechtswidrigen Handlung, wenn die Offenlegung dazu geeignet ist, das allgemeine öffentliche Interesse zu schützen, § 5 Nr. 2 GeschGehG. Eine solche Geeignetheit kann angenommen werden, wenn der Hinweisgeber in der Absicht handelt, auf einen Missstand hinzuweisen und zu einer gesellschaftlichen Veränderung beizutragen.[1015] Gerade im Bereich der öffentlichkeitswirksamen Themen wie Doping oder Rechtevergaben kann somit eine Weitergabe von Geheimnissen gerechtfertigt sein. Insb. macht sich der Whistleblower dann auch nicht der Verletzung von Geschäftsgeheimnissen nach § 23 GeschGehG strafbar.

Das GeschGehG stellt einen großen Schritt in Richtung des Schutzes von Whistleblowern dar. Wünschenswert wäre es, den Schutz der Hinweisgeber in den Mittelpunkt zu stellen und bspw. ausdrücklich zu regeln, dass Whistleblower – unter bestimmten Voraussetzungen – weder arbeitsrechtlich noch strafrechtlich verantwortlich gemacht werden können.[1016] Die (arbeitsrechtliche) Rechtsprechung hat eine entsprechende Feststellung bereits getroffen. Das BAG hat bspw. entschieden, dass sich ein Arbeitnehmer an externe Stellen wenden darf, um strafbares Verhalten von Vorgesetzten anzuzeigen, soweit er vorher auf zumutbare Weise versucht hat, unternehmensintern Abhilfe zu schaffen.[1017] Das Urteil beruht auf der Entscheidung des BVerfG, wonach die Kündigung eines Arbeitsverhältnisses aufgrund einer Strafanzeige nur dann sozial gerechtfertigt sei, wenn die Strafanzeige wissentlich unwahr sei oder leichtfertig falsche Angaben enthalte.[1018] In diese Richtung hat auch das EU-Parlament mit der

---

1014 Vgl. auch BT-Drs. 19/4724, S. 27.

1015 BT-Drs. 19/4724, S. 29.

1016 So wie es in § 4d Abs. 6 FinDAG, § 3b Abs. 5 BörsG und § 53 Abs. 5 GWG geregelt ist, immer mit der Einschränkung, dass die Meldung weder vorsätzlich noch grob fahrlässig unwahr abgegeben wurde.

1017 BAGE 107, 36 = NJW 2004, 1547, 1549 f. Eine vorherige Klärung mit dem Arbeitgeber sei bspw. dann unzumutbar, wenn der Arbeitnehmer Kenntnis von Straftaten erhält und sich durch eine Nichtanzeige selbst einer Strafverfolgung aussetzen würde. Eine innerbetriebliche Aufklärung sei auch dann nicht erforderlich, wenn Abhilfe berechtigterweise nicht zu erwarten sei.

1018 BVerfG NJW 2001, 3474; vgl. auch BAGE 107, 36 = NZA 2004, 427; LAG Hamm, NZA-RR 2004, 475; LAG Hessen, NZA-RR 2002, 637. Vgl. allg. zum Kündigungsgrund des Whistleblowings *Müller*, NZA 2002, 424 ff.

„Richtlinie des Europäischen Parlaments und des Rates zum Schutz von Personen, die Verstöße gegen das Unionsrecht melden“[1019] entschieden und somit den Schutz von Whistleblowern in der EU gestärkt. Ebenso wie bereits vom BAG festgestellt soll der Hinweisgeber vor Vergeltungsmaßnahmen geschützt werden; die Möglichkeit der externen Anzeige besteht ebenfalls nach einem zumutbaren Versuch der unternehmensinternen Abhilfe. Einziger Haken an der Richtlinie ist, dass sie nur für Fragen gilt, die das EU-Recht betreffen[1020] und die Mitgliedsstaaten die Regelungen auf nationaler Ebene anwenden können, es aber nicht müssen. Deutschland sollte diese Richtlinie als Anlass nehmen, ein Gesetz zu entwickeln, welches den Schutz des Whistleblowers in den Mittelpunkt stellt.

Neben einem gesetzlich verankerten Schutz von Whistleblowern ist es ebenso wichtig, seitens des Vereins entsprechende Maßnahmen zu treffen. Hierzu gehört insb. ein entsprechender Umgang mit Whistleblowern, auch oder gerade weil durch sie Schwachstellen des Vereins aufgedeckt werden. Die Whistleblowerin Stepanova musste mit ihrem Ehemann nach ihrer Aussage, die überhaupt erst Auslöser der McLaren-Untersuchung war und i.E. zur Aufdeckung des staatlich organisierten Dopingsystems Russlands führte, das Land verlassen, da sie, nach eigenen Aussagen, Angst um ihr Leben hatte.[1021] In Reaktion hierauf äußerte sich der IOC-Präsident Thomas Bach dahingehend, dass keine eigene Verantwortung für die Gefahren bestehe, „denen Frau Stepanova ausgesetzt sein mag.“[1022] Eine solche Distanzierung von einem Whistleblower ist nicht nur ethisch nicht nachvollziehbar, sie setzt auch ein falsches Zeichen in Richtung eines transparenten und regeltreuen Verhaltens innerhalb eines Vereins.[1023] Statt die Verantwortung von sich zu schieben wäre es erforderlich gewesen, sich auch öffentlich hinter Frau Stepanova zu stellen, um so ein eindeutiges Zeichen gegen Korruption im Verband zu setzen.

1019 Legislative Entschließung des Europäischen Parlaments vom 16.04.2019, P8_TC1-COD(2018)0106, http://www.europarl.europa.eu/doceo/document/TA-8-2019-0366_DE.html#title2 (letzter Abruf am 01.10.2020).

1020 Wie bspw. Geldwäsche, Unternehmensbesteuerung, Datenschutz, Umweltschutz, nukleare Sicherheit.

1021 FAZ v. 20.08.2016 (dpa), „Bach rechtfertigt Kurs in russischem Doping-Skandal“.

1022 FAZ v. 20.08.2016 (dpa), „Bach rechtfertigt Kurs in russischem Doping-Skandal“.

1023 Vgl. auch *Jakob*, in: Thorhauer/Kexel, Compliance im Sport, 33, 50 f.

(b) Ombudsmann

Ansprechpartner in einem Hinweisgebersystem kann dabei ein Ombudsmann sein, dessen Rolle i.d.R. ein externer[1024] Anwalt einnimmt. Seine Aufgabe liegt darin, Hinweise auf gesetzeswidriges Verhalten, die aus dem Verein oder auch von außerhalb bei ihm eingehen, anzunehmen und an den Vorstand oder den zuständigen Compliance-Beauftragten weiterzugeben.[1025] Die Identität des Informanten muss dabei geschützt bleiben.[1026]

Durch die Implementierung eines Ombudsmanns im Sportverein wird den Sportlern und Mitarbeitern eine Vertrauensperson zur Seite gestellt, an die sie sich wenden können, ohne der Gefahr von Repressalien ausgesetzt zu sein. Die Stelle des Ombudsmanns ist insb. in übergeordneten Sportverbänden besetzt, zumeist für sämtliche in Betracht kommenden Straftaten, wie z.B. beim DOSB[1027]und beim DBV[1028] oder beschränkt auf einzelne Bereiche, wie bspw. der Ombudsmann für Spielmanipulation und Schiedsrichterwesen des DFB.[1029]

In strafprozessualer Hinsicht kann sich ein Problem bzgl. der Beschlagnahme der Unterlagen des Ombudsmanns ergeben. Seit[1030] dem Urteil des LG Bochums[1031] steht die Anonymität des Hinweisgebers in Gefahr. Das LG Bochum hat in seiner Entscheidung festgestellt, dass zwischen Hinweisgeber und Anwalt kein offizielles Mandatsverhältnis entstehe. Da es sich zudem bei dem Hinweisgeber nicht um einen Beschuldigten in einem Strafverfahren handele,[1032]

1024 Gleichwohl ist es erforderlich, dass es auch innerhalb des Vereins eine Stelle gibt, an die die erhaltenen Hinweise weitergeleitet werden, vgl. *Baur/Holle*, AG 2017, 379, 383.

1025 Seit 2011 haben DFB und DFL bspw. einen Ombudsmann gegen Spielmanipulationen berufen, vgl. https://gemeinsam-gegen-spielmanipulation.de/ (letzter Abruf am 01.10.2020).

1026 Umnuß/*Salzmann*, Corporate Compliance Checklisten, Kapitel 10 Rn. 89.

1027 https://www.dosb.de/ueber-uns/good-governance/ (letzter Abruf am 01.10.2020).

1028 http://www.box-sport-verband.de/dbv-ombudsmann/ (letzter Abruf am 01.10.2020).

1029 https://www.dfb.de/gemeinsam-gegen-spielmanipulation/ombudsmann/ (letzter Abruf am 01.10.2020).

1030 Zuvor anderes entschied noch das LG Mannheim, NStZ 2012, 713 m. Anm. *Jahn/Kirsch*, NStZ 2012, 718 ff.; *Bernhard*, CCZ 2014, 152, 157; Rotsch/*Süße*, Criminal Compliance, § 34 C Rn. 124.

1031 Vgl. LG Bochum, NStZ 2016, 500; vgl. zur Besprechung des Urteils *Szesny*, CCZ 2017, 25; *Schmid/Wengenroth*, NZWiSt 2016, 404 ff., *Queling/Bayer*, NZWiSt 2016, 417 ff.; *Sotelsek*, NStZ 2016, 502 ff.; *Lorenz/Krause*, CB 2017, 39 ff.

1032 Es besteht lediglich eine Beziehung eines Berufsgeheimnisträgers zu einem Nichtbeschuldigten.

bestehe auch kein besonders schützenswertes Vertrauensverhältnis, wie es bspw. in § 97 Abs. 1 Nr. 3 StPO erforderlich wäre. Die Aussagen des Hinweisgebers, die sich im Gewahrsam des Ombudsmanns befinden, unterlägen somit nicht dem Beschlagnahmeverbot des § 97 Abs. 1 Nr. 3 StPO und bei einer entsprechenden Durchsuchung der Räumlichkeiten des Anwalts könnte die Identität des Hinweisgebers preisgegeben werden. Das LG Bochum stellt dabei klar, dass der Ombudsmann lediglich seinem Auftragsgeber verpflichtet sei (somit dem Unternehmen) und auch nur dessen Interessen vertreten müsse. Würde das zwischen diesen Parteien bestehende Vertrauensverhältnis auf den Hinweisgeber übertragen werden, würde dies zu einem Konflikt widerstreitender Interessen führen. Ein „mandatsähnliches Vertrauensverhältnis" sei ebenfalls nicht aus einer vertraulichen Behandlung des Ombudsmanns gegenüber dem Hinweisgeber abzuleiten. Auch eine Herleitung einer Beschlagnahmefreiheit über § 160a StPO lehnte das LG Bochum ab. Da § 160a Abs. 5 StPO vorschreibe, dass § 97 StPO unberührt bliebe, hätte die speziellere Vorschrift des § 97 StPO Anwendungsvorrang.

Kritisch zu betrachten an dieser Auslegung ist das Erfordernis eines Beschuldigtenstatus auch in § 97 Abs. 1 S. 3 StPO. Der Wortlaut erfordert ausdrücklich nicht die Stellung eines Beschuldigten. Das LG Bochum kommt jedoch aufgrund der systematischen Stellung des Abs. 3 zu dem Schluss, dass es sich hierbei um eine Art Auffangtatbestand zu den Nummern 1 und 2 handele und somit hinsichtlich der Beschuldigtenstellung für Nr. 3 nichts anderes gelten könne.[1033] Die Systematik führt jedoch zu einem anderen Ergebnis: Das Beschlagnahmeverbot aus § 97 Abs. 1 Nr. 3 StPO knüpft direkt an das Zeugnisverweigerungsrecht aus § 53 Abs. 1 S. 1 Nr. 1 bis 3b StPO an und soll somit die Umgehung dieser Zeugnisverweigerungsrechte verhindern.[1034] Das Zeugnisverweigerungsrecht des Rechtsanwalts aus § 53 Abs. 1 S. 1 Nr. 3 StPO gilt dabei nicht nur für rechtsberatende Tätigkeiten, sondern vielmehr für alle Tätigkeiten, die auf seiner besonderen Vertrauensstellung beruhen.[1035] Da sich der Hinweisgeber gerade aufgrund dieser besonderen Vertrauensstellung inklusive einer Verschwiegenheitsverpflichtung[1036] an den Ombudsmann

---

1033 LG Bochum, NStZ 2016, 500; so auch OLG Celle NJW 1965, 362, 363; LG Hamburg, NJW 2011, 942, 943.

1034 Vgl. Meyer-Goßner/Schmitt/*Köhler*, StPO, § 97 Rn. 1 m.w.N.

1035 Vgl. Hauschka/Moosmayer/Lösler/*Buchert*, Corporate Compliance, § 42 Rn. 42.

1036 Vgl. Hauschka/Moosmayer/Lösler/*Buchert*, Corporate Compliance, § 42 Rn. 35; *Bernhard*, CCZ 2014, 152, 156.

wendet,[1037] muss auch die Tätigkeit des Ombudsmanns unter § 53 Abs. 1 S. 1 Nr. 3 StPO gefasst werden.

Zudem kann der gleich ausfallende Schutz des Vertrauensverhältnisses zwischen Rechtsanwalt und Nichtbeschuldigten und dem eines Verteidigungsverhältnisses[1038] auf § 160a Abs. 1 StPO zurückgeführt werden. Seit der Änderung durch das Gesetz zur Stärkung des Schutzes von Vertrauensverhältnissen zu Rechtsanwälten im Strafprozess vom 27.12.2010[1039] werden alle Rechtsanwälte mit Verteidigern gleichgestellt. Die Wechselwirkung von § 160a Abs. 5 StPO und § 97 Abs. 1 StPO führt sodann dazu, dass die Wertung des § 160a StPO bei der Auslegung des § 97 Abs. 1 Nr. 3 StPO zu berücksichtigen ist.[1040]

Ebenfalls für die Beschlagnahmefreiheit von Hinweisen eines Whistleblowers an einen Ombudsmann spricht die Rechtsprechung des LG Braunschweigs,[1041] welches Unterlagen, welche im Rahmen einer „internal investigation" beschlagnahmt wurden, als beschlagnahmefreie Verteidigungsunterlagen qualifizierte, auch wenn noch kein Ermittlungsverfahren gegen den Betroffenen eingeleitet wurde. Ausreichend für ein Vertrauensverhältnis sei die nicht fernliegende Befürchtung der Einleitung eines Ermittlungsverfahrens. Sofern nun die Hinweise des Whistleblowers Verdachtsmomente einer Sanktionierung nach sich ziehen, können die Feststellungen des LG Braunschweigs auch hier Anwendung finden.

Trotz kritischer Betrachtung des Beschlusses des LG Bochum sollte gleichwohl eine gesetzliche Regelung geschaffen werden, welche dem Whistleblower insoweit Rechtssicherheit gibt. Eine erneute Änderung der Strafprozessordnung sollte seit den Änderungen durch das Gesetz zur Stärkung des Schutzes von Vertrauensverhältnissen zu Rechtsanwälten im Strafprozess eigentlich nicht mehr erforderlich sein. Vielmehr könnte es hilfreich sein, eine generelle Regelung zum Schutz von Whistleblowern zu errichten. Sollte die Bundesrepublik die EU-Richtlinie[1042] hierfür zum Anlass nehmen, könnte auch in diesem Rahmen ein entsprechendes Verbot der Beschlagnahme festgelegt werden.

1037 Vgl. Rotsch/*Süße*, Criminal Compliance, § 34 C Rn. 124; Hauschka/Moosmayer/Lösler/*Buchert*, Corporate Compliance, § 42 Rn. 35.

1038 So auch LG Mannheim, NStZ 2012, 713, 714; *Dann*, NJW 2015, 2609, 2614; *Jahn/Kirsch*, NStZ 2012, 718, 720.

1039 BGBl. I 2261.

1040 So auch LG Mannheim, NStZ 2012, 713, 714; *Jahn/Kirsch*, NStZ 2012, 718, 720.

1041 LG Braunschweig, NStZ 2016, 308.

1042 Siehe Kapitel E, V, 2, b, cc, (4), (a).

Zu einer Klarstellung ganz anderer Art würde es durch die Einführung des VerSanG-E kommen.[1043] Dieser Entwurf beinhaltet Änderungen der §§ 97 Abs. 1 Nr. 3, 160a Abs. 5 StPO, die dem Schutz von Whistleblowern entgegenlaufen würden. Zum einen soll in § 97 Abs. 1 Nr. 3 StPO der Beschuldigtenbegriff eingeführt werden.[1044] Konsequenz hieraus wäre eine gesetzliche Verfestigung der Rechtsauffassung des LG Bochums, wodurch die Unterlagen des Ombudsmanns, welche die Aussagen des Whistleblowers beinhalten, nicht mehr dem Beschlagnahmeverbot unterlägen. Verstärkt würde diese Schutzlosigkeit noch durch eine Änderung des § 160a Abs. 5 StPO, welcher eine Anwendbarkeit der Abs. 1 bis 4 auf den Bereich der Beschlagnahme in § 94 StPO ausschließen will,[1045] sodass auch diese Grundlage des Whistleblower-Schutzes entfallen würde. Ob diese Schlussfolgerung von den Referenten des Gesetzesentwurfs bedacht wurde, erscheint zumindest fraglich.

(5) Compliance-Beauftragter

Die Pflicht zur Compliance kommt grds. dem Vereinsvorstand zu.[1046] Diesem obliegt es somit, erforderliche Maßnahmen im Verein zu implementieren. Es besteht jedoch die Möglichkeit, diese Pflicht in gewissem Umfang zu delegieren,[1047] bspw. an einen Compliance-Beauftragten. Die konkreten Pflichten des Compliance-Beauftragten ergeben sich aus dessen Arbeitsvertrag und umfassen i.d.R. Informations-, Überwachungs- und Meldepflichten, im Einzelfall evtl. auch Abhilfepflichten.[1048] Da die Rolle des Compliance-Beauftragten jedoch auch (erhebliche) persönliche Verantwortungs- und Haftungsrisiken mit sich bringen kann,[1049] wird diese in einem kleineren Verein i.d.R. keine Person außerhalb des Vorstands in Kauf nehmen. Vielmehr wird es zumeist bei der Gesamtverantwortung des Vorstands verbleiben oder im Wege einer Ressortverteilung ein einzelnes Vorstandsmitglied mit der Compliance-Verantwortung betraut.[1050] Etwas anderes wird bei größeren, wirtschaftlich tätigen Vereinen

---

1043 Der in seiner jetzigen Fassung jedoch keine Anwendung auf Idealvereine finden würde, siehe Kapitel D, I.

1044 Vgl. Begründung zum VerSanG-E, S. 137.

1045 Vgl. Begründung zum VerSanG-E, S. 139.

1046 Siehe Kapitel E, II, 2.

1047 Siehe Kapitel E, III.

1048 Vgl. Hauschka/Moosmayer/Lösler/*Bürkle*, Corporate Compliance, § 36 Rn. 34 ff.

1049 Siehe zur strafrechtlichen Verantwortlichkeit Kapitel F, I und zur zivilrechtlichen Haftung Kapitel F, II, 1.

1050 Siehe auch Kapitel E, III.

und Verbänden gelten. Hier ist die Einsetzung von Compliance-Beauftragten als weitere interne Beratungs- und Überwachungsinstanz[1051] sinnvoll und, je nach Größe, wirtschaftlicher Betätigung und damit einhergehenden rechtlichen Risiken, ggf. erforderlich.[1052] Ab einer gewissen Vereins- oder Verbandsgröße wird es dem Vorstand schwerer möglich sein, alleine der Compliance-Pflicht nachzukommen und effektive Maßnahmen zu implementieren oder zu überwachen. Um die bestehende Leitungspflicht nicht zu vernachlässigen, sollte daher die Compliance-Pflicht (auch) an einen Compliance-Beauftragten verlagert werden.[1053]

c. *Ergebnis*

Für die inhaltliche Ausgestaltung der Compliance-Pflicht sind die speziellen Risiken im Sportverein sowie die besonders haftungsrelevanten Bereiche zu untersuchen.[1054] Diese Risiken sind sodann nach der Wahrscheinlichkeit des Eintritts und den möglichen Auswirkungen auf den Verein zu bewerten.[1055] Darauf beruhend kann dann eine angepasste Compliance-Organisation inkl. entsprechender Maßnahmen zur Risikovorbeugung erfolgen.[1056] Grds. kann hierbei festgestellt werden, dass sich der Umfang der Compliance-Pflicht nach der Größe des Risikos richtet: je größer das Risiko, desto stärker die Maßnahme.[1057] Dabei ist zu beachten, dass es nicht darum geht, jedes nur denkbare Fehlverhalten zu verhindern – dies ist schon rein praktisch nicht möglich. Vielmehr geht es um die Vermeidung systematischen Fehlverhaltens.[1058]

1051 Hauschka/Moosmayer/Lösler/*Bürkle*, Corporate Compliance, § 36 Rn. 7.

1052 Zur verpflichtenden Implementierung eines Beauftragten-Systems in größeren Unternehmen oder Unternehmen mit erhöhtem rechtlichen Risikopotential vgl. Hauschka/Moosmayer/Lösler/*Bürkle*, Corporate Compliance, § 36 Rn. 7 m.w.N. (Fn. 11).

1053 Vgl. auch Hauschka/Moosmayer/Lösler/*Bürkle*, Corporate Compliance, § 36 Rn. 9.

1054 Vgl. allg. hierzu *Behringer*, Compliance kompakt – Best Practice im Compliance-Management, S. 379 ff.

1055 *Cherkeh*, npoR 2014, 101, 105; Umnuß/*Salzmann*, Corporate Compliance Checklisten, Kapitel 10 Rn. 62 ff.

1056 Vgl. Umnuß/*Salzmann*, Corporate Compliance Checklisten, Kapitel 10 Rn. 71 ff.

1057 Es besteht somit eine Art Abstufung in Hinblick auf die zu treffenden Maßnahmen.

1058 *Moosmayer*, Compliance – Praxisleitfaden für Unternehmen, C I Rn. 71.

F. Konsequenzen der Nichtbeachtung der Compliance-Pflicht

Für Sportvereine und -verbände besteht, wie festgestellt, eine Pflicht zur Compliance. Es stellt sich die Frage, welche Konsequenzen eine Nichtbeachtung dieser Pflicht mit sich zieht. Im Folgenden wird daher geprüft, inwieweit sich die für Compliance verantwortlichen Personen[1059] bei mangelhafter oder fehlender Ausführung der Compliance-Pflicht sowohl strafrechtlich verantwortlich als auch zivilrechtlich und ordnungswidrigkeitenrechtlich haftbar machen können. Dabei stellt sich insb. auch die Frage, ob eine Delegation der Pflichten zu einer Entlastung der ursprünglich Verantwortlichen führt. Darüber hinaus ist zu untersuchen, in welchem zivil- und bußgeldrechtlichen Rahmen der Verein als solcher zur Haftung herangezogen werden kann. Zum Abschluss werden sodann die arbeitsrechtlichen Folgen der Compliance-Pflicht dargestellt.

I. Strafrechtliche Verantwortlichkeit des Compliance-Pflichtigen

Wurde in einem Sportverband oder -verein ein Compliance-System errichtet, haben die Compliance-Pflichtigen dafür Sorge zu tragen, dass Straftaten, wie sie in Kapitel C dargestellt wurden, aus dem Verband heraus unterbleiben. Hierfür sind entsprechende (erforderliche) Maßnahmen zu implementieren und in der Folge das System regelmäßig zu überwachen. Wird dieser Pflicht nicht nachgekommen, stellt sich die Frage, inwieweit in einer Aufsichtspflichtverletzung auch eine strafbare Handlung gesehen werden kann. In Betracht kommt eine Strafbarkeit wegen Unterlassens in Hinblick auf die Tat des Mitarbeiters oder Mitglieds des Vereins. Voraussetzung hierfür ist das Vorliegen einer diesbezüglichen, aus einer Garantenstellung resultierenden Handlungspflicht (Garantenpflicht). § 13 Abs. 1 StGB beschränkt eine solche Pflicht auf Personen, die rechtlich dafür einzustehen haben, dass der Erfolg nicht eintritt.

Eine solche Stellung kann grds. auf verschiedenen Wegen hergeleitet werden. Unterschieden wird dabei zwischen einem sog. Überwacher- und

1059 Bei kleineren Vereinen z.B. ein Vorstandsmitglied, das im Wege einer Ressortverteilung zuständig ist, bei größeren Vereinen und Verbänden auch ein Compliance-Beauftragter.

Beschützergaranten.[1060] Überwachergaranten sind Personen, denen aufgrund ihrer Verantwortlichkeit für bestimmte Gefahrenquellen Sicherungspflichten gegenüber jedermann obliegen.[1061] Beschützergaranten haben eine Obhutspflicht für ein bestimmtes Rechtsgut inne, dessen Bestand und Sicherheit sie gewähren müssen.[1062] Beide Garantenstellungen schließen sich nicht aus und können parallel vorliegen.[1063]

1. Garantenstellung

Treten in einem Sportverein Dopingfälle auf oder kommt es zu Spielmanipulationen, obgleich ein Compliance-Pflichtiger für die Verhinderung dieser Taten zuständig war, bestimmt sich die Einstufung einer Garantenstellung nach der Position, die er im Verein innehat. Unterschieden werden kann hier zwischen Vorstandsmitgliedern und einem als besonderer Vertreter nach § 30 BGB eingesetzten Compliance-Beauftragten.

a. Compliance-Pflichtiger als Mitglied von Vorstand oder Geschäftsführung

Ist der Compliance-Pflichtige Mitglied des Vorstands oder der Geschäftsführung, kann sich die Garantenstellung aus der sog. strafrechtlichen Geschäftsherrenhaftung[1064] ergeben. Bei der strafrechtlichen Geschäftsherrenhaftung handelt es sich um keine ausdrückliche gesetzliche Regelung. Vielmehr besteht die Ansicht, dass im Rahmen des § 13 StGB eine (mögliche) Verantwortung von Vorständen oder Geschäftsführern für Straftaten, die von Angestellten des Unternehmens begangen werden, hergeleitet werden kann.

1060 Hierbei handelt es sich jedoch lediglich um eine Unterteilung mit systematischer Bedeutung, welche über den Inhalt oder den Umfang der Garantenpflicht wenig aussagt, Schönke/Schröder/*Bosch*, StGB, § 13 Rn. 9. Auch der BGH lässt im Bereich der Unterlassensstrafbarkeit des Compliance-Beauftragten die Unterscheidung zwischen Überwacher- und Beschützergarant offen, vgl. BGHSt 54, 44 = NJW 2009, 3173, 3174.

1061 BeckOK/*Heuchemer*, StGB, § 13 Rn. 37.

1062 BeckOK/*Heuchemer*, StGB, § 13 Rn. 36.

1063 BeckOK/*Heuchemer*, StGB, § 13 Rn. 37; Schönke/Schröder/*Bosch*, StGB, § 13 Rn. 12/13.

1064 Vgl. allg. zur strafrechtlichen Geschäftsherrenhaftung *Lindemann/Sommer*, JuS 2015, 1057 ff.; *Berndt*, StV 2009, 689 ff.; *Dannecker/Dannecker*, JZ 2010, 981 ff.

aa. Herleitung der strafrechtlichen Geschäftsherrenhaftung

Rspr.[1065] und h.L.[1066] leiten eine strafrechtliche Verantwortung auf zweierlei Wegen her: Zum einen wird vertreten, dass sich die Garantenpflicht aus dem arbeitsrechtlichen Direktionsrecht des Vorgesetzen ergeben kann. Aufgrund seiner Weisungsbefugnis sei er in der Lage, die Gefahren, die von seinen Mitarbeitern ausgehen, zu beherrschen.[1067] Zum anderen wird die Garantenpflicht aus einer Einordnung des Betriebs als Gefahrenquelle abgeleitet.[1068] Die Unternehmensleitung[1069] habe dafür Sorge zu tragen, dass sich das Unternehmen als Ganzes „nach außen rechtmäßig verhält."[1070] Um dies umzusetzen sei es erforderlich, im Innenverhältnis alle Mitarbeiter dahingehend zu beaufsichtigen und anzuleiten,[1071] dass diese keine Straftaten begehen. Die Mitarbeiter werden dabei als eine Art Gefahrenquelle bewertet, die von der Unternehmensleitung beaufsichtigt werden muss.[1072] Beide Herleitungen haben gemein, dass es sich bei dem unmittelbar handelnden Täter um einen Mitarbeiter des Unternehmens handeln muss, dessen Handeln die Unternehmensleitung beherrschen kann. Übertragen auf den Sportverein hat dies zur Folge, dass der Compliance-Pflichtige als Mitglied des Vorstands oder der Geschäftsführung eine Garantenpflicht zur Verhinderung von Straftaten nachgeordneter Mitarbeiter innehaben kann. Umfasst sind damit haupt- und ehrenamtliche Mitarbeiter des Vereins sowie Sportler, die in einem Angestelltenverhältnis zum Verein stehen. Mitglieder ohne einen

---

1065 Vgl. BGHSt 54, 44 = NJW 2009, 3173; BGHSt 57, 42 = NJW 2012, 1237; BGHSt 37, 106, 123 f. = NJW 1990, 2560. Der VI. Zivilsenat des BGH hat die strafrechtliche Geschäftsherrenhaftung hingegen abgelehnt, BGHZ 194, 26 = NJW 2012, 3439.

1066 Vgl. *Hellmann*, Wirtschaftsstrafrecht, Rn. 951 ff.; *Bauer/Wißmann*, in: FS Schiller, 15, 18 ff.; *Wittig*, Wirtschaftsstrafrecht, § 6 Rn. 56 ff.; *Fischer*, StGB, § 13 Rn. 67 f; *Lackner/Kühl*, StGB, § 13 Rn. 14.

1067 Vgl. auch *Rönnau/Schneider*, ZIP 2010, 53, 56; *Rogall*, ZStW 98 (1986), 573, 616 ff., *Schünemann*, in: FS Amelung, 303, 315.

1068 *Dannecker/Dannecker*, JZ 2010, 981, 989 f.; *Fischer*, StGB, § 13 Rn. 70.

1069 Gemeint sind hier Leitungspersonen eines Vereins, bei entsprechender Organisation aber auch einer den Profibetrieb tragenden Kapitalgesellschaft (AG, GmbH, KG a.A.), vgl. auch *Kubiciel*, SpuRt 2017, 188, 191.

1070 BGHZ 133, 370, 375 = NJW 1997, 130, 131; Bürkle/Hauschka/*Wessing/Dann*, Der Compliance Officer, § 9 Rn. 80.

1071 *Mansdörfer/Trüg*, StV 2012, 432, 433; Bürkle/Hauschka/*Wessing/Dann*, Der Compliance Officer, § 9 Rn. 80.

1072 Bürkle/Hauschka/*Wessing/Dann*, Der Compliance Officer, § 9 Rn. 80. Der BGH spricht von einer „Sonderverantwortlichkeit" für die Integrität des übernommenen Verantwortungsbereichs, BGHSt 54, 44 = NJW 2009, 3173, 3174.

entsprechenden Arbeitsvertrag sind hingegen nicht erfasst. Eine Ausweitung auch auf diesen Personenkreis erscheint auch nicht sachgemäß. Zwar sind Mitglieder als Teil der Mitgliederversammlung Organe des Vereins; gleichwohl besteht keine vergleichbare Einflussmöglichkeit durch die Vereinsführung, sodass es an dem entscheidenden Merkmal der strafrechtlichen Geschäftsherrenhaftung, der unmittelbaren Beherrschung konkreter Gefahren, fehlt. In Hinblick auf die in Kapitel C genannten Straftaten ist eine Unterlassensstrafbarkeit somit gleichwohl in der überwiegenden Anzahl der Fälle möglich. Die Delikte der Vergabesachen und im Bereich des Sponsorings und der Hospitality werden von Mitarbeitern des Vereins ausgeübt. In Hinblick auf die Straftaten des Dopings und der Spielmanipulation kommen als Täter insb. Sportler und Ärzte in Betracht. Vereinsärzte werden i.d.R. in einem Angestelltenverhältnis zum Verein stehen; eine solche vertragliche Verbindung zum Sportler wird hingegen nur bei Berufssportlern vorliegen, sodass nur Straftaten mit einem entsprechenden Täterkreis umfasst sein können. Der Tatbestand des Eigendopings nach §§ 4 Abs. 1 Nr. 4 i.V.m. 3 Abs. 1 S. 1 AntiDopG umfasst nur Spitzensportler, die Tathandlung des Betrugs nach § 263 StGB hingegen auch Amateure. Ebenso verhält es sich im Rahmen der §§ 265c, 265d StGB, welche sowohl Berufssportler als auch Amateure in den Täterkreis mit einbeziehen. Eine Unterlassenstrafbarkeit kommt daher lediglich hinsichtlich des § 4 Abs. 1 Nr. 4 AntiDopG und eingeschränkt in Hinblick auf §§ 265c, 265d StGB in Betracht.

Kritiker[1073] der strafrechtlichen Geschäftsherrenhaftung lehnen eine Verantwortung des Vorgesetzten hingegen ab. Als Grundlage der Ablehnung wird das Prinzip der Eigenverantwortlichkeit der Mitarbeiter herangezogen, welches der strafrechtlichen Geschäftsherrenhaftung entgegenstehe. Die Aufgaben eines Vorgesetzten umfassen zudem keine Aufseherfunktionen, vielmehr sei das Unternehmen selbst Opfer des Fehlverhaltens seiner Mitarbeiter. Darüber hinaus liege eine Einordnung des Betriebs als Gefahrenquelle fern, vielmehr würde lediglich das gestattete Risiko im Rahmen einer sozialadäquaten Tätigkeit verwirklicht.[1074] Eine Ausnahme wird von Teilen der ablehnenden Ansicht nur in den Fällen gemacht, in denen es sich um besonders gefährliche Betriebe handelt, von denen besondere typische Gefahren ausgehen.[1075]

1073 Vgl. *Spring*, GA 2010, 222, 225 f.; *Kretschmer*, StraFo 2012, 259, 262; *Beulke*, in: FS Geppert, 23, 32 ff.

1074 *Nietsch*, CCZ 2013, 192, 196.

1075 So bspw. *Bosch*, Organisationsverschulden in Unternehmen, S. 191; *Langkeit*, in: FS Otto, 649, 653.

Das strafrechtliche Eigenverantwortlichkeitsprinzip stellt grds. eine Art Zurechnungsunterbrechung dar[1076] und besagt, dass es dem Vorgesetzten an einer Aufsichts- und Befehlsgewalt fehlt, kraft derer er das Handeln der Mitarbeiter – und somit das Eintreten einer Straftat – verhindern könnte.[1077] Eine Strafbarkeit würde somit entfallen. Einer solchen Einschränkung ist hier jedoch nicht zu folgen. Trotz eigenständiger strafrechtlicher Verantwortlichkeit des Mitarbeiters ändert sich nichts an dem Vorliegen von innerbetrieblichen Subordinationsverhältnissen, wonach Leitungspersonen eine betriebliche Herrschaftsmacht innehaben, die sie zwingt, ihren sich daraus ergebenen Herrschaftsbereich zu überwachen und insb. auch dafür Sorge zu tragen, dass von diesem Bereich keine betriebsbezogenen Gefahren ausgehen.[1078] Eine Eigenverantwortlichkeit des Mitarbeiters schließt somit die strafrechtliche Geschäftsherrenhaftung nicht aus. Eine Pflicht zur Abwendung von Gefahren, die sich aus dem Betrieb ergeben, kann als Kehrseite des Freiheitsrechts aus Art. 12 Abs. 1 GG bezeichnet werden. Das Grundrecht auf Berufsfreiheit, das dem Vorgesetzten das Recht zugesteht, ein Unternehmen betreiben zu dürfen, zieht die Pflicht mit sich, das sich daraus ergebene erhöhte Risikopotential, das sich aus seinem Unternehmen (in Form der Handlungen der Mitarbeiter) ergibt, zu bewachen.[1079] Auch eine Unterscheidung der Unternehmen hinsichtlich der Gefährlichkeit wird in der Praxis schwer vorzunehmen sein. Ein Gefährdungspotential kann dem Grunde nach in jedem Verein bestehen,[1080] unabhängig von der Größe, Art oder Organisation.[1081] Insb. die Bereiche des Dopings und Matchfixings weisen Straftaten sowohl auf Spitzensportlerebene als auch im Amateurbereich auf. Diese Bewertung wurde insb. auch bei der Schaffung der Tatbestände des AntiDopG und der §§ 265c, 265d StGB berücksichtigt, indem die Vergabe von Dopingmitteln auch an Amateursportler unter Strafe steht und als Täter von Spielmanipulationen sowohl Berufs- als auch Amateursportler in Betracht kommen. Diese Ansicht kann sich somit auch nicht gegen ein Bestehen der strafrechtlichen Geschäftsherrenhaftung behaupten.

Einen weiteren Kritikpunkt – ganz allgemeiner Natur – an der strafrechtlichen Geschäftsherrenhaftung stellt die immer weiterführende Aufweichung der

---

1076 MüKoStGB/*Freund*, Vorb. § 13 Rn. 358.

1077 Bürkle/Hauschka/*Wessing/Dann*, Der Compliance Officer, § 9 Rn. 85.

1078 Bürkle/Hauschka/*Wessing/Dann*, Der Compliance Officer, § 9 Rn. 85.

1079 Vgl. *Dannecker*, NZWiSt 2012, 441, 444; *Ransiek*, AG 2010, 147, 150; *Lindemann/Sommer*, JuS 2015, 1057.

1080 Vgl. auch *Lindemann/Sommer*, JuS 2015, 1057; *Schall*, in: FS Rudolphi, 267, 277 f.

1081 Siehe hierzu schon Kapitel E, II, 3.

bestehenden Formen der Kausalität dar und zeigt insb. im Bereich der objektiven Zurechnung größere Problemfelder auf.[1082] Gleichzeitig reihen sich die Entscheidungen des BGH zur strafrechtlichen Geschäftsherrenhaftung ein in eine Kette aus höchstrichterlicher Rechtsprechung, welche immer weiter gehende Einstehungspflichten feststellt.[1083]

Trotz bestehender, und – teils – berechtigter Kritik an der strafrechtlichen Geschäftsherrenhaftung weist diese i.E. eindeutig in die richtige Richtung, indem versucht wird, die bestehende Situation in einem Unternehmen bzw. einer Gesellschaft aufzufangen und strafrechtlich zu bewerten. Insb. auch aufgrund der höchstrichterlichen Rechtsprechung sollten sich Vereinsvorstände mit diesem Konstrukt vertraut machen und sich der Gefahr einer möglichen strafrechtlichen Verantwortung bewusst sein.

bb. Umfang der strafrechtlichen Geschäftsherrenhaftung

Wann eine strafrechtliche Geschäftsherrenhaftung angenommen werden kann und welchen Umfang sie innehat, kann nicht generell-abstrakt festgestellt werden, sondern hängt von den konkreten Umständen des Einzelfalls ab.[1084] Einigkeit besteht darüber, dass nicht sämtliche Straftaten, die durch Mitarbeiter begangen werden, umfasst sind.[1085] Die Garantenpflicht beschränkt sich laut Rspr. auf die Verhinderung betriebsbezogener Straftaten und umfasst nicht solche Taten, die Mitarbeiter lediglich bei Gelegenheit ihrer Tätigkeit im Betrieb begehen.[1086] Betriebsbezogen bedeutet, dass die Tat Ausfluss der dem Betrieb oder dem Tätigkeitsfeld des Mitarbeiters spezifisch anhaftenden Gefahr ist[1087] bzw. einen inneren Zusammenhang mit der betrieblichen Tätigkeit oder der Art des Betriebs aufweist.[1088] Umfasst sind somit keine Taten, die außerhalb des Betriebs genauso hätten erfolgen können. Das strafrechtlich relevante Verhalten des Mitarbeiters entpuppt sich somit als „Konkretisierung der defizitären

1082 Vgl. hierzu ausführlich *Momsen*, in: FS Puppe, 751 ff.

1083 Vgl. hierzu BGHSt 37, 106 = NJW 1990, 2560 ff. (Lederspray); BGHSt 50, 331 = NJW 2006, 522 (Mannesmann); BGHSt 47, 224 = NStZ 2002, 421 (Wuppertaler Schwebebahn).

1084 Vgl. BGHSt 54, 44 = NJW 2009, 3173, 3174.

1085 Dies würde schon dem strafrechtlichen Bestimmtheitsgebot aus Art. 103 Abs. 2 GG zuwiderlaufen, vgl. *Wittig*, Wirtschaftsstrafrecht, § 6 Rn. 58c m.w.N.

1086 BGHSt 57, 42 = CCZ 2012, 157; BGH NStZ 2018, 648.

1087 BGHSt 57, 42 = CCZ 2012, 157, 158.

1088 BGH NStZ 2018, 648.

Unternehmensorganisation."[1089] Kam der Vorstand seiner Pflicht zur Compliance zwar nach und bestimmte eine für Compliance verantwortliche Person, kontrollierte diese in der Folge jedoch nicht, ob die eingerichteten Maßnahmen auch umgesetzt wurden, spricht dies für eine ungenügende Organisation des Unternehmens. In einem Sportverein sind die in Betracht kommenden und zu verhinderten Straftaten insb. die bereits genannten Felder des Dopings, Matchfixings, der Vergabesachen, des Sponsorings und der Hospitality. Die typischerweise von Mitgliedern des Vereins verübten Straftaten des Dopings und Matchfixings stellen einen Ausfluss der dem Sportverein und insb. auch dem eigenen Tätigkeitsfeld des Sportlers spezifisch anhaftenden Gefahr dar. Ziel eines Sportlers ist es, einen Wettkampf zu gewinnen. Um dieses Ziel zu erreichen, besteht die Möglichkeit, auch unerlaubte Mittel in Anspruch zu nehmen. Auch wenn diese Maßnahmen regelwidrig sind, weisen sie doch einen Bezug zu der eigenen Tätigkeit auf. Bei Doping und Matchfixing handelt es sich somit um betriebsbezogene Straftaten. Die Straftaten der Vergabesachen, des Sponsorings und der Hospitality werden hingegen durch Mitarbeiter des Vereins erfüllt. Sie stehen in Zusammenhang mit vertraglichen Abschlüssen, die im Rahmen des Aufgabenfeldes eingegangen werden. Ein innerer Zusammenhang mit der beruflichen Tätigkeit ist auch hier festzustellen.

b. Delegation an einen Compliance-Beauftragten außerhalb des Vorstands

Die primäre Garantenstellung liegt bei der Unternehmensleitung; sie trifft daher entsprechende Strafverhinderungspflichten. Die sich aus der strafrechtlichen Geschäftsherrenhaftung ergebene Pflicht, betriebsbezogene Straftaten – begangen von Mitarbeitern – vom Unternehmen fernzuhalten, kann jedoch (teilweise) an einen Compliance-Beauftragten auch außerhalb des Vorstands oder der Geschäftsführung delegiert werden[1090].[1091] Der BGH hat diesbezüglich

---

1089 *Mansdörfer/Trüg*, StV 2012, 432, 436; Bürkle/Hauschka/*Wessing/Dann*, Der Compliance Officer, § 9 Rn. 87.

1090 Vgl. Bürkle/Hauschka/*Wessing/Dann*, Der Compliance Officer, § 9 Rn. 81; *Schneider/Gottschaldt*, ZIS 2011, 573, 574 dahingehend einschränkend, dass es sich in den meisten Fällen lediglich um eine eingeschränkte Übertragung handelt, abhängig von der geregelten Weisungsbefugnis des Compliance-Beauftragten; *Campos Nave/Vogel*, BB 2009, 2546, 2549 mit der Einschränkung, dass eine strafrechtliche Garantenstellung des Compliance-Beauftragten dem Grunde nach abgelehnt wird.

1091 Die Bestellung eines Compliance-Beauftragten außerhalb des Vorstands wird i.d.R. nur in größeren, wirtschaftlich tätigen Vereinen oder Verbänden erfolgen.

festgestellt, dass eine arbeitsvertragliche Übertragung grundsätzlich möglich sei.[1092] Erforderlich hierfür ist jedoch, dass der Compliance-Beauftragte die Befugnis übertragen bekommt, eigenständig Weisungen zu erteilen. Nur mit einem entsprechenden Direktionsrecht ist der Compliance-Beauftragte in der Lage, die Gefahren, die von den Mitarbeitern ausgehen, zu beherrschen, wie es für das Bestehen einer strafrechtlichen Geschäftsherrenhaftung erforderlich ist.[1093] Die Garantenstellung aus der strafrechtlichen Geschäftsherrenhaftung kann daher nur an einen besonderen Vertreter mit entsprechendem Weisungsrecht delegiert werden. Besteht sie, kann die Verantwortlichkeit des Compliance-Beauftragten nicht weiter reichen als diejenige des Geschäftsherrn.[1094]

Bei einer umfangreichen Pflichtendelegation kommt auch eine Übertragung nach § 14 Abs. 2 Nr. 2 StGB in Betracht. Dafür erforderlich ist, dass der Compliance-Beauftragte ausdrücklich vom Vorstand beauftragt wird, in eigener Verantwortung den Bereich Compliance zu führen. Eine solche Übertragung führt dazu, dass der Compliance-Beauftragte befugt, aber auch verpflichtet ist, eigenständig alle erforderlichen Maßnahmen zu treffen. Zudem ist er dann bei allen Entscheidungen, die im Bereich Compliance auftreten, grds. frei von jeglichen Weisungen.[1095] Eine solch weite und umfangreiche Übertragung von Rechten ist im Verein grds. möglich,[1096] in der Praxis hingegen eher unüblich.[1097]

c. *Compliance-Beauftragter qua Vertrag*

Neben der delegierten Garantenstellung (und somit einer einseitigen arbeitsrechtlichen Weisung)[1098] kann die Übernahme entsprechender Überwachungs- und Schutzpflichten (freiwillig) durch einen Dienstvertrag erfolgen[1099].[1100] Wird die Compliance-Pflicht auf einen besonderen Vertreter übertragen, erfolgt dies grundlegend durch eine entsprechende Regelung in der Satzung. Die

---

1092 BGHSt 57, 42 = CCZ 2012, 157.

1093 Siehe Kapitel F, I, 1, a, aa; vgl. auch *Schneider/Gottschaldt*, ZIS 2011, 573, 574.

1094 Vgl. *Bürkle*, CCZ 2010, 4, 6 m.w.N.

1095 Schönke/Schröder/*Perron/Eisele*, StGB, § 14 Rn. 35.

1096 Siehe Kapitel E, III.

1097 Vgl. allg. zum Umfang von übertragenen Rechten in Unternehmen *Kraft/Winkler*, CCZ 2009, 29, 32; *Schneider/Gottschaldt*, ZIS 2011, 573, 574.

1098 *Kraft/Winkler*, CCZ 2009, 29, 32.

1099 Vgl. *Schneider/Gottschaldt*, ZIS 2011, 573, 575. Hier kommt aus zivilrechtlicher Sicht die vertragliche Übernahme des besonderen Vertreters nach § 30 BGB in Betracht.

1100 Die Bestellung eines Compliance-Beauftragten außerhalb des Vorstands wird i.d.R. nur in größeren, wirtschaftlich tätigen Vereinen oder Verbänden erfolgen.

wesentlichen Inhalte und Pflichten werden hingegen i.d.R. in dem zugrundeliegenden Dienstvertrag geregelt sein. Da es an einer gesetzlichen Bestimmung von Compliance-Aufgaben fehlt,[1101] ist der Dienstvertrag auch bei der Bestimmung der Garantenstellung heranzuziehen. Der BGH hat in Bezug auf die Garantenstellung leitender Angestellter dahingehend differenziert, „ob sich die Pflichtenstellung des Beauftragten darin erschöpft, (…) gegen das Unternehmen gerichtete Pflichtverstöße aufzudecken und zukünftig zu verhindern, oder ob der Beauftragte weitergehende Pflichten (übernommen) hat, dass er auch vom Unternehmen ausgehende Rechtsverstöße zu beanstanden und zu unterbinden hat."[1102]

Im selben Urteil hat der BGH in einem obiter dictum zudem eine grds. Garantenpflicht des Compliance-Beauftragten bejaht und festgestellt, dass zum vertraglich übernommenen Aufgabengebiet gehöre, Rechtsverstöße zu verhindern, insb. auch Straftaten, die aus dem Unternehmen heraus begangen werden und diesem erhebliche Nachteile durch Haftungsrisiken oder Ansehensverlust bringen können. Die Garantenstellung sei dann die notwendige Kehrseite der gegenüber der Unternehmensleitung übernommenen Pflicht, Rechtsverstöße und insb. Straftaten zu unterbinden.[1103] Erfasst werden somit, wie bei der strafrechtlichen Geschäftsherrenhaftung,[1104] ebenfalls nur Taten, die eine Betriebsbezogenheit aufweisen und zudem zu „erheblichen Nachteilen" führen.

Aus der Entscheidung folgt, dass Compliance-Beauftragten allein aus ihrer vertraglichen Stellung heraus eine strafrechtliche Garantenstellung zu kommt. Fraglich ist, ob sich das obiter dictum auch auf Vereine übertragen lässt und für den Compliance-Beauftragten eines Sportvereins Geltung besitzen kann. Die Aussagen des BGH fallen in einem Urteil über eine Anstalt des öffentlichen Rechts, die Bemerkungen über den Compliance-Beauftragten sind hingegen allgemeiner Natur gehalten und beziehen sich grds. auf den Bereich der Compliance. Der BGH spricht hierbei davon, dass Compliance in Großunternehmen eine Rolle spielt, die am Wirtschaftsleben teilnehmen. Es könnte somit der Eindruck entstehen, dass auch nur solche Unternehmen vom obiter dictum erfasst werden sollen. Eine allgemeine Übertragung auf den Sportverein würde somit entfallen

1101 Siehe hierzu Kapitel E, V, 1.

1102 BGHSt 54, 44 = NJW 2009, 3173, 3175.

1103 BGHSt 54, 44 = NJW 2009, 3173, 3175.

1104 In der Rspr. des BGH kann eine konsequente Anwendung der Grundsätze der strafrechtlichen Geschäftsherrenhaftung gesehen werden, vgl. *Dann/Mengel,* NJW 2010, 3265, 3267.

und käme nur in den wenigen Fällen in Betracht, in denen insb. Sportverbände mit einer Kapitalgesellschaft vergleichbar sind. Anknüpfungspunkt sollte jedoch weniger das vermehrte Aufkommen von Compliance in bestimmten Unternehmenszweigen sein, sondern vielmehr die generelle Pflicht zur Verhinderung von Straftaten aus dem Unternehmen heraus. So spricht der BGH auch von einem solchen Aufgabengebiet des Compliance-Beauftragten, welches der Verhinderung von erheblichen Nachteilen durch Haftungsrisiken oder Ansehensverlust dienen soll. Eine solche Pflicht trifft jedoch nicht nur am Wirtschaftsleben teilnehmende Großunternehmen, sondern auch, wie bereits festgestellt, den Sportverein, grds. unabhängig von seiner Art und Größe. Zur Leitungspflicht des Vereinsvorstands gehört die Aufgabe, die Geschäfte des Vereins zu führen und stets zum Vorteil und im Interesse des Vereins zu handeln, d.h. Schäden vom Verein fernzuhalten.[1105] Insb. die Einhaltung des Vereinszwecks, die Förderung des Sports und der Schutz dessen Werte sowie die Aufrechterhaltung des Status der Gemeinnützigkeit erfordern eine Verhinderung von Straftaten, die diese Zwecke gefährden können. Machen sich Vereinsmitarbeiter des Dopings, Matchfixings, der Bestechung oder Bestechlichkeit schuldig, kann dies zu einer Haftung des Vereins führen.[1106] Auch ein Wegfall der Gemeinnützigkeit würde finanzielle Einbußen mit sich bringen.[1107] Daneben besteht zudem die Gefahr eines Ansehensverlusts aufgrund der nicht verhinderten Taten. Wenn nun das vom BGH aufgezeigte Aufgabengebiet auch für Compliance-Beauftragte außerhalb von Großunternehmen, die am Wirtschaftsleben teilnehmen, besteht, kann das obiter dictum somit auch auf andere Organisationsformen wie den Sportverein übertragen werden.[1108]

An den genannten Bemerkungen des BGH im obiter dictum wird auf unterschiedliche Weise Kritik geübt.

Ein Anknüpfungspunkt bildet ein möglicher Widerspruch zu § 130 OWiG. Die Norm aus dem Ordnungswidrigkeitenrecht sieht die Möglichkeit vor, Aufsichtspflichtverletzungen in Unternehmen mit Bußgeldern zu ahnden. Eine Sanktionierung mit Strafe, zu der es nach Einhaltung der Rspr. kommen würde, sei ausdrücklich nicht vorgesehen.[1109] Eine solch alternative Betrachtung ist

---

1105 Siehe Kapitel E, II, 2.

1106 Siehe Kapitel F, II, 3.

1107 Siehe Kapitel E, V, 2, b, aa, (2).

1108 In der Praxis wird ein Compliance-Beauftragter hingegen eher in größeren, wirtschaftlich tätigen Vereinen oder Verbänden eingesetzt werden.

1109 Vgl. *Stoffers*, NJW 2009, 3176.

jedoch abzulehnen.[1110] Im Verhältnis zur Straftat besteht die Ordnungswidrigkeit des § 130 OWiG vielmehr als Auffangtatbestand[1111] und ist „spezialgesetzlicher zusätzlicher Ausdruck der Garantenpflicht der Unternehmensführung (§ 14 StGB) kraft Organisationszuständigkeit neben der strafrechtlichen Garantiehaftung des Geschäftsherren nach § 13 StGB im betrieblichen Bereich."[1112] Erfüllt eine Handlung gleichzeitig den Tatbestand einer Strafnorm oder Ordnungswidrigkeitsvorschrift, so ist nach § 21 Abs. 1 S. 1 OWiG nur das Strafgesetz anzuwenden.

Zudem wird auch – wie bei der Frage nach dem Bestehen einer strafrechtlichen Geschäftsherrenhaftung – das Prinzip der Selbstverantwortung der Mitarbeiter angeführt, um die Garantenstellung des Compliance-Beauftragten auszuschließen.[1113] Dieses führt grds. zu einer Zurechnungsunterbrechung. Anders als bei der strafrechtlichen Geschäftsherrenhaftung, deren Garantenstellung trotz Eigenverantwortlichkeit damit begründet wird, dass der Geschäftsherr eine innerbetriebliche Herrschaftsmacht besitzt, kann der Compliance-Beauftragte nicht auf eine entsprechende Organisationsbefugnis zurückgreifen.[1114] Ihm wird regelmäßig nicht die Berechtigung zukommen, auf auftretende Straftaten mit Sanktionen zu reagieren; vielmehr wird es bei entsprechenden Kontrollbefugnissen bleiben, die mit einer Berichterstattungspflicht einhergehen.[1115] Gleichwohl kann der Compliance-Beauftragte auch bei einer nur partiellen Aufgabenübertragung eine Garantenstellung innehaben. Entscheidend hierfür ist, dass die Aufgaben des Compliance-Beauftragten das geschützte Rechtsgut in gleicher Weise beeinträchtigen können.[1116] Fehlen dem Compliance-Beauftragten entsprechende Sanktionsbefugnisse, ist er mit einem Geschäftsherrn gleichzusetzen, wenn er zumindest eine gewisse innerbetriebliche Organisationsgewalt ausübt. Der Compliance-Beauftragte steht, insb. wenn seine Ernennung in Form einer Bestellung zum besonderen Vertreter gem.

1110 Vgl. *Dann/Mengel*, NJW 2010, 3265, 3267; *Rübenstahl*, NZG 2009, 1341, 1343; *Ransiek*, AG 2010, 147, 149.

1111 Vgl. *Rübenstahl*, NZG 2009, 1341, 1343; OLG Düsseldorf, wistra 1989, 358; BayOLG, NStZ-RR 1999, 248, 249.

1112 *Rübenstahl*, NZG 2009, 1341, 1343; KK-OWiG/*Rogall*, § 130 Rn. 1 f.

1113 *Warneke*, NStZ 2010, 312, 316.

1114 Vgl. *Schneider/Gottschaldt*, ZIS 2011, 573, 574; *Berndt*, StV 2009, 689, 691; *Rönnau/Schneider*, ZIP 2010, 53, 57.

1115 Siehe Kapitel F, I, 3.

1116 Vgl. *Bauer/Wißmann*, in: FS Schiller, 15, 25; *Dannecker/Dannecker*, JZ 2010, 981, 990.

§ 30 BGB erfolgt, durchaus auf derselben Ebene wie der Geschäftsführer[1117] und hat eine Art „Schlüsselfigur“[1118] zur Verhinderung von Straftaten inne. Neben seiner Kontrollbefugnis ist er zudem berechtigt (und verpflichtet), erforderliche Richtlinien und Vorgaben zum rechtskonformen Verhalten an die Mitglieder auszusprechen und für deren Einhaltung zu sorgen. Dieses Direktionsrecht kann ihm durchaus eine ausreichende Stellung einbringen, die zu einem erforderlichen innerbetrieblichen Subordinationsverhältnis führt. Eine Eigenverantwortlichkeit des Mitarbeiters schließt somit nicht per se die Garantenstellung des Compliance-Beauftragten aus.

Ebenfalls angeführt wird der Aspekt, dass sich aus dem obiter dictum des BGH keine originäre Garantenstellung des Compliance-Beauftragten ableiten lasse.[1119] Die vom BGH aufgeführte Pflicht, Rechtsverstöße zu verhindern, gelte für den Compliance-Beauftragten nur gegenüber seinem Unternehmen, nicht jedoch auch gegenüber Dritten. Dem ist zuzustimmen. Die Compliance-Pflicht besteht grds. nur innerhalb eines Unternehmens, die Pflicht des Compliance-Beauftragten richtet sich also darauf, erhebliche Nachteile durch Haftungsrisiken oder Ansehensverlust für das Unternehmen zu vermeiden. So sagt es auch der BGH.[1120] Die Garantenstellung kann jedoch auf sekundärem Wege an den Compliance-Beauftragten gelangen. Durch das Bestehen einer Garantenstellung des Geschäftsherrn kann durch Ableitung diese auf den Compliance-Beauftragten delegiert werden.

Kritik wird ebenfalls daran geübt, dass die Feststellungen des BGH zu pauschal seien und es „den“ Compliance-Beauftragten nicht gäbe.[1121] Der BGH würde aber annehmen, dass jeder Compliance-Beauftragte freiwillig eine allumfassende Verhinderungspflicht übernehme; dies sei nicht nur praxisfern, sondern auch unzutreffend.[1122] Vielmehr belaufen sich die Aufgaben des Compliance-Beauftragten auf die Planung, Errichtung, Implementierung und Überwachung eines Compliance-Systems;[1123] Compliance-Verstöße würden

---

1117 Wortlaut § 30 BGB („neben dem Vorstand“).

1118 *Dann/Mengel*, NJW 2010, 3265, 3267; *Rönnau/Schneider*, ZIP 2010, 53, 58 („Nadelöhr zum Vorstand“); *Hauschka*, BB 2004, 1178, 1180 („Schlüsselstellung“).

1119 Vgl. *Berndt*, StV 2009, 689, 690; *Rönnau/Schneider*, ZIP 2010, 53, 57; *Mosbacher/Dierlamm*, NStZ 2010, 268, 269.

1120 BGHSt 54, 44 = NJW 2009, 3173, 3175.

1121 Vgl. *Geiger*, CCZ 2011, 170, 171; *Bürkle*, CCZ 2010, 4, 5.

1122 *Rübenstahl*, NZG 2009, 1341, 1342.

1123 *Rübenstahl*, NZG 2009, 1341, 1342; vgl. zu den Voraussetzungen allg. Bürkle/Hauschka/*Schulz/Galster*, Der Compliance Officer, § 4 Rn. 26 ff.

nur gemeldet, nicht hingegen eigenständig sanktioniert werden. Daher fehle es in den meisten Fällen an einer eigenen Weisungskompetenz. Dieser Umstand spräche dafür, dass entweder gar keine Garantenpflicht i.S.e. Erfolgsabwehr bestünde oder sich die Erfolgsabwehr zumindest lediglich auf die Ausübung vertraglich übernommener Pflichten beschränke.[1124] Dieser Auffassung ist in weiten Teilen zu folgen, insb. hinsichtlich der Beschränkung der Garantenpflicht auf die tatsächlich übernommenen Pflichten. Es besteht jedoch kein Widerspruch zu der vom BGH getroffenen Feststellung. Eine Aussage dahingehend, welche Verhinderungshandlung genau zu unternehmen ist, wird vom BGH nicht getroffen, da die Bemerkung nur im Rahmen eines obiter dictums erfolgte. Der BGH spricht lediglich davon, dass den Compliance-Beauftragten eine generelle Verhinderungspflicht trifft. Somit wird durch den BGH vielmehr der Prüfungspunkt der Unterlassenstrafbarkeit der Garantenstellung mit entsprechender -pflicht hergeleitet. Welche Maßnahmen geeignet und insb. erforderlich sind, den Tatbestandseintritt zu verhindern, muss in jedem Einzelfall geprüft werden. Hier kann es durchaus ausreichend sein, einen Verdacht über eine bevorstehende Straftat an einen Vorgesetzten weiterzuleiten, um seiner Verhinderungspflicht und zugleich Garantenpflicht nachzukommen.

Entscheidend für die Begründung einer Garantenstellung des Compliance-Beauftragten ist daher der Inhalt des zugrunde liegenden Arbeitsvertrags bzw. die tatsächlich übernommenen Aufgaben und Befugnisse.[1125] Umfasst der Arbeitsvertrag[1126] bspw. lediglich die Pflicht des Compliance-Beauftragten zur Berichterstattung an den Vorstand und keine eigenen Weisungskompetenzen oder disziplinarischen Befugnisse, umfasst die Garantenpflicht auch nicht das eigenständige Einschreiten gegen den betreffenden Mitarbeiter, wenn er bspw. im Vorfeld der Tat Kenntnis hierüber erlangt. Die geeignete und erforderliche Handlung im Rahmen der Unterlassungsprüfung stellt somit die Berichterstattung dar. Problematisch ist die Konstellation, in der der Compliance-Beauftragte einem Vorstandsmitglied gegenüber berichtspflichtig ist und sich dieses einer Straftat verdächtig macht. Unter der Prämisse, dass sich der Umfang der Garantenpflicht aus dem Arbeitsvertrag ergibt, könnte die Schlussfolgerung gezogen werden, dass der Compliance-Beauftragte seiner Pflicht nachkommt, soweit er

1124 *Rübenstahl*, NZG 2009, 1341, 1342.

1125 Vgl. hierzu auch *Krieger*, NZA 2010, 367, 370; *Campos Nave/Vogel*, BB 2009, 2546, 2549.

1126 Die Ausführung im Arbeitsvertrag ist zwar hilfreich, aus strafrechtlicher Sicht jedoch nicht zwingend erforderlich, vgl. BGHSt 47, 225 = NStZ 2002, 421, 423.

dem Vorstandsmitglied seinen Verdacht mitteilt. Da es sich hierbei jedoch um den möglichen Täter handelt, ist mit einer Einstellung des strafbaren Verhaltens kaum zu rechnen. In einem solchen Fall läuft der Zweck der Compliance, nämlich die Verhinderung von Straftaten, ins Leere. Es stellt sich somit die Frage, ob die vertragliche Regelung, nur gegenüber einem bestimmten Vorstandsmitglied berichtspflichtig zu sein, die Grenze der Garantenpflicht darstellt. Grds. ist der Vertragsinhalt für die Reichweite der Garantenpflicht entscheidend.[1127] Neben der Hauptleistungspflicht, Rechtsverstöße an das bestimmte Vorstandsmitglied zu berichten, bestehen für den Compliance-Beauftragten auch vertragliche Nebenpflichten, die sich aus § 241 Abs. 2 BGB ergeben. Diese Verhaltens- oder Schutzpflichten sollen dafür sorgen, dass der Vertragszweck nicht gefährdet wird[1128] und verpflichten den Compliance-Beauftragten, sich um den Schutz der Rechtsgüter des Vertragspartners, hier des Vereins, zu kümmern, wozu auch Integritätsinteressen wie bspw. das Vermögen zählen.[1129] Zum Schutz vor Haftungsrisken und Ansehensverlust ist der Compliance-Beauftragte demnach aus Vertrag dem Verein gegenüber zu Schutz und Rücksichtnahme verpflichtet.[1130] Erforderlich ist daher, dass der Compliance-Beauftragte den Verein als seinen Vertragspartner über das Fehlverhalten des bestimmten Vorstandsmitglieds in Kenntnis setzt. Als Ansprechpartner kommen hier entweder die übrigen Vorstandsmitglieder oder die übergeordnete Mitgliederversammlung in Betracht. Da auch die Nebenpflicht des Arbeitsvertrags dem Compliance-Beauftragten bestimmte Handlungsweisen vorschreibt, ist in der genannten Konstellation die Berichterstattung an das Vorstandsmitglied, das der Straftat verdächtigt ist, nicht ausreichend, um der Garantenpflicht Genüge zu tun. Ausnahmsweise ist hier abweichend von der Hauptleistungspflicht eine Aufklärung der übrigen Vorstandsmitglieder oder der Mitgliederversammlung erforderlich. Diese Handlung ist im konkreten Fall geeignet, erforderlich und insb. dem Compliance-Beauftragten auch zumutbar.[1131]

Weitere Voraussetzungen für das Bestehen einer Garantenstellung sind das Vorliegen eines durch das Vertragsverhältnis vermittelten besonderen Vertrauensverhältnisses, da das Bestehen einer vertraglichen Beziehung für sich betrachtet nicht ausreicht,[1132] sowie die tatsächliche Übernahme des sich aus

---

1127 Vgl. BeckOK/*Heuchemer*, StGB, § 13 Rn. 47.

1128 Vgl. BeckOK/*Sutschet*, BGB, § 241 Rn. 46.

1129 Vgl. BeckOK/*Sutschet*, BGB, § 241 Rn. 15.

1130 Vgl. auch *Raus/Lützeler*, CCZ 2012, 96. 99.

1131 Vgl. hierzu auch BGHSt 54, 44 = NJW 2009, 3173, 3175.

1132 Vgl. BGHSt 39, 392 = NJW 1994, 950; BGHSt 46, 196 = NJW 2001, 453, 454.

dem Vertrag ergebenen Pflichtenkreises.[1133] Unter diesen Umständen kann eine abgeleitete Garantenstellung des Compliance-Beauftragten und daraus resultierend eine sekundäre Garantenpflicht angenommen werden.[1134]

d. Garantenpflicht des Vorstands trotz Delegation bzw. vertraglicher Übernahme

Ursprünglich obliegen die Pflicht zur Compliance und somit auch die strafrechtliche Verantwortlichkeit den Vorstandsmitgliedern. Nach erfolgter Delegation stellt sich die Frage, inwieweit die Vorstandsmitglieder gleichwohl eine strafrechtliche Garantenstellung innehaben. Der BGH[1135] hat hierzu festgestellt, dass im strafrechtlichen Bereich des Unterlassens ein Zurechnungszusammenhang nicht durch das Hinzutreten verantwortlicher „unterlassener" Dritter unterbrochen wird[1136] und mehrere Garanten verantwortlich nebeneinanderstehen können („Nebengaranten"). Parallele Garantenpflichten bestehen auch dann, wenn ein Übernehmer in die ursprüngliche Garantenpflicht eintritt.[1137] Es entsteht somit ein zusätzlicher Zurechnungsstrang.[1138] Dem Compliance-Beauftragten kommt demnach nur eine abgeleitete Garantenstellung zu, die Vorstandsmitglieder bleiben primärer Garant mit dazugehörigen Auswahl-, Instruktions-, Kontroll- und Aufsichtspflichten gegenüber dem Compliance-Beauftragten.[1139] Dieser ist nur ein Glied in der Compliance-Organisation des Vereins, das leitende Organ bleibt der Vorstand.[1140] Die Feststellungen des BGH verdeutlichen den Vorrang des Schutzes der Rechtsgüter des Opfers vor einer differenzierten Benennung von Gefahrzuständigkeiten.[1141]

1133 Vgl. BGHSt 54, 44 = NJW 2009, 3173, 3174; BGHSt 47, 224 = NStZ 2002, 421, 423.

1134 So auch *Dannecker/Dannecker*, JZ 2010, 981, 990 f.; *Dann/Mengel*, NJW 2010, 3265, 3267; *Ransiek*, AG 2010, 147, 153; *Rönnau/Schneider*, ZIP 2010, 53, 57.; *Kraft*, wistra 2010, 81, 84. Ablehnend *Geiger*, CCZ 2011, 170, 171 ff.; *Warneke*, NStZ 2010, 312, 313 ff.; *Rotsch*, in: FS Imme Roxin, 485, 491 ff.; *Deutscher*, WM 2010, 1387, 1391.

1135 BGH NStZ 2006, 522 (Wuppertaler Schwebebahn).

1136 *Momsen*, in: FS Puppe, 751, 760.

1137 *Momsen*, in: FS Puppe, 751, 763; LG Saarbrücken, NStZ-RR 2006, 75, 76; SSW-StGB/*Kudlich*, § 13 Rn. 33; differenzierend BGH NJW 2009, 240 ff.

1138 *Momsen*, in: FS Puppe, 751, 763.

1139 Vgl. *Habersack*, NZG 2004, 1, 6; *Hoffmann-Becking*, NZG 2003, 745, 747; *Bürkle*, CCZ 2010, 4, 5; *Bauer/Wißmann*, in: FS Schiller, 15, 23.

1140 *Habersack*, NZG 2004, 1, 6; *Fleischer*, NZG 2003, 449, 452.

1141 *Momsen*, in: FS Puppe, 751, 763; SSW-StGB/*Kudlich*, § 13 Rn. 33; *Kudlich*, JR 2002, 468 ff.

Aus strafrechtlicher Sicht hat der Vereinsvorstand nach erfolgter Delegation seiner Compliance-Pflicht somit besondere Vorsicht hinsichtlich der Auswahl des Compliance-Beauftragten, dessen Instruktion, Kontrolle und Aufsicht walten zu lassen. Der Umfang seiner Garantenpflicht nimmt spiegelbildlich zum Anstieg der Verantwortlichkeit des Compliance-Beauftragten ab.[1142]

2. Garantenpflicht bei Tätigkeitsdelikten

§ 13 Abs. 1 StGB schreibt die Handlungspflicht vor, einen „Erfolg" abzuwenden, der zum Tatbestand eines Strafgesetzes gehört. Bei enger Wortauslegung könnte somit das Ergebnis eintreten, der Garant wäre lediglich bei Vorliegen von Erfolgsdelikten zur Abwendung des tatbestandlichen Erfolges verpflichtet. Eine Strafbarkeit der für Compliance verantwortlichen Personen wegen unterlassener Abwendung eines Bestechungsdelikts nach § 299 StGB käme so bspw. nicht in Betracht. Eine in Literatur[1143] und Rechtsprechung[1144] vertretene Auffassung hilft sich in diesem Fall weiter, indem der Begriff des Erfolgs weit und allgemein als Verletzung oder Gefährdung eines Rechtsguts ausgelegt wird.[1145] Dementgegen begründet eine andere Ansicht,[1146] eine solch weite Auslegung überschreite den Wortlaut von § 13 StGB und sei nicht mehr mit dem Bestimmtheitsgebot aus Art. 103 Abs. 2 GG vereinbar. Eine Strafbarkeit bei Tätigkeitsdelikten könnte demzufolge über eine mögliche Teilnahme am Delikt bestehen. Ein Compliance-Pflichtiger, der eine bevorstehende Bestechungshandlung eines Mitarbeiters nicht verhindert, könnte sich somit wegen Beihilfe durch Unterlassen strafbar machen. Die erste Ansicht ist hier vorzuziehen. Eine Beschränkung der Strafbarkeit ausschließlich auf Erfolgsdelikte ist insb. auch aufgrund des Wortlauts nicht zwingend erforderlich, als Erfolg kann vielmehr all das gesehen werden, worauf sich eine qualifizierte spezifische Vermeidungspflicht beziehen kann; neben Enderfolgen können dies auch tatbestandsrelevante Ereignisse sein.[1147] Zudem spricht auch die Versuchsstrafbarkeit des Unterlassungsdelikts für die Aufnahme von Tätigkeitsdelikten: Bei Vorliegen eines Versuchs gehört

---

1142 Vgl. auch *Bürkle*, CCZ 2010, 4, 5.

1143 Vgl. MüKoStGB/*Freund*, § 13 Rn. 227 ff.; Schönke/Schröder/*Bosch*, StGB, § 13 Rn. 3.

1144 Vgl. BayObLG, JR 1979, 289, 291; OLG Stuttgart, NuR 1987, 281.

1145 *Schneider/Gottschaldt*, ZIS 2011, 573, 575.

1146 Vgl. LK-StGB/*Jescheck*, § 13 Rn. 2.

1147 MüKoStGB/*Freund*, § 13 Rn. 233, der als Beispiel für einen entscheidenden Zwischenerfolg die Täuschung des Opfers beim Betrug nennt, ohne die der Unrechtsgehalt des Betrugs nicht zu verwirklichen ist.

der eingetretene Erfolg auch bei klassischen Erfolgsdelikten nicht zum Tatbestand, der Versuch ist somit dem Grunde nach ebenfalls ein Tätigkeitsdelikt und unterfällt der Unterlassenstrafbarkeit.[1148]

3. Aufgaben des Compliance-Pflichtigen als Garant

Die Aufgaben des Compliance-Pflichtigen richten sich nach dessen beschriebenem Aufgabenspektrum.[1149] Wird die Compliance-Pflicht an den Compliance-Beauftragten delegiert oder übernimmt dieser die daraus resultierenden Pflichten auf einer freiwilligen vertraglichen Basis, muss das Aufgabengebiet ausreichend beschrieben sein, damit der Compliance-Beauftragte ausdrücklich weiß, welche Aufgaben von seinen Pflichten umfasst sind. Zusätzlich zu beachten und i.E. entscheidend sind die in der Praxis tatsächlich übernommenen Aufgaben.[1150] Darüber hinaus lässt sich der Inhalt der Garantenpflicht nicht allgemeingültig bestimmen. In der Praxis sind vielmehr u.a. Art, Größe und Organisation des Vereins ausschlaggeben für die Umschreibung des konkreten Aufgabenbereichs; ebenfalls spielen die zu beachtenden Vorschriften oder Verdachtsfällen aus der Vergangenheit eine Rolle.[1151] Was genau von der Verhinderungspflicht des Compliance-Beauftragten umfasst ist, muss somit im Einzelfall bestimmt werden. Eine allgemeine Abwehrpflicht sämtlicher Schäden, die den Verein treffen können, kann nicht angenommen werden. Dem Compliance-Beauftragten wird es rein praktisch nicht möglich sein, jeden denkbaren Gesetzesverstoß im Verein zu verhindern. Durch die Errichtung eines Compliance-Systems kann lediglich dazu beigetragen werden, das Risiko kriminellen Verhaltens deutlich zu reduzieren. Daher besteht grds. nur eine begrenzte Garantenpflicht.[1152] Ebenfalls muss es dem Compliance-Beauftragten stets zumutbar[1153] und möglich sein, die entsprechenden Rechtsverstöße zu unterbinden.[1154] Unmöglich wird es dem Compliance-Beauftragten sein, seinen Aufgaben nachzukommen, wenn die Geschäftsleitung ihn nicht adäquat unterstützt. Fehlen bspw. Ressourcen sowohl

---

1148 MüKoStGB/*Freund*, § 13 Rn. 234.

1149 Wurde der Compliance-Verantwortliche aufgrund einer Ressortverteilung bestimmt, ergeben sich seine Aufgaben aus dem Ressortverteilungsplan; wurde ein Compliance-Beauftragter eingesetzt, sind die Angaben im Arbeitsvertrag entscheidend.

1150 BGH NJW 2009, 3173, 3174 (Rn. 25).

1151 LG München I, NZWiSt 2014, 183, 187; vgl. auch *Dann/Mengel*, NJW 2010, 3265.

1152 Vgl. *Bürkle*, CCZ 2010, 4, 6.

1153 Vgl. zur Zumutbarkeit auch BGHSt 54, 44 = NJW 2009, 3173, 3175 (Rn. 31).

1154 Vgl. *Bürkle*, CCZ 2010, 4, 7.

personeller als auch sachlicher Art,[1155] um ein angemessenes Compliance-System zu errichten, und wird diesem Umstand trotz erfolgtem Hinweis von der Geschäftsführung nicht abgeholfen, entfallen Verstöße, die auf diesem Umstand beruhen, nicht dem Verantwortungsbereich des Compliance-Beauftragten.[1156]

Die Pflichten des Compliance-Beauftragten können insb. eine Informationspflicht beinhalten. Darüber hinaus kommen auch eine Abhilfe- und Anzeigepflicht in Betracht.

Grds. ist der Compliance-Beauftragte verpflichtet, jede „physisch reale Möglichkeit“ zur Rettung des bedrohten Rechtsguts zu ergreifen.[1157] Was genau diese „Möglichkeit“ beinhaltet, ergibt sich aus dem zugrundeliegenden Arbeitsvertrag.[1158] Dieser beinhaltet die Pflichten des Compliance-Beauftragten und begrenzt somit auch den Umfang der Garantenpflicht.[1159] Ist die Compliance-Pflicht auf eine reine Informationspflicht gegenüber dem Vorstand begrenzt, tritt Strafffreiheit ein, sobald der Compliance-Beauftragte dieser Pflicht nachkommt.[1160] Die Handlungspflicht des Compliance-Beauftragten erstreckt sich dann darauf, den Vorstand über bevorstehende oder bereits erfolgte Straftaten zu informieren.[1161] Besteht der Verdacht, dass Mitglieder des Vorstandes einer möglichen Straftat entweder nicht nachgehen oder selbst der Straftat verdächtigt sind,[1162] hat sich der Compliance-Beauftragte an das nächsthöhere Aufsichtsorgan zu wenden.[1163] Im Sportverein ist das höchste Vereinsorgan die Mitgliederversammlung.[1164] Ihre Aufgabe ist die Beaufsichtigung der Vereinsorgane,[1165] somit auch des Vorstands.[1166] Besteht eine Regelung, nach der der

---

1155 Vgl. *Hauschka*, AG 2004, 461, 466; *Kiethe*, GmbHR 2007, 393, 399.

1156 *Bürkle*, CCZ 2010, 4, 7.

1157 Bürkle/Hauschka/*Wessing/Dann*, Der Compliance Officer, § 9 Rn. 97; BGHSt 47, 318, 320 = NJW 2002, 2480, 2481.

1158 *Schneider/Gottschaldt*, ZIS 2011, 573, 576.

1159 *Rübenstahl*, NZG 2009, 1341, 1343.

1160 Bürkle/Hauschka/*Wessing/Dann*, Der Compliance Officer, § 9 Rn. 97; *Rübenstahl*, NZG 2009, 1341, 1342. Siehe zur Ausnahmekonstellation, dass ein Vorstandsmitglied einer Straftat verdächtig ist, Kapitel F, I, 1, c.

1161 *Lösler*, WM 2008, 1098, 1104; *Rönnau/Schneider*, ZIP 2010, 53, 60; *Hoffmann/Schieffer*, NZG 2017, 401, 405.

1162 *Rübenstahl*, NZG 2009, 1341, 1343.

1163 Siehe schon Kapitel E, I, 1, c.

1164 *Stöber/Otto*, Handbuch zum Vereinsrecht, Rn. 629.

1165 Vgl. *Stöber/Otto*, Handbuch zum Vereinsrecht, Rn. 630.

1166 Besteht ein Aufsichtsrat, kann sich der Compliance-Beauftragte auch an ihn wenden.

Compliance-Beauftragte direkt gegen den betreffenden Mitarbeiter vorzugehen hat, muss er dieser Verpflichtung auch nachkommen. Handelt es sich bei dem Täter um einen Mitarbeiter des Sportvereins, der sich bspw. bei der Vergabe von Übertragungsrechten hat bestechen lassen, hat der Compliance-Beauftragte entsprechend der konkreten Umstände entweder eine Abmahnung oder eine Kündigung auszusprechen.[1167] Eine umfassende Abhilfepflicht kommt jedoch nur in Betracht, wenn dem Compliance-Beauftragten eine Weisungsbefugnis und Sanktionsmöglichkeit gegenüber den Mitarbeitern zusteht. Regelmäßig wird der Compliance-Beauftragte jedoch nicht über ein solches Direktionsrecht verfügen.[1168]

Eine allgemeine Pflicht, die aufgedeckte Straftat den Strafverfolgungsbehörden zu melden, besteht (außerhalb des § 138 StGB) nicht.[1169] Gleichwohl schließt dies nicht ein entsprechendes Informationsrecht aus.[1170] Die Möglichkeiten des externen Whistleblowings[1171] sind jedoch begrenzt: Grds. besitzen arbeitsrechtliche Vorgaben Vorrang,[1172] sodass zuerst sämtliche bestehenden Mittel zur internen Lösung ausgeschöpft werden müssen.[1173] Zudem ist dem Geheimhaltungsinteresse des Vereins Vorrang zu gewähren, wenn eine Straftat bereits abgegolten ist und keine Gefahr der Wiederholung besteht; liegt hingegen weiterhin das rechtswidrige Verhalten innerhalb des Vereins vor und hilft der Vorstand diesem nicht ab, obwohl der Compliance-Beauftragte ihn informiert hat, kann eine Anzeige an die Behörden gestattet sein.[1174] Zudem hat das BAG[1175] zwei weitere Ausnahmekonstellationen anerkannt: Ein externes Whistleblowing ist

---

1167 Die Bestechlichkeit kann zu einer außerordentlichen Kündigung ohne vorherige Abmahnung führen, vgl. BAG NZA 2006, 101.

1168 Vgl. *Rübenstahl*, NZG 2009, 1341, 1342; Hauschka/Moosmayer/Lösler/*Bürkle*, Corporate Compliance, § 36 Rn. 38; *Kraft/Winkler*, CCZ 2009, 29, 32.

1169 Bürkle/Hauschka/*Wessing/Dann*, Der Compliance Officer, § 9 Rn. 98; *Bürkle*, CCZ 2010, 4, 10; *Rönnau/Schneider*, ZIP 2010, 53, 60; a.A. *Barton*, jurisPR-StrafR 23/2009 (bei schwerwiegenden Schäden, die dem Unternehmen oder Dritten durch die Straftat drohen).

1170 *Bürkle*, CCZ 2010, 4, 11; *Lösler*, WM 2007, 676, 678; zu den verfassungsrechtlichen Aspekten vgl. BVerfG NJW 2001, 3474 ff.

1171 Siehe hierzu auch schon Kapitel E, V, 2, b, cc, (4), (a).

1172 Vgl. BAG NJW 2007, 2204; BAG BeckRS 2013, 68175; LAG Berlin, DB 1961, 576; *Herbert/Oberrath*, NZA 2005, 193, 196 f.

1173 BAG NZA 2004, 427 ff.; *Bürkle*, CCZ 2010, 4, 11; *Illing/Umnuß*, CCZ 2009, 1, 5; *Herbert/Oberrath*, NZA 2005, 193, 197; *Gach/Rützel*, BB 1997, 1959, 1961 f.

1174 Bürkle/Hauschka/*Wessing/Dann*, Der Compliance Officer, § 9 Rn. 99.

1175 BAGE 107, 36 = NZA 2004, 427, 430.

auch dann statthaft, wenn sich der Compliance-Beauftragte ansonsten selbst der Gefahr der Strafverfolgung aussetzen würde[1176] oder die Geschäftsführung in die Straftat involviert ist, entweder in die Begehung oder die Verdeckung der Tat.[1177] Erfährt der Compliance-Beauftragte bspw. von einem vorgenommenen Sportwettbetrug in großem Ausmaß durch einen Berufssportler oder einem besonders schweren Fall der Bestechlichkeit im geschäftlichen Verkehr durch einen Vereinsmitarbeiter, unternimmt jedoch nichts hiergegen, obwohl er hierzu verpflichtet und ihm dies möglich ist, macht er sich selbst des besonders schweren Falls des Wettbetrugs durch Unterlassen nach §§ 265c, 265e, 13 StGB bzw. des besonders schweren Falls der Bestechlichkeit im geschäftlichen Verkehr durch Unterlassen nach §§ 299, 300, 13 StGB schuldig. In einem solchen Fall kann sich der Compliance-Beauftragte an die Strafverfolgungsbehörden wenden, um einer möglichen Strafverfolgung zuvorzukommen. Die Kronzeugenregelung des § 46b StGB (i.V.m. §§ 100a Abs. 2 Nr. 1p StPO bzw. § 100a Abs. 2 Nr. 1t StPO) bietet ihm die Möglichkeit, seine eigene Strafe zu reduzieren oder, wenn keine Freiheitsstrafe von über drei Jahren im Raum steht, straffrei auszugehen.

4. Kausalität und Vorsatz

Bei der Frage nach der Strafbarkeit der für Compliance verantwortlichen Personen muss stets geprüft werden, ob deren Nichteinschreiten kausal für den Eintritt des Taterfolgs war, mithin das zu erwartende Handeln tatsächlich mit an Sicherheit grenzender Wahrscheinlichkeit zur Abwendung der Tat geführt hätte. Dabei ist zu unterscheiden: Besteht die Pflicht des Compliance-Pflichtigen lediglich in der Informationsweitergabe an den Vorstand, ist zu prognostizieren, wie sich dieser verhalten hätte bzw. ob die Möglichkeit bestünde, dass die Straftat noch hätte verhindert werden können.[1178] Diese Prognose muss anhand von Indizien vorgenommen werden, welche mit an Sicherheit grenzender Wahrscheinlichkeit belegen, ob oder ob nicht ein entsprechendes Handeln des Vorstandes erfolgt wäre.

In subjektiver Hinsicht muss unterschieden werden, ob es sich bei der Straftat des Mitarbeiters um ein reines Vorsatzdelikt handelt oder ob auch eine fahrlässige Begehungsweise möglich ist. Liegt z.B. ein Fall der Bestechung, § 299

1176 Vgl. auch *Herbert/Oberrath*, NZA 2005, 193, 198; *Wisskirchen/Jordan/Bissels*, DB 2005, 2190, 2193.

1177 Vgl. auch *Bürkle*, DB 2004, 2158, 2159; *Kort*, in: FS Kreutz, 247, 254 ff.; *Wisskirchen/Jordan/Bissels*, DB 2005, 2190, 2193.

1178 Bürkle/Hauschka/*Wessing/Dann*, Der Compliance Officer, § 9 Rn. 100.

StGB, oder eines Sportwettbetrugs, § 265c StGB, vor, muss dem Compliance-Pflichtigen zumindest Eventualvorsatz nachgewiesen werden, d.h. dass die Tat des Mitarbeiters als möglich und nicht zu fernliegend erkannt und sich hiermit abgefunden wurde. Handelt der Compliance-Pflichtige bspw. nicht, obwohl er Kenntnis über ein Fehlverhalten und eine drohende Wiederholungsgefahr besitzt, kann Vorsatz angekommen werden.[1179] Anders sieht es bspw. bei der Verabreichung von Dopingmitteln durch einen Vereinsarzt aus: Hier ist auch die fahrlässige Begehungsweise sanktioniert, § 4 Abs. 6 AntiDopG, sodass es ausreicht, dem Compliance-Pflichtigen eine Verletzung seiner Sorgfaltspflicht und die Vorhersehbarkeit des Tateintritts nachzuweisen, was sich in der Praxis als deutlich einfacher herausstellen wird.

II. Zivilrechtliche Haftung

Neben einer strafrechtlichen Verantwortlichkeit der für Compliance verantwortlichen Personen kann auch eine zivilrechtliche Haftung bestehen. Die Möglichkeit einer solchen Haftung wird im Folgenden (sowohl nach außen als auch gegenüber dem Verein) geprüft. Zudem wird der Frage nachgegangen, ob auch, im Fall einer Delegation der Compliance-Pflicht, die ursprünglich Verantwortlichen als Haftungsgegner in Betracht kommen. Darüber hinaus wird eine zivilrechtliche Haftung des Sportvereins untersucht.

1. Schadenersatzpflicht des Compliance-Pflichtigen wegen mangelhafter Compliance-Organisation

Kommen die für Compliance verantwortlichen Personen ihrer Compliance-Pflicht, unabhängig ob originäre oder abgeleitete, nicht oder lediglich mangelhaft nach, indem sie es bspw. unterlassen haben, erforderliche Maßnahmen zu implementieren, obwohl hierzu die Pflicht bestand, oder ihre Kenntnis über eine bevorstehende Straftat nicht an den Vorstand weitergeleitet haben, stellt sich die Frage nach einer persönlichen Haftung. Hierbei muss unterschieden werden zwischen einer Haftung im Außenverhältnis gegenüber Dritten und einer Haftung im Innenverhältnis, also gegenüber dem Verein.

1179 *Thomas*, CCZ 2009, 239, 240; *Dann/Mengel*, NJW 2010, 3265, 3268.

a. *Haftung im Außenverhältnis*

Die Compliance-Pflicht des Vorstands besteht als solche nur gegenüber dem Verein, nicht hingegen gegenüber Dritten.[1180] Somit kann es nur in Ausnahmefällen zur Außenhaftung der für Compliance verantwortlichen Personen kommen.

Eine solche Haftung kann grds. dann angenommen werden, wenn der Compliance-Pflichtige durch eine eigene Handlung oder ein Unterlassen einen Schaden hervorgerufen hat. Aktiv werden regelmäßig keine korruptiven Verhaltensweisen vorgenommen. In Betracht kommt somit das Unterlassen einer erforderlichen Handlung, zu deren Ausführung eine Verpflichtung bestand. Wie bereits festgestellt kommt der für Compliance verantwortlichen Person eine Pflicht dahingehend zu, erforderliche Maßnahmen im Verein zu implementieren, die einem Aufkommen von Straftaten aus dem Verein heraus entgegentreten. Gehört der Compliance-Pflichtige dem Vorstand an, leitet sich seine Garantenstellung aus der strafrechtlichen Geschäftsherrenhaftung ab, bei einer vertraglich übernommenen Compliance-Stellung hat der BGH in einem obiter dictum die Garantestellung festgestellt.[1181] Beide Herangehensweisen werden in der Literatur kritisch bewertet, gleichwohl sollten sich mögliche Haftungsrisiken der für Compliance verantwortlichen Personen an der höchstrichterlichen Rechtsprechung orientieren.

Eine Haftung des Compliance-Pflichtigen gegenüber vereinsexternen Dritten kann sich aus § 823 Abs. 2 BGB i.V.m. mit einem Schutzgesetz ergeben. Voraussetzung hierfür ist die Einordnung der Strafnorm als Schutzgesetz. Ein Schutzgesetz zeichnet sich dadurch aus, dass die entsprechende Norm den Schutz eines anderen bezweckt; dient die Norm lediglich dem Schutz der Allgemeinheit, liegt kein Schutzgesetz i.S.d § 823 Abs. 2 BGB vor.[1182] Zudem muss die Schutznorm gerade auch dem Schutz der betroffenen Person dienen.[1183] Schließlich ist entscheidend, dass sich gerade das Risiko verwirklicht hat, vor dem die Norm schützen will.[1184]

In Betracht kommen vorliegend folgende Konstellationen, die sich daraus ergeben können, dass der Compliance-Pflichtige seiner Pflicht zur Errichtung erforderlicher Maßnahmen nicht nachgekommen ist.

1180 Hauschka/Moosmayer/Lösler/*Brouwer*, Corporate Compliance, § 59 Rn. 62; Soergel/*Hadding*, BGB § 27 Rn. 23.

1181 Siehe zur Herleitung bereits Kapitel F, I, 1, a und c.

1182 BeckOGK/*Spindler*, BGB, § 823 Rn. 263.

1183 Vgl. BGHZ 84, 312, 314 = NJW 1982, 2780; BGHZ 1962, 186, 188 = NJW 1974, 987.

1184 Vgl. BGHZ 105, 121, 129 = NJW 1988, 2794; BGHZ 29, 100, 104 f. = NJW 1959, 623.

Beispiel 1: Durch eine fehlende Aufsicht und Kontrolle kommt es zur Dopingeinnahme und anschließender Teilnahme an einem sportlichen Wettbewerb eines Berufssportlers. Nur durch die Leistungssteigerung gewinnt der gedopte Sportler den Wettkampf. Der Zweitplatzierte verpasst das Preisgeld und macht diesen Schaden gegenüber dem Compliance-Pflichtigen geltend.[1185]

Die Tat des Sportlers fällt unter das AntiDopG, genau unter § 4 Abs. 1 Nr. 5 (i.V.m. § 3 Abs. 2) AntiDopG. Um eine Haftung des Compliance-Pflichtigen feststellen zu können, muss es sich bei der Norm des AntiDopG um ein Schutzgesetz handeln. Zur richtigen Einordnung wird noch einmal der Zweck des AntiDopG herangezogen. § 1 AntiDopG schreibt vor, dass neben der Gesundheit der Sportler auch die Fairness und Chancengleichheit bei Sportwettbewerben geschützt werden sollen. Ohne dass dies ausdrücklich in § 1 AntiDopG aufgenommen ist, wird neben dem sportlichen ebenfalls der wirtschaftliche Wettbewerb geschützt.[1186] Die Gesetzesbegründung zum AntiDopG nennt hierbei insb. Preisgelder und Sponsorengelder als wichtige wirtschaftliche Faktoren der Sportler. Durch den Sieg eines gedopten Sportlers entgeht dem nicht gedopten, ehrlichen Konkurrenten nicht nur das Preisgeld, sondern oftmals auch die Möglichkeit auf lukrative Sponsorenverträge.[1187] Der Schutz des § 4 Abs. 1 AntiDopG dient somit – zumindest auch – dem Vermögen der sportlichen Konkurrenz. Im Vergleich zu § 823 Abs. 1 BGB stellt das Vermögen in § 823 Abs. 2 BGB ein schützenswertes Rechtsgut dar,[1188] sodass § 4 Abs. 1 AntiDopG als Schutzgesetz angesehen werden kann.

Beispiel 2: Aufgrund fehlender Regularien werden Spielmanipulationen durch Sportler an einem berufssportlichen Wettbewerb vorgenommen. Die manipulierende Mannschaft gewinnt den Wettkampf. Spieler der unterlegenen, ehrlich spielenden Mannschaft machen als Schaden das entgangene Preisgeld geltend.

Die Manipulation von berufssportlichen Wettbewerben ist in § 265d StGB sanktioniert. Voraussetzung einer Haftung nach § 823 Abs. 2 BGB ist die Einordnung von § 265d StGB als Schutzgesetz. Hierfür wird wieder der Zweck

---

1185 Eine Haftung des Sportlers wird in diesem Rahmen nicht geprüft, kommt natürlich gleichwohl in Betracht, vgl. hierzu *Meier*, SpuRt 2016, 182 ff., 250 ff.

1186 Vgl. hierzu die Gesetzesbegründung zum AntiDopG, BT-Drs. 18/4898, S. 22.

1187 Vgl. zum Anspruch auf Schadenersatz aufgrund eines entgangenen lukrativen Werbevertrags *Pfister*, in: FS Gitter, 731, 743 (Fn. 54).

1188 BeckOGK/*Spindler*, BGB, § 823 Rn. 265.

der Norm herangezogen. § 265d StGB wurde eingeführt, um die Integrität und Glaubwürdigkeit des Sports zu schützen. Darüber hinaus wird, insb. durch die Begrenzung auf berufssportliche Wettbewerbe, deutlich, dass eine Manipulation ebenfalls erhebliche finanzielle Auswirkungen auf die teilnehmenden Sportler haben kann. Geschützt werden sollen somit auch die wirtschaftlichen Interessen (das Vermögen) der Berufssportler.[1189] § 265d StGB stellt somit ebenfalls eine Schutznorm i.S.d. § 823 Abs. 2 BGB dar.[1190]

Beispiel 3: Entscheidungsträger eines Sportverbands vergeben die Austragungsrechte an einem sportlichen Wettkampf als Gegenleistung für eine Bestechungszahlung. Ein weiterer Interessent an den Rechten, der das Nachsehen hat, macht seinen Schaden gegenüber dem Compliance-Pflichtigen geltend.

Als Strafnorm des Entscheidungsträgers kommt § 299 StGB in Betracht. Um als Schutznorm i.S.v. § 823 Abs. 2 BGB zu gelten, muss das Vermögen der Mitbewerber von § 299 StGB geschützt sein. Der Gesetzeszweck von § 299 StGB umfasst neben dem Schutz des Wettbewerbs zumindest mittelbar auch die Vermögensinteressen der Mitbewerber.[1191] Auch § 299 StGB stellt somit ein Schutzgesetz i.S.d. § 823 Abs. 2 BGB dar.[1192]

Unter der Annahme, dass Compliance-Pflichtige eine strafrechtliche Garantenstellung innehaben, kann somit ein Haftungsanspruch gegen sie bestehen. Entscheidend wird hier die Frage der Kausalität sein, also ob der Schaden entfallen wäre, hätte der Compliance-Pflichtige erforderliche Maßnahmen zur Verhinderung der Straftat unternommen. Auch die Schuldfrage darf nicht unbeantwortet bleiben. Bei einer Haftung gegenüber Dritten ist zudem darauf zu achten, dass die Haftungsbegrenzung des § 31a BGB für ehrenamtlich Tätige nicht einschlägig ist, § 31a Abs. 1 S. 1 BGB. Hier besteht lediglich die Möglichkeit eines

---

1189 Vgl. hierzu die Gesetzesbegründung zu § 265d StGB, BT-Drs. 18/8831, S. 20.

1190 § 265c StGB kann ebenfalls ein Schutzgesetz i.S.v. § 823 Abs. 2 BGB darstellen. Geschützt werden neben der Integrität des Sports auch das Vermögen von Wettanbietern sowie das Vermögen von in sonstiger Weise durch die Manipulation sportlicher Wettbewerbe Betroffenen, BT-Drs. 18/8831, S. 15.

1191 Momsen/*Grützner/Behr*, Wirtschafts- und Steuerstrafrecht, Kapitel 9, B, Rn. 494; LK/*Tiedemann*, StGB, § 299 Rn. 1; *Fischer*, StGB, § 299 Rn. 2; BeckOK/*Momsen/Laudien*, StGB, § 299 Rn. 5; Schönke/Schröder/*Eisele*, StGB, § 299 Rn. 3; Kindhäuser/Neumann/Paeffgen/*Dannecker*, StGB, § 299 Rn. 19.

1192 Vgl. OLG Zweibrücken BeckRS 2009, 10754; OLG Frankfurt BeckRS 2011, 08475; MüKoBGB/*Wagner*, § 823 Rn. 525; Staudinger/*Hager*, BGB, § 823 Rn. G 42.

Freistellungsanspruchs gegen den Verein gem. § 31a Abs. 2 BGB, jedoch nur bei fahrlässig verursachten Schäden.

Regelmäßig wird der Geschädigte zusätzlich[1193] auch die Person in Anspruch nehmen, die aktiv gehandelt hat, in den Beispielsfällen 1 und 2 den entsprechenden Sportler, in Beispielsfall 3 den Entscheidungsträger. Es stellt sich somit die Frage, inwieweit beide als Gesamtschuldner nebeneinanderstehen. Die Gesamtschuldnerschaft richtet sich nach §§ 840, 421, 426 BGB. § 840 Abs. 1 BGB schreibt dabei vor, dass Personen, die nebeneinander für einen Schaden aus einer unerlaubten Handlung verantwortlich sind, als Nebentäter zueinanderstehen.[1194] §§ 421, 426 BGB hingegen regeln das Verhältnis des Mitverschuldens der Nebentäter zueinander. Hier ist dann im Einzelfall eine Entscheidung zu treffen, in welchem Verhältnis die Haftungsquote zwischen dem Unterlassen und der aktiven Handlung zu treffen ist.[1195]

Eine weitergehende Haftung gegenüber Dritten kommt im Bereich der korruptiven Straftaten nicht in Betracht. Dies wäre bspw. der Fall bei einer Verletzung von Verkehrssicherungspflichten und der Verletzung von steuerlichen Auskunfts-, Aufzeichnungs- und Erklärungspflichten.[1196] Rechtsgrundlage wäre im Fall einer unerlaubten Handlung § 823 BGB.

b. Haftung im Innenverhältnis

Wie bereits festgestellt besteht die Pflicht zur Compliance als solche nur gegenüber dem Verein.[1197] Kommt der Compliance-Pflichtige dieser Pflicht nicht nach, kann ihn der Verein unter bestimmten Voraussetzungen in Regress nehmen. Anspruchsgrundlage für eine entsprechende Haftung sind §§ 280 Abs. 1, 664 ff., 27 Abs. 3 S. 1 BGB.[1198]

1193 In der Praxis wird sich der Geschädigte eher sogar ausschließlich an die Person wenden, die aktiv gehandelt hat, und diese in Anspruch nehmen, da er von der Existenz eines Compliance-Pflichtigen nichts wissen mag.

1194 Palandt/*Sprau*, BGB, § 840 Rn. 2.

1195 Vgl. hinsichtlich des Haftungsverhältnisses zwischen Unterlassen und aktivem Tun bspw. BGHZ 73, 191 = NJW 1979, 973.

1196 *Cherkeh*, npoR 2014, 101, 103; *Ehlers*, NJW 2011, 2689, 2690 m.w.N. zur Rechtsprechung.

1197 Hauschka/Moosmayer/Lösler/*Brouwer*, Corporate Compliance, § 59 Rn. 62.

1198 Vgl. *Brouwer*, NZG 2017, 481, 485; BGH NJW-RR 1988, 745, 746; Hauschka/Moosmayer/Lösler/*Brouwer*, Corporate Compliance, § 59 Rn. 46 (Fn. 83) m.w.N. Besteht zwischen dem Vorstandsmitglied und dem Verein ein Anstellungsvertrag, kann sich

aa. Pflichtverletzung

Als Pflichtverletzung kann hier eine Verletzung der Pflicht zur Geschäftsführung in Betracht kommen.[1199] Zur Geschäftsführung gehört auch die Förderung des Vereinszwecks.[1200] Wie bereits festgestellt erfordert diese Förderung die Vornahme von Compliance-Maßnahmen.[1201] Übt der Compliance-Pflichtige diese Pflicht nicht oder fehlerhaft aus,[1202] liegt hierin eine Verletzung seiner (vertraglichen) Pflichten.[1203] Unproblematisch ist hierbei der Fall zu bewerten, in dem ein Compliance-Beauftragter vertraglich dazu verpflichtet ist, aufgedeckte Rechtsverstöße an den Vorstand zu berichten und er dieser Pflicht nicht nachkommt. Fraglich ist hingegen, wie sich der Verhaltensmaßstab des Compliance-Beauftragten bestimmt, um von einer fehlerhaften Ausübung der Vertragspflicht sprechen zu können. Grds. kann von einer Schlechtleistung gesprochen werden, wenn der Verpflichtete gegen vertragliche Vereinbarungen verstößt.[1204] Hierfür wäre es jedoch erforderlich, dass bereits im Vertrag eindeutige Regelungen hinsichtlich der zu errichteten Compliance-Maßnahmen aufgenommen wurden. Solche Vorgaben können dann vorliegen, wenn der Compliance-Beauftragte die Arbeit eines Vorgängers übernimmt, der bereits eine umfassende Analyse der bestehenden Risiken vorgenommen hat, an der sich die erforderlichen Maßnahmen bestimmen ließen. Wird hingegen erstmalig eine Compliance-Abteilung eingerichtet, gehört es zu den Aufgaben des Compliance-Beauftragten, eine erste Risikoanalyse vorzunehmen. Eine konkrete Bestimmung der Arbeitsleistung im Vertrag wird dann nicht vorliegen, sodass sich der Inhalt des Leistungsversprechens „nach dem persönlichen, subjektiven Leistungsvermögen“[1205] des Compliance-Beauftragten richtet. Dieser muss somit, entsprechend seiner Leistungsfähigkeit,[1206] die richtigen Konsequenzen aus den aufgedeckten Risiken

---

die Anspruchsgrundlage auch aus §§ 280 i.V.m. 611 BGB ergeben, vgl. *Küpperfahrenberg*, Haftungsbeschränkungen für Verein und Vorstand, S. 198.

1199 Vgl. hierzu auch LG Kaiserslautern, SpuRt 2006, 79.

1200 Soergel/*Hadding*, BGB, § 26 Rn. 10.

1201 Siehe Kapitel E, II, 2.

1202 Vgl. zu den Pflichtverletzungen des Vorstands einer Kapitalgesellschaft bei Entscheidungen im Zusammenhang mit der Compliance-Risikoanalyse *Balke/Klein*, ZIP 2017, 2038, 2043 ff.

1203 Hauschka/Moosmayer/Lösler/*Brouwer*, Corporate Compliance, § 59 Rn. 46.

1204 BAGE 109, 87 = NJW 2004, 2545, 2546.

1205 BAGE 109, 87 = NJW 2004, 2545, 2546.

1206 Es ist daher wichtig, dass der Vorstand bei der Auswahl des Compliance-Beauftragten besondere Vorsicht walten lässt, siehe auch Kapitel F, II, 2, b.

ziehen. Hierbei kann verlangt werden, dass er die Maßnahmen anhand einer sorgfältigen Ermittlung und Auswertung der Untersuchungen bestimmt.[1207]

Kam es in einem Sportverein bspw. zu einer Reihe von manipulierten Wettkämpfen, stellt sich die Frage nach den erforderlichen und zu ergreifenden Maßnahmen. Wie bereits aufgezeigt, zählen hierzu z.B. ergänzende Regelungen in Vertragsregelwerken und eine umfassende Aufklärung.[1208] Insb. bei groß angelegten Manipulationssystemen können solche Maßnahmen jedoch nicht ausreichend sein. Hier wäre es erforderlich herauszufinden, ob etwa ein Zusammenhang zwischen den Wettkämpfen mit hierauf abgegebenen Wetten besteht. Kann so eine Verbindung festgestellt werden, sollte über die Errichtung entsprechender Überwachungsmöglichkeiten nachgedacht werden. So wurden bspw. als Konsequenz aus dem Hoyzer-Skandal in Zusammenarbeit von DFB und dem Unternehmen Sportradar ein Früherkennungssystem entwickelt, welches den Bereich der Onlinewetten vor und während eines sportlichen Wettkampfs hinsichtlich des Verlaufs der Wettquoten kontrolliert und jegliche Veränderungen und Abweichungen von der ursprünglich errechneten Quote notiert.[1209] So kann ein Sportverein den Verlauf eines Wettkampfs auf mögliche Manipulationen überwachen lassen. Ob die Nichtvornahme einer Überwachungsmaßnahme eine Schlechtleistung darstellt, muss anhand der ermittelten Risiken im Einzelfall entschieden werden.

Ist eine Pflichtverletzung des Compliance-Pflichtigen festgestellt worden, stellt sich die Frage, inwieweit die Haftungsbefreiung des § 93 Abs. 1 S. 2 AktG durch analoge Anwendung auch auf ihn übertragen werden kann. Die Business Judgment Rule (BJR) aus § 93 Abs. 1 S. 2 AktG lässt eine Pflichtverletzung (und damit i.E. eine Haftung) entfallen, wenn das Vorstandsmitglied bei einer unternehmerischen Entscheidung vernünftigerweise annehmen durfte, auf der Grundlage angemessener Informationen zum Wohle der Gesellschaft zu handeln.[1210] Der Verein hätte in der Folge keine Möglichkeit, die für Compliance verantwortliche Person in Regress zu nehmen.

1207 So hat es der BGH im Rahmen der Haftung eines GmbH-Geschäftsführers festgestellt, vgl. BGH NJW 2008, 3361, 3362.

1208 Siehe hierzu ausführlich Kapitel E, V, 2, b.

1209 Siehe schon Kapitel E, V, 2, b, cc, (2).

1210 Vgl. zur Anwendung der Business Judgment Rule auf Entscheidungen über die Ausrichtung eines CMS in der Kapitalgesellschaft *Balke/Klein*, ZIP 2017, 2038, 2043.

(1) Anwendbarkeit der Business Judgment Rule auf den Verein

Zur Prüfung der analogen Anwendbarkeit der Haftungsbefreiung der BJR auch auf die Mitglieder des Vereinsvorstands kann die Regierungsbegründung[1211] zum Gesetz zur Unternehmensintegrität und Modernisierung des Anfechtungsrechts (UMAG)[1212] herangezogen werden. Durch das UMAG wurde die BJR im Aktiengesetz implementiert.[1213] Der Gesetzgeber beschränkt dabei den Grundgedanken eines Geschäftsleiterermessens im Bereich unternehmerischer Entscheidungen nicht allein auf die Aktiengesellschaft; auch ohne positivrechtliche Regelung finde sich dieser in allen Formen unternehmerischer Betätigung.[1214] Werden in einem Verein unternehmerische Entscheidungen getroffen, können diese – laut Gesetzeszweck – unter die BJR fallen. Insb. unter praktischen Gesichtspunkten durch die Möglichkeit des Nebenzweckprivilegs kann ein solches Ermessen im Verein durchaus von Bedeutung sein.

Für eine Übertragung spricht ferner die Vergleichbarkeit des Haftungsmaßstabs bei unternehmerischen Entscheidungen im Rahmen der BJR und des Vereinsrechts.[1215] Voraussetzung der Anwendbarkeit der BJR ist das Vorliegen einer unternehmerischen Entscheidung.[1216] Hierbei handelt es sich um Entscheidungen, die zukunftsbezogen sind und demnach eine risikobehaftete Prognose darstellen können.[1217] Auch das Vereinsrecht kennt die Betrachtungsweise der Prognoseentscheidung: Die Anspruchsgrundlage aus §§ 27 Abs. 3, 670 BGB bspw. lässt für den Vorstand einen Anspruch entstehen, wenn er Aufwendungen „den Umständen nach für erforderlich halten darf." Die Entscheidung, ob eine Erforderlichkeit zum Zeitpunkt der Handlung vorlag, wird ebenfalls aus der ex-ante-Sicht getroffen und stellt somit eine Prognoseentscheidung dar.[1218]

1211 BT-Drs. 15/5092.

1212 Gesetz zur Unternehmensintegrität und Modernisierung des Anfechtungsrechts vom 27.09.2005, BGBl. I, 2802.

1213 Die Anwendung der Business Judgment Rule war bereits vor Kodifizierung im deutschen Recht anerkannt, vgl. BHGZ 135, 244 = NJW 1997, 1926 (ARAG/Garmenbeck).

1214 BT-Drs. 15/5092, S. 12.

1215 Vgl. *Heermann*, NJW 2016, 1687, 1689.

1216 Siehe hierzu ausführlicher in Kapitel F, II, 1, b, aa, (3).

1217 Vgl. BT-Drs. 15/5092, S. 11; MüKoAktG/*Spindler*, § 93 Rn. 48 (Fn. 245) m.w.N.

1218 Vgl. BeckOGK/*Riesenhuber*, BGB, § 670 Rn. 40 ff.

Die BJR gilt nach h.M. auch für Organmitglieder von Vereinen.[1219] Wird die BJR im Vereinsrecht hingegen nicht anerkannt, richtet sich der Haftungsmaßstab des Vereinsvorstands nach der Sorgfalt eines ordentlichen und gewissenhaften Vorstandsmitglieds eines Vereins der jeweiligen Art.[1220] Durch die mögliche Haftungserleichterung auch im Vereinsrecht wird oftmals auch der Sorgfaltsmaßstab aus § 27 Abs. 3 BGB zu gleichen Ergebnissen führen wie die Anwendung der BJR.

(2) Anwendbarkeit der Business Judgment Rule auf den Compliance-Beauftragten

Dem Wortlaut nach kann sich lediglich der Vorstand auf die BJR berufen. Übt ein Vorstandsmitglied die Compliance-Pflicht aus, besteht also, bei Vorliegen der entsprechenden Voraussetzungen, die Möglichkeit zur Haftungsbefreiung. Fraglich ist, ob diese grundsätzliche Möglichkeit auch dem Compliance-Beauftragten zukommen kann, der nicht Mitglied des Vorstands ist. Hierfür müsste die BJR des § 93 Abs. 1 S. 2 AktG im Wege einer doppelten Analogie auch auf einen besonderen Vertreter übertragen werden können. Allein der Wortlaut kann hier nicht ausschlaggebend sein. Entscheidend ist vielmehr, welchen handelnden Personen der Gesetzgeber die Möglichkeit zur Haftungserleichterung zukommen lassen wollte. Die Gesetzesbegründung spricht hierbei davon, dass „eine Erfolgshaftung der Organmitglieder gegenüber der Gesellschaft ausscheidet“[1221] und vom „Grundgedanken des Geschäftsleiterermessens.“[1222] Es wird also darauf abgestellt, dass den Personen, welche im Unternehmen die Entscheidungshoheit innehaben, der Vorteil der BJR zugutekommen soll. In der Regel sind diese handelnden Personen Mitglieder des Vorstands. Gleichwohl besteht für den Vereinsvorstand die Möglichkeit, weite Teile seiner Aufgaben zu delegieren. Zu diesen Aufgaben kann, wie bereits festgestellt,[1223] auch die Pflicht zur Compliance gehören. Solange die ausführende Person Leitungsaufgaben ausübt, kann sie auch unter den Anwendungsbereich der BJR fallen.[1224] Bei der

---

1219 Vgl. Krieger/Schneider/*Burgard*, Handbuch Managerhaftung, § 6 Rn. 6.28 (Fn. 7) m.w.N.

1220 BeckOK/*Schöpflin*, BGB, § 27 Rn. 20.

1221 BT-Drs. 15/5092, S. 11.

1222 BT-Drs. 15/5092, S. 12.

1223 Siehe Kapitel E, III.

1224 So bspw. auch festgestellt für den Aufsichtsrat, vgl. *Kling*, DZWir 2005, 45, 46; *Schäfer*, ZIP 2005, 1253, 1258, obgleich sich dessen Anwendbarkeit der BJR (analog) über § 116 AktG herleiten lässt.

Compliance-Pflicht handelt es sich um solch eine Leitungsaufgabe. Hierbei kann es auch nicht entscheidend sein, ob dem Compliance-Beauftragten in Folge der Delegation eine vollumfängliche Befähigung auch zur Ahndung von Verstößen durch Mitarbeiter zukommt oder lediglich eine Pflicht zur Berichterstattung. Bei der Frage nach der Haftung des Compliance-Beauftragten bzw. nach dem Vorliegen einer Pflichtverletzung kommt es hierauf nicht an. Das vorwerfbare Verhalten liegt vielmehr in einer mangelhaften bzw. fehlerhaften Ausführung seiner Pflicht zur Implementierung erforderlicher Maßnahmen. Diese Pflicht trifft den Compliance-Beauftragten in beiden Fällen der Delegation. Im Ergebnis kann der Compliance-Beauftragte bei der Frage nach einer möglichen Ermessensentscheidung nicht anders gestellt werden als das Vorstandsmitglied, welches die originäre Compliance-Pflicht trifft: Käme das Vorstandsmitglied seiner Pflicht nach, könnte es sich auf die BJR berufen. Es wäre unbillig, für den durch Delegation beauftragen Compliance-Beauftragten eine andere Schlussfolgerung zu ziehen.

(3) Voraussetzungen der Business Judgment Rule

Im Folgenden sind daher die einzelnen Voraussetzungen der BJR zu prüfen. Grundlage hierfür ist die Pflichtverletzung der für Compliance verantwortlichen Person, die in einer mangelhaften bzw. fehlerhaften Ausübung seiner Pflicht zur Compliance liegt.

Der Wortlaut des § 93 Abs. 1 S. 2 AktG schreibt vor, dass die BJR nur im Rahmen unternehmerischer Entscheidungen Anwendung findet. Daher ist zuerst zu klären, ob es sich bei der Entscheidung über Compliance-Maßnahmen um solche „unternehmerischen Entscheidungen" i.S.d. Norm handelt. Die Gesetzesbegründung sieht hierin Entscheidungen, die durch ihre Zukunftsbezogenheit durch Prognosen und nicht justiziable Einschätzungen geprägt sind.[1225] Ihnen ist somit stets ein gewisses Risiko immanent.[1226] Umfasst sind dabei nicht nur Entscheidungen, die durch positives Tun erfolgen; auch das Unterlassen einer bestimmten Handlung kann eingeschlossen sein.[1227] Entscheidend ist, dass der Compliance-Pflichtige eine bewusste Entscheidung trifft.[1228] Eine unternehmerische Entscheidung beinhaltet, dass die handelnde Person die Möglichkeit hat, zwischen mehreren (tatsächlich möglichen und rechtlich zulässigen)

1225 BT-Drs. 15/5092, S. 11.
1226 Vgl. MüKoAktG/*Spindler*, § 93 Rn. 48 (Fn. 245) m.w.N.
1227 BT-Drs. 15/5092, S. 11.
1228 BT-Drs. 15/5092, S. 11.

Handlungsvarianten zu entscheiden.[1229] Nicht umfasst sind hingegen gesetzliche, satzungsmäßige oder anstellungsvertragliche Pflichten ohne tatbestandlichen Beurteilungsspielraum.[1230] In Bezug auf Compliance bedeutet dies, dass die Pflicht zur Compliance nicht unter die BJR fällt.[1231] Diese Pflicht ist für das Vorstandsmitglied gesetzlich bzw. für den beauftragten Compliance-Beauftragten arbeitsvertraglich vorgeschrieben. Etwas anderes kann hingegen hinsichtlich der Ausgestaltung der erforderlichen Maßnahmen gelten. Hierfür spricht zum einen die Gesetzesbegründung zum KonTraG. Die Pflicht zur Errichtung eines Frühwarnsystems wird in § 91 Abs. 2 AktG zur organschaftlichen Pflicht erhoben, die konkrete Ausformung jedoch von der Größe, Branche, Struktur und dem Kapitalmarktzugang des Unternehmens abhängig gemacht.[1232] Zum anderen hat das LG München I in seiner „Siemens/Neubürger"-Entscheidungen festgestellt, dass eine Organisationspflicht bestehe, der Umfang sich dabei im jeweiligen Einzelfall nach der Gefährdungslage und der „Art, Größe, und Organisation des Unternehmens, (den) zu beachtenden Vorschriften, (der) geographischen Präsenz wie auch (den) Verdachtsfälle(n) aus der Vergangenheit" richte.[1233] Bei der Ausgestaltung der Compliance-Organisation kann somit ein gewisses Ermessen[1234] angewendet werden. Hierfür spricht auch, dass die Auswahl von bestimmten Compliance-Maßnahmen aus der ex-post-Perspektive genauso schwer zu kontrollieren ist und dieselbe Gefahr von Rückschaufehlern (hindsight bias) besteht wie in anderen Fällen unternehmerischer Entscheidungen.[1235] Die Entscheidung darüber, welche konkret erforderlichen Maßnahmen im Einzelfall erforderlich sind, stellt somit eine unternehmerische Entscheidung dar.[1236]

1229 Vgl. *Schneider*, DB 2005, 707, 711.

1230 BT-Drs. 15/5092, S. 11; vgl. auch MüKoAktG/*Spindler*, § 93 Rn. 52 (Fn. 268) m.w.N.

1231 Ist der Compliance-Beauftragte selbst Täter einer Straftat, indem er sich bspw. bei der Vergabe eines Wettkampfes bestechen lässt, kann er sich im Rahmen einer zivilrechtlichen Haftung nicht auf die Business Judgment Rule berufen. Diese gilt nicht bei Gesetzesverstößen, vgl. *Heermann*, NJW 2016, 1687, 1690.

1232 BT-Drs. 13/9712, S. 15.

1233 LG München I, NZWiSt 2014, 183, 187.

1234 Vgl. auch MüKoAktG/*Spindler*, § 93 Rn. 115; *Goette*, ZHR 175 (2011), 388, 394 f.; *Verse*, ZHR 175 (2011), 401, 403 f.; *Paefgen*, WM 2016, 433, 437.

1235 Vgl. *Bachmann*, ZHR 177 (2013), 1, 4; *Nietsch/Hastenrath*, CB 2015, 177, 181; *Grunewald*, NZG 2013, 841, 842; *Jenne/Martens*, CCZ 2017, 285, 287; *Wiedmann/Greubel*, CCZ 2019, 88, 92; MüKoAktG/*Spindler*, § 93 Rn. 43. Eingehend zur hindsight bias-Problematik bei Compliance-Verstößen *Ott/Klein*, AG 2017, 209 ff.

1236 Für die Anwendbarkeit der Business Judgment Rule auch *Larisch/von Hesberg*, CCZ 2017, 17, 18; *Oppenheim*, DStR 2014, 1063, 1065; *Meyer*, DB 2014, 1063, 1065; *Seibt/*

Zudem muss die Entscheidung zum Wohle des Vereins und frei von Interessenkonflikten erfolgen. Ein Handeln zum Wohle des Vereins liegt vor, wenn es der langfristigen Stärkung des Ertrags und der Wettbewerbsfähigkeit des Vereins dient.[1237] Die Errichtung von Maßnahmen zur Compliance stellen grds. eine solche Stärkung dar. Hierdurch soll der Sportverein vor möglichen Haftungsrisiken und einem Reputationsverlust bewahrt werden, wodurch insb. auch der Umsatz geschützt wird. Nicht ausdrücklich vom Wortlaut erfasst, von der Gesetzesbegründung hingegen als impliziert vorausgesetzt, ist eine Entscheidung, die frei von Interessenkonflikten, Fremdeinflüssen und Eigennutz getroffen wird.[1238] Hierdurch soll die Unabhängigkeit der handelnden Person gesichert werden. Erfasst sind dabei jedoch nur Konflikte, durch die ein erhebliches Potential zur Beeinflussung der unternehmerischen Entscheidung besteht.[1239] Bei der Ausübung der Compliance-Pflicht ist ein solcher Konflikt eher unwahrscheinlich.[1240]

Die unternehmerische Entscheidung muss auf Basis angemessener Informationen getroffen werden. Erforderlich und grundlegend hierfür ist das Sammeln von Tatsachen als Basis für jedes Handeln.[1241] Der Compliance-Pflichtige muss unter einer Kosten-Nutzen-Abwägung die ihm zur Verfügung stehenden Erkenntnisquellen ausschöpfen, um eine angemessene Informationsgrundlage bilden zu können.[1242] Bereits bei der Auswahl und Gewichtung der Informationen kommt ihm dabei das Privileg der BJR zugute.[1243] Bei der Überprüfung dieses Punktes, der in der Praxis wohl die größten Schwierigkeiten aufwerfen wird,[1244] ist stets eine Beurteilung aus der ex-ante-Sicht vorzunehmen.[1245] Bei

---

Cziupka, DB 2014, 1598, 1599, Fn. 21; *Paefgen*, WM 2016, 433, 437; a.A. *Bachmann*, ZIP 2014, 579, 580 ("Reduktion auf Null").

1237 BT-Drs. 15/5092, S. 11.

1238 BT-Drs. 15/5092, S. 11.

1239 *Heermann*, NJW 2016, 1687, 1690; MüKoAktG/*Spindler*, § 93 Rn. 70.

1240 Eine sachfremde Erwägung kann bspw. im Falle einer persönlichen Bereicherung vorliegen, z.B. bei der Annahme erheblicher Geschenke, vgl. *Nietsch/Hastenrath*, CB 2015, 221, 222.

1241 So schon BGHZ 135, 244, 253 = NJW 1997, 1926 (ARAG/Garmenbeck).

1242 MüKoAktG/*Leuschner*, § 27 Rn. 69; *Peters*, AG 2010, 811 ff.; *Freitag/Korch*, ZIP 2012, 2281, 2284 f.; *Kock/Dinkel*, NZG 2004, 441, 444; *Fleischer*, ZIP 2004, 685, 691.

1243 *Lutter*, ZIP 2007, 841, 844; BT-Drs. 15/5092, S. 12: Dem Vorstand ist „in den Grenzen seiner Sorgfaltspflicht ein erheblicher Spielraum" einzuräumen, „den Informationsbedarf abzuwägen und sich selbst eine Annahme dazu zu bilden."

1244 Vgl. *Lutter*, ZIP 2007, 841, 844.

1245 MüKoAktG/*Leuschner*, § 27 Rn. 70; BHG NJW 2017, 578 Rn. 34; *Freund*, NZG 2015, 1419, 1422.

der Frage, welche Compliance-Maßnahmen im Einzelfall erforderlich sind, ist eine umfangreiche Risikoanalyse vorzunehmen.[1246] Hierbei ist auch die Ausgangssituation entscheidend: Bei einer festgestellten anlassabhängigen Situation können im Vergleich zur anlassunabhängigen Situation gesteigerte Anforderungen an die informatorische Grundlage zur Entscheidungsfindung gestellt werden.[1247] Kam es bspw. zu einer Wettkampfteilnahme unter Dopingeinfluss mehrerer Berufssportler eines Sportvereins, muss im Wege einer Risikoanalyse u.a. untersucht werden, welches Ausmaß der Vorfall einnimmt, wie viele Sportler involviert sind, welche Ursachen hierfür bestehen oder wie groß die Gefahr einer Wiederholung ist, um entscheiden zu können, welche Maßnahmen im Einzelfall erforderlich und zielführend sind. Die letztliche Auswahl erfolgt dann aufgrund einer Einschätzung des Compliance-Pflichtigen. Wurden hierbei sämtliche in Betracht kommenden Risiken einbezogen und erfolgte die Auswahl der Maßnahmen hierauf, kann von einer angemessenen Informationsbasis ausgegangen werden.[1248]

Schließlich muss die Entscheidung der für Compliance verantwortlichen Person vertretbar sein. Grds. ist ihr bei ihrer Entscheidung ein weiter Ermessensspielraum einzuräumen. Eine Grenze ist jedoch dort zu ziehen, wo die unternehmerische Entscheidung zu einem unverhältnismäßigen Risiko für den Verein führt und dessen Existenz gefährden kann.[1249] Eine Grenzüberschreitung ist dann anzunehmen, „wenn die Bereitschaft, unternehmerische Risiken einzugehen, in unverantwortlicher Weise überspannt worden ist."[1250] Dies kann bspw. dann der Fall sein, wenn in einem Sportverein überteuerte medizinische Apparate angeschafft werden, um eine eigene Blutuntersuchung zur Dopingkontrolle der Sportler vornehmen zu können, ohne dass es im Vorfeld Indizien für eine Dopingeinnahme gab, dem Verein die Mittel für solch eine Anschaffung fehlen und die Kontrolle durch ein außenstehendes Unternehmen kostengünstiger erfolgen könnte. Laut Wortlaut des § 93 Abs. 1 S. 2 AktG („vernünftigerweise

---

1246 Siehe Kapitel E, V, 2.

1247 Vgl. *Nietsch/Hastenrath*, CB 2015, 221.

1248 In Fällen, in denen der Compliance-Beauftragte gleichzeitig Entscheidungsorgan und bspw. für die Vergabe von sportlichen Wettbewerben zuständig ist, kann unter diesen Punkt die Durchführung eines angemessenen Ausschreibungsverfahrens fallen, vgl. *Heermann*, NJW 2016, 1687, 1691.

1249 Vgl. für die AG *Böttcher*, NZG 2009, 1047, 1049; *Brüning/Samson*, ZIP 2009, 1089, 1092. *Balthasar/Hamelmann*, WM 2010, 589, 590 differenzieren dahinhingehend, dass nicht jede Existenzgefährdung als Haftungsgrund herangezogen werden kann.

1250 BGHZ 135, 244, 253 = NJW 1997, 1926 (ARAG/Garmenbeck).

annehmen durfte") und der Gesetzesbegründung[1251] ist die subjektive Sicht der handelnden Person maßgeblich. Damit es zu keiner rein subjektiven Betrachtungsweise und somit zu einer kompletten Abweichung von der im Zivilrecht bestehenden objektiven Betrachtungsweise (§ 276 BGB)[1252] und zugleich zu einer Privilegierung eines leichtgläubigen Compliance-Pflichtigen[1253] kommen kann, ist dem vom Gesetzestext umfassten Wort „vernünftigerweise" verstärkte Bedeutung zuzukommen. Abzustellen ist somit auf eine vernünftig handelnde, für Compliance verantwortliche Person.

Liegen diese Voraussetzungen im Einzelfall vor, ist das Handeln des Compliance-Pflichtigen nicht als pflichtwidrig einzustufen. Dem Verein stehen somit keine Regressansprüche zu. Findet die BJR hingegen keine Anwendung, ist das Handeln nicht per se als pflichtwidrig einzustufen. Es hat gleichwohl eine inhaltliche Überprüfung stattzufinden, inwieweit das Handeln aus der ex-ante-Sicht sorgfältig vorbereitet und inhaltlich vertretbar war.[1254] Nur wenn dies nicht der Fall war, ist eine Pflichtverletzung anzunehmen.

bb. Verschulden

Liegen die Voraussetzungen der BJR nicht vor, haften der Compliance-Pflichtige grds. gem. § 276 Abs. 1 BGB für Vorsatz und jede Form der Fahrlässigkeit. Die Fahrlässigkeit bestimmt sich dabei objektiv und beinhaltet nach § 276 Abs. 2 BGB die im Verkehr erforderliche Sorgfalt. Eine allgemeingültige Bestimmung kann hierbei für einen Sportverein nicht erfolgen, vielmehr ist im Einzelfall zu entscheiden, welche Sorgfaltsmaßnahmen erforderlich sind. Herangezogen werden können dabei die Merkmale der Art und Größe des Vereins sowie der Vereinszweck.[1255]

(1) Haftungsprivilegierung aus § 31a BGB

Eine Ausnahme von den allgemeinen Haftungsregelungen besteht in den Fällen, in denen der Compliance-Pflichtige ehrenamtlich tätig ist. § 31a BGB[1256] sieht

---

1251 BT-Drs. 15/5092, S. 11 f.

1252 MüKoAktG/*Spindler*, § 93 Rn. 68.

1253 MüKoAktG/*Spindler*, § 93 Rn. 68; *Peters*, AG 2010, 811, 813; *Heermann*, NJW 2016, 1687, 1690.

1254 Vgl. *Lutter*, ZIP 2007, 841, 845.

1255 *Unger*, NJW 2009, 3269, 3270.

1256 Eingeführt durch das Gesetz zur Begrenzung der Haftung von ehrenamtlich tätigen Vereinsvorständen vom 28.09.2009, BGBl. I, 3161; vgl. hierzu auch *Reuter*, NZG 2009, 1368 ff.

hierfür unter bestimmten Voraussetzungen eine Haftungsprivilegierung vor, die eine Haftung gegenüber dem Verein nur bei Schäden annimmt, welche durch vorsätzliches oder grob fahrlässiges Verhalten verursacht wurden. Die Haftungsbegrenzung gilt dabei unabhängig davon, ob der Verein gemeinnützige Zwecke verfolgt oder nicht.[1257]

Die Haftungsprivilegierung gilt dem Wortlaut nach für Mitglieder des Vorstands sowie für besondere Vertreter.[1258] Es ist somit unerheblich, ob die Compliance-Pflicht von einem Mitglied des Vereinsvorstands ausgeübt wird oder gem. § 30 BGB an einen besonderen Vertreter delegiert wurde; in beiden Fällen ist § 31a BGB anwendbar.

Voraussetzung ist, dass der Compliance-Pflichtige seiner Aufgabe unentgeltlich nachkommt oder eine Vergütung erhält, die 720 EUR jährlich nicht übersteigt. Die Vergütungsgrenze richtet sich hierbei nach dem Steuerfreibetrag aus § 3 Nr. 26a EStG.[1259] Unentgeltlichkeit liegt vor, wenn die Tätigkeit von keiner Gegenleistung abhängig ist, auch nicht von einer Sachleistung.[1260] Ist der Compliance-Pflichtige Mitglied des Vorstands, schreibt § 27 Abs. 3 S. 2 BGB grds. eine unentgeltliche Tätigkeit vor, es besteht lediglich ein Anspruch auf Aufwendungsersatz nach §§ 27 Abs. 3 S. 1, 670 BGB.[1261] Gleiches gilt für den Compliance-Beauftragten, der als besonderer Vertreter bestellt ist.[1262] Gleichwohl besteht die Möglichkeit, in der Vereinssatzung den Fall einer Vergütung

---

1257 BT-Drs. 16/10120, S. 7.

1258 Vor der Gesetzesänderung stand die Haftungsprivilegierung lediglich dem Vorstand zu; mit der Einführung des Gesetzes zur Stärkung des Ehrenamts (BGBl. I 559) erfolgte die Ausweitung auf „Organmitglieder und besondere Vertreter“, vgl. BT-Drs. 16/10120, S. 7.

1259 Vgl. BT-Drs. 16/13537, S. 4. Für die Haftungsprivilegierung ist es jedoch – im Gegensatz zu § 3 Nr. 26a EStG – nicht erforderlich, dass der Verein eine unter § 5 Abs. 1 Nr. 9 KStG fallende Einrichtung zur Förderung gemeinnütziger, mildtätiger und kirchlicher Zwecke (§§ 53 bis 54 AO) ist, vgl. auch *Burghard*, ZIP 2010, 358, 361.

1260 BT-Drs. 16/10120, S. 7.

1261 Die Zahl der ehrenamtlich tätigen Vorstandsmitglieder im Sport lässt sich nicht genau bestimmen. Insg. üben jedoch 27,5% der Engagierten im Rahmen ihrer freiwilligen Tätigkeit eine Leitungs- oder Vorstandstätigkeit aus, vgl. die Broschüre „Freiwilliges Engagement in Deutschland – Zusammenfassung zentraler Ergebnisse des Vierten Deutschen Freiwilligensurveys“ des BMFSFJ, S. 34 (Stand 2014), https://www.bmfsfj.de/blob/113702/53d7fdc57ed97e4124fffec0ef5562a1/vierter-freiwilligensurvey-monitor-data.pdf (letzter Abruf am 01.10.2020).

1262 Siehe Kapitel B, I, 1, b, cc.

des Vorstands oder des besonderen Vertreters zu regeln.[1263] So hat bspw. der DOSB in seiner Satzung festgeschrieben, dass die Mitglieder des Vorstands hauptamtlich tätig sind.[1264] Der DFB hingegen regelt in seiner Satzung, dass die Vorstandsmitglieder grds. ehrenamtlich tätig sind, ihnen jedoch eine angemessene Entschädigung für den entstandenen Sach- und Zeitaufwand gewährt werden kann.[1265] In der Satzung des LSB Berlin ist festgehalten, dass über eine Ausnahme der ehrenamtlichen Tätigkeit die Mitgliederversammlung mit einer Zweidrittel-Mehrheit der Stimmen der anwesenden stimmberechtigten Mitglieder zu beschließen hat.[1266]

Darüber hinaus tritt die Haftungsprivilegierung nur dann ein, wenn der Schaden bei der Wahrnehmung der entsprechenden Pflichten eintritt. Das Nachkommen der Compliance-Pflicht stellt eine solche Pflicht dar.

Liegen die Voraussetzungen vor, haftet der Compliance-Pflichtige lediglich für vorsätzliches und grob fahrlässiges Verhalten. Grobe Fahrlässigkeit liegt vor, wenn die erforderliche Sorgfalt in besonders schwerem Maße verletzt wird, vgl. § 45 Abs. 2 S. 3 Nr. 3 SGB X. Die Haftungsbeschränkung der groben Fahrlässigkeit ist bspw. dann überschritten, wenn der Compliance-Pflichtige seine Aufsicht mangelhaft ausführt, bei Bekanntwerden von Verstößen zu spät einschreitet oder eigenständig Verstöße vornimmt, die zu einer Haftung nach § 823 Abs. 2 BGB führen können.[1267] Dabei kann er sich auch nicht darauf berufen, dass er seinen Aufgabe nicht gewachsen sei oder mit der Amtsführung überfordert war.[1268] Dies ändert nichts an der fahrlässigen Pflichtverletzung.

(2) Haftungsprivilegierung per Satzung

Fraglich ist, ob per Satzung die Möglichkeit besteht, einen Haftungsausschluss auch für grobe Fahrlässigkeit festzusetzten. Das Gesetz scheint eine solche Ausgestaltung für ehrenamtliche Organmitglieder auszuschließen: Aus einem Umkehrschluss aus § 40 BGB kann geschlossen werden, dass lediglich § 31a Abs. 1 S. 2 BGB satzungsdispositiv ist, nicht hingegen der einschlägige § 31a Abs. 1 S. 1 BGB.[1269] Dies würde dazu führen, dass hauptamtliche Vorstände

---

1263 Siehe Kapitel B, I, 1, b, bb.

1264 Vgl. § 20 Abs. 1 S. 2 DOSB-Satzung.

1265 Vgl. § 19 Nr. 9 DFB-Satzung.

1266 Vgl. § 6 Abs. 2 S. 2 LSB-Berlin-Satzung.

1267 Vgl. *Brouwer*, NZG 2017, 481, 485.

1268 *Cherkeh*, npoR 2014, 101, 103; *Ehlers*, NJW 2011, 2689, 2690.

1269 So *Wörle-Himmel/Endres*, DStR 2010, 759, 761.

gegenüber den grds. schutzbedürftigeren ehrenamtlich tätigen Vorstandsmitgliedern ungerechtfertigt bevorzugt würden.[1270] So wurde auch gerichtlich bereits festgestellt, dass eine Satzungsbestimmung, die eine Haftung des ehrenamtlichen Organmitglieds dem Verein gegenüber auf vorsätzliches Handeln beschränkt, der Regelung des § 31a BGB nicht entgegensteht.[1271] Die Außenwirkung einer solchen Regelung sollte jedoch nicht unterschätzt werden, sodass aus Gründen der Seriosität besser hierauf verzichtet werden sollte.[1272] Ein Ausschluss der Haftung für vorsätzliches Handeln ist in keinem Fall zulässig, § 276 Abs. 3 BGB.

cc. Beweislast

§ 31a Abs. 1 S. 3 BGB führt zur Verschiebung der Beweislast. Diese liegt in Fällen, in denen Haftungsgegner ein ehrenamtlich tätiges Vorstandsmitglied oder ein ehrenamtlich tätiger besonderer Vertreter ist, im Gegensatz zur Vermutungsregel des § 280 Abs. 1 S. 2 BGB beim Verein.[1273]

dd. Schaden

Für den Schadensbegriff ist der Umfang der §§ 249 ff. BGB maßgeblich. Verglichen wird hierbei das vorhandene Vermögen des Vereins mit dem Vermögen, das vorhanden wäre ohne die schädigende Handlung. Bei Verletzungen der Compliance-Pflicht kommen insb. Verbandsbußen und Aufklärungskosten als mögliche kausale Schäden in Betracht.

Werden dem Verein Verbandsgeldbußen auferlegt,[1274] können diese grds. einen abwälzungsfähigen Schaden darstellen.[1275] Es gilt hierbei jedoch zu unterscheiden: Ein ausgesprochenes Bußgeld besteht aus zwei verschiedenen Teilen, dem Abschöpfungsteil und dem Ahndungsteil.[1276] Der Abschöpfungsteil umfasst dabei den durch die Tat erzielten wirtschaftlichen Vorteil, der nach §§ 17 Abs. 4, 30 Abs. 3 OWiG abgeschöpft wird. Der Ahndungsteil enthält dagegen eine darüberhinausgehende Sanktion. Einen ersatzfähigen Schaden stellt dabei

---

1270 *Brouwer*, NZG 2017, 481, 486; für eine Haftungsbeschränkung auf Vorsatz auch *Unger*, NJW 2009, 3269, 3272.

1271 OLG Nürnberg, NZG 2016, 112, 113 f.

1272 *Brouwer*, NZG 2017, 481, 486.

1273 Die Beweislastumkehr wurde ebenfalls eingeführt durch das Gesetz zur Stärkung des Ehrenamts (BGBl. I 559).

1274 Siehe hierzu Kapitel F, III, 1.

1275 *Fleischer*, DB 2014, 345, 347 ff. m.w.N.

1276 *Fleischer*, NZG 2014, 321, 326.

(nach verbreiteter Literaturmeinung) nur der Ahndungsteil dar, nicht hingegen der Abschöpfungsteil.[1277]

Aufklärungskosten, die einem Unternehmen z.B. für eine externe Aufklärung durch eine Anwaltskanzlei entstehen, können ebenfalls einen möglichen Schadensposten darstellen.[1278] Das LG München I nimmt im Fall Siemens/Neubürger[1279] hierzu zwar nicht explizit Stellung, rechnet die Kosten für eine anwaltliche Tätigkeit jedoch dem ersatzfähigen Schaden zu, wenn diese aus Sicht des Unternehmens zur Wahrnehmung ihrer Rechte erforderlich und zweckmäßig seien.[1280] Bei den Kosten zur Aufklärung (internal investigation) handelt es sich dabei nicht um Rechtsverfolgungskosten im engeren Sinne, da sie nicht für das Beistehen in einem Rechtsstreit erfolgen, sondern lediglich die Basis bilden für eine spätere Schadenersatzklage gegen Mitarbeiter des Unternehmens.[1281] Vielmehr sind die Kosten als „Aufwendungen zur Geringhaltung des Schadens (Schadensminderung)“[1282] einzustufen, welche grds. einen ersatzfähigen Schaden darstellen.[1283] Zudem können sie ebenfalls zur Schadensbeseitigung und Wiederherstellung der Reputation erforderlich sein.[1284]

Wird eine Haftung des Compliance-Pflichtigen festgestellt, haftet dieser grds. mit dem gesamten Privatvermögen.[1285] Bei einer Haftung von mehreren Vorstandsmitgliedern haften diese gemeinschaftlich als Gesamtschuldner, § 421 Abs. 2 S. 2 BGB.[1286] Hierbei können sie sich „nicht auf das Mitverschulden des anderen Gesamtschuldners zur eigenen Haftungsverminderung berufen, sondern sind verwiesen, bei dem anderen Gesamtschuldner (...) Rückgriff zu

---

1277 Festgestellt für die Aktiengesellschaft im Rahmen des § 93 Abs. 2 AktG: *Fleischer*, DB 2014, 345, 348; Krieger/Schneider/*Wilsing*, Handbuch Managerhaftung, § 31 Rn. 31.35 ff.; *Kaulich*, Die Haftung von Vorstandsmitgliedern einer Aktiengesellschaft für Rechtsanwendungsfehler, S. 277.

1278 Vgl. *Goette*, ZHR 175 (2011), 388, 398 f.; *Meier-Greve*, BB 2009, 2555, 2558; *Bayer*, in: FS Karsten Schmidt, 85, 93.

1279 LG München I, NZWiSt 2014, 183 ff.

1280 LG München I, NZWiSt 2014, 183, 190.

1281 *Fleischer*, NZG 2014, 321, 327. Das LG München I scheint hingegen von Rechtsverfolgungskosten im engeren Sinne auszugehen, LG München I, NZWiSt 2014, 183, 190. Vgl. auch BGHZ 127, 348 = NJW 1995, 446, 447.

1282 *Fleischer*, NZG 2014, 321, 327.

1283 Vgl. Palandt/*Grüneberg*, BGB, vor § 249 Rn. 44 m.w.N.

1284 *Fleischer*, NZG 2014, 321, 327.

1285 Hauschka/Moosmayer/Lösler/*Brouwer*, Corporate Compliance, § 59 Rn. 46 (Fn. 82).

1286 *Ehlers*, NJW 2011, 2689, 2690; *Cherkeh*, npoR 2014, 101, 105.

nehmen."[1287] Beim internen Ausgleich nach § 426 BGB ist dann das jeweilige Mitverschulden nach § 254 BGB zu beachten[1288] und eine entsprechende Quote zu fällen.

2. Schadenersatzpflicht des Vorstands wegen mangelhafter Aufsichtsmaßnahmen

Wie festgestellt können für Compliance verantwortliche Personen Anspruchsgegner einer Haftung werden. Darüber hinaus stellt sich die Frage, inwieweit die ursprünglich verantwortlichen Vorstandsmitglieder nach einer Delegation (entweder an ein einzelnes Vorstandsmitglied oder an einen besonderen Vertreter) aus ihrer Verantwortung entlassen sind oder ob noch eine Rest-Verantwortung bestehen bleibt.

In Bezug auf die Aktiengesellschaft hat das LG München I festgestellt, dass trotz Delegation eine Kontrollpflicht des Gesamtvorstands bestehen bleibt und somit bei Verletzung einer solchen Pflicht durch die übrigen Vorstandsmitglieder eine Haftung anzunehmen ist.[1289] Die für die Aktiengesellschaft bestehende Rechtslage kann nicht ohne weiteres auf den Verein übertragen werden. Das Vereinsrecht bietet den Vereinen[1290] die Möglichkeit, per Satzung von bestehenden gesetzlichen Regelungen abzuweichen (§ 40 BGB). Das von § 26 Abs. 2 S. 1 BGB vorgegebene Mehrheitsprinzip ist gem. § 40 BGB satzungsdispositiv und berechtigt den Vereinsvorstand, eine Aufteilung der Geschäftsführungsaufgaben nach Sachgebieten vorzunehmen.[1291] Zudem kann ein „besondere Vertreter" für gewisse Geschäfte neben den Vorstand bestellt werden (§ 30 BGB).[1292]

Nach erfolgter Übertragung der Compliance-Pflicht auf eine für Compliance verantwortliche Person muss bei der Frage nach einer verbleibenden

---

1287 BGH NZG 2015, 38, 40 (Rn 23). Das Urteil richtet sich an Stiftungen, lässt sich jedoch durch die Vergleichbarkeit und Anwendung gleicher Rechtsnormen (§ 86 BGB) auch auf Vereine übertragen.

1288 Vgl. Krieger/Schneider/*Burgard*, Handbuch Managerhaftung, § 6 Rn. 6.34.

1289 LG München I, NZWiSt 2014, 183, 191 f. Eine ähnliche Regelung wurde auch für die GmbH festgestellt, vgl. BGH BeckRS 1984, 31072035 zur Überwachung von Mitarbeitern; BGHZ 133, 370 = NJW 1997, 130 zur Ressortverteilung. *Ehlers* überträgt diese Rechtsprechung auf Vereinsvorstände, ohne dies jedoch weiter zu erläutern, *Ehlers*, NJW 2011, 2689, 2691.

1290 Im Gegensatz zur Aktiengesellschaft.

1291 Siehe Kapitel E, III.

1292 Siehe Kapitel B, I, 1, b, cc.

Verantwortung des Vorstands unterschieden werden, wer die Compliance-Pflicht ausübt und wie genau die satzungsrechtliche Grundlage der Delegation aussieht.

a. Compliance-Pflichtiger als Vorstandsmitglied

Wird die Compliance-Pflicht von einem Mitglied des Vorstands ausgeübt, kann die zugrundeliegende Delegation entweder durch eine interne Ressortverteilung oder durch eine entsprechende Satzungsbestimmung[1293] erfolgen. In der Folge ist nur dieses Vereinsmitglied zur Ausführung der Compliance-Pflicht verantwortlich. Die nicht handelnden Vorstandsmitglieder können sich im Allgemeinen darauf verlassen, dass das zuständige Vorstandsmitglied die ihm zugewiesenen Aufgaben erledigt.[1294] Aufgrund der Allzuständigkeit des Vorstands verbleiben dennoch Überwachungspflichten,[1295] die jedoch nur zum Eingreifen verpflichten, wenn Anhaltspunkte bestehen, dass das für Compliance zuständige Vorstandsmitglied die Erfüllung seiner Aufgaben nicht gewährleisten kann.[1296] Eine darüber hinaus gehende, ohne Anhaltspunkte bestehende generelle Kontrollpflicht des restlichen Vorstands besteht nicht.[1297] Daher kommt eine Haftung der übrigen Vorstandsmitglieder in den Fällen in Betracht, in denen ein begründeter Verdacht besteht, dass das für Compliance zuständige Vorstandsmitglied seine Aufgaben nicht ordnungsgemäß ausführt. Wurde bspw. im Rahmen einer Dopingkontrolle aufgedeckt, dass ein Sportler verbotene Mittel zur Leistungssteigerung eingenommen hat und nimmt dieser Sportler wie gewohnt am regulären Trainingsbetrieb teil, obwohl eine Satzungsregelung besteht, die einen Ausschluss eines gedopten Sportlers vorschreibt, so lässt dies den Verdacht zu, das für Compliance zuständige Vorstandsmitglied kam seiner Pflicht

---

1293 Das Prinzip der Gesamtverantwortung wird dann durch §§ 26 Abs. 2 S. 1, 40 BGB außer Kraft gesetzt, sodass auch der dogmatische Anknüpfungspunkt einer Überwachungspflicht entfällt, vgl. MüKoBGB/*Leuschner*, § 27 Rn. 74; *Küpperfahrenberg*, Haftungsbeschränkungen für Verein und Vorstand, S. 239; *Sauter/Schweyer/Waldner*, Der eingetragene Verein, Rn. 277a.

1294 BGHZ 133, 370 = NJW 1997, 130, 132 (für die GmbH).

1295 BFHE 141, 443, 446 ff. = BeckRS 1984, 22006857 (für die GmbH). Vgl. für den Verein Krieger/Schneider/*Burgard*, Handbuch Managerhaftung, § 6 Rn. 6.18.

1296 BGHZ 133, 370 = NJW 1997, 130, 132 (für die GmbH). Vgl. für den Verein MüKoBGB/*Leuschner*, § 27 Rn. 74; *Herrmann*, NJW 2016, 1687, 1688; *Unger*, NJW 2009, 3269, 3271.

1297 Vgl. MüKoBGB/*Leuschner*, § 27 Rn. 74; *Unger*, NJW 2009, 3269, 3271; Schimke/Dauernheim/Reichert/*Achenbach*, Vereins- und Verbandsrecht, Rn. 3652.

nicht ordnungsgemäß nach. Bei nachgewiesener Kenntnis des restlichen Vorstands ist dieser haftbar, ohne einen entsprechenden Verdacht entfällt hingegen die Haftung.

Darüber hinaus obliegt dem Vorstand eine allgemeine Pflicht zur Schadensabwehr.[1298] Hieraus ergibt sich, dass die übrigen Vorstandsmitglieder dann zum Eingreifen verpflichtet sind, wenn sie Kenntnis darüber erlangen, dass dem Verein ein konkreter Schaden entstehen kann. Bspw. verhandelt ein Mitarbeiter eines Vereins, der gem. § 30 BGB als besonderer Vertreter für die Vergabe von Übertragungsrechten bestellt ist, mit zwei Konkurrenten über eine abschließende Zuweisung. Einer der Mitbieter, der objektiv das für den Verein schlechtere Angebot abgibt, versucht mit einer Schmiergeldzahlung den Vereinsmitarbeiter zu bestechen. Von dieser Aktion erfährt der Mitkonkurrent und droht mit einer Schadenersatzklage, wenn die Vergabe nicht ordnungsgemäß abläuft. Erlangen die restlichen Vorstandsmitglieder Kenntnis von der bestehenden Situation, sind sie verpflichtet einzuschreiten und einen möglichen Haftungsfall des Vereins gem. § 31 BGB i.V.m. §§ 823 Abs. 2 BGB, 299 Abs. 1 StGB zu verhindern. Andernfalls können sie sich selbst der Gefahr einer Haftung aussetzen, wenn sie untätig bleiben, obwohl sie von dem Eintritt eines Schadens Kenntnis besaßen.

b. Compliance-Beauftragter als besonderer Vertreter, § 30 BGB

Bei einer Satzungsbestimmung, welche die Compliance-Pflicht gem. § 30 BGB auf einen besonderen Vertreter überträgt,[1299] ist zu unterscheiden. Liegt die Konstellation vor, dass die Satzung ausdrücklich bestimmt, dass die Verantwortung eigens und ausschließlich bei diesem Compliance-Beauftragten liegt, so ist auch nur er zur Erfüllung dieser Verantwortung verpflichtet. Eine Zuständigkeit und somit Haftung des Vorstands scheidet aus.[1300] Voraussetzung hierfür wäre, dass dem Compliance-Beauftragten eine umfassende Ausübung von Rechten gestattet wird, welche auch eine eigene Abhilfemöglichkeit hinsichtlich begangener Vergehen beinhaltet. In der Regel wird dem Compliance-Beauftragten eher

---

1298 Vgl. MüKoBGB/*Leuschner*, § 27 Rn. 75; *Unger*, NJW 2009, 3269, 3271; *Küpperfahrenberg*, Haftungsbeschränkungen für Verein und Vorstand, S. 244.

1299 Eine solche Übertragung der Compliance-Pflicht auf einen Compliance-Beauftragten wird i.d.R. nur in großen, wirtschaftlich tätigen Vereinen oder Verbänden vorkommen.

1300 Vgl. *Schockenhoff*, NZG 2019, 281, 285; *Sauter/Schweyer/Waldner*, Der eingetragene Verein, Rn. 277a; MüKoBGB/*Leuschner*, § 27 Rn. 75; *Unger*, NJW 2009, 3269, 3271; a.A. *Küpperfahrenberg*, Haftungsbeschränkungen für Verein und Vorstand, S. 243.

eine reine Informationspflicht gegenüber dem Vorstand zukommen,[1301] sodass eine Letztverantwortlichkeit beim Vorstand verbleibt. In diesen Fällen obliegt den Vorstandsmitgliedern dann auch eine Überwachungspflicht.

Zu einer Haftungsbefreiung des restlichen Vorstands kann es ebenfalls kommen, wenn ergänzend zur Festsetzung eines besonderen Vertreters in der Satzung geregelt ist, dass dieser durch die Mitgliederversammlung gewählt wird.[1302] Hier stehen Vorstand und Compliance-Beauftragter selbstständig und eigenverantwortlich nebeneinander. Die Bestell- und Überwachungspflicht liegt dann bei der Mitgliederversammlung.[1303] Hieran ändert sich auch nichts, wenn in einigen Fällen der Vorstand gegenüber dem als besonderen Vertreter beauftragten Compliance-Beauftragten weisungsbefugt bleibt.[1304]

Wird durch die Satzung die Zuständigkeit eines besonderen Vertreters zwar bestimmt, die Auswahl und Bestellung hingegen beim Vorstand belassen, verbleibt zumindest die Verpflichtung der sorgfältigen Auswahl beim Vorstand.[1305] Ebenso ist es zu bewerten, wenn neben der festen Zuschreibung eines besonderen Vertreters als Compliance-Beauftragten durch die Satzung lediglich die (allgemeine) Gestattung der Übertragung der Compliance-Pflicht geregelt wird:[1306] Kommt der Vorstand dieser Delegation nach, ist seine Verantwortlichkeit auch hier beschränkt auf die sorgfältige Auswahl des Compliance-Beauftragten; eine Überwachungspflicht besteht nicht.[1307]

Enthält die Satzung keine näheren Angaben zur Delegation der Compliance-Pflicht, besteht für den Vorstand gleichwohl die Möglichkeit, im Rahmen seines Leitungsermessens die Compliance-Pflicht an einen Compliance-Beauftragten weiterzugeben.[1308] In diesem Fall verbleibt die Letztverantwortlichkeit jedoch beim Vorstand, sodass ihn eine Auswahl- und Überwachungspflicht trifft.[1309]

1301 Vgl. zu den vertraglich übernommen Pflichten des Compliance-Beauftragten *Rübenstahl*, NZG 2009, 1341, 1342; Hauschka/Moosmayer/Lösler/*Bürkle*, Corporate Compliance, § 36 Rn. 38; *Kraft/Winkler*, CCZ 2009, 29, 32.

1302 *Brouwer*, NZG 2017, 481, 488; Hauschka/Moosmayer/Lösler/*Brouwer*, Corporate Compliance, § 59 Rn. 56; *Schockenhoff*, NZG 2019, 281, 286; *Unger*, NJW 2009, 3269, 3272.

1303 Hauschka/Moosmayer/Lösler/*Brouwer*, Corporate Compliance, § 59 Rn. 56.

1304 Hauschka/Moosmayer/Lösler/*Brouwer*, Corporate Compliance, § 59 Rn. 57.

1305 *Schockenhoff*, NZG 2019, 281, 285; *Brouwer*, NZG 2017, 481, 488.

1306 *Schockenhoff*, NZG 2019, 281, 285.

1307 *Brouwer*, NZG 2017, 481, 488.

1308 *Schockenhoff*, NZG 2019, 281, 287.

1309 *Schockenhoff*, NZG 2019, 281, 287; *Brouwer*, NZG 2017, 481, 488.

Der Auswahlpflicht des Vorstands kommt aus zwei Gründen eine gesteigerte Bedeutung zu. Ist der Compliance-Beauftragte seinen Aufgaben nicht gewachsen und führt er daher die Compliance-Pflicht mangelhaft aus, kann dies zum einen zu einer Haftung des Vereins nach § 31 BGB führen.[1310] Zum anderen ist ein Regress aus §§ 280 Abs. 1, 664 ff., 27 Abs. 3 S. 1 BGB[1311] nur dann möglich, wenn dem Compliance-Beauftragten eine Pflichtverletzung nachgewiesen werden kann. Bei der Bestimmung des Verhaltensmaßstabs wird dabei das persönliche, subjektive Leistungsvermögen des Compliance-Beauftragten zugrunde gelegt.[1312] Entspricht dieses nicht den Erwartungen, kann gleichwohl eine Schlechtleistung nicht angenommen werden, solange der Compliance-Beauftragte seiner Leistungsfähigkeit entspricht.[1313]

In allen aufgezeigten Konstellationen kommt dem Vorstand zudem eine Überwachungspflicht zu, wenn konkrete Anhaltspunkte vorliegen, dass der Compliance-Beauftragte seine Aufgaben nicht ordnungsgemäß erfüllt[1314] oder der Vorstand Kenntnis von konkret drohenden Schäden erlangt; dann ist er gleichwohl aufgrund seiner allgemeinen Pflicht zur Schadensabwehr verpflichtet, einzuschreiten.[1315]

c. *Haftungsgrundlagen*

aa. *§§ 27 Abs. 3, 664 ff. i.V.m. § 280 BGB*

Kommt der Vorstand seiner Auswahl- oder Überwachungspflicht gegenüber dem Compliance-Pflichtigen nicht nach, ist Haftungsgrundlage für den Vorstand eines eingetragenen Vereins §§ 27 Abs. 3, 664 ff. i.V.m. 280 BGB. Der zugrundeliegende Sorgfaltsmaßstab bestimmt sich grds. gem. § 276 Abs. 2 BGB nach dem jeweiligen Verkehrskreis. Ehrenamtlichen Vorstandsmitgliedern kommt hier die Haftungsprivilegierung des § 31a BGB zugute.[1316] Um die Haftung der hauptamtlichen Vorstandsmitglieder ebenfalls auf Vorsatz und grobe

---

1310 Siehe Kapitel F, II, 3.

1311 Siehe Kapitel F, II, 1, b.

1312 BAGE 109, 87 = NJW 2004, 2545, 2546.

1313 Ggf. kommt eine Haftung wegen eines sog. „Übernahmeverschuldens" in Betracht, vgl. SSW-StGB/*Momsen-Pflanz/Momsen*, § 229 Rn. 3 ff.

1314 Vgl. *Heermann*, NJW 2016, 1687, 1688; *Küpperfahrenberg*, Haftungsbeschränkungen für Verein und Vorstand, S. 187.

1315 Siehe Kapitel F, II, 2, a.

1316 Siehe Kapitel F, II, 1, b, bb, (1).

Fahrlässigkeit zu beschränken, besteht die Möglichkeit einer diesbezüglichen Satzungsregelung.[1317]

bb. §§ 831 i.V.m. 823 Abs. 2 BGB

Darüber hinaus kommt eine Haftung nach § 831 BGB in Betracht. Voraussetzung hierfür ist die Einstufung des Compliance-Pflichtigen als Verrichtungsgehilfen. Die Stellung des Verrichtungsgehilfen qualifiziert sich durch das Bestehen eines gewissen Abhängigkeitsverhältnisses zum Geschäftsherrn.[1318] Ein solches ist insb. dann anzunehmen, wenn ein persönliches Über- und Unterordnungsverhältnis besteht,[1319] welches den Geschäftsherrn befähigt, die Tätigkeit des Verrichtungsgehilfen jederzeit zu beschränken oder zu entziehen oder nach Zeit und Umfang zu bestimmen.[1320] Hier ist nun zu unterscheiden: Ist der Compliance-Pflichtige selbst Mitglied des Vorstands, steht er offenkundig in keinem Abhängigkeitsverhältnis zu den übrigen Vorstandsmitgliedern. Etwas anderes kann gelten, wenn der Compliance-Beauftragte als besonderer Vertreter gem. § 30 BGB bestellt ist. Hier ist im Einzelfall zu prüfen, wie die Aufgabendelegation erfolgte. Wurde dem Compliance-Beauftragten in vollem Umfang die Befähigung zur Ausübung sämtlicher Aufgaben übertragen, sodass er auch eigenständig darüber entscheiden kann, wie bspw. bei Rechtsverstößen vorzugehen ist, wird eine Stellung als Verrichtungsgehilfe wohl abzulehnen sein. Besteht hingegen im Innenverhältnis eine Weisungsgebundenheit, welche dem Compliance-Beauftragten bspw. vorschreibt, bei Verstößen den Vorstand lediglich zu informieren und ihm keine darüber hinaus gehenden Kompetenzen zuschreibt, so kann der besondere Vertreter sehr wohl als Verrichtungsgehilfe des Vorstands angesehen werden. Entscheidend ist hierbei nicht, dass der besondere Vertreter nach außen neben den Vorstand aufsteigt, wie es § 30 S. 1 BGB vorsieht, und eine Selbstständigkeit besitzt. Vielmehr kommt es allein auf ein bestehendes Abhängigkeitsverhältnis im Innenverhältnis an. Ist ein solches im Einzelfall anzunehmen, hat der Vorstand für den vom Compliance-Beauftragten hervorgerufenen Schaden aus § 823 Abs. 2 BGB[1321] einzustehen. Es besteht jedoch die Möglichkeit zur Exkulpation nach § 831 Abs. 1 S. 2 BGB: Kann der Vorstand nachweisen, dass er bei

---

1317 Vgl. Krieger/Schneider/*Burgard*, Handbuch Managerhaftung, § 6 Rn. 58 ff.

1318 Vgl. BGH BeckRS 2012, 22158 (Rn. 44); BGH NJW-RR 1998, 250, 251; BGHZ 45, 311 = NJW 1966, 1807, 1808.

1319 Vgl. BeckOGK/*Spindler*, BGB, § 831 Rn. 16.

1320 BGH NJW-RR 2014, 614, 615 (Rn. 12).

1321 Siehe Kapitel F, II, 1, a.

der Auswahl des Compliance-Beauftragten die im Verkehr erforderliche Sorgfalt eingehalten hat oder der Schaden auch bei Anwendung dieser Sorgfalt eingetreten wäre, so tritt seine Ersatzpflicht nicht ein.

cc. Haftungsaufteilung

Kommt es zu einer Haftung des Vorstands, steht dieser gegenüber dem geschädigten Dritten in Gesamtschuldnerschaft mit der für Compliance verantwortlichen Person, § 840 Abs. 1 BGB. Hinsichtlich des Schadenersatzanspruchs aus § 831 BGB haftet im Innenverhältnis nach § 840 Abs. 2 BGB hingegen allein der Compliance-Pflichtige, soweit zwischen ihm und dem Vorstand keine anderslautende arbeitsrechtliche Vereinbarung getroffen wurde.[1322]

3. Schadenersatzpflicht des Vereins

Neben den natürlich handelnden Personen kann auch der Verein als solcher schadenersatzpflichtig werden. Voraussetzung hierfür ist, dass das Verhalten der Personen, die gegen bestehende Compliance-Pflichten verstoßen, dem Verein als eigenes zugerechnet werden kann.

Eine Zurechnung kann über § 31 BGB erfolgen.[1323] Hiernach ist der Verein für Schäden verantwortlich, die der Vorstand, ein Mitglied des Vorstands oder ein anderer verfassungsmäßig berufener Vertreter durch eine in Ausführung der ihm zustehenden Verrichtung begangene, zum Schadenersatz verpflichtende Handlung einem Dritten zufügt. Kommt der Compliance-Pflichtige seinen Pflichten nicht nach und lösen seine Handlungen eine Haftung aus,[1324] kommt eine Haftung des Vereins in Betracht, wenn der Compliance-Pflichtige Mitglied des Vorstands oder ein anderer verfassungsmäßig berufener Vertreter ist. Letztere sind bspw. auch besondere Vertreter i.S.v. § 30 BGB.[1325] Wie bereits festgestellt übt die Compliance-Pflicht entweder ein Vorstandsmitglied oder ein besonderer Vertreter[1326] aus, sodass diese Voraussetzung erfüllt ist.

1322 Vgl. BeckOGK/*Spindler*, BGB, § 831 Rn. 71.

1323 § 31 BGB verdrängt als lex specialis die Vorschrift des § 278 BGB, MüKoBGB/*Grundmann*, § 278 Rn. 10.

1324 Siehe Kapitel F, II, 1, a.

1325 Vgl. BeckOGK/*Offenloch*, BGB, § 31 Rn. 43; Staudinger/*Schwennicke*, BGB, § 30 Rn. 20.

1326 Wird die Compliance-Pflicht nicht auf einen besonderen Vertreter nach § 30 BGB übertragen, sondern auf einen „einfachen" Angestellten, kommt eine Haftung des Vereins analog zu § 31 BGB nur dann in Betracht, wenn dieser faktisch mit denselben Rechten ausgestattet ist, vgl. *Stöber/Otto*, Handbuch zum Vereinsrecht, Rn. 597.

Darüber hinaus muss der Schaden durch den Compliance-Pflichtigen in Ausführung der ihm zustehenden Verrichtung begangen worden sein. Entscheidend ist hierfür, dass das Handeln des Compliance-Pflichtigen in die organschaftliche Sphäre des Vereins fällt und zu den ihm vom Verein übertragenen Obliegenheiten zählt.[1327] Handelt es sich beim Compliance-Pflichtigen um ein Mitglied des Vorstands, ergibt sich seine Pflicht zur Compliance direkt aus § 27 Abs. 3 BGB.[1328] Wird die Compliance-Pflicht auf den Compliance-Beauftragten delegiert, bestimmt die zugrunde liegende Satzungsbestimmung oder der entsprechende Arbeitsvertrag die konkreten Pflichten. In beiden Fällen sind die Obliegenheiten der für Compliance verantwortlichen Person betroffen.

Letztlich muss es zu einer Schadenersatz auslösenden Handlung des Compliance-Pflichtigen gekommen sein. Eine solche Haftung im Außenverhältnis wurde bereits festgestellt.[1329] Eine Haftung des Vereins nach §§ 823 Abs. 2 BGB i.V.m. einem Schutzgesetz kann über die Zurechnungsnorm des § 31 BGB entstehen.

Bei der Haftung kann sich der Verein auch nicht nach § 831 BGB exkulpieren,[1330] ein Schadenersatzanspruch besteht also auch dann, wenn der Verein seiner angemessenen Auswahlkontrolle nachgekommen ist.[1331] Die Haftungsvorschrift aus § 31 BGB ist auch nicht abdingbar (Umkehrschluss aus § 40 BGB),[1332] sodass die Haftung bspw. nicht auf Vorsatz und grobe Fahrlässigkeit begrenzt werden kann.[1333] Gegenüber dem geschädigten Dritten haftet der Verein gemeinsam mit dem Compliance-Pflichtigen als Gesamtschuldner, § 840 Abs. 1 BGB.

1327 Vgl. BeckOGK/*Offenloch*, BGB, § 31 Rn. 125 f. Der BGH spricht von einem „Organ in amtlicher Eigenschaft“, vgl. BGH NJW 1980, 115, 116.

1328 Siehe hierzu ausführlich Kapitel E, II, 2.

1329 Siehe Kapitel F, II, 1, a.

1330 Vgl. grundlegend für juristische Personen Palandt/*Sprau*, BGB, § 831 Rn. 3; Fleischer/*Kort*, Handbuch des Vorstandsrechts, § 2 Rn. 107.

1331 Hauschka/Moosmayer/Lösler/*Brouwer*, Corporate Compliance, § 59 Rn. 21.

1332 Vgl. Palandt/*Ellenberger*, BGB, § 31 Rn. 4.

1333 Vgl. Schimke/Dauernheim/Reichert/*Achenbach*, Vereins- und Verbandsrecht, Rn. 3479.

III. Ordnungswidrigkeitenrechtliche Haftung

1. Haftung des Vereins nach § 30 OWiG i.V.m. § 130 OWiG

Kommt der Verein seiner bestehenden Compliance-Pflicht entweder mangelhaft oder gar nicht nach, stellt sich die Frage, inwieweit er bei auftretenden Straftaten oder Ordnungswidrigkeiten hierfür haftbar gemacht werden kann. In Betracht kommt die Verhängung eines Bußgeldes nach § 30 OWiG.

Bei § 30 OWiG handelt es sich um eine bußgeldrechtliche Haftungsnorm,[1334] die eine Haftung für zugerechnetes Verhalten begründet.[1335] Einschlägig ist § 30 OWiG somit in den Fällen, in denen eine natürliche Person eine Straftat oder Ordnungswidrigkeit begeht und dieses Fehlverhalten unter den zu prüfenden Voraussetzungen dem Verein zuzurechnen ist. Innerhalb der Prüfung einer Haftung des Vereins ist somit zu untersuchen, welches schädigende Verhalten im Einzelfall zugerechnet werden kann, also inwieweit die mangelhafte oder fehlende Ausübung der Compliance-Pflicht durch die zuständige handelnde Person zu einer Haftung des Vereins führt.

Adressaten einer Verbandsgeldbuße sind nach § 30 Abs. 1 Nr. 1 OWiG juristische Personen, somit Organisationen, denen eine eigene Rechtspersönlichkeit zuerkannt ist.[1336] Da die überwiegende Anzahl der Sportverbände und Sportvereine als Idealvereine organisiert sind und als eingetragene Vereine bestehen, fallen sie unter diesen Begriff.[1337]

Voraussetzung von § 30 OWiG ist, dass eine Leitungsperson bzw. ein Organ des Verbandes eine Straftat oder Ordnungswidrigkeit begangen hat, die im Zurechnungszusammenhang zum Sportverband steht. Bei juristischen Personen kommen somit nach § 30 Abs. 1 Nr. 1 OWiG als Täter deren vertretungsberechtigten Organe oder deren Mitglieder in Betracht. Bei einem Sportverein sind danach in erster Linie nach § 26 BGB der Vorstand bzw. die Vorstandsmitglieder umfasst. Wurde die Pflicht zur Ausübung der Compliance hingegen delegiert, kann der Compliance-Beauftragte ebenfalls zum Täterkreis gehören. Der

---

1334 Vgl. BGHSt 57, 193 = NJW 2012, 164 ff.; BGHSt 46, 207 = NJW 2001, 1436 ff.

1335 Vgl. BeckOK/*Meyberg*, OWiG, § 30 Rn. 17; *Ransiek*, NZWiSt 2012, 45, 48.

1336 KK-OWiG/*Rogall*, § 30 Rn. 34.

1337 Der Anwendungsbereich von § 30 OWiG ist für Vorstände sowie Vorstandsmitglieder des nichtrechtfähigen Vereins über § 30 Abs. 1 Nr. 2 OWiG eröffnet. Sind Teile eines Sportvereins als AG, GmbH oder GmbH & Co KG ausgegliedert, fallen diese Organisationsformen als juristische Personen ebenfalls unter § 30 Abs. 1 Nr. 1 OWiG. Vgl. zur möglichen Rechtsformwahl auch *Raupach*, SpuRt 1996, 2 ff.; *Siebold/ Wichert*, SpuRt 1998, 138 ff.

Compliance-Beauftragte nimmt im Verein regelmäßig die Rolle eines besonderen Vertreters nach § 30 BGB ein.[1338] Da § 30 Abs. 1 Nr. 1 OWiG ganz allgemein von „vertretungsberechtigten Organen" spricht, wird die (begrenzte, § 30 S. 2 BGB) organschaftliche Vertretungsmacht des besonderen Vertreters ebenfalls erfasst.[1339] Bei der Pflichtverletzung des besonderen Vertreters kommt es auch nicht darauf an, ob diese im Rahmen seiner Vertretungsmacht erfolgt; für die Verhängung einer Verbandsgeldbuße ist einzig entscheidend, dass er in „Wahrnehmung der Angelegenheiten des Verbands gehandelt hat."[1340] Darüber hinaus bietet auch die Generalklausel des § 30 Abs. 1 Nr. 5 OWiG die Möglichkeit, Personen in den Täterkreis der Anknüpfungstat aufzunehmen, die für die Leitung eines Verbands oder Vereins verantwortlich handeln, wozu auch die Ausübung von Kontrollbefugnissen in leitender Stellung gehört. Grds. kann hierzu auch ein leitender Compliance-Beauftragter gezählt werden. Erforderlich hierfür ist jedoch das Bestehen einer Leitungsmacht, vergleichbar mit der Einordnung als leitender Angestellter i.S.d. § 5 Abs. 3, 4 BetrVG.[1341] Regelmäßig wird die delegierte Compliance-Pflicht jedoch von einer Person unterhalb der Leitungsebene ohne entsprechende Befugnisse ausgeübt werden.

Als Anknüpfungstat[1342] kann § 130 Abs. 1 OWiG[1343] herangezogen werden. Voraussetzung hierfür ist, dass die mangelhafte oder fehlende Ausübung der Compliance-Pflicht durch die verantwortliche Person unter die Norm zu fassen ist.

Voraussetzung von § 130 OWiG ist zunächst das Bestehen eines Betriebs oder Unternehmens. Betrieb meint eine „organisatorische Einheit von Arbeitsmitteln zu einem bestimmten arbeitstechnischen Zweck", Unternehmen sind

---

1338 Siehe schon Kapitel E, III.

1339 Hauschka/Moosmayer/Lösler/*Brouwer*, Corporate Compliance, § 59 Rn. 15.

1340 Hauschka/Moosmayer/Lösler/*Brouwer*, Corporate Compliance, § 59 Rn. 15; Göhler/*Gürtler*, OWiG, § 30 Rn. 24 m.w.N.

1341 Vgl. *Röske/Böhme*, wistra 2013, 48, 50 f.; Hauschka/Moosmayer/Lösler/*Brouwer*, Corporate Compliance, § 59 Rn. 18.

1342 Anknüpfungstaten können grds. alle Straftaten oder Ordnungswidrigkeiten sein, unabhängig davon, ob ein Vermögensbezug besteht, vgl. BeckOK/*Meyberg*, OWiG, § 30 Rn. 64; RRH/*Förster*, OWiG, § 30 Rn. 24.

1343 § 130 OWiG stellt gewissermaßen einen „Auffang-Tatbestand" zur strafrechtlichen Geschäftsherrenhaftung aus § 13 StGB dar, welcher sich auf die Verhinderung betriebsbezogener Straftaten beschränkt und nicht solche Taten umfasst, die Mitarbeiter lediglich bei Gelegenheit ihrer Tätigkeit im Betrieb begehen. Siehe zur strafrechtlichen Geschäftsherrenhaftung Kapitel F, I, 1, a.

„kapitalmäßige Einheiten, die sich aus der Verwertung eines einheitlichen Kapitals zur Gewinnerzielung“ ergeben.[1344] Ein Erwerbszweck wird dabei nicht vorausgesetzt, sodass auch gemeinnützige und karitative Einrichtungen hierunter fallen können.[1345] Insb. kleinere Vereine, die in keiner Weise wirtschaftlich tätig werden, sind somit ebenfalls erfasst. Bei mittleren und größeren Sportvereinen und -verbänden, welche im Rahmen des gestatteten Nebenzweckprivilegs[1346] einen wirtschaftlichen Geschäftsbetrieb aufweisen, welcher den ideellen Vereinshauptzweck bestehen lässt,[1347] wird zumeist sowohl ein unternehmerischer als auch ein nichtunternehmerischer Bereich vorliegen. Da der Betrieb dem Unternehmen gleichsteht und der Sportverein zumindest hierunter zu fassen ist, muss eine endgültige Einstufung nicht erfolgen.[1348] Die Verpflichtungen aus § 130 OWiG sind in jedem Fall umzusetzen.

Für die Bestimmung der Inhaberstellung kann nicht auf die Eigentümerstellung oder Kapitalbeteiligung abgestellt werden:[1349] Die Aktionäre einer Aktiengesellschaft bspw. sind in ihrer Gesamtheit zwar deren Inhaber, stellen aber nicht – weder in ihrer Gesamtheit noch einzeln – den Adressaten der Aufsichtspflicht i.S.d. Norm dar.[1350] „Inhaber“ eines Sportvereins ist somit vielmehr derjenige, den die Obliegenheit trifft, bestehende Pflichten zu erfüllen und einzuhalten. Da es sich bei einem eingetragenen Verein um eine juristische Person handelt, welche in sanktionsrechtlicher Hinsicht einen weder handlungs- noch schuldfähigen Personenverband darstellt,[1351] sind die aufsichtspflichtigen Personen gem. § 30 Abs. 1 OWiG zu bestimmen. Normadressat der Aufsichtspflicht ist bei einem Sportverband demnach der Vorstand[1352] oder nach entsprechender Delegation gem. § 9 Abs. 2 Nr. 2 OWiG auch der Compliance-Beauftragte.

1344 GJW/*Niesler*, OWiG, § 130 Rn. 15.

1345 KK-OWiG/*Rogall*, § 9 Rn. 75.

1346 Vgl. *Schmidt*, Rpfleger 1972, 343, 350.

1347 *Beuthien*, NZG 2015, 449.

1348 Zur schwierigen Einstufung der Vereine als „Unternehmen“ vgl. auch den Sachstand des Wissenschaftlichen Dienstes des Bundestages, WD 7 – 3000 – 174/16, S. 6.

1349 Vgl. GJW/*Niesler*, OWiG, § 130 Rn. 18 m.w.N.

1350 KK-OWiG/*Rogall*, § 130 Rn. 25; Hauschka/Moosmayer/Lösler/*Brouwer*, Corporate Compliance, § 59 Rn. 14 (Fn. 19). A.A. Hauschka/Moosmayer/Lösler/*Pelz*, Corporate Compliance, § 5 Rn. 8; *Grützner/Leisch*, DB 2012, 787, 788.

1351 KK-OWiG/*Rogall*, § 130 Rn. 25.

1352 Ist ein Sportverein bspw. als AG organisiert, ist ebenfalls der Vorstand verantwortlich, bei der Organisationsform der GmbH trifft die Aufsichtspflicht den Geschäftsführer, bei der GmbH & Co KG den Geschäftsführer der Komplementär-GmbH, GJW/*Niesler*, OWiG, § 130 Rn. 18.

Kern des § 130 Abs. 1 OWiG ist die Verletzung einer Aufsichtspflicht. Die konkrete Bestimmung hängt von den Umständen des Einzelfalls ab,[1353] zumindest müssen auf Seiten des Vorstandes solche Aufsichtsmaßnahmen ergriffen werden, welche erforderlich und zumutbar sind, mögliche Zuwiderhandlungen wesentlich zu erschweren.[1354] Wie bereits festgestellt, besteht für den Vorstand eines Vereins eine Pflicht zur Compliance, erforderliche Maßnahmen müssen demnach eingeführt und umgesetzt werden.[1355] Unterlässt der Vorstand als Aufsichtspflichtiger oder der Compliance-Beauftragte als Delegierter die Ausführung der Compliance-Pflicht oder wird dieser lediglich mangelhaft gerecht und führt dies zu einer Zuwiderhandlung i.S.d. Norm,[1356] kann dies in der Folge eine Verletzung der Aufsichtspflicht i.S.d. Norm begründen.

Bei Vorliegen eines Verstoßes gegen die Aufsichtspflicht aus § 130 OWiG bestimmt sich die Höhe der Verbandsgeldbuße nach § 30 Abs. 2 S. 2, 3 i.V.m. § 130 Abs. 3 S. 1, 2 OWiG und liegt bei bis zu 10 Millionen EUR.[1357] Durch den Verweis in § 30 Abs. 3 OWiG auf § 17 Abs. 4 OWiG besteht die Möglichkeit, den Bußgeldrahmen zu überschreiten, wenn durch die Geldbuße der wirtschaftliche Vorteil, den der Täter aus der Ordnungswidrigkeit gezogen hat, nicht überschritten wird. Die Implementierung eines effizienten Compliance-Systems kann sich bei der Bemessung der Geldbuße positiv auswirken.[1358] Entscheidend ist dabei der Umstand, ob zum Zeitpunkt der Tat bereits ein Compliance-System zur Vermeidung von Rechtsverstößen implementiert war und ob dieses im Anschluss dahingehend optimiert wurde, dass sich entsprechende Vergehen nicht wiederholen können.[1359] Bislang beruht die Möglichkeit der Strafminderung auf (höchstrichterlicher) Rechtsprechung; begrüßenswert wäre hingegen eine

---

1353 BGH NStZ 1986, 34.

1354 GJW/*Niesler*, OWiG, § 130 Rn. 30.

1355 Siehe hierzu schon Kapitel E, II, 2.

1356 Die Zuwiderhandlung stellt eine objektive Bedingung der Ahndbarkeit dar, vgl. BGH wistra 1982, 34, 35; 1984, 187, 188; BeckOK/*Beck*, OWiG, § 130 Rn. 79.

1357 Im Falle einer begangenen Straftat richtet sich die Höhe der Geldbuße nach § 30 Abs. 2 S. 1 OWiG und beträgt bei vorsätzlichen Straftaten bis zu 10 Millionen EUR, bei fahrlässigen bis zu 5 Millionen EUR.

1358 Vgl. BGH BeckRS 2017, 114578 mit Kommentar *Bings/Link*, CB 2017, 332; BT-Drs. 17/11053, S. 21.

1359 Um einen solchen Nachweis erbringen zu können, sollten sämtliche vorgenommenen Maßnahmen umfangreich dokumentiert werden, vgl. *Bachmann*, Gesellschaftsrecht in der Diskussion 2007, 65, 82; *Hauschka*, AG 2004, 461, 464 f.; *ders.*, DB 2006, 1143, 1146; *Rodewald/Unger*, BB 2006, 113, 115; *Fecker/Kinzl*, CCZ 2010, 13, 18.

gesetzliche Verankerung, dass bestehende Compliance-Maßnahmen im Rahmen der Strafzumessung berücksichtigt werden,[1360] wie dies in anderen Ländern bereits der Fall ist.[1361]

2. Haftung des Compliance-Pflichtigen

Für den Compliance-Pflichtigen kommt eine bußgeldrechtliche Haftung nach § 130 OWiG in Betracht. Die Voraussetzungen hierfür wurden bereits im Rahmen der Haftung des Vereins nach § 30 OWiG geprüft.[1362]

IV. Arbeitsrechtliche Folgen

Neben strafrechtlichen, zivilrechtlichen und ordnungswidrigkeitenrechtlichen Folgen können Fehler bei der Implementierung von Compliance-Maßnahmen auch arbeitsrechtliche Konsequenzen nach sich ziehen.

Ist die für Compliance verantwortliche Person Mitglied des Vorstands,[1363] besteht die Möglichkeit, dass die Mitgliederversammlung die Bestellung zum Vorstand widerruft, § 27 Abs. 2 S. 1 BGB.[1364] Dies kann insb. dann der Fall sein, wenn durch die Satzung bestimmt ist, dass ein Widerruf zu erfolgen hat, wenn hierfür ein wichtiger Grund vorliegt, § 27 Abs. 2 S. 2 BGB. Ein solcher ist gegeben, wenn das weitere Verbleiben im Vorstand für den Verein unzumutbar[1365] und „eine ordnungsgemäße, das Wohl des Vereins fördernde Amtsführung unmöglich oder wenigstens gefährdet"[1366] wäre.[1367] Es kommt dabei nicht

1360 Siehe hierzu bereits Kapitel E, V, 1.

1361 Vgl. auch *Moosmayer*, Compliance, B I 2, Rn. 17 ff. m.W.N.; *Eufinger*, CCZ 2016, 209 ff. m.w.N.

1362 Siehe Kapitel F, III, 1.

1363 Ist der Compliance-Beauftragte besonderer Vertreter nach § 30 BGB, kann eine Abberufung aufgrund einer entsprechenden Regelung in der Satzung erfolgen, vgl. BeckOGK/*Kling*, BGB, § 30 Rn. 19.

1364 Grds. liegt die Zuständigkeit zur Ausübung des Widerrufs bei demjenigen, bei dem auch die Bestellungskompetenz liegt, vgl. BGH NJW 1984, 1884, 1885, nach § 27 Abs. 1 BGB somit bei der Mitgliederversammlung. Durch eine entsprechende Satzungsbestimmung kann hiervon jedoch abgewichen werden, § 40 BGB, vgl. auch MüKoBGB/*Leuschner*, § 27 Rn. 24.

1365 Vgl. BGH NJW 1991, 846 (für den Vorstand einer GmbH).

1366 OLG Karlsruhe, NJW-RR 1998, 684.

1367 Vgl. auch Schimke/Dauernheim/Reichert/*Wagner*, Vereins- und Verbandsrecht, Rn. 2200.

darauf an, ob das Vorstandsmitglied pflichtwidrig oder schuldhaft[1368] gehandelt hat, auch nicht, ob dem Verein ein Schaden entstanden ist.[1369] Fehlt eine entsprechende Regelung in der Satzung, nennt § 27 Abs. 2 S. 2 Hs. 2 BGB als einen wichtigen Grund beispielhaft eine grobe Pflichtverletzung oder die Unfähigkeit zur ordnungsgemäßen Geschäftsführung. Kommt das für Compliance zuständige Vorstandsmitglied seiner Compliance-Pflicht nicht nach, kann hierin eine grobe Verletzung seiner Pflichten liegen. Das wäre dann der Fall, wenn er „nachhaltig und schwerwiegend" seiner Pflicht nicht nachkäme.[1370] Das Merkmal der Unfähigkeit wird regelmäßig nicht erfüllt sein, da eine bloße Untüchtigkeit des Vorstandsmitglieds hierfür nicht ausreicht.[1371]

Der Widerruf der Bestellung zum Vorstand führt nicht automatisch zur Beendigung des Anstellungsverhältnisses, da Bestellung und Anstellung grds. unabhängig voneinander sind.[1372] Es besteht jedoch die Möglichkeit, beides miteinander zu verknüpfen und im Wege einer Bedingung oder Befristung das Bestehen des Anstellungsvertrags vom Bestehen der Bestellung abhängig zu machen.[1373] Ohne eine entsprechende Verknüpfung bedarf es zur Beendigung des Anstellungsvertrags einer ausdrücklichen Kündigung.[1374] Dies ergibt sich schon aus § 27 Abs. 2 S. 1 BGB, wonach der Anspruch auf die vertragsmäßige Vergütung auch nach Beendigung der Bestellung zum Vorstand weiterbesteht. Liegt ein wichtiger Grund zur Kündigung des Anstellungsverhältnisses vor, kann die für Compliance verantwortliche Person somit auch ihre Anstellung im Verein verlieren.

1368 OLG Stuttgart, NZG 2002, 971, 972.

1369 OLG Düsseldorf, NJW 1989, 172 (für den Geschäftsführer einer GmbH).

1370 BeckOGK/*Segna*, BGB, § 27 Rn. 42.

1371 BeckOGK/*Segna*, BGB, § 27 Rn. 42; Spindler/Stilz/*Fleischer*, AktG, § 84 Rn. 106.

1372 Es gilt nach h.M. die sog. Trennungstheorie, vgl. BGHZ 78, 82 = NJW 1980, 2415, 2416 (für die GmbH); BGHZ 36, 142 = NJW 1962, 340, 343 (für die AG); BGHZ 79, 38 = NJW 1981, 757 (für die öffentlich-rechtliche Kreditanstalt); MüKoBGB/*Leuschner*, § 27 Rn. 7, 9; BeckOK/*Schöpflin*, BGB, § 27 Rn. 8.

1373 BGH NJW 1999, 3263, 3264 (für die GmbH); vgl. auch MüKoBGB/*Leuschner*, § 27 Rn. 9; BeckOK/*Schöpflin*, BGB, § 27 Rn. 8.

1374 Die Kündigung ist grds. von „dem Verbandsorgan, das nach Gesetz oder Satzung zur Bestellung und Abberufung des Vorstandes berufen ist", auszusprechen, vgl. BGHZ 113, 237 = NJW 1991, 1727. Ist in der Satzung nichts Abweichendes geregelt, ist die Kündigung des Anstellungsverhältnisses von der Mitgliederversammlung auszusprechen, vgl. § 27 BGB.

Das Landgericht Berlin[1375] bspw. bestätigte die Rechtmäßigkeit einer fristlosen Kündigung eines Bankvorstands einer Aktiengesellschaft in einem Fall, in dem die vom Vorstand getroffenen Maßnahmen zum Risikomanagement nicht den gesetzlichen Vorgaben des § 91 Abs. 2 AktG entsprachen. Diese Verletzung seiner Pflichten stelle einen besonderen Grund i.S.v. § 626 BGB dar. Eine grds. Übertragung dieser Rechtsprechung auf Sportvereine kann nicht erfolgen, da es an einer entsprechenden Regelung des § 91 Abs. 2 AktG im Vereinsrecht fehlt; auch eine analoge Anwendbarkeit ist nur dann möglich, wenn der Sportverein in seiner Größe und Organisation mit einer Aktiengesellschaft vergleichbar ist.[1376] Jedoch besteht auch für den Vorstand eines Sportvereins die Verpflichtung, erforderliche Maßnahmen zur Erfüllung seiner Compliance-Pflicht zu implementieren. Kommt der Compliance-Pflichtige dieser Pflicht nicht nach, kann dies im Einzelfall ebenfalls zu schwerwiegenden Gefahren für den Verein führen und die Fortsetzung des Dienstverhältnisses bis zum Ablauf der Kündigungsfrist, wie es § 626 Abs. 1 BGB vorsieht, als unzumutbar gestalten. Liegt ein besonderer Grund nicht vor, kann dem Compliance-Pflichtigen nach § 621 BGB auch ordentlich gekündigt werden.

Eine Kündigung kommt grds. nur dann in Betracht, wenn sie sozial gerechtfertigt ist. Nach § 1 Abs. 2 S. 1 KSchG[1377] ist dies der Fall, wenn sie durch Gründe, die in der Person des Arbeitnehmers oder in dessen Verhalten liegen, oder durch dringende betriebliche Erfordernisse bedingt ist. Ein Kündigungsgrund kann bspw. vorliegen, wenn der Arbeitnehmer „seine Haupt- und Nebenpflichten aus seinem Arbeitsverhältnis erheblich und in der Regel schuldhaft verletzt hat und eine dauerhaft störungsfreie Vertragserfüllung in Zukunft nicht mehr zu erwarten steht."[1378] Gegen die Kündigung steht dem Arbeitnehmer nach § 3 KSchG die Möglichkeit zu, hiergegen Einspruch einzulegen, wenn er die Kündigung für sozial ungerechtfertigt hält.[1379] Voraussetzung ist, dass der Arbeitnehmer dem

---

1375 LG Berlin, BKR 2002, 969; vgl. auch weitergehend *Preußner/Zimmermann*, AG 2002, 657 ff.

1376 Siehe Kapitel E, II, 1, b.

1377 Das Kündigungsschutzgesetz ist auch anwendbar auf Vereine. § 118 KSchG schließt den Geltungsbereich zwar für Unternehmen und Betriebe aus, die unmittelbar und überwiegend eine erzieherische Zielsetzung verfolgen; Sportvereine verfolgen auch erzieherische Ziele, jedoch nicht als primäre Aufgabe der Persönlichkeitsentwicklung, vgl. auch BAGE 91, 144 = NZA 1999, 1347 (für Landessportbünde). Voraussetzung ist jedoch, dass die Mindestbeschäftigtenzahl des § 23 Abs. 1 KSchG erfüllt ist.

1378 BAG NZA-RR 2012, 12, 14 (Rn. 34).

1379 Voraussetzung ist das Bestehen eines Betriebsrats.

Anwendungsbereich des Kündigungsschutzgesetzes unterfällt. Hier stellt sich für den Compliance-Pflichtigen ein Problem: I.d.R. wird er Mitglied des Vereinsvorstands oder als besonderer Vertreter bestellt sein. Somit wird er als leitender Angestellter[1380] i.S.v. § 14 Abs. 1 Nr. 1 KSchG eingestuft.[1381] Über beide Wege kommen ihm das Recht und die Pflicht zur gesetzlichen Vertretung des Vereins zu. § 14 KSchG schreibt nun vor, dass das Recht zum Kündigungseinspruch für leitende Angestellte entfällt.[1382] Der Ausschluss ergibt sich daraus, dass der Betriebsrat für leitende Angestellte gar nicht zuständig ist, da diese gem. § 5 Abs. 2 Nr. 1 BetrVG nicht als Arbeitnehmer gelten und der Betriebsrat somit auch nicht vor ihrer Kündigung gem. § 102 BetrVG zu hören ist.[1383] Wird dem Compliance-Pflichtigen mit der Begründung gekündigt, er sei seiner Compliance-Pflicht nicht nachgekommen, kann somit nicht überprüft werden, ob die Kündigung sozial ungerechtfertigt erfolgte, bspw. aus dem Grund, den „unliebsamen" Aktivitäten des Compliance-Pflichtigen ein Ende zu setzen.[1384] Ihm steht lediglich ein Abfindungsanspruch gem. § 9 KSchG zu, dessen Höhe sich aus § 10 KSchG ergibt.

Durch seine Stellung als gesetzlicher Vertreter ist dem Compliance-Pflichtigen auch der Weg zu den Arbeitsgerichten versagt. § 5 Abs. 1 S. 3 ArbGG schließt die Arbeitnehmerstellung für Personen aus, die kraft Gesetzes, Satzung oder Gesellschaftsvertrags zur Vertretung berufen sind. Somit unterfällt sowohl der Compliance-Pflichtige, der Mitglied des Vorstands[1385] ist, als auch der besondere Vertreter[1386] nach § 30 BGB nicht der Gerichtsbarkeit der Arbeitsgerichte.[1387]

Die arbeitsrechtliche Position des Compliance-Pflichtigen im Verein ist somit stark geschwächt. Vielfach wird er durch die Ausübung seiner Arbeit anderen

---

1380 Vgl. zum Begriff des leitenden Angestellten *Vogel*, NZA 2002, 313 ff.

1381 Vgl. BeckOK/*Volkening*, KSchG, § 14 Rn. 10. Für den besonderen Vertreter vgl. auch *Stöber/Otto*, Handbuch zum Vereinsrecht, Rn. 570; *Kelber*, NZA 2013, 988 ff.

1382 Die Anwendung des KSchG ist weitestgehend ausgeschaltet, vgl. LAG Hamm = BeckRS 2013, 69377.

1383 Vgl. auch BeckOK/*Volkening*, KSchG, § 14 Rn. 24.

1384 Vgl. *Bürkle*, CCZ 2010, 4, 12.

1385 Vgl. BAG NJW 1996, 614, 615.

1386 Vgl. BAG NJW 1997, 3261. Besondere Vertreter sind hingegen nur umfasst, wenn eine entsprechende Regelung in der Satzung besteht, vgl. auch LAG Hamm (2. Kammer), BeckRS 2018, 3701.

1387 Gleichwohl kann die Anstellung des Compliance-Beauftragten als Arbeitsverhältnis zu qualifizieren sein, vgl. *Stöber/Otto*, Handbuch zum Vereinsrecht, Rn. 570; LAG Sachsen-Anhalt, BeckRS 2011, 140431.

Mitarbeitern oder Mitgliedern Regelungen aufgeben, die für diese einen Mehraufwand bedeuten. Zudem stehen sie unter der ständigen Beobachtung des Compliance-Pflichtigen. Es ist somit nicht ausgeschlossen, dass es zu Kündigungen kommen kann, die dem einzigen Zweck dienen, sich der Aufsicht eines bestimmten und besonders aufmerksamen Compliance-Pflichtigen zu entziehen. Insb. bei der ordentlichen Kündigung nach § 621 BGB muss der Verein keinen besonderen Grund wie in § 626 BGB vorbringen.

Da der Compliance-Pflichtige nicht unter den Schutz des Kündigungsschutzgesetzes fällt, sollte der Verein über Modifikationen bestehender Kündigungsregelungen nachdenken.[1388] Es könnte bspw. eine Regelung entweder in der Satzung oder im Dienstvertrag aufgenommen werden, die sich an der Schutzregelung des § 58 BImSchG orientiert.[1389] Hier wird der Immissionsschutzbeauftragte vor Benachteiligung geschützt und eine Kündigung ist nur dann zulässig, wenn hierfür ein wichtiger Grund vorliegt.[1390] Die Gesetzesbegründung erklärt eine solche Regelung dadurch, dass so der Beauftragte „nicht aus Furcht vor Entlassung an einer wirksamen Wahrnehmung seiner Aufgaben" gehindert werde und zugleich verhindert werde, dass „der Betreiber sich unbequemer (...)Beauftragter zu entledigen sucht, dass er das Beschäftigungsverhältnis kündigt."[1391] Durch solch eine Regelung wird die Stellung des Compliance-Pflichtigen gestärkt, sodass er die erforderliche Effektivität und Unabhängigkeit gewährleisten kann, die zur Erfüllung seiner Aufgaben erforderlich sind.[1392]

1388 Vgl. hierzu ausführlich *Fecker/Kinzl*, CCZ, 2010, 13, 18 ff.; *Illing/Umnuß*, CCZ 2009, 1, 6 f.

1389 *Fecker/Kinzl*, CCZ, 2010, 13, 19; *Illing/Umnuß*, CCZ 2009, 1, 6 (Fn. 52).

1390 Vgl. zur Möglichkeit einer „Unkündbarkeit" für einen gewissen Zeitraum *Lucius*, CCZ 2008, 186, 189.

1391 BT-Drs. 11/4909, S. 25.

1392 *Illing/Umnuß*, CCZ 2009, 1, 6.

G. Zusammenfassung

Das Thema Compliance spielt im Vereins- und Verbandsrecht zwar noch eine eher untergeordnete Rolle, gleichwohl wird in Zukunft auch hier der Fokus verstärkt auf diesen Bereich gelenkt werden (müssen). Gegenstand werden hierbei insb. die strafrechtlichen Risiken sein, die in Sportvereinen und -verbänden bestehen. Der sowohl quantitative als auch qualitative Anstieg des Dopings im Sport und der damit verbundenen organisierten Kriminalität waren Auslöser, über die Maßnahmen des organisierten Sports hinaus ebenfalls Regelungen im staatlichen Recht aufzunehmen. Durch die Einführung des AntiDopG wurde eine Rechtsgrundlage geschaffen, die eine Erweiterung des strafbaren Handelns über die Delikte der Körperverletzung und des Betrugs hinaus darstellt und darüber hinaus den Kern des Unrechts erfasst. Trotz des teils umstrittenen Rechtsguts der Integrität des Sports ist die Schaffung des Gesetzes insb. unter dem Gesichtspunkt des Schutzes des wirtschaftlichen Wettbewerbs legitim, da hierdurch der steigenden wirtschaftlichen Bedeutung des Sports Rechnung getragen werden kann. Dies gilt auch in Bezug auf die Straftat des Matchfixings. Durch die Einführung der §§ 265c ff. StGB wird eine eigene Strafbarkeit der handelnden Personen begründet, die direkt einen Eingriff in den sportlichen Wettkampf vornehmen; ein Rückgriff auf die Teilnahmestrafbarkeit ist so nicht mehr erforderlich. Durch die wirtschaftliche Bedeutung des Sportsektors ist auch dessen mediale Beachtung angestiegen. Insb. bei der Vergabe von großen Sportereignissen, die dadurch die Möglichkeit erhöhter finanzieller Einnahmen birgt, besteht die Gefahr von Bestechungshandlungen aus dem Verein heraus, aber auch von außerhalb. Ebenso verhält es sich bei dem Abschluss von Sponsoring-Verträgen und Hospitality-Paketen.

Der Sportverein kann diesen Risiken durch die Implementierung von Compliance-Maßnahmen begegnen. Hierzu ist er nicht nur im eigenen Interesse angehalten, sondern auch gesetzlich verpflichtet. Zu den Leitungspflichten eines Vereinsvorstands zählt nach § 27 Abs. 3 BGB die Pflicht, stets zum Vorteil und im Interesse des Vereins zu handeln, d.h. Schäden von ihm fernzuhalten. Zur Bestimmung der anzuwendenden Sorgfalt kann dabei der Vereinszweck herangezogen werden, der primär in der Förderung des Sports liegt. Hieraus ergibt sich, dass der Verein die Werte des Sports zu schützen hat, die durch die genannten korruptiven und strafbaren Handlungen der Mitarbeiter und Mitglieder des Sportvereins gefährdet werden. Die Erreichung des Vereinszwecks dient daher der Abwehr von Schäden und somit dem Interesse des

Vereins. Der Pflicht zur Compliance hat dabei der Vereinsvorstand nachzukommen, er kann sie jedoch auf ein einzelnes Vorstandsmitglied oder einen besonderen Vertreter delegieren, welcher dann die Aufgaben als Compliance-Beauftragter wahrnimmt.

Bislang fehlt es an einer gesetzlichen Regelung zur Ausgestaltung der Compliance-Pflicht. Hier sollte nachgebessert und zumindest ein Katalog an Mindeststandards entwickelt werden. Bei der konkreten inhaltlichen Ausgestaltung der Compliance-Pflicht sollte daher die entsprechende Gefahrenlage sowie die Geeignetheit, Erforderlichkeit und Zumutbarkeit des jeweiligen Vereins berücksichtigt werden. Kleinere Vereine können dabei insb. arbeitsvertragliche Regelungen schaffen und Aufklärungsarbeit betreiben. Größere Vereine und Verbände sind darüber hinaus eher in der Lage, zusätzlich Regelwerke zu erstellen, in denen das strafbewerte Verhalten aufgezeigt wird und Mitarbeitern und Mitgliedern Verhaltenshinweise gegeben werden. Auch sollten vermehrt Vorgaben im Bereich Corporate Social Responsibility aufgenommen werden. Neben Richtlinien, die durch einen entsprechenden Vermerk in der Satzung auch für nachgeordnete Vereine Geltung besitzen können, können größere Vereine und Verbände zudem Maßnahmen zur Überwachung, zur Einhaltung kartellrechtlicher Vorgaben und zur Aufdeckung von Straftaten implementieren. Unabhängig von Art und Größe des Vereins spielt das Thema Tax-Compliance für sämtliche Sportvereine eine wichtige Rolle, da der Aufrechterhaltung des gemeinnützigen Status aus finanzieller Sicht ein erheblicher Stellenwert zukommt.

Kommt die für Compliance verantwortliche Person ihrer Pflicht zur Errichtung erforderlicher Maßnahmen nicht nach, kann dies in der Folge eine strafrechtliche Verantwortlichkeit hervorrufen, soweit ein strafbares Handeln eines Vereinsmitarbeiters vorliegt. Die Garantenstellung ist dabei abhängig von der Position des Compliance-Pflichtigen und ergibt sich bei einem Vorstandsmitglied aus der strafrechtlichen Geschäftsherrenhaftung und bei einem besonderen Vertreter aus einer vertraglichen Übernahme. Zudem kann die fehlende Compliance-Ausübung eine Schadenersatzpflicht des Compliance-Pflichtigen begründen, sowohl im Außenverhältnis gegenüber geschädigten Dritten als auch im Innenverhältnis gegenüber dem Verein. Übt der Compliance-Pflichtige seine Aufgabe ehrenamtlich aus, kann ihm die Haftungsprivilegierung des § 31a BGB zugutekommen. Neben den restlichen Vorstandsmitgliedern, die trotz Delegation ihrer Compliance-Verantwortung insb. aufgrund ihrer Schadensabwehrpflicht ebenfalls einer Haftung unterliegen können, kann auch der Verein selbst gem. § 31 BGB Gegner eines Haftungsanspruchs sein. Darüber hinaus stellt die Nicht-Errichtung erforderlicher Compliance-Maßnahmen eine Verletzung von § 130 OWiG dar, sodass den Verein zugleich eine Bußgeldhaftung nach § 30 OWiG treffen kann. Um diese Risiken der Haftung zu minimieren, die eigene Reputation zu stärken und letztlich seiner gesetzlichen Pflicht nachzukommen, sollte jeder Sportverein erforderliche Compliance-Maßnahmen errichten.

Literaturverzeichnis

Adam, Dirk H. V.: Die Begrenzung der Aufsichtspflichten in der Vorschrift des § 130 OWiG, wistra 2003, 285 – 292.

Adolphsen, Jens/Nolte, Martin/Lehner, Michael/Gerlinger, Michael (Hrsg.): Sportrecht in der Praxis, Stuttgart, 2011.

Ahlers, Rainer: Doping und strafrechtliche Verantwortlichkeit – Zum strafrechtlichen Schutz des Sportlers vor Körperschäden durch Doping, 2. Auflage, Baden-Baden, 1998.

Arnold, Arnd: Die geplante Vereinsreform – Fortschritt oder Irrweg? Zur Wiedereinsetzung in die Rechtsmittelbegründungsfrist nach Gewährung von Prozesskostenhilfe, DB 2004, 2143 – 2146.

Arnold, Michael: Verantwortung und Zusammenwirken des Vorstands und Aufsichtsrats bei Compliance-Untersuchungen, ZGR 2014, 76 – 106.

Bachmann, Gregor: Compliance, Rechtsgrundlagen und offene Fragen, in: Gesellschaftsrechtliche Vereinigung (Hrsg.), Gesellschaftsrecht in der Diskussion 2007, Köln, 2008, 65 – 101.

Bachmann, Gregor: Reformbedarf bei der Business Judgement Rule? ZHR 177 (2013), 1 – 12.

Bachmann, Gregor: *Anm.* zu LG München I, Urteil v. 10.12.2013 – 5 HK O 1387/10, ZIP 2014, 579 – 583.

Balke, Michaela/Klein, Karen: Vorstandshaftung für fehlerhafte Ausrichtung der Compliance-Organisation – Bedeutung von Compliance-Risikoanalyse und Business Judgment Rule, ZIP 2017, 2038 – 2046.

Ballasch, Alexander: Die Verpflichtungszusage des Ligaverbandes gegenüber der EU-Kommission: die Zentralvermarktung der Bundesliga-Übertragungsrechte im Lichte des europäischen Kartellrechts; unter besonderer Betrachtung der Inhaberschaft an den Übertragungsrechten (2010), Berlin, 2010.

Balthasar, Stephan/Hamelmann, Uwe: Finanzkrise und Vorstandshaftung nach § 93 Abs. 2 AktG: Grenzen der Justiziabilität unternehmerischer Entscheidungen, WM 2010, 589 – 594.

Balzer, Peter: Die Umwandlung von Vereinen der Fußball-Bundesliga in Kapitalgesellschaften zwischen Gesellschafts-, Vereins- und Verbandsrecht, ZIP 2001, 175 – 184.

Barton, Dirk-Michael: Die strafrechtliche Verantwortlichkeit des Compliance-Officers – Teil 2, jurisPR-StrafR 23/2009.

Bauer, Hans-Lucas/Wißmann, Anke C.: Strafrechtliche Geschäftsherrenhaftung im Unternehmen, in: Lüderssen, Klaus/Volk, Klaus/Wahle, Eberhart (Hrsg.), Festschrift für Wolf Schiller zum 65. Geburtstag am 12. Januar 2014, Baden-Baden, 2014, 15 - 26.

Baumbach, Adolf/Hopt, Klaus J. (Begr./Hrsg.): Handelsgesetzbuch Kommentar, 39. Auflage, München 2020.

Baur, Alexander/Holle, Philipp Maximilian: Hinweisgebersysteme aus gesellschaftsrechtlicher Perspektive - Einrichtung und Ausgestaltung von Whistleblowing in der Aktiengesellschaft, AG 2017, 379 - 384.

Bayer, Walter: Legalitätspflicht der Unternehmensleitung, nützliche Gesetzesverstöße und Regress bei verhängten Sanktionen, in: Bitter, Georg/Lutter, Marcus/Priester, Hans-Joachim/Schön, Wolfgang/Ulmer, Peter (Hrsg.), Festschrift für Karsten Schmidt, Köln, 2009, 85 - 103.

Bechtold, Rainer/Bosch: Gesetz gegen Wettbewerbsbeschränkungen, Kommentar, 9. Auflage, München, 2018.

Behringer Stefan (Hrsg.): Compliance kompakt - Best Practice im Compliance-Management, 4. Auflage, Berlin, 2018.

Berg, Cai: Korruption in Unternehmen und Risikomanagement nach § 91 Abs. 2 AktG, AG 2007, 271 - 278.

Berndt, Markus: Strafrechtliche Garantenpflicht eines Compliance-Officers, Anm. zum Urteil des BGH v. 17.07.2009, StV 2009, 689 - 691.

Bernhard, Jochen: Rechte und Pflichten externer Ombudspersonen, CCZ 2014, 152 - 158.

Bernsmann, Klaus: Untreue und Korruption - der BGH auf Abwegen, GA 2009, 296 - 313.

Bertling, Lisa/Roth, Maximilian: Zur Steuerpflicht von Schiedsrichtern - Auswirkungen des BFH-Urteils, SpuRt 2019, 146 - 150.

Beuthin, Volker: Zur Funktion und Verantwortung juristischer Personen im Privatrecht, JZ 2011, 124 - 130.

Beuthien, Volker: Wie ideell muss ein Idealverein sein? NZG 2015, 449 - 459.

Beulke, Werner: Der „Compliance Officer" als Aufsichtsgarant? in: Geisler, Claudius/Kraatz, Erik/Kretschmer, Joachim/Schneider, Hartmut/Sowada, Christoph (Hrsg.), Festschrift für Klaus Geppert zum 70. Geburtstag am 10. März 2011, Berlin, 2011, 23 - 42.

Beulke, Werner/Moosmayer, Klaus: Der Reformvorschlag des Bundesverbandes der Unternehmensjuristen zu den §§ 30, 130 OWiG - Plädoyer für ein modernes Unternehmenssanktionenrecht, CCZ 2014, 146 - 152.

Bicker, Eike: Compliance – organisatorische Umsetzung im Konzern, AG 2012, 542 – 552.

Bings, Sophie Luise/Link, Markus: BGH: Implementierung eines effizienten CMS muss Rechtsverletzungen im Unternehmen unterbinden, CB 2017, 332.

Boos, Karl-Heinz/Fischer, Reinfrid/Schulte-Mattler, Hermann (Hrsg.): Kommentar zum KWG, 5. Auflage, München, 2016.

Bosch, Nikolaus: Organisationsverschulden in Unternehmen, Baden-Baden, 2002.

Böttcher, Lars: Bankvorstandshaftung im Rahmen der Sub-Prime Krise, NZG 2009, 1047 – 1052.

Brand, Christian: Anm. zu BGH, Urteil v. 27.08.2010 – 2 StR 111/09, NJW 2010, 3463 – 3464.

Brouwer, Tobias: Compliance im Wirtschaftsverband, CCZ 2009, 161 – 168.

Brouwer, Tobias: Organschaftliche Pflichtendelegation im Verein, NZG 2017, 481 – 489.

Brüning, Janique/Samson, Erich: Bankenkrise und strafrechtliche Haftung wegen Untreue gem. § 266 StGB, ZIP 2009, 1089 – 1094.

Bruhn, Manfred: Sponsoring als Instrument der Markenartikelwerbung, Markenartikel: Das Magazin für Markenführung, 1987, Vol. 49, Nr. 5, 190 – 198.

Bülte, Jens: Möglichkeiten und Grenzen beweiserleichternder Tatbestandsfassungen im Strafrecht, JZ 2014, 603 – 612.

Bürkle, Jürgen: Weitergabe von Informationen über Fehlverhalten in Unternehmen (Whistleblowing) und Steuerung auftretender Probleme durch ein Compliance-System, DB 2004, 2158 – 2161.

Bürkle, Jürgen: Corporate Compliance – Pflicht oder Kür für den Vorstand der AG? BB 2005, 565 – 570.

Bürkle, Jürgen: Grenzen der strafrechtlichen Garantenstellung des Compliance-Officers, CCZ 2010, 4 – 12.

Bürkle, Jürgen/Hauschka, Christoph E. (Hrsg.): Der Compliance Officer – Ein Handbuch in eigener Sache, München, 2015.

Burghard, Ulrich: Das Gesetz zur Begrenzung der Haftung von ehrenamtlich tätigen Vereinsvorständen, ZIP 2010, 358 – 365.

Campos Nave, Jose A./Vogel, Henrik: Die erforderliche Veränderung von Corporate Compliance-Organisationen im Hinblick auf gestiegene Verantwortlichkeiten des Compliance Officers, BB 2009, 2546 – 2550.

Casper, Matthias: Whistleblowing zwischen Denunziantentum und integralem Baustein von Compliance-Systemen, in: Hoffmann-Becking, Michael/Hüffer, Uwe/Reichert, Jochem (Hrsg.), Liber Amicorum für M. Winter, Köln, 2011, 77 – 98.

Cherkeh, Rainer T.: Betrug (§ 263 StGB), verübt durch Doping im Sport, Berlin, 2010.

Cherkeh, Rainer T.: Compliance – Strategien des Vereinsvorstands zur Haftungsvermeidung, npoR 2014, 101 – 106.

Cherkeh, Rainer T.: Stärkung des Hinweisgeberschutzes durch Kronzeugenregelung im AntiDopG, SpuRt 2019, 167 – 168.

Clasing, Dirk (Hrsg.): Doping – verbotene Arzneimittel im Sport, Stuttgart/Jena/New York, 1992.

Dann, Matthias: Durchsuchung und Beschlagnahme in der Anwaltskanzlei, NJW 2015, 2609 – 2014.

Dann, Matthias/Mengel, Anja: Tanz auf einem Pulverfass – oder: Wie gefährliche leben Compliance-Beauftragte? NJW 2010, 3265 – 3269.

Dannecker, Christoph: Die Folgen der strafrechtlichen Geschäftsherrenhaftung der Unternehmensleitung für die Haftungsverfassung juristischer Personen – Zugleich: Besprechung von BGH, Urt. v. 10.7.2012 – VI ZR 341/10, NZWiSt 2012, 441 – 451.

Dannecker, Gerhard/Dannecker, Christoph: Die „Verurteilung“ der strafrechtlichen Geschäftsherrenhaftung im Unternehmen, JZ 2010, 981 – 992.

Deutscher, Jörg: Zur Strafbarkeit des Compliance-Officers – Erhöhte Berufsrisiken nach dem Urteil des BGH v. 17.07.2009, WM 2010, 1387 – 1393.

Drygala, Tim/Drygala, Anja: Wer braucht ein Frühwarnsystem? Zur Ausstrahlungswirkung des § 91 Abs. 2 AktG, ZIP 2000, 297 – 305.

Ehlers, Harald: Die persönliche Haftung von ehrenamtlichen Vereinsvorständen, NJW 2011, 2689 – 2694.

Emrich, Eike/Pierdzioch, Christian: Theoretische Rahmung, in: Emrich/Pierdzioch/Pitsch (Hrsg.), Falsches Spiel im Sport - Analysen zu Wettbewerbsverzerrungen, Saarbrücken 2015, 15 – 44.

Engel, Tim/Hesselbarth, Marie: Compliance-Pflicht im Vereinskonzern – Teil 1, CB 2014, 446 – 451.

Engel, Tim/Hesselbarth, Marie: Compliance-Pflicht im Vereinskonzern – Teil 2, CB 2015, 1 – 8.

Erbs, Georg/Kohlhaas, Max (Begr./ehm. Hrsg.): Strafrechtlichen Nebengesetze, Stand: 231. Ergänzungslieferung, München, 2020.

Epping, Volker/Hillgruber, Christian (Hrsg.): BeckOK Grundgesetz, 44. Edition, München, 2020.

Eufinger, Alexander: Berücksichtigung von Compliance-Programmen bei der Bußgeldbemessung – Vorbild USA? CCZ 2016, 209 – 214.

Eufinger, Alexander: Rechtliche Aspekte Compliance-indizierter Sanktionsmaßnahmen im Arbeitsverhältnis, RdA 2017, 223 – 230.

Fecker, Jörg/Kinzl, Ulrich-Peter: Ausgestaltung der arbeitsrechtlichen Stellung des Compliance-Officers Schlussfolgerungen aus der BSR-Entscheidung des BGH, CCZ 2010, 13 – 20.

Fiedler, Adrian: Ein großer Wurf gegen Wettbetrug? Contra, DRiZ 2016, 17.

Fischer, Thomas: Prognosen, Schäden, Schwarze Kassen – Aktuelle Diskussionen im Untreue- und Betrugsstrafrecht, NStZ-Sonderheft für Klaus Miebach, 2009, 8 – 19.

Fischer, Thomas: Strafgesetzbuch, 67. Auflage, München, 2020.

Fleischer, Holger: Zum Grundsatz der Gesamtverantwortung im Aktienrecht, NZG 2003, 449 – 459.

Fleischer, Holger: Vorstandsverantwortlichkeit und Fehlverhalten von Unternehmensangehörigen – Von der Einzelüberwachung zur Errichtung einer Compliance-Organisation, AG 2003, 291 – 300.

Fleischer, Holger: Die „Business Judgment Rule" – Vom Richterrecht zur Kodifizierung, ZIP 2004, 685 – 692.

Fleischer, Holger (Hrsg.): Handbuch des Vorstandsrechts, München, 2006.

Fleischer, Holger: Corporate Compliance im aktienrechtlichen Unternehmensverbund, CCZ 2008, 1 – 6.

Fleischer, Holger: Kartellrechtsverstöße und Vorstandsrecht, BB 2008, 1070 – 1076.

Fleischer, Holger: Zur ergänzenden Anwendung von Aktienrecht auf die GmbH, GmbHR 2008, 673 – 682.

Fleischer, Holger: Aktienrechtliche Compliance-Pflichten im Praxistest: Das Siemens/Neubürger-Urteil des LG München I, NZG 2014, 321 – 329.

Fleischer, Holger: Regresshaftung von Geschäftsleitern wegen Verbandsgeldbußen, DB 2014, 345 – 352.

Freitag, Robert/Korch, Stefan: Die Angemessenheit der Information im Rahmen der Business Judgment Rule (§ 93 Abs. 1 Satz 2 AktG), ZIP 2012, 2281 – 2286.

Freund, Georg: Der Entwurf eines 6. Gesetzes zur Reform des Strafrechts, ZStW 109 (1997), 455 – 489.

Freund, Stefan: Brennpunkte der Organhaftung – Anmerkungen aus der Praxis zur organrechtlichen Innenhaftung, NZG 2015, 1419 – 1424.

Fritzweiler, Jochen/Pfister, Bernhard/Summerer, Thomas (Hrsg.): Praxishandbuch Sportrecht, 3. Auflage, München, 2014.

Gach, Bernt/Rützel, Stefan: Verschwiegenheitspflicht und Behördenanzeigen von Arbeitnehmern, BB 1997, 1959 – 1963.

Geiger, Daniel: Nemo ultra posse obligatur – Zur strafrechtlichen Haftung von Compliance-Beauftragten ohne Disziplinargewalt, CCZ 2011, 170 – 174.

Gilberg, Dirk: Statt Tat-Verdachtskündigung: Die Vertrauenskündigung, DB 2006, 1555 – 1562.

Gilberg, Dirk: Die Vertrauenskündigung, RdA 2015, 209 – 214.

Göhler, Erich (Begr.): Ordnungswidrigkeitengesetz Kommentar, 17. Auflage, München, 2017.

Goette, Wulf: Organisationspflichten in Kapitalgesellschaften zwischen Rechtspflicht und Opportunität, ZHR 175 (2011), 388 – 400.

Goette, Wulf/Habersack, Mathias/Kalss, Susanne (Hrsg.): Münchener Kommentar zum Aktiengesetz, 5. Auflage, München, 2019.

Götting, Horst-Peter/Nordemann, Axel (Hrsg.): Nomos Kommentar zum UWG, 3. Auflage, Baden-Baden, 2016.

Gorse, Samantha/Chadwick, Simon: Conceptualising corruption in sport: Implications for sponsorship programmes, The European Business Review 2010, volume 4, 40 – 45.

Gotthardt, Jens Eric/Schütze, Alexandra: Vereine und Umsatzsteuer – Die umsatzsteuerliche Behandlung von Vereinsmitgliedsbeiträgen in Deutschland, NZG 2010, 1406 – 1411.

Graewe, Daniel: Anmerkung zum Beschluss des OLG München vom 14.11.2012 – Zur Frage des Aufgabenkreises eines besonderen Vertreters im Sinne des § 30 BGB, ZStV 2013, 60 – 61.

Graf, Jürgen (Hrsg.): BeckOK OWiG, 27. Edition, München, 2020.

Graf, Jürgen Peter/Jäger, Markus/Wittig, Petra (Hrsg.): Wirtschafts- und Steuerstrafrecht Kommentar, 2. Auflage, München, 2017.

Grambow, Tobias: Haftung und Compliance in Vereinen und Stiftungen, CB 2017, 45 – 51.

Grützner, Thomas/Leisch, Franz Clemens: §§ 130, 30 OWiG – Probleme für Unternehmen, Geschäftsleitung und Compliance-Organisation, DB 2012, 787 – 794.

Grützner, Thomas/Momsen, Carsten: Kopplungsgeschäfte und Korruption (§ 299) – Die Grenzen der Privatautonomie, CCZ 2017, 155 – 163.

Grützner, Thomas/Helms, Corinna/Momsen, Carsten: § 299 StGB - Neue und ungelöste Probleme nach Schaffung des Geschäftsherrenmodells, ZIS 2018, 299 – 316.

Grunewald, Barbara: Interne Aufklärungspflichten von Vorstand und Aufsichtsrat, NZG 2013, 841 – 846.

Gummert, Hans/Weipert, Lutz (Hrsg.): Münchener Handbuch des Gesellschaftsrechts, 5. Auflage, München, 2019.

Gutheil, Ulrike: Doping – Die haftungsrechtliche und sportrechtliche Verantwortung von Sportler, Trainer, Arzt und Sportverband, Hamburg, 1996.

Haas, Ulrich: Die Haftung des Vereinsvorstands bei Insolvenzverschleppung, SpuRt 1999, 1 – 5.

Haas, Ulrich/Vogel, Oliver: § 35 BGB Restrukturierungshindernis für Sportverbände, SpuRt 2011, 50 – 53.

Habersack, Mathias: Europäisches Gesellschaftsrecht im Wandel, NZG 2004, 1 – 9.

Hadding, Walther: Zu einer geplanten Änderung des Vereinsrechts, ZGR 2006, 137 – 166.

Hau, Wolfgang/Poseck, Roman (Hrsg.): BeckOK BGB, 55. Edition, München, 2020.

Hauptmann, Markus/Klarmann, Max: Whistleblower und Kronzeugen: Bedeutung und Regelungsbedarf im Interesse einer effizienteren Aufdeckung von Dopingverstößen im Sport, SpuRt 2019, 190 – 197.

Hauschka, Christoph E.: Compliance am Beispiel der Korruptionsbekämpfung, ZIP 2004, 877 – 883.

Hauschka, Christoph E.: Der Compliance-Beauftragte im Kartellrecht, BB 2004, 1178 – 1182.

Hauschka, Christoph E.: Corporate Compliance – Unternehmensorganisatorische Ansätze zur Erfüllung der Pflichten von Vorständen und Geschäftsführern, AG 2004, 461 – 475.

Hauschka, Christoph E.: Die Voraussetzungen für ein effektives Compliance System i.S. von § 317 Abs. 4 HGB, DB 2006, 1143 – 1146.

Hauschka, Christoph E.: Ermessensentscheidungen bei der Unternehmensführung, GmbHR 2007, 11 – 16.

Hauschka, Christoph E./Moosmayer, Klaus/Lösler, Thomas (Hrsg.): Corporate Compliance – Handbuch der Haftungsvermeidung im Unternehmen, 3. Auflage, München, 2016.

Heermann, Peter W.: Verbandsautonomie versus Kartellrecht – Zu Voraussetzungen und Reichweite der Anwendbarkeit der Art. 81, 82 EG auf Statuten von Sportverbänden, CaS 2006, 345 – 364.

Heermann, Peter W.: Haftung im Sport, Stuttgart, 2008.

Heermann, Peter W.: Sportsponsoring und Kartellrecht, WRP 2009, 285 – 299.

Heermann, Peter W.: Bezugspflichten bei Sponsoringverträgen, WRP 2014, 125 - 135.

Heermann, Peter W.: Kartellrechtliche Bewertung von Salary Caps i.S. des UEFA Financial Fair Play Reglements, NZKart 2015, 128 - 135.

Heermann, Peter W.: Haftung des Vereinsvorstands bei Ressortaufteilung sowie für unternehmerische Entscheidungen, NJW 2016, 1687 - 1692.

Heger, Martin: Die Strafbarkeit von Doping nach dem Arzneimittelgesetz, SpuRt 2001, 92 - 95.

Heger, Martin: Zur Strafbarkeit von Doping im Sport, JA 2003, 76 - 83.

Hellmann, Hans-Joachim/Cetintas, Gökhan: Die Zentralvermarktung der Bundesliga und gebietsanhängige Exklusivitätslizenzen in Verwertungsverträgen mit Rechteerwerbern, SpuRt 2018, 10 - 15.

Hellmann, Uwe: Wirtschaftsstrafrecht, 5. Auflage, Stuttgart, 2018.

Herbert, Manfred/Oberrath, Jörg-Dieter: Schweigen ist Gold? – Rechtliche Vorgaben für den Umgang des Arbeitnehmers mit seiner Kenntnis über Rechtsverstöße im Betrieb, NZA 2005, 193 - 199.

Hermanns, Arnold/Marwitz, Christian: Sponsoring: Grundlagen, Wirkungen, Management, Perspektiven, 3. Auflage, München, 2007.

Hoffmann, Andreas C./Schieffer, Anita: Pflichten des Vorstands bei der Ausgestaltung einer ordnungsgemäßen Compliance-Organisation, NZG 2017, 401 - 407.

Hoffmann-Becking, Michael: Vorstandsvorsitzender oder CEO? NZG 2003, 745 - 750.

Hölters, Wolfgang (Hrsg.): Aktiengesetz Kommentar, 3. Auflage, München, 2017.

Hölz, Hanns/Dehesselles, Thomas: VIP-Einladungen für Geschäftskunden, in: Trosien, Gerhard/Dinkel, Michael (Hrsg.), Sportökonomische Beiträge zur FIFA-Fußball-WM 2006, Heidelberg, 2007, 127 - 140.

Hoven, Elisa/Kubiciel, Michael/Waßmer, Martin Paul: Das Ende des Sommermärchens – Strafbarkeit korruptiver Einflussnahmen auf die Vergabe sportlicher Großereignisse, NZWiSt 2016, 121 - 127.

Huber, Frank/Matthes, Isabel/Dreckmeier, Lars/Schunk, Holger: Erfolgsfaktoren des Sportsponsorings bei Großereignissen – Eine empirische Untersuchung, Wiesbaden, 2008.

Hüffer, Uwe (Begr.)/Koch, Jens: Aktiengesetz Kommentar, 14. Auflage, München, 2020.

Hülsberg, Frank/Kuhn, Carsten: Step-by-step: Business Partner Checks, CB 2013, 353 - 356.

Hutz, Christopher/Kaiser, Martin: Aspekte der Spielmanipulation und des Sportwettbetrugs in Deutschland und der Schweiz, NZWiSt 2013, 379 – 385.

Illing, Diana/Umnuß, Karsten: Die arbeitsrechtliche Stellung des Compliance-Managers – insbesondere Weisungsunterworfenheit und Reportingpflichten, CCZ 2009, 1 – 8.

Immenga, Ulrich: Compliance als Rechtspflicht nach Aktienrecht und Sarbanes-Oxley-Act, in: Grundmann, Stefan/Kirchner, Christian/Raiser, Thomas/Schwintowski, Hans-Peter/Weber, Martin/Windbichler, Christine (Hrsg.), Unternehmensrecht zu Beginn des 21. Jahrhunderts, Festschrift für Eberhard Schwark zum 70. Geburtstag, München, 2009, 199 – 208.

Immenga, Ulrich/Mestmäcker, Ernst-Joachim (Hrsg.): Wettbewerbsrecht, Band 2, 5. Auflage, München, 2014.

Jahn, Matthias: Noch mehr Risiken als Nebenwirkungen – der Anti-Doping-Gesetzesentwurf der Bundesregierung aus Sicht des Strafverfassungsrechts, SpuRt 2015, 149 – 153.

Jahn, Matthias/Kirsch, Stefan: Anm. zu LG Mannheim, Beschluss v. 03.07.2012 – 24 Qs 1, 2/12, NStZ 2012, 718 – 720.

Jakob, Anne: Umsetzung des neuen WADA-Codes auf nationaler Ebene durch einen Fachverband – aus der Praxis des DLV, SpuRt 2009, 51 – 53.

Jakob, Anne: Aktuelle und zukünftige Herausforderungen im (Spitzen-)Sport und vom schwierigen Umgang mit ihnen, in: Thorhauer/Kexel (Hrsg.), Compliance im Sport, Wiesbaden, 2018, 33 – 59.

Jakob, Anne/Berninger, Anja: Die wichtigsten Änderungen des WADA-Codes, SpuRt 2008, 61.

Jenne, Moritz/Martens, Jan: Compliance-Management-Systeme sind bei der Bußgeldbemessung nach § 30 OWiG zu berücksichtigen – Anmerkung zu BGH, Urteil vom 9.5.2017 – 1 StR 265/16, CCZ 2017, 285 – 288.

Joecks, Wolfgang/Miebach, Klaus (Hrsg.): Münchener Kommentar zum Strafgesetzbuch, 3. Auflage, München, 2017.

Johnson, David: Whistleblowing – keine olympische Paradedisziplin? SpuRt 2017, 50 – 54.

Kargl, Walter: Begründungsprobleme des Dopingstrafrechts, NStZ 2007, 489 – 496.

Kaulich, Matthias: Die Haftung von Vorstandsmitgliedern einer Aktiengesellschaft für Rechtsanwendungsfehler, Berlin, 2012.

Kelber, Markus: Der Kündigungsschutz des besonderen Vertreters nach § 30 BGB, NZA 2013, 988 – 990.

Kiethe, Kurt: Vermeidung der Haftung von geschäftsführenden Organen durch Corporate Compliance, GmbHR 2007, 393 – 400.

Kindhäuser, Urs/Neumann, Ulfrid/Paeffgen, Hans-Ullrich: Strafgesetzbuch, Nomos Kommentar, 5. Auflage, Baden-Baden, 2017.

Kling, Michael: Die Innenhaftung des Aufsichtsratsmitglieds in der Aktiengesellschaft, DZWir 2005, 45 – 56.

Knittel, Michael: Gemeinnütziger Sportverein und Tax Compliance, SpuRt 2019, 71 – 75.

Koch, Jens: Compliance-Pflichten im Unternehmensverbund, WM 2009, 1013 – 1020.

Kock, Martin/Dinkel, Renate: Die zivilrechtliche Haftung von Vorständen für unternehmerische Entscheidungen – Die geplante Kodifizierung der Business Judgment Rule im Gesetz zur Unternehmensintegrität und Modernisierung des Anfechtungsrechts, NZG 2004, 441 – 448.

Kögel, Steffen: Der Sturz des gelben Engels oder über den Missbrauch des Idealvereins zu Wirtschaftszwecken, Rpfleger 2014, 569 – 573.

Köhler, Matthias: Sportschiedsrichter Arbeitnehmer? SpuRt 2016, 3 – 7.

Koenig, Ulrich (Hrsg.): Abgabenordnung Kommentar, 3. Auflage, München, 2014.

Körber, Thomas: Die erstmalige Anwendung der Verpflichtungszusage gemäß Art. 9 VO 1/2003 und die Zukunft der Zentralvermarktung von Medienrechten an der Fußballbundesliga, WRP 2005, 463 – 467.

Körber, Thomas: Großereignisse und Übertragungsrechte, München, 2007.

Körner, Harald Hans/Patzak, Jörn/Volkmer, Mathias: Betäubungsmittelgesetz Kommentar, 9. Auflage, München, 2019.

Kort, Michael: Individualarbeitsrechtliche Fragen des Whistleblowings, in: Hönn, Günther/Oetker, Hartmut/Raab, Thomas (Hrsg.), Festschrift für Peter Kreutz zum 70. Geburtstag, München, 2010, 247 – 262.

Krack, Ralf: Sportwettbetrug und Manipulation von berufssportlichen Wettbewerben, ZIS 2016, 540 – 551.

Krack, Ralf: Sportwettbetrug und Manipulation von berufssportlichen Wettbewerben, wistra 2017, 289 – 297.

Kraft, Oliver: Die Garantenpflicht des Leiters der Innenrevision und des Compliance-Officers zur Abwendung von unternehmensbezogenen Straftaten, wistra 2010, 81 – 86.

Kraft, Oliver/Winkler, Klaus: Zur Garantenstellung des Compliance-Officers – Unterlassungsstrafbarkeit durch Organisationsmangel? CCZ 2009, 29 – 33.

Krause, Daniel M.: Was bewirkt Compliance? StraFo 2011, 437 – 446.

Kreißig, Wolfgang: Der Sportverein in Krise und Insolvenz, Bern, 2004.

Kretschmer, Joachim: Anmerkungen zur strafrechtlichen Verantwortlichkeit der Unternehmensleitung für das Verhalten von Mitarbeitern – Begründung und deren Vermeidung unter Berücksichtigung von Compliance, StraFo 2012, 259 – 264.

Krewer, Norbert: Teilliberalisierung des Sportwettenbereichs gescheitert? ZfWG 2015, 485 – 487.

Krieger, Gerd/Schneider, Uwe H. (Hrsg.): Handbuch Managerhaftung, 3. Auflage, Köln, 2017.

Krieger, Steffen: Die arbeitsrechtliche Stellung des Compliance Officers – Gestaltung einer Compliance-Organisation unter Berücksichtigung der Vorgaben im BGH-Urteil vom 17.7.2009, NZA 2010, 367 – 373.

Kroker, Patrick: Menschenrechte in der Compliance, CCZ 2015, 120 – 127.

Krüger, Matthias/Hilbert, Sven/Wengenroth, Lenard: Strafbarkeit von Spielmanipulationen, CaS 2013, 188 – 198.

Kubiciel, Michael: Neue Haftungsrisiken für Vereine: Die Straftatbestände gegen Sportwettbetrug und Spielmanipulation, SpuRt 2017, 188 – 193.

Kubiciel, Michael: Entwicklung des eSports und Schutz seiner Integrität, ZRP 2019, 200 – 203.

Kubiciel, Michael/Dalinger, Andrej: Unbekannte Strafbarkeitsrisiken im Profisport durch die Neufassung des § 299 StGB, SpuRt 2019, 17 – 22.

Kudlich, Hans: Garantenstellung und Garantenpflicht bei arbeitsteiliger Beseitigung einer Gefahrenquelle, JR 2002, 468 – 470.

Kügel, Wilfried/Müller, Rolf-Georg/Hofmann, Hans-Peter (Hrsg.): Arzneimittelgesetz Kommentar, München, 2012.

Kühl, Jochen: Rechtliche Fragen des Dopings, in: Clasing, Dirk (Hrsg.), Doping – verbotene Arzneimittel im Sport, Stuttgart, 1992, 156 – 166.

Küpperfahrenberg, Jan: Haftungsbeschränkungen für Verein und Vorstand, Berlin, 2005.

Kuhn, Bernd: Der Sportschiedsrichter zwischen bürgerlichem Recht und Verbandsrecht: eine Darstellung schiedsrichterlicher Rechtsprobleme nach deutschem und US-amerikanischem Recht, Frankfurt am Main, 2001.

Lackner, Karl/Kühl, Kristian (Hrsg.): Strafgesetzbuch Kommentar, 29. Auflage, München, 2018.

Langkeit, Jochen: Garantenpflicht der Mitglieder des Holding-Vorstandes auf Unterbindung von Straftaten der Geschäftsführer von Tochtergesellschaften? in: Dannecker, Gerhard/Langer, Winrich/Ranft, Otfried/Schmitz, Roland/

Brammsen, Joerg (Hrsg.), Festschrift für Harro Otto zum 70. Geburtstag am 1. April 2007, Köln 2007, 649 – 658.

Larisch, Tobias/von Hesberg, Moritz: Vorstandspflichten und Compliance-Anforderungen im eingetragenen Verein, CCZ 2017, 17 – 24.

Laufhütte, Heinrich Wilhelm/Rissing-van Saan, Ruth/Tiedemann, Klaus (Hrsg.): Leipziger Kommentar Strafgesetzbuch, 12. Auflage, Berlin, 2008.

Legner, Sarah: Gesamtschuldnerinnenausgleich zwischen Kartellanten, WRP 2014, 1163 – 1167.

Lehner, Michael/Nolte, Martin/Putzke, Holm (Hrsg.): Anti-Doping-Gesetz Handkommentar, Baden-Baden, 2017.

Lettl, Tobias: Wirtschaftliche Betätigung und Umstrukturierung von Ideal-Vereinen, DB 2000, 1449 – 1454.

Leuschner, Lars: Ist der ADAC zu Recht ein eingetragener Verein? ZIP 2015, 356 – 366.

Leuschner, Lars: Die Registersache FC Bayern München e.V., NZG 2017, 16 – 21.

Leuschner, Lars: Der Zweck heiligt doch die Mittel! – Vereinsklassenabgrenzung nach dem Kita-Beschluss des BGH, NJW 2017, 1919 – 1924.

Linck, Joachim: Doping und staatliches Recht, NJW 1987, 2545 – 2551.

Lindemann, Michael/Sommer, Janita: Die strafrechtliche Geschäftsherrenhaftung und ihre Bedeutung für den Bereich der Criminal Compliance, JuS 2015, 1057 – 1062.

Linnenbrink, Sebastian/Hofmeister, Holger: Schadensersatzansprüche aus Vereinsmitgliedschaft? SpuRt 1996, 127 – 129.

Lösler, Thomas: Spannungen zwischen der Effizienz der internen Compliance und möglichen Reporting-Pflichten des Compliance Officers, WM 2007, 676 – 683.

Lösler, Thomas: Zur Rolle und Stellung des Compliance-Beauftragten, WM 2008, 1098 – 1104.

Lorenz, Dirk/Krause, Rebekka: Abpfiff für den Whistleblower – beim Ombudsmann darf beschlagnahmt werden, CB 2017, 39 – 41.

Lucius, Otto: Der Standard Compliance Code der österreichischen Kreditwirtschaft, CCZ 2008, 186 – 190.

Lüer, Christoph: Dopingstrafen im Sport und der Grundsatz „Ne bis in indem", Baden-Baden, 2006.

Lüdeke, Ralf: Finanzierung gemeinnütziger Sportvereine durch Verwertung von Rechten gemeinsam mit unternehmerischen Wirtschaftspartnern (1. Teil), SpuRt 2007, 45 – 49.

Lüdeke, Ralf: Finanzierung gemeinnütziger Sportvereine durch Verwertung von Rechten gemeinsam mit unternehmerischen Wirtschaftspartnern (2. Teil), SpuRt 2007, 94 – 98.

Lutter, Marcus: Theorie der Mitgliedschaft, AcP 180 (1980), 84 – 159.

Lutter, Marcus: Haftung und Haftungsfreiräume des GmbH-Geschäftsführers, GmbHR 2000, 301 – 312.

Lutter, Marcus: Die Business Judgment Rule und ihre praktische Anwendung, ZIP 2007, 841 – 848.

Maennig, Wolfgang: Korruption im internationalen Sport: Ökonomische Analyse und Lösungsansätze, Vierteljahreshefte zur Wirtschaftsforschung, Bd. 73 (2004), Heft 2, 263 – 291.

Magnus, Dorothea: Die Strafbarkeit von Sport- und Minddoping bei Minderjährigen, ZStW 124 (2012), 907 – 943.

Mansdörfer, Marco/Trüg, Gerson: Umfang und Grenzen der strafrechtlichen Geschäftsherrenhaftung, StV 2012, 432 – 436.

Martin, Thomas A./Bär, Thomas: Grundzüge des Risikomanagements nach KonTraG, München, 2001.

Matt, Holger/Renzikowski, Joachim (Hrsg.): Strafgesetzbuch Kommentar, 2. Auflage, München, 2020.

Meffert, Heribert/Burmann, Christoph/Kirchgeorg, Manfred (Hrsg.): Marketing, 12. Auflage, Wiesbaden, 2015.

Merkt, Hanno: Compliance und Risikofrüherkennung in kleinen und mittleren Unternehmen, ZIP 2014, 1705 – 1714.

Meyer, Susanne: Compliance-Verantwortlichkeit von Vorstandsmitgliedern – Legalitätsprinzip und Risikomanagement, DB 2014, 1063 – 1068.

Meyer-Goßner, Lutz/Schmitt, Bertram (Hrsg.): Strafprozessordnung Kommentar, 62. Auflage, München, 2019.

Meier, Patrick: Die Haftung von Sportlern für Doping-Vergehen unter dem AntiDopG (Teil I), SpuRt 2016, 182 – 187.

Meier, Patrick: Die Haftung von Sportlern für Doping-Vergehen unter dem AntiDopG (Teil II), SpuRt 2016, 250 – 255.

Meier-Greve, Daniel: Vorstandshaftung wegen mangelhafter Corporate Compliance, BB 2009, 2555, 2560.

Miege, Christian: Einrichtung eines Hinweisgebersystems, CCZ 2018, 45 – 47.

Mitsch, Wolfgang (Hrsg.): Karlsruher Kommentar zum Gesetz über Ordnungswidrigkeiten, 5. Auflage, München, 2018.

Momsen, Carsten: Der „Compliance-Officer" als Unterlassungsgarant, in: Paeffgen, Hans-Ullrich/Böse, Martin/Kindhäuser, Urs/Stübinger, Stephan/Verrel, Torsten/Zaczyk, Rainer (Hrsg.), Strafrechtswissenschaft als Analyse und Konstruktion, Festschrift für Ingeborg Puppe zum 70. Geburtstag, Berlin, 2010, 751 – 766.

Momsen, Carsten: Criminal Compliance und Internal Investigations - Haftungsrisiken aus materieller und prozessualer Sicht, in: Rotsch, Thomas (Hrsg.), Criminal Compliance vor den Aufgaben der Zukunft, Baden-Baden, 2013, 55 – 72.

Momsen, Carsten: Sponsoring – Hospitality – Korruption, in: Hoven, Elisa/Kubiciel, Michael (Hrsg.), Korruption im Sport – Tagungen und Kolloquien, Baden-Baden, 2018, 165 – 182.

Momsen, Carsten: Integrität des Sports – Was sollen neue Tatbestände schützen? KriPoZ 2018, 21 – 28.

Momsen, Carsten/Cherkeh, Rainer T.: Sportrecht aktuell – „Korruption oder Klimapflege"? Sciamus – Sport und Management 3/2011, 32 – 36.

Momsen, Carsten/Grützner, Thomas: Wirtschafts- und Steuerstrafrecht, 2. Auflage, München, 2020.

Momsen, Carsten/Vaudlet, Marie: Korruption und Spielmanipulation im Fußball – rechtliche Überlegungen, in: Emrich, Eike/Pierdzioch, Christian/Pitsch, Werner, Falsches Spiel im Sport - Analysen zu Wettbewerbsverzerrungen, Saarbrücken 2015, 219 – 248.

Momsen, Carsten/Willumat, Marco: Strafrechtliche Verantwortung von Unternehmen für Menschenrechtsverletzungen – Zurechnung von Verantwortung entlang von Wertschöpfungsketten, KriPoZ 2019, 323 – 337.

Moosmayer, Klaus: Compliance – Praxisleitfaden für Unternehmen, 3. Auflage, München, 2015.

Moosmayer, Klaus/Gropp-Stadler: Der Diskussionsentwurf des Bundesministeriums der Justiz zur Änderung der §§ 30, 130 OWiG: Ein Zwischenruf, NZWiSt 2012, 241 – 243.

Mosbacher, Andreas/Dierlamm, Alfred: Anmerkung zu BGH, Urteil vom 17.7.2009 – 5 StR 394/08, NStZ 2010, 268 – 270.

Müller, Michael: Whistleblowing – Ein Kündigungsgrund? NZA 2002, 424 – 437.

Müller-Gugenberger, Christian (Hrsg.): Wirtschaftsstrafrecht Handbuch, 6. Auflage, Köln, 2015.

Niehus, Rudolf J.: Konzernrechnungslegungspflicht von Groß-Vereinen, DB 2003, 1125 – 1132.

Nietsch, Michael: Die Garantenstellung von Geschäftsleitern im Außenverhältnis, CCZ 2013, 192 – 198.

Nietsch, Michael/Hastenrath, Katharina: Business-Judgement bei Compliance-Entscheidungen – ein Ausweg aus der Haftungsfalle? Teil 1, CB 2015, 177 – 182.

Nietsch, Michael/Hastenrath, Katharina: Business-Judgement bei Compliance-Entscheidungen – ein Ausweg aus der Haftungsfalle? Teil 2, CB 2015, 221 – 226.

Norouzi, Ali B./Summerer, Thomas: DAV-Stellungahme zum Anti-Doping-Gesetz, SpuRt 2015, 63 – 65.

Ohly, Ansgar/Sosnitza, Olaf (Hrsg.): Gesetz gegen den unlauteren Wettbewerb, Kommentar, 7. Auflage, München, 2016.

Oppenheim, Robert: Die Pflicht des Vorstands zur Errichtung einer auf Dauer angelegten Compliance-Organisation, DStR 2014, 1063 – 1066.

Orth, Mark-E.: Anmerkung zum Urteil des EuGH vom 18.07.2006 – Rs. C-519/04, SpuRt 2006, 198 – 199.

Ott, Nicolas/Klein, Karen: Hindsight Bias bei der Vorstandshaftung wegen Compliance-Verstößen, AG 2017, 209 – 221.

Paefgen, Walter G.: „Compliance" als gesellschaftsrechtliche Organpflicht? WM 2016, 433 – 444.

Palandt, Otto (Begr.): Bürgerliches Gesetzbuch, 78. Auflage, München, 2019.

Park, Tido (Hrsg.): Kapitalmarktstrafrecht, Handkommentar, 5. Auflage, Baden-Baden, 2019.

Passarge, Malte: Risiken und Chancen mangelhafter Compliance in der Unternehmensinsolvenz, NZI 2009, 86 – 91.

Petermann, Stefan: Konzernweite Compliance-Maßnahmen und die angezogenen unternehmensstrafrechtlichen „Daumenschrauben", in: Eisele, Jörg/Koch, Jens/Theile, Hans (Hrsg.), Der Sanktionsdurchgriff im Unternehmensverbund, Heidelberg, 2014, 99 – 115.

Peters, Kai: Angemessene Informationsbasis als Voraussetzung pflichtgemäßen Vorstandshandelns, AG 2010, 811 – 817.

Pfister, Bernhard: Schutzzweck von Sportregeln – insbesondere zum Schadensersatzanspruch bei Vermögensschäden aufgrund Verletzung von Sportregeln, in: Heinze, Meinhard (Hrsg.), Festschrift für Wolfgang Gitter zum 65. Geburtstag am 30. Mai 1995, Wiesbaden, 1995, 731 – 744.

Pieth, Mark/Zerbes, Ingeborg: Sportverbände und Bestechung: Sachgerechte Grenzen des Korruptionsstrafrechts? ZIS 2016, 619 – 625.

Preußner, Joachim/Zimmermann, Dörte: Risikomanagement als Gesamtaufgabe des Vorstands, AG 2002, 657 – 662.

Punte, Jan-Henric M.: Die Kapitalgesellschaft als (zwingende) Rechtsform im deutschen Profifußball, SpuRt 2017, 46 – 50.

Queling, André/Bayer, Sarah: Beschlagnahmeverbot gem. § 97 Abs. 1 Nr. 3 StPO im Hinweisgebersystem unter Einsatz von Ombudsanwälten, NZWiSt 2016, 417 - 421.

Rabl, Tanja/Kühlmann, Torsten: Understanding Corruption in Organizations – Development and Empirical Assessment of an Action Model, Journal of Business Ethics, Bd. 82 (2008), Heft 2, 477 – 495.

Ransiek, Andreas: Untreue durch Vermögenseinsatz zu Bestechungszwecken, StV 2009, 321 - 324.

Ransiek, Andreas: Zur strafrechtlichen Verantwortung des Compliance-Officers, AG 2010, 147 - 153.

Ransiek, Andreas: Zur strafrechtlichen Verantwortung von Unternehmen, NZWiSt 2012, 45 - 51.

Rauball, Reinhardt (Hrsg.): Bundesliga-Skandal, Berlin, 2011.

Raupach, Arndt: „Structure follows strategy“ – Grundfragen der Organisation des Zivil- und Steuerrechts im Sport – dargestellt am Thema „Profigesellschaften“ (Teil 2), SpuRt 1996, 2 – 5.

Raus, Nadja/Lützeler, Martin: Berichtspflicht des Compliance-Officers – zwischen interner Eskalation und externer Anzeige, CCZ 2012, 96 – 101.

Rebmann, Kurt/Roth, Werner/Herrmann, Siegfried: Gesetz über Ordnungswidrigkeiten, Loseblattkommentar, Stand: 26. Aktualisierung, Stuttgart, 2018.

Reichert, Jochem/Ott, Nicolas: Non Compliance in der AG – Vorstandspflichten im Zusammenhang mit der Vermeidung, Aufklärung und Sanktionierung von Rechtsverstößen, ZIP 2009, 2173 – 2180.

Reichert, Jochem/Ott, Nicolas: Die Zuständigkeit von Vorstand und Aufsichtsrat zur Aufklärung von Non Compliance in der AG, NZG 2014, 241 – 251.

Reinhart, Michael: Der Straftatbestand der Manipulation von berufssportlichen Wettbewerben – absichtliches Foulspiel des Gesetzgebers? SpuRt 2016, 235 – 240.

Reufels, Martin/Deviard, Katja: Die Implementierung von Whistleblower-Hotlines aus US-amerikanischer, europäischer und deutscher Sicht, CCZ 2009, 201 – 209.

Reuter, Dieter: Zur Vereinsreform 2009, NZG 2009, 1368 – 1373.

Reuter, Dieter: Konzernrecht des Vereins? npoR 2012, 101 – 108.

Rodewald, Jörg/Unger, Ulrike: Corporate Compliance – Organisatorische Vorkehrungen zur Vermeidung von Haftungsfällen der Geschäftsleitung, BB 2006, 113 – 117.

Rönnau, Thomas/Schneider, Frédéric: Der Compliance-Beauftragte als strafrechtlicher Garant, ZIP 2010, 53 – 61.

Rönnau, Thomas/Soyka, Till: Der „Quotenschaden" im Fall „Hoyzer" – ein Verstoß gegen das Bestimmtheitsgebot? NStZ 2009, 12 – 14.

Röske, Marcus/Böhme, Frank: Zur Haftung des Unternehmensträgers gem. § 30 Abs. 1 Nr. 5 OWiG für deliktisches Handeln auf Betriebsebene, wistra 2013, 48 – 52.

Rogall, Klaus: Dogmatische und kriminalpolitische Probleme der Aufsichtspflichtverletzung in Betrieben und Unternehmen (§ 130 OWiG), ZStW 98 (1986), 573 – 623.

Rolfs, Christian/Giesen, Richard/Kreikebohm, Ralf/Udsching, Peter (Hrsg.): BeckOK Arbeitsrecht, 57. Edition, München, 2020.

Rotsch, Thomas: Wider die Garantenpflicht des Compliance-Beauftragten, in: Schulz, Lorenz/Reinhart, Michael/Sahan, Oliver/Knauer, Christoph (Hrsg.), Festschrift für Imme Roxin zum 75. Geburtstag am 15. Mai 2012, Heidelberg, 2012, 485 – 500.

Rotsch, Thomas (Hrsg.): Criminal Compliance, Handbuch, Baden-Baden, 2015.

Roxin, Claus: Anmerkung zu BGH, StV 1992, 517 – 520.

Rübenstahl, Markus: Zur „regelmäßigen" Garantenstellung des Compliance Officers, NZG 2009, 1341 – 1344.

Rübenstahl, Markus: § 265c und § 265d StGB – (Para-) Korruptionsstrafrecht zur Bekämpfung des Sportwettbetrugs und der Manipulation von Berufssportwettbewerben? JR 2017, 333 – 338.

Säcker, Franz Jürgen/Rixecker, Roland/Oetker, Hartmut/Limperg, Bettina (Hrsg.): Münchener Kommentar zum Bürgerlichen Gesetzbuch, 8. Auflage, München, 2018.

Satzger, Helmut: „Sportwettbetrug" und „Manipulation von berufssportlichen Wettbewerben" – zwei neue Tatbestände mit zweifelhafter Existenzberechtigung, JURA 2016, 1142 – 1155.

Satzger, Helmut/Schluckebier, Wilhelm/Widmaier, Gunter (Hrsg.): Kommentar zum Strafgesetzbuch, 4. Auflage, Köln, 2019.

Sauter, Eugen/Schweyer, Gerhard/Waldner, Wolfram: Der eingetragene Verein, 20. Auflage, München, 2016.

Schad, Peter: Eingetragener Verein oder Wirtschaftsverein? NJW 1998, 2411 – 2413.

Schäfer, Carsten: Die Binnenhaftung von Vorstand und Aufsichtsrat nach der Renovierung durch das UMAG, ZIP 2005, 1253 – 1259.

Schall, Hero: Grund und Grenzen der strafrechtlichen Geschäftsherrenhaftung, in: Rogall, Klaus/Puppe, Ingeborg/Stein, Ulrich/Wolter, Jürgen (Hrsg.), Festschrift für Hans-Joachim Rudolphi zum 70. Geburtstag, Neuwied, 2004, 267 – 284.

Schaub, Günter (Begr.): Arbeitsrechts-Handbuch, 18. Auflage, München, 2019.

Schimke, Martin/Dauernheim, Jörg/Reichert, Bernhard: Handbuch Vereins- und Verbandsrecht, 14. Auflage, München, 2018.

Schmid, Alexander/Wengenroth, Lenard: Anmerkung zu LG Bochum, Beschluss vom 16.3.2016 – 6 Qs 1 /16, NZWiSt 2016, 404 – 408.

Schmidt, Karsten: Die Abgrenzung der beiden Vereinsklassen – Bestandsaufnahme, Kritik und Neuorientierung, Rpfleger 1972, 286 – 294.

Schmidt, Karsten: Die Abgrenzung der beiden Vereinsklassen (II) – Bestandsaufnahme, Kritik und Neuorientierung, RPpfleger 1972, 343 – 353.

Schmidt, Karsten: Der Subsidiaritätsgrundsatz im vereinsrechtlichen Konzessionssystem, NJW 1979, 2239 – 2240.

Schmidt, Karsten: Eintragungsfähige und eintragungsunfähige Vereine, Rpfleger 1988, 45 – 51.

Schmidt, Karsten (Hrsg.): Münchener Kommentar zum Handelsgesetzbuch, 4. Auflage, München, 2016.

Schmittmann, Michael/Lehmann, Maik: Blick nach Brüssel, AfP 1996, 255 – 260.

Schneider, Hendrik/Gottschaldt, Peter: Offene Grundsatzfragen der strafrechtlichen Verantwortlichkeit von Compliance-Beauftragten in Unternehmen, ZIS 2011, 573 – 577.

Schneider, Sven H.: Unternehmerische Entscheidungen als Anwendungsvoraussetzung für die Business Judgement Rule, DB 2005, 707 – 712.

Schneider, Uwe H.: Compliance als Aufgabe der Unternehmensleitung, ZIP 2003, 645 – 650.

Schneider, Uwe H./v. Buttlar, Julia: Die Führung von Insider-Verzeichnissen: Neue Compliance-Pflichten für Emittenten, ZIP 2004, 1621 – 1627.

Schockenhoff, Martin: Compliance im Verein, NZG 2019, 281 – 291.

Schönke, Adolf/Schröder, Horst (Begr.): Strafgesetzbuch Kommentar, 30. Auflage, München, 2019.

Schroth, Ulrich: Die Einwilligung in eine nicht-indizierte Körperbeeinträchtigung zur Selbstverwirklichung – insbesondere die Einwilligung in Lebendspende, Schönheitsoperation und Piercing, in: Hassemer, Winfried/Kempf,

Eberhard/Moccia, Sergio (Hrsg.), Festschrift für Klaus Volk zum 65. Geburtstag, München, 2009, 719 - 741.

Schünemann, Bernd: Zur Garantenstellung beim unechten Unterlassungsdelikt. Dogmen-historische, rechtsvergleichende und sachlogische Auswegweiser aus einem Chaos, in: Böse, Martin/Sternberg-Lieben, Detlev (Hrsg.), Grundlagen des Straf- und Strafverfahrensrechts, Festschrift für Knut Amelung zum 70. Geburtstag, Berlin, 2009, 303 - 324.

Schürnbrand, Jan: Die Anwendung des Kartellrechts im Bereich des Sports, ZWeR 2005, 396 - 415.

Schütz, Markus: Zur Korrektur unerträglicher Tatsachenentscheidungen von Schiedsrichtern, SpuRt 2014, 53 - 55.

Schumacher, Tim/Schumacher, Kai: Compliance-Management-Systeme im Sport (Teil 2), SpuRt 2018, 99 - 103.

Schwintowski, Hans-Peter: Gesellschaftsrechtliche Anforderungen an Vorstandshaftung und Corporate Governance durch das neue System der kartellrechtlichen Legalausnahme, NZG 2005, 200 - 203.

Segna, Ulrich: Vereinsrechtsreform, NZG 2002, 1048 - 1055.

Segna, Ulrich: Publizitätspflicht eingetragener Vereine? DB 2003, 1311 - 1316.

Seibt, Christoph H./Cziupka, Johannes: 20 Thesen zur Compliance-Verantwortung im System der Organhaftung aus Anlass des Siemens/Neubürger-Urteils, DB 2014, 1598 - 1602.

Senkel, Katja: Wirksamkeitschancen des "Anti-Doping-Rechts": Eine interdisziplinäre Analyse zu den Anforderungen an Dopingbekämpfungsmechanismen und deren Umsetzung, Saarbrücken, 2014.

Senkel, Katja/Emrich, Eike/Momsen, Carsten: Maßnahmen zur Erhöhung der Regelbefolgung durch die internationalen Sportverbände im Kampf gegen Doping - Überlegungen zur Wirksamkeit der Einführung des Subsidiaritätsprinzips in den WADC, in: Emrich, Eike/Pitsch, Werner (Hrsg.), Sport und Doping – zur Analyse einer antagonistischen Symbiose, Frankfurt am Main, 2009, 131 - 164.

Sieber, Ulrich: Compliance-Programme im Unternehmensstrafrecht: Ein neues Konzept zur Kontrolle von Wirtschaftskriminalität, in: Sieber, Ulrich/Dannecker, Gerhard/Kindhäuser, Urs/Vogel, Joachim/Walter, Tonio (Hrsg.), Strafrecht und Wirtschaftsstrafrecht, Dogmatik, Rechtsvergleich, Rechtstatsachen, Festschrift für Klaus Tiedemann zum 70. Geburtstag, Köln, 2008, 461 - 496.

Siebold, Michael/Wichert, Joachim: Die KGaA als Rechtsform für die Profiabteilungen der Vereine der Fußball-Bundesligen, SpuRt 1998, 138 - 142.

Soergel, Theodor (Begr.): Bürgerliches Gesetzbuch Kommentar, 13. Auflage, Stuttgart, 2000.

Sonnenberg, Thomas: Compliance-Systeme in Unternehmen, JuS 2017, 917 – 922.

Sotelsek, Marc: Anm. zu LG Bochum, Beschluss v. 16.03.2016 - 6 Qs 1/16, NStZ 2016, 502 – 504.

Spießhofer, Birgit: Wirtschaft und Menschenrechte – rechtliche Aspekte der Corporate Social Responsibility, NJW 2014, 2473 – 2479.

Spießhofer, Birgit: Compliance und Corporate Social Responsibility, NZG 2018, 441 - 447.

Spindler, Gerald: Compliance in der multinationalen Bankengruppe, WM 2008, 905 – 918.

Spindler, Gerald/Stilz, Eberhard (Hrsg.): Kommentar zum Aktiengesetz, 4. Auflage, München, 2019.

Spring, Patrick: Die Garantenstellung des Compliance-Officers oder: Neues zur Geschäftsherrenhaftung, GA 2010, 222 – 227.

Stam, Fabian: Die Straftatbestände des Sportwettbetrugs (§265c StGB) und der Manipulation von berufssportlichen Wettbewerben (§ 265d StGB), NZWiSt 2018, 41 – 48.

Stancke, Fabian: Pechstein und der aktuelle Stand des Sportkartellrechts, SpuRt 2015, 46 – 51.

Stancke, Fabian: Die sportkartellrechtliche Bedeutung der „Pechstein"-Entscheidung des BGH, SpuRt 2016, 230 – 235.

Stauber, Peter/Schaper, Hanno: Die Kartellschadensersatzrichtlinie – Handlungsbedarf für den deutschen Gesetzgeber? NZKart 2014, 346 – 353.

Staudinger, Julius von (Begr.): Kommentar zum Bürgerlichen Gesetzbuch, Berlin, 2019.

Steinbeck, Anja Verena/Menke, Thomas: Bundesliga an die Börse, NJW 1998, 2169 - 2171.

Steiner, Udo: Deutschland als Antidopingstaat, ZRP 2015, 51 – 53.

Stevensen, Angus (Hrsg.): Oxford Dictionary of English, 3. Auflage, Oxford, 2010.

Stöber, Kurt/Otto, Dirk-Ulrich: Handbuch zum Vereinsrecht, 11. Auflage, Köln, 2016.

Stoffers, Kristian F.: Anm. zu BGH, Urteil v. 17.07.2009 – 5 StR 394/08, NJW 2009, 3176 – 3177.

Stopper, Martin/Lentze, Gregor (Hrsg.): Handbuch Fußball-Recht, 2. Auflage, Berlin, 2018.

Strate, Gerhard: Mit Taktik zur Wahrheitsfindung: Probleme der Verteidigung in Betäubungsmittelverfahren, ZRP 1987, 314 – 318.

Straub, Wilfried: Wirtschaftliche Kontrollmaßnahmen und verbandsrechtliche Sanktionen zur Sicherung des sportlichen Wettbewerbs im Fußball, in: Württembergischer Fußballverband e.V. (Hrsg.), Das Lizensierungsverfahren der DFL und der Stand der Überlegungen zu einem supranationalem Lizensierungsverfahren, Sindelfingen, 2003, 65 – 77.

Stück, Volker: Überwachung und Kontrolle von Arbeitnehmern nach neuer Rechtsprechung – Empfehlungen für Arbeitgeber im Brennpunkt von Compliance, Datenschutz und Arbeitsrecht, CCZ 2018, 88 – 93.

Summerer, Thomas: Investoren für die Bundesliga? Zur Zulässigkeit des Gebots der Mehrheitsbeteiligung des Muttervereins an einer Kapitalgesellschaft („50+1“ Regelung), SpuRt 2008, 234 – 241.

Summerer, Thomas: Das Ein-Platz-Prinzip auf dem Abstellgleis, SpuRt 2019, 49.

Swoboda, Sabine/Bohn, André: Aktuelles Gesetzgebungsvorhaben: Neue Straftatbestände zum Sportwettbetrug und zur Manipulation berufssportlicher Wettbewerbe, JuS 2016, 686 – 689.

Szesny, André M.: Anmerkungen und Praxishinweise zu LG Bochum, Beschluss vom 16.3.2016 – 6 Qs 1 /16, CCZ 2017, 25 – 31.

Teicke, Tobias: CSR meets Compliance – Über die zunehmende Verrechtlichung der Corporate Social Responsibility, CCZ 2018, 274 – 275.

Terner, Paul: Anmerkung zu OLG Hamm, Beschluss v. 06.09.2007 – 15 W 129/07, RNotZ 2008, 94 – 97.

Terner, Paul: Vereinsrecht in der notariellen Praxis – Teil 1, ZNotP 2009, 132 – 138.

Tiedemann, Klaus: Strafrechtlichen Grundprobleme im Kartellrecht, NJW 1979, 1849 – 1856.

Thomas, Sven: Anm. zu BGH, Urteil v. 17.07.2009 – 5 StR 394/08, CCZ 2009, 239 – 240.

Unger, Ulrike: Neue Haftungsbegrenzungen für ehrenamtlich tätige Vereins- und Stiftungsvorstände, NJW 2009, 3269 – 3273.

Umnuß, Karsten (Hrsg.): Corporate Compliance Checklisten, Rechtliche Risiken im Unternehmen erkennen und vermeiden, 3. Auflage, München, 2017.

Verse, Dirk A.: Compliance im Konzert, ZHR 175, 2011, 401 – 424.

Vogel, Jörg: Kündigungsschutz leitender Angestellter, NZA 2002, 313 – 318.

Von Beseler, Dora/Jacobs-Wüstefeld, Barbara: Law Dictionary, Fachwörterbuch der anglo-amerikanischen Rechtssprache, 4. Auflage, Berlin/New York, 1986.

Von Heintschel-Heinegg, Bernd (Hrsg.): BeckOK StGB, 47. Edition, München, 2020.

Wabnitz, Heinz-Bernd/Janovsky, Thomas (Hrsg.): Handbuch des Wirtschafts- und Steuerstrafrechts, 4. Auflage, München, 2014.

Wadsack, Ronald/Cherkeh, Rainer T./von Büdingen, Carolin/Hamel, Rüdiger: Krisenmanagement in Sportbetrieben, Bern, 2006.

Wagner, Jürgen: Die Entwicklungen im Vereinsrecht, NGZ 2017, 768 - 776.

Walisch, Wilfried B.: Organisatorische Prävention gegen strafrechtliche Haftung deutscher Unternehmen und ihrer Leitungen nach US-Recht, Berlin, 2004.

Walker, Wolf-Dietrich: Anmerkung zum Urteil des LAG Hessen vom 15.03.2018 – 9 Sa 1399/16, SpuRt 2018, 177 - 178.

Warneke, Nikolai: Die Compliance-Pflicht von Compliance-Beauftragten, NStZ 2010, 312 - 317.

Weber, Klaus: Betäubungsmittelgesetz, Arzneimittelgesetz, Anti-Doping-Gesetz, Kommentar, 5. Auflage, München, 2017.

Wettich, Carsten/Vossen, Christina: Aktuelle Entwicklungen zum eingetragenen Verein als Rechtsform für (Profi-)Sportvereine, SpuRt 2017, 229 - 232.

Wiedmann, Michael/Greubel, Marco: Compliance Management Systeme – Ein Beitrag zur effektiven und effizienten Ausgestaltung, CCZ 2019, 88 - 94.

Winter, Martin: Die Verantwortlichkeit des Aufsichtsrats für „Corporate Compliance“, in: Kindler, Peter/Koch, Jens/Ulmer, Peter/Winter, Martin, Festschrift für Uwe Hüffer zum 70. Geburtstag, München, 2010, 1103 - 1128.

Wirtz, Markus M.: Die Aufsichtspflichten des Vorstandes nach OWiG und KonTraG, WuW 2001, 342 - 356.

Wisskirchen, Gerlind/Jordan, Christopher/Bissels, Alexander: Arbeitsrechtliche Probleme bei der Einführung internationaler Verhaltens- und Ethikrichtlinien (Codes of Conduct/Codes of Ethics), DB 2005, 2190 - 2195.

Wittig, Petra: Wirtschaftsstrafrecht, 4. Auflage, München, 2017.

Wörle-Himmel, Christof/Endres, Markus: Neue gesetzliche Regelungen im Vereinsrecht, DStR 2010, 759 - 763.

Zuck, Rüdiger: Wider die Kriminalisierung des Sports – Zu den verfassungsrechtlichen Rahmenbedingungen einer Antidoping-Gesetzgebung, NJW 2014, 276 - 281.

Webquellen

https://www.wada-ama.org/sites/default/files/resources/files/20160718_ip_report_newfinal.pdf (letzter Abruf am 01.10.2020).

https://www.wada-ama.org/sites/default/files/resources/files/mclaren_report_part_ii_2.pdf (letzter Abruf am 01.10.2020).

https://img.fifa.com/image/upload/wnr43dgn3yysafypuq8r.pdf (letzter Abruf am 01.10.2020).

https://cdn.dosb.de/user_upload/www.dosb.de/uber_uns/Grundsatzpapiere/Staatsziel-Sport.pdf (letzter Abruf am 01.10.2020).

https://www.bundeshaushalt.de/fileadmin/de.bundeshaushalt/content_de/dokumente/2020/soll/Epl_Gesamt_mit_HG_und_Vorspann.pdf (letzter Abruf am 01.10.2020).

https://www.bmwi.de/Redaktion/DE/Textsammlungen/Branchenfokus/Wirtschaft/branchenfokus-sportwirtschaft.html (letzter Abruf am 01.10.2020).

https://www.dosb.de/ueber-uns/mitgliedsorganisationen/ (letzter Abruf am 01.10.2020).

https://de.fifa.com/associations/ (letzter Abruf am 01.10.2020).

https://de.uefa.com/insideuefa/member-associations/ (letzter Abruf am 01.10.2020).

https://www.dfb.de/verbandsstruktur/mitglieder/ (letzter Abruf am 01.10.2020).

http://www.news.admin.ch/NSBSubscriber/message/attachments/28529.pdf (letzter Abruf am 01.10.2020).

https://www.nada.de/doping-kontroll-system/trainingskontrollen/testpools/ (letzter Abruf am 01.10.2020).

https://www.nada.de/doping-kontroll-system/beteiligte-am-kontrollprozess/athletinnen-athleten/ (letzter Abruf am 01.10.2020).

https://www.dfb.de/fileadmin/_dfbdam/225053-Fussball-Regeln_2020_21_RZ.indd.pdf (letzter Abruf am 01.10.2020).

https://cdn.dosb.de/alter_Datenbestand/fm-dosb/downloads/recht/Hospitality-und-Strafrecht-ein-Leitfaden_2017.pdf (letzter Abruf am 01.10.2020).

https://www.dico-ev.de/wp-content/uploads/2016/10/CompAG_21_07_2014.pdf (letzter Abruf am 01.10.2020).

https://www.ilf-frankfurt.de/fileadmin/_migrated/content_uploads/Moosmayer__Plaedoyer_fuer_ein_modernes_Unternehmenssanktionenrecht.pdf (letzter Abruf am 01.10.2020).

https://www.nordfv.de/fileadmin/Satzungen_und_Ordnungen/Regionalliga-Statut_NFV_10.09.2019.pdf (letzter Abruf am 01.10.2020).

https://www.humanrights.ch/de/menschenrechte-schweiz/aussenpolitik/aussenpolitik-diverses/kampagnen/fussball-wm-sdafrika (letzter Abruf am 01.10.2020).

https://www.deutschlandfunk.de/fussball-wm-brasilien-tritt-menschenrechte-mit-fuessen.724.de.html?dram:article_id=288980 (letzter Abruf am 01.10.2020).

https://www.hrw.org/de/news/2017/06/14/russland/fifa-arbeiter-stadien-fuer-wm-2018-ausgebeutet (letzter Abruf am 01.10.2020).

https://www.amnesty.ch/de/ueber-amnesty/publikationen/magazin-amnesty/2016-2/katar-wm-der-schande (letzter Abruf am 01.10.2020).

https://www.unglobalcompact.org/what-is-gc/mission/principles (letzter Abruf am 01.10.2020).

https://www.globalcompact.de/wAssets/docs/Menschenrechte/Publikationen/leitprinzipien_fuer_wirtschaft_und_menschenrechte.pdf (letzter Abruf am 01.10.2020).

https://mneguidelines.oecd.org/48808708.pdf (letzter Abruf am 01.10.2020).

https://www.bmas.de/SharedDocs/Downloads/DE/PDF-Publikationen/a395-csr-din-26000.pdf (letzter Abruf am 01.10.2020).

https://www.auswaertiges-amt.de/blob/297434/8d6ab29982767d5a31d2e85464461565/nap-wirtschaft-menschenrechte-data.pdf (letzter Abruf am 01.10.2020).

https://www.hks.harvard.edu/sites/default/files/centers/mrcbg/programs/cri/files/Ruggie_humanrightsFIFA_reportApril2016.pdf (letzter Abruf am 01.10.2020).

https://www.transparency.de/aktuelles/detail/article/deutschland-em-ausrichter-2024-eine-verpflichtung-fuer-den-dfb-und-die-deutsche-politik/ (letzter Abruf am 01.10.2020).

https://www.dfb.de/die-mannschaft/euro-2024/stadien-und-staedte/ (letzter Abruf am 01.10.2020).

https://www.unglobalcompact.org/docs/issues_doc/Anti-Corruption/Sports-SponsorshipHospitalityGuide.pdf (letzter Abruf am 01.10.2020).

https://www.dfb.de/fileadmin/_dfbdam/16574-dfb_broschuere_hospitality_09-11_100dpi.pdf (letzter Abruf am 01.10.2020).

https://sportradar.com/about-us/milestones/ (letzter Abruf am 01.10.2020).

https://www.uefa.com/insideuefa/protecting-the-game/integrity/index.html?redirectFromOrg=true (letzter Abruf am 01.10.2020).

https://sportradar.com/about-us/our-partners/ (letzter Abruf am 01.10.2020).

https://www.bundeskartellamt.de/SharedDocs/Publikation/DE/Pressemitteilungen/2019/27_02_2019_DOSB_IOC.pdf?__blob=publicationFile&v=2 (letzter Abruf am 01.10.2020).

https://presse.wdr.de/plounge/tv/das_erste/2014/12/20141203_geheimsache_doping.xml (letzter Abruf am 01.10.2020).

https://www.deutschlandfunk.de/grigori-rodschenkow-im-sportgespraech-russland-ist-ein.892.de.html?dram:article_id=409019 (letzter Abruf am 01.10.2020).

http://www.europarl.europa.eu/doceo/document/TA-8-2019-0366_DE.html#title2 (letzter Abruf am 01.10.2020).

https://gemeinsam-gegen-spielmanipulation.de/ (letzter Abruf am 01.10.2020).

https://www.dosb.de/ueber-uns/good-governance/ (letzter Abruf am 01.10.2020).

http://www.box-sport-verband.de/dbv-ombudsmann/ (letzter Abruf am 01.10.2020).

https://www.dfb.de/gemeinsam-gegen-spielmanipulation/ombudsmann/ (letzter Abruf am 01.10.2020).

https://www.bmfsfj.de/blob/113702/53d7fdc57ed97e4124fffec0ef5562a1/vierter-freiwilligensurvey-monitor-data.pdf (letzter Abruf am 01.10.2020).

www.ingramcontent.com/pod-product-compliance
Ingram Content Group UK Ltd.
Pitfield, Milton Keynes, MK11 3LW, UK
UKHW022102051026
15623UKWH00003B/632

9 783631 837153